797,885 Books

are available to read at

www.ForgottenBooks.com

Forgotten Books' App
Available for mobile, tablet & eReader

ISBN 978-1-334-82950-5
PIBN 10732246

This book is a reproduction of an important historical work. Forgotten Books uses
state-of-the-art technology to digitally reconstruct the work, preserving the original format
whilst repairing imperfections present in the aged copy. In rare cases, an imperfection in
the original, such as a blemish or missing page, may be replicated in our edition. We do,
however, repair the vast majority of imperfections successfully; any imperfections that
remain are intentionally left to preserve the state of such historical works.

Forgotten Books is a registered trademark of FB &c Ltd.
Copyright © 2017 FB &c Ltd.
FB &c Ltd, Dalton House, 60 Windsor Avenue, London, SW19 2RR.
Company number 08720141. Registered in England and Wales.

For support please visit www.forgottenbooks.com

1 MONTH OF
FREE
READING

at

www.ForgottenBooks.com

By purchasing this book you are eligible for one month membership to ForgottenBooks.com, giving you unlimited access to our entire collection of over 700,000 titles via our web site and mobile apps.

To claim your free month visit:
www.forgottenbooks.com/free732246

* Offer is valid for 45 days from date of purchase. Terms and conditions apply.

English
Français
Deutsche
Italiano
Español
Português

www.forgottenbooks.com

Mythology Photography **Fiction**
Fishing Christianity **Art** Cooking
Essays Buddhism Freemasonry
Medicine **Biology** Music **Ancient**
Egypt Evolution Carpentry Physics
Dance Geology **Mathematics** Fitness
Shakespeare **Folklore** Yoga Marketing
Confidence Immortality Biographies
Poetry **Psychology** Witchcraft
Electronics Chemistry History **Law**
Accounting **Philosophy** Anthropology
Alchemy Drama Quantum Mechanics
Atheism Sexual Health **Ancient History**
Entrepreneurship Languages Sport
Paleontology Needlework Islam
Metaphysics Investment Archaeology
Parenting Statistics Criminology
Motivational

HISTOIRE GÉNÉRALE

DES GRANDS VOYAGES ET DES GRANDS VOYAGEURS

LES VOYAGEURS

DU XIXᴱ SIÈCLE

COLLECTION J. HETZEL

JULES VERNE

LES VOYAGEURS DU XIXe SIÈCLE

LES VOYAGEURS DU XIX· SIÈCLE

DES GRANDS VOYAGES ET DES GRANDS VOYAGEURS

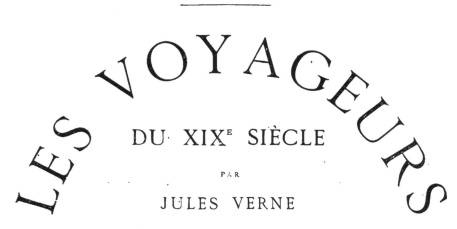

LES VOYAGEURS

DU XIXᵉ SIÈCLE

PAR

JULES VERNE

51 DESSINS PAR LÉON BENETT
57 FAC-SIMILÉS (D'APRÈS LES DOCUMENTS ANCIENS) ET CARTES
PAR MATTHIS ET MORIEU

BIBLIOTHÈQUE
D'ÉDUCATION ET DE RÉCRÉATION
J. HETZEL ET Cⁱᵉ, 18, RUE JACOB
PARIS

—

Tous droits de traduction et de reproduction réservés.

43998
9.11.

G
80
V47

LES VOYAGEURS DU XIXᵉ SIÈCLE

TABLE DES CARTES ET GRAVURES

REPRODUITES EN FAC-SIMILÉ D'APRÈS DES DOCUMENTS ORIGINAUX
AVEC INDICATION DES SOURCES

PREMIÈRE PARTIE

DEUXIÈME PARTIE

NOMS DES PRINCIPAUX VOYAGEURS

AVERTISSEMENT

L'*Histoire des grands Voyages et des grands Voyageurs*, telle que je l'avais comprise quand j'en ai publié la première partie, devait avoir pour but de résumer l'histoire de la Découverte de la Terre. Grâce aux dernières découvertes, cette histoire va prendre une extension considérable. Elle comprendra, non seulement toutes les explorations passées, mais encore toutes les explorations nouvelles qui ont intéressé le monde savant à des époques récentes. Pour donner à cette œuvre, forcément agrandie par les derniers travaux des voyageurs modernes, toutes les garanties qu'elle comporte, j'ai appelé à mon aide un homme que je considère à bon droit comme un des géographes les plus compétents de notre époque : M. Gabriel Marcel, attaché à la Bibliothèque Nationale.

Grâce à sa connaissance de quelques langues étrangères qui me sont inconnues, nous avons pu remonter aux sources mêmes et ne rien emprunter qu'à des documents absolument originaux. Nos lecteurs feront donc au concours de M. Marcel la part à laquelle il a droit dans cet ouvrage, qui mettra en lumière ce qu'ont été tous les grands voyageurs, depuis Hannon et Hérodote jusqu'aux explorateurs contemporains.

Notre œuvre suivra, à vingt-cinq années de distance, un ouvrage inspiré par la même pensée : *les Voyageurs anciens et modernes*, de M. Édouard Charton. Cet utile et excellent ouvrage d'un des hommes qui ont le plus contribué à faire naître en France le goût des études géographiques, se compose surtout de choix et d'extraits empruntés aux relations des principaux voyageurs. On voit en quoi le nôtre en diffère.

Jules VERNE.

LES VOYAGEURS
DU XIXᵉ SIÈCLE

PREMIÈRE PARTIE

—

CHAPITRE PREMIER
L'AURORE D'UN SIÈCLE DE DÉCOUVERTES

Ralentissement des découvertes pendant les luttes de la République et de l'Empire. — Voyages de Seetzen en Syrie et en Palestine. — Le Haouran et le périple de la mer Morte. — La Décapole. — Voyage en Arabie. — Burckhardt en Syrie. — Courses en Nubie sur les deux rives du Nil. — Pèlerinage à la Mecque et à Médine. — Les Anglais dans l'Inde. — Weeb aux sources du Gange. — Relation d'un voyage dans le Penjab. — Christie et Pottinger dans le Sindhy.— Les mêmes explorateurs à travers le Béloutchistan jusqu'en Perse. — Elphinstone en Afghanistan. — La Perse d'après Gardanne, Ad. Dupré, Morier, Macdonald-Kinneir, Price et Ouseley. — Guldenstædt et Klaproth dans le Caucase. — Lewis et Clarke dans les montagnes Rocheuses. — Raffles à Sumatra et à Java.

La fin du xviiiᵉ siècle et le commencement du xixᵉ sont marqués par un sensible ralentissement dans la voie des grandes découvertes géographiques.

Nous avons vu la République française organiser l'expédition à la recherche de La Pérouse et l'importante croisière du capitaine Baudin sur les côtes de l'Australie. Ce sont là les seuls témoignages d'intérêt que les passions déchaînées et les luttes fratricides permirent au gouvernement de donner à cette science pourtant si française, la géographie.

Plus tard, en Égypte, Bonaparte s'entoura d'un état-major de savants et d'artistes distingués. Alors furent réunis les matériaux de ce grand et bel ouvrage qui, le premier, donna une idée exacte, bien qu'incomplète, de l'antique civilisation de la terre des Pharaons. Mais, lorsque Napoléon eut complètement « percé sous Bonaparte », l'égoïste souverain, sacrifiant tout à sa détestable passion, la guerre, ne voulut plus entendre parler d'explorations, de voyages, de découvertes à faire. C'étaient de l'argent et des hommes qu'on lui aurait volés. La consommation qu'il en faisait était trop grande pour qu'il permît ce futile gaspillage. On le vit bien, lorsqu'il céda pour quelques millions, aux États-Unis, le dernier débris de notre empire colonial en Amérique.

Fort heureusement, les autres peuples n'étaient pas opprimés par cette main de fer. Bien qu'absorbés par leur lutte contre la France, ils trouvaient encore des volontaires qui étendaient le champ des connaissances géographiques, constituaient l'archéologie sur des bases vraiment scientifiques et procédaient aux premières recherches linguistiques et ethnographiques.

Le savant géographe Malte-Brun, dans un article qu'il publia, en 1817, en tête des *Nouvelles Annales des Voyages*, marque, minutieusement et avec une extrême précision, l'état de nos connaissances géographiques au commencement du XIXe siècle et les nombreux « desiderata » de la science. Il fait ressortir les progrès déjà accomplis de la navigation, de l'astronomie, de la linguistique. Bien loin de cacher ses découvertes, comme l'avait fait par jalousie la Compagnie de la baie d'Hudson, la Compagnie des Indes fonde des académies, publie des mémoires, encourage les voyageurs. La guerre elle-même est utilisée, et l'armée française recueille en Égypte les matériaux d'un immense ouvrage. On va bientôt le voir, une noble émulation s'est emparée de tous les peuples.

Il est cependant un pays qui prélude, dès le début de ce siècle, aux grandes découvertes que ses voyageurs devaient faire, c'est l'Allemagne. Ses premiers explorateurs procèdent avec tant de soin, sont doués d'une volonté si ferme et d'un instinct si sûr, qu'ils ne laissent à leurs successeurs qu'à vérifier et à compléter leurs découvertes.

Le premier en date est Ulric Jasper Seetzen. Né en 1767 dans l'Oostfrise,

Seetzen, après avoir achevé ses études à Göttingue, commença par publier quelques essais sur la statistique et sur les sciences naturelles, pour lesquelles il se sentait un penchant naturel. Ces publications attirèrent sur lui l'attention du gouvernement, qui le nomma conseiller aulique dans la province de Tever.

Le rêve de Seetzen, comme le fut plus tard celui de Burckhardt, c'est un voyage dans l'Afrique centrale; mais il veut y préluder par une exploration de la Palestine et de la Syrie, pays sur lesquels la « Palestine association », fondée à Londres en 1805, allait attirer l'attention. Seetzen n'attendit pas cette époque, et, muni de nombreuses recommandations, il partit, en 1802, pour Constantinople.

Bien qu'un grand nombre de pèlerins et de voyageurs se fussent succédé dans la Terre-Sainte et dans la Syrie, on ne possédait encore que des notions extrêmement vagues sur ces contrées. La géographie physique n'en était pas suffisamment établie, les observations manquaient, et certaines régions, telles que le Liban et la mer Morte, n'avaient jamais été explorées. Quant à la géographie comparée, elle n'existait vraiment pas encore. Il a fallu les études assidues de l'Association anglaise et la science de ses voyageurs, pour la constituer. Seetzen, qui avait poussé ses études de divers côtés, se trouvait donc admirablement préparé pour explorer ce pays, qui, tant de fois visité, était réellement un pays neuf.

Après avoir traversé toute l'Anatolie, Seetzen arriva à Alep au mois de mai 1804. Il y resta près d'une année, s'adonnant à l'étude pratique de la langue arabe, faisant des extraits des historiens et des géographes de l'Orient, vérifiant la position astronomique d'Alep, se livrant à des recherches d'histoire naturelle, recueillant des manuscrits, traduisant une foule de ces chants populaires et de ces légendes qui sont si précieux pour la connaissance intime d'une nation.

D'Alep, Seetzen partit, au mois d'avril 1805, pour Damas. Sa première course le conduisit à travers les cantons de Haouran et de Djolan, situés au sud-est de cette ville. Jusqu'alors aucun voyageur n'avait visité ces deux provinces, qui jouèrent pendant la domination romaine un rôle assez important dans l'histoire des Juifs, sous les noms d'Auranitis et de Gaulonitis. Seetzen fut le premier à donner une idée de leur géographie.

Le Liban, Baalbeck furent reconnus par le hardi voyageur; il poussa ses courses au sud de la Damascène, descendit en Judée, explora la partie orientale du Hermon, du Jourdain et de la mer Morte. C'était le siège de ces peuples bien connus dans l'histoire juive, les Ammonites, les Moabites, les Galadites, les Batanéens, etc. La partie méridionale de cette contrée portait, au temps de la conquête romaine, le nom de Pérée, et c'est là que se trouvait la célèbre Decapolis, ou Ligue des dix villes. Aucun voyageur moderne n'avait visité cette région. Ce fut pour Seetzen un motif d'y commencer ses recherches.

Ses amis de Damas essayèrent de le dissuader de ce voyage en lui peignant les difficultés et les dangers d'une route fréquentée par les Bédouins, mais rien ne pouvait l'arrêter. Cependant, avant de visiter la Décapole et de constater l'état de ses ruines, Seetzen parcourut un petit pays, le Ladscha, très mal famé à Damas, à cause des Bédouins qui l'occupent, mais qui passait pour renfermer des antiquités remarquables.

Parti de Damas le 12 décembre 1805, avec un guide arménien qui l'égara dès le premier jour, Seetzen, prudemment muni d'un passe-port du pacha, se fit accompagner de village en village par un cavalier en armes.

« La partie du Ladscha que j'ai vue, dit le voyageur dans une relation reproduite dans les anciennes *Annales des Voyages,* n'offre, comme le Haouran, que du basalte, souvent très poreux, et qui forme en plusieurs endroits de vastes déserts de pierres. Les villages, pour la plupart détruits, sont situés sur le flanc des rochers. La couleur noire des basaltes, les maisons, églises et tours écroulées, le défaut total d'arbres et de verdure, tout donne à ces contrées un aspect sombre et mélancolique qui remplit l'âme d'une certaine terreur. Presque chaque village offre, ou des inscriptions grecques, ou des colonnes, ou quelques autres restes de l'antiquité. (J'ai copié, entre autres, une inscription de l'empereur Marc-Aurèle.) Les battants des portes sont, ici comme dans le Haouran, de basalte. »

A peine Seetzen était-il arrivé dans le village de Gérata et goûtait-il quelques instants de repos, qu'une dizaine d'hommes à cheval lui annoncèrent qu'ils étaient venus, au nom du vice-gouverneur du Haouran, pour l'arrêter. Leur maitre, Omar-Aga, ayant appris que le voyageur avait été déjà vu l'année précédente dans le pays, et supposant que ses passeports étaient faux, leur avait prescrit de le lui amener.

La résistance était impossible. Sans s'émouvoir de cet incident qu'il considérait comme un simple contre-temps, Seetzen s'avança d'une journée et demie dans le Haouran, où il rencontra Omar-Aga sur la route de la caravane de la Mecque.

Fort bien accueilli, le voyageur repartit le lendemain; mais la rencontre qu'il fit en route de plusieurs troupes d'Arabes, auxquelles il imposa par sa contenance, lui laissa la certitude qu'Omar-Aga avait voulu le faire dépouiller.

De retour à Damas, Seetzen eut grand'peine à trouver un guide qui consentît à l'accompagner dans son voyage le long de la rive orientale du Jourdain et autour de la mer Morte. Cependant, un certain Yusuf-al-Milky, de religion grecque, qui avait fait, pendant une trentaine d'années, le commerce avec les tribus arabes et parcouru les cantons que Seetzen voulait visiter, consentit à l'accompagner.

Ce fut le 19 janvier 1806 que les deux voyageurs quittèrent Damas. Seetzen n'emportait pour tout bagage que quelques hardés, les livres indispensables, du papier pour sécher les plantes et l'assortiment de drogues nécessaire à son caractère supposé de médecin. Il avait revêtu le costume d'un cheik de seconde classe.

Les deux districts de Rascheia et d'Hasbeia, situés au pied du mont Hermon, dont la cime disparaissait alors sous une couche de neige, furent ceux que Seetzen explora les premiers, parce qu'ils étaient les moins connus de la Syrie.

De l'autre côté de la montagne, le voyageur visita successivement Achha, village habité par des Druses ; Rascheia, résidence de l'émir ; Hasbeia, où il descendit chez le savant évêque grec de Szur ou Szeida, pour lequel il avait une lettre de recommandation. L'objet qui attira le plus particulièrement l'attention du voyageur en ce pays montagneux fut une mine d'asphalte, matière « qu'on emploie ici pour garantir les vignes des insectes. »

De Hasbeia, Seetzen gagna ensuite Baniass, l'ancienne Cœsarea Philippi, aujourd'hui misérable hameau d'une vingtaine de cabanes. Si l'on pouvait encore retrouver les traces de son mur d'enceinte, il n'en était pas de même des restes du temple magnifique qui fut élevé par Hérode en l'honneur d'Auguste.

La rivière de Baniass passait, dans l'opinion des anciens, pour la source du Jourdain, mais c'est la rivière d'Hasbeny qui, formant la branche la plus longue du Jourdain, doit mériter ce nom. Seetzen la reconnut, ainsi que le lac Méron ou Samachonitis de l'antiquité.

A cet endroit, il fut abandonné à la fois par ses muletiers, qui pour rien au monde n'auraient voulu l'accompagner jusqu'au pont Dschir-Behat-Jakub, et par son guide Yusuf, qu'il dut envoyer par la grande route l'attendre à Tibériade, tandis que lui-même s'avançait à pied vers ce pont si redouté, suivi d'un seul Arabe.

Mais, à Dschir-Behat-Jakub, Seetzen ne pouvait trouver personne qui voulût l'accompagner sur la rive orientale du Jourdain, lorsqu'un indigène, apprenant sa qualité de médecin, le pria de venir visiter son cheik, attaqué d'ophtalmie, qui demeurait sur le rivage oriental du lac de Tibériade.

Seetzen n'eut garde de refuser cette occasion, et bien lui en prit, car il observa à loisir la mer de Tibériade et la rivière Wady-Szemmak, non sans avoir risqué d'être dévalisé et assassiné par son guide. Il put enfin arriver à Tibériade, la Tabaria des Arabes, où Yusuf l'attendait depuis plusieurs jours.

« La ville de Tibériade, dit Seetzen, est située immédiatement sur les bords du lac de ce nom; et du côté de la terre elle est entourée d'un bon mur de pierres de taille de basalte; malgré cela, elle mérite à peine le nom de bourg. On n'y retrouve aucune trace de son antique splendeur, mais on reconnaît les ruines de l'ancienne ville qui s'étendent jusqu'aux bains chauds situés à une lieue vers l'est. Le fameux Djezar-Pacha a fait construire une salle de bains au-dessus de la source principale. Si ces bains étaient situés en Europe, ils obtiendraient probablement la préférence sur tous les bains connus. La vallée dans laquelle se trouve le lac, favorise, par la concentration de la chaleur, la végétation des dattiers, des citronniers, des orangers et de l'indigo, pendant que le terrain plus élevé pourrait fournir les productions des climats tempérés. »

A l'ouest de la pointe méridionale du lac gisent les débris de l'ancienne ville de Tarichœa. C'est là que commence la belle plaine El-Ghor, entre deux chaînes de montagnes, plaine peu cultivée, que parcourent des Arabes nomades.

Seetzen continua sans incident remarquable son voyage à travers la Décapole, si ce n'est qu'il dut se déguiser en mendiant pour échapper à la rapacité des indigènes.

« Je mis sur ma chemise, dit-il, un vieux kambas ou robe de chambre et par-dessus une vieille chemise bleue et déchirée de femme; je me couvris la tête de quelques lambeaux et les pieds de savates. Un vieux *abbaje* en loques, jeté sur les épaules, me garantissait contre le froid et la pluie, et une branche d'arbre me servait de bâton. Mon guide, chrétien grec, prit à peu près le même costume, et c'est dans cet état que nous parcourûmes le pays pendant dix jours, souvent arrêtés par des pluies froides qui nous mouillèrent jusqu'à la peau. Je fus même obligé de marcher toute une journée, pieds nus, dans la boue, parce qu'il m'était impossible de me servir de mes savates sur cette terre grasse et toute détrempée par l'eau. »

Draa, qu'on rencontre un peu plus loin, n'est plus qu'un amas de ruines désertes, et l'on n'y trouve aucun reste des monuments qui la rendaient célèbre autrefois.

Le district d'El-Botthin, qui vient ensuite, renferme plusieurs milliers de cavernes, creusées dans le roc, qu'occupaient ses anciens habitants. Il en était encore à peu près de même lors du passage de Seetzen.

Mkês était jadis une ville riche et considérable, comme le prouvent ses débris très nombreux de colonnes et ses sarcophages. Seetzen l'identifie avec Gadara, une des villes secondaires de la Décapolitaine.

A quelques lieues de là, sont situées les ruines d'Abil, l'Abila des anciens. Seetzen ne put déterminer son guide Aoser à s'y rendre, effrayé qu'il était des bruits qui couraient sur les Arabes Beni-Szahar. Il dut donc aller seul.

« Elle est totalement ruinée et abandonnée, dit le voyageur; il n'y a plus un seul édifice sur pied, mais les ruines et les débris attestent sa splendeur passée. On y trouve de beaux restes de l'ancienne enceinte et une quantité de voûtes et de colonnes de marbre, de basalte et de granit gris. Au delà de cette enceinte, je trouvai un grand nombre de colonnes, dont deux d'une grandeur extraordinaire. J'en conclus qu'il y avait ici un temple considérable. »

En sortant du district d'El-Botthin, Seetzen entra dans celui d'Edschlun. Il ne tarda pas à découvrir les ruines importantes de Dscherrasch, qui peuvent être comparées à celles de Palmyre et de Baalbek.

« On ne saurait s'expliquer, dit Seetzen, comment cette ville, autrefois si célèbre, a pu échapper jusqu'ici à l'attention des amateurs de l'antiquité. Elle est située dans une plaine ouverte, assez fertile et traversée par une rivière. Avant d'y entrer, je trouvai plusieurs sarcophages avec de très beaux bas-reliefs, parmi lesquels j'en remarquai un sur le bord du chemin avec une inscription grecque. Les murs de la ville sont absolument écroulés, mais on reconnaît encore toute leur étendue, qui peut avoir été de trois quarts et même d'une lieue. Ces murs étaient entièrement construits de pierres de taille de marbre. L'espace intérieur est inégal et s'abaisse vers la rivière. Aucune maison particulière n'a été conservée; en revanche, je remarquai plusieurs édifices publics, qui se distinguaient par une très belle architecture. J'y trouvai deux superbes amphithéâtres, construits solidement en marbre, avec des colonnes, des niches, etc., le tout bien conservé; quelques palais, et trois temples, dont l'un avait un péristyle de douze grandes colonnes d'ordre corinthien dont onze sont encore sur pied. Dans un autre de ces temples, je vis une colonne renversée, du plus beau granit d'Égypte poli. J'ai encore trouvé une belle porte de ville, bien conservée, formée de trois arcades et ornée de pilastres. Le plus beau monument que j'y trouvai était une rue longue, croisée par une autre et garnie des deux côtés d'une file de colonnes de marbre d'ordre corinthien et dont une des

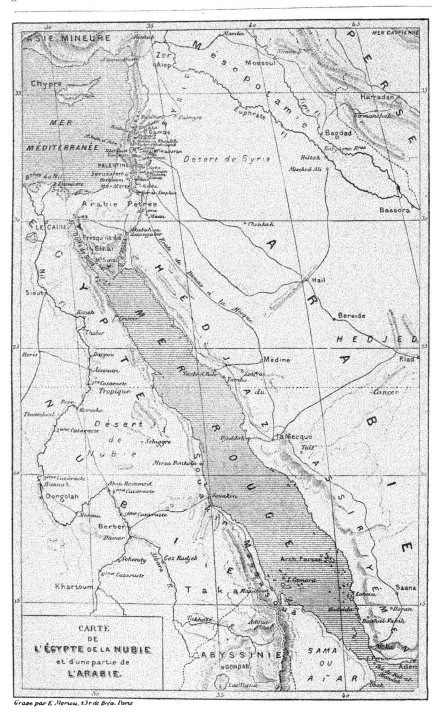

Jérusalem. (Page 10.)

extrémités se terminait en une place semi-circulaire entourée de soixante
colonnes d'ordre ionique..... Au point où les deux rues se croisent, on voit
dans chacun des quatre angles un grand piédestal de pierre de taille qui portait
apparemment autrefois des statues..... On reconnaît encore une partie du pavé,
construit de grandes pierres de taille. En général, je comptai près de deux cents
colonnes, qui supportent en partie encore leur entablement ; mais le nombre
de celles qui sont renversées est infiniment plus considérable, car je ne vis
que la moitié de l'étendue de la ville, et l'on trouvera probablement dans
l'autre moitié, au delà de la rivière, encore une quantité de curiosités remarquables, »

Suivant Seetzen, Dscherrasch ne peut être que l'ancienne Gerasa, ville qui avait jusqu'alors été placée d'une façon très défectueuse sur toutes les cartes.

Le voyageur traversa bientôt la Serka, le Jabck des historiens hébreux, qui formait la limite septentrionale du pays des Ammonites, pénétra dans le district d'El-Belka, pays autrefois florissant, mais alors absolument inculte et désert, où l'on ne trouve qu'un seul bourg, Szalt, l'ancienne Amathuse. Seetzen visita ensuite Amman, célèbre, sous le nom de Philadelphia, parmi les villes décapo· litaines, où l'on trouve encore de belles antiquités; Eléale, ancienne ville des Amorites; Madaba, qui portait le nom de Madba au temps de Moïse; le mont Nebo, Diban, le pays de Karrak, patrie des Moabites; les ruines de Robba, (Rabbath), résidence des anciens rois du pays, et il arriva, après de nombreuses fatigues, à travers un pays montueux, dans la région située à l'extrémité méridionale de la mer Morte et nommée Gor-es-Szophia.

La chaleur était très forte, et il fallait traverser de grandes plaines de sel que n'arrose aucun cours d'eau. Ce fut le 6 avril que Seetzen arriva à Bethléem et peu après à Jérusalem, non sans avoir terriblement souffert de la soif, mais après avoir traversé des contrées infiniment curieuses, qu'aucun voyageur moderne n'avait jusqu'alors parcourues.

En même temps, il avait recueilli de précieuses informations sur la nature des eaux de la mer Morte, réfuté bien des fables grossières, redressé bien des erreurs des cartes les plus précises, contribué à l'identification de mainte cité antique de la Perœa, et constaté l'existence de ruines nombreuses qui témoignaient du degré de prospérité atteinte par cette région sous la domination romaine. Le 25 juin 1806, Seetzen quittait Jérusalem et rentrait par mer à Saint-Jean-d'Acre.

« Cette traversée avait été un véritable voyage de découvertes, » dit M. Vivien de Saint-Martin dans un article de la *Revue Germanique* de 1858.

Mais, ces découvertes, Seetzen ne voulut pas les laisser incomplètes. Dix mois plus tard, il faisait une seconde fois le tour du lac Asphaltite, et, par ce noûveau voyage, ajoutait beaucoup à ses premières observations.

Le voyageur gagna ensuite Le Caire, où il séjourna deux années entières. Là, il acheta la plupart des manuscrits orientaux qui font la richesse de la bibliothèque de Gotha, recueillit tous les renseignements possibles sur les pays de l'intérieur, mais guidé par un instinct très sûr, et n'accueillant que ceux qui semblaient revêtir tous les caractères d'une certitude presque absolue.

Ce repos relatif, bien que si éloigné de l'oisiveté, ne pouvait longtemps convenir à l'insatiable soif de découvertes de Seetzen. Au mois d'avril 1809, il quittait définitivement la capitale de l'Égypte, se dirigeant vers Suez et la presqu'île du Sinaï, qu'il comptait visiter avant de pénétrer en Arabie. Pays fort peu connu, l'Arabie n'avait été visitée que par des négociants malouins, venus sur place pour acheter la « fèvre de Moka ». Jusqu'à Niebuhr, aucune expédition scientifique n'avait été organisée pour étudier la géographie du pays et les mœurs des habitants.

C'est au professeur Michälis, auquel manquaient certains renseignements pour éclaircir quelques passages de la Bible, qu'est dû l'envoi de cette expédition, défrayée par la munificence du roi de Danemark, Frédéric V.

· Composée du mathématicien von Haven, du naturaliste Forskaal, du médecin Cramer, du peintre Braurenfeind et de l'officier du génie Niebuhr, cette réunion d'hommes sérieux et savants répondit admirablement à ce qu'on avait attendu d'elle.

De 1762 à 1764, ils visitèrent l'Égypte, le mont Sinaï, Djedda, débarquèrent à Loheia et pénétrèrent dans l'intérieur de l'Arabie heureuse, explorant le pays chacun selon sa spécialité. Mais les fatigues et les maladies eurent raison de ces intrépides voyageurs, et bientôt Niebuhr resta seul pour utiliser les observations recueillies par lui-même et par ses compagnons. Son ouvrage est une mine inépuisable qu'on peut encore aujourd'hui consulter avec fruit.

On voit que Seetzen avait fort à faire pour reléguer dans l'oubli le voyage de son devancier. Pour atteindre ce but, il ne recula devant aucun moyen. Le 31 juillet, après avoir fait profession publique de l'islamisme, il s'embarquait à Suez pour la Mecque, et il comptait pénétrer dans cette ville sous l'habit de pèlerin. Tor et Djedda furent les deux escales qui précédèrent l'entrée de Seetzen dans la cité sainte. Il fut d'ailleurs singulièrement frappé de l'affluence des fidèles et du caractère si étrangement particulier de cette ville, qui vit du culte et par le culte.

« Tout cet ensemble, dit le voyageur, fit naître en moi une émotion vive que je n'éprouvai nulle part ailleurs. »

Il est inutile d'insister sur cette partie du voyage, non plus que sur l'excursion à Médine. C'est au récit si précis et si véridique de Burckhart que sera empruntée la description de ces saints lieux. D'ailleurs, nous n'avons longtemps possédé des travaux de Seetzen que les extraits publiés dans les *Annales des Voyages* et dans la *Correspondance* du baron de Zach. Ce n'est qu'en 1858 que furent édités en allemand, d'un manière bien incomplète d'ailleurs, les journaux de voyage de Seetzen.

De Médine, le voyageur revint à la Mecque, où il se livra à l'étude secrète de la ville, des cérémonies du culte, et à quelques observations astronomiques, qui servirent à déterminer la position de cette capitale de l'islamisme.

Le 23 mars 1810, Seetzen était rentré à Djedda, puis il s'embarquait, avec l'Arabe qui lui avait servi d'instituteur à la Mecque, pour Hodéida, un des principaux ports de l'Yemen. Après avoir passé par Beith-el-Fakih, le canton montagneux où l'on cultive le café, après avoir été retenu près d'un mois à Doran par la maladie, Seetzen entra le 2 juin dans Saana, la capitale de l'Yemen, qu'il appelle la plus belle ville de l'Orient. Le 22 juillet, il descendait jusqu'à Aden, et, en novembre, il était à Moka, d'où sont datées les dernières lettres qu'on reçut de lui. Rentré dans l'Yemen, il fut, comme Niebuhr, dépouillé de ses collections et de ses bagages, sous le prétexte qu'il récoltait des animaux, afin d'en composer un philtre destiné à empoisonner les sources.

Mais Seetzen ne voulut pas se laisser dépouiller sans rien dire. Il partit immédiatement pour Saana, où il comptait exposer à l'iman ses réclamations. On était au mois de décembre 1811. Quelques jours plus tard, le bruit de sa mort subite à Taes se répandait et ne tarda pas à venir aux oreilles des Européens qui fréquentaient les ports arabes.

A qui faut-il faire remonter la responsabilité de cette mort? A l'iman ou à ceux qui avaient dévalisé l'explorateur? Peu nous importe aujourd'hui; mais il est permis de regretter qu'un voyageur si bien organisé, déjà au courant des habitudes et des mœurs arabes, n'ait pu pousser plus loin ses explorations, et que la plus grande partie de ses journaux et de ses observations ait été à jamais perdue.

« Seetzen, dit M. Vivien de Saint-Martin, était, depuis Ludovico Barthema (1503), le premier voyageur qui eût été à la Mecque, et aucun Européen, avant lui, n'avait vu la cité sainte de Médine, consacrée par le tombeau du Prophète. »

On comprend, par là, tout le prix qu'aurait eu la relation de ce voyageur désintéressé, bien informé et véridique.

Au moment où une mort inopinée mettait fin à la mission que s'était tracée Seetzen, Burckhardt s'élançait sur ses traces, et, comme celui-ci l'avait fait, préludait par des courses en Syrie, à une longue et minutieuse exploration de l'Arabie.

« C'est une chose peu commune dans l'histoire de la science, dit M. Vivien de Saint-Martin, de voir deux hommes d'une aussi haute valeur se succéder ou plutôt se continuer ainsi dans la même carrière. Burckhardt, en effet, allait suivre, sur beaucoup de points, la trace que Seetzen avait ouverte, et, longtemps secondé par des circonstances favorables qui lui permirent de multiplier ses courses exploratrices, il a pu ajouter considérablement aux découvertes connues de son prédécesseur. »

Bien que Jean-Louis Burckhardt ne soit pas anglais, puisqu'il naquit à Lausanne, il n'en doit pas moins être classé parmi les voyageurs de la Grande-Bretagne. C'est en effet grâce à ses relations avec sir Joseph Banks, le naturaliste compagnon de Cook, avec Hamilton, secrétaire de l'Association africaine, et au concours empressé qu'ils lui prêtèrent, que Burckhardt fut mis en état de voyager utilement.

D'une instruction étendue, dont il avait puisé les premiers éléments aux universités de Leipzig, de Göttingue, où il suivit les cours de Blumenbach, et plus tard de Cambridge, où il apprit l'arabe, Burckhardt s'embarqua, en 1809, pour l'Orient. Afin de se préparer aux misères de la vie du voyageur, il s'était volontairement astreint à de longs jeûnes, condamné au supplice de la soif, et avait choisi pour oreillers les pavés des rues de Londres, ou pour lit la poussière des routes.

Mais qu'étaient ces puériles tentatives d'entraînement comparées aux misères de l'apostolat scientifique?

Parti de Londres pour la Syrie, où il devait se perfectionner dans la langue arabe, Burckhardt avait le projet de se rendre ensuite au Caire, et de gagner le Fezzan par le chemin autrefois frayé par Hornemann. Une fois arrivé dans ce pays, les circonstances lui prescriraient quelle route il conviendrait de suivre.

Après avoir pris le nom d'Ibrahim-Ibn-Abdallah, Burckhardt se fit passer pour un Indien musulman. Afin de faire admettre ce déguisement, le voyageur dut recourir à plus d'une supercherie. Une notice nécrologique, parue dans les *Annales des Voyages*, raconte que, lorsqu'on le priait de parler indien, Burckhardt ne manquait pas de s'énoncer en allemand. Un drogman italien, qui le soupçonnait d'être giaour, alla jusqu'à lui tirer la barbe, insulte la plus grave que l'on puisse faire à un musulman. Burckhardt était tellement entré dans la peau du personnage, qu'il répondit instantanément par un coup de poing magistral, qui, envoyant rouler le pauvre drogman à dix pas, mit les rieurs du côté du voyageur et les convainquit de sa sincérité.

De septembre 1809 à février 1812, Burckhardt résida à Alep, n'interrompant ses études sur la langue et les mœurs syriennes que pour une excursion de six mois à Damas, à Palmyre et dans le Haouran, — pays que Seetzen avait seul visité avant lui.

On raconte que, pendant une course qu'il fit dans le Zor, canton situé au nord-est d'Alep, sur les bords de l'Euphrate, Burckhardt fut dépouillé de son bagage et de ses vêtements par une bande de pillards. Il ne lui restait plus que sa culotte, lorsque la femme d'un chef, qui n'avait pas eu sa part du butin, voulut lui enlever ce vêtement indispensable

« Ces courses, dit la *Revue Germanique*, nous ont valu une masse considérable de renseignements sur des pays dont on n'avait jusqu'alors quelque notion que par les communications encore incomplètes de Seetzen. Même dans les cantons déjà fréquemment visités, l'esprit observateur de Burckhardt savait recueillir nombre de faits intéressants, que le commun des voyageurs avait négligés... Ces précieux matériaux eurent pour éditeur le colonel Martin-William Leake, lui-même voyageur distingué, savant géographe et profond érudit.... »

Burckhardt avait vu Palmyre et Baalbek, les pentes du Liban et la vallée de l'Oronte, le lac Hhouleh et les sources du Jourdain. Il avait signalé pour la première fois un grand nombre d'anciens sites. Ses indications, notamment, nous conduisent avec certitude à l'emplacement de la célèbre Apamée, quoique lui-même et son savant éditeur se soient trompés dans l'application de ces données. Enfin ses courses dans l'Auranitis sont également riches, même après celles de Seetzen, en renseignements géographiques et archéologiques qui font connaître le pays dans son état actuel, et jettent de vives lumières sur la géographie comparée de toutes les époques.

En 1812, Burckhardt quitte Damas, visite la mer Morte, la vallée d'Acaba et le vieux port d'Aziongaber, régions aujourd'hui sillonnées par des bandes d'Anglais, le *Murray*, le *Cook* ou le *Bædeker* à la main, mais qu'on ne pouvait alors parcourir qu'au péril de la vie. C'est dans une vallée latérale que le voyageur retrouva les ruines imposantes de Petra, l'antique capitale de l'Arabie Pétrée.

A la fin de l'année, Burckhardt était au Caire. Ne jugeant pas à propos de se joindre à la caravane qui partait pour le Fezzan, il se sentit tout particulièrement attiré par la Nubie, contrée bien autrement curieuse pour l'historien, le géographe et l'archéologue. Berceau de la civilisation égyptienne, elle n'avait encore été visitée, depuis le Portugais Alvarès, que par les Français Poncet et Lenoir Duroule, à la fin du xviiᵉ et au commencement du xviiiᵉ siècle, par Bruce, dont le récit avait été tant de fois mis en doute, et par Norden, qui n'avait pas dépassé Derr.

En 1813, Burckhardt explore le Nouba propre, le pays de Kennour et le Mohass. Cette excursion ne lui coûta que quarante-deux francs, somme bien modique, si on la compare aux prix qu'atteignent aujourd'hui les moindres tentatives de voyage en Afrique. Il est vrai que Burckhardt savait se contenter pour tout dîner d'une poignée de dourrah (millet) et que tout son cortège se composait de deux dromadaires.

En même temps que lui, deux Anglais, MM. Legh et Smelt, parcouraient le pays, semant l'or et les présents sous leurs pas, et rendant ainsi bien coûteuse la tâche de leurs successeurs.

Burckhardt franchit les cataractes du Nil.

« Un peu plus loin, dit la relation, près d'un endroit nommé Djebel-Lamoule, les guides arabes ont l'usage d'exiger un présent extraordinaire de celui qu'ils conduisent. Voici comment ils s'y prennent : ils font halte, mettent pied à terre, et forment un petit tas de sable et de cailloux à l'instar de celui que les Nubiens mettent sur leurs tombeaux ; ils appellent cela *creuser le tombeau du voyageur*. Cette démonstration est suivie d'une demande impérieuse. M. Burckhardt, ayant vu son guide commencer cette opération, se mit tranquillement à l'imiter ; puis il lui dit : « Voilà ton tombeau, car puisque nous sommes frères, il est juste que nous soyons enterrés ensemble. » L'Arabe ne put s'empêcher de rire ; on détruisit réciproquement les travaux sinistres, et on remonta sur les chameaux, aussi bons amis qu'auparavant. L'Arabe cita le vers du Coran qui dit : « Aucun mortel ne connaît le coin de terre où sera creusé son tombeau. »

Burckhardt aurait bien voulu pénétrer dans le Dongolah ; mais il dut se contenter de recueillir des renseignements, d'ailleurs intéressants, sur le pays et sur les Mamelouks qui s'y étaient réfugiés après le massacre de cette puissante milice, ordonné par le pacha d'Égypte, exécuté par ses Arnautes.

Les ruines de temples et de villes antiques arrêtent à chaque instant le voyageur ; il n'en est pas de plus curieuses que celles d'Ibsamboul.

« Le temple, dit la relation, placé immédiatement sur les bords du fleuve (le Nil), est précédé de six figures colossales debout, ayant, depuis le sol jusqu'aux genoux, six pieds et demi ; elles reproduisent Isis et Osiris en diverses situations... Toutes les murailles et les chapiteaux des colonnes sont couverts de peintures ou de sculptures hiéroglyphiques, dans lesquelles Burckhardt crut reconnaître le style d'une haute antiquité. Tout cela est taillé dans le roc vif. Les figures paraissent avoir été peintes en jaune et les cheveux en noir. A deux cents yards de ce temple, on aperçoit les restes d'un monument encore plus colossal ; ce sont quatre figures immenses, presque ensevelies dans les sables, de manière qu'on ne peut déterminer si elles sont debout ou assises... »

Mais à quoi bon nous attarder à la description de monuments aujourd'hui connus, mesurés, dessinés, photographiés ? Les récits des voyageurs de cette

« Voilà ton tombeau... » (Page 15.)

époque n'ont d'autre intérêt que de nous indiquer l'état des ruines et de nous faire voir les changements que les déprédations des Arabes y ont apportés depuis lors.

L'espace parcouru par Burckhardt, en cette première excursion, ne comprend que les bords du Nil, lisière extrêmement étroite, suite de petites vallées qui viennent aboutir au fleuve. Il estime la population de la contrée à cent mille individus, disséminés sur une bande de terre cultivable de quatre cent cinquante milles de long, sur un quart de mille de large.

« Les hommes sont généralement bien faits, forts et musculeux, un peu au-dessous des Égyptiens par la taille, n'ayant que peu de barbe et point de mous-

Portrait de Burckhardt. (*Fac-simile. Gravure ancienne.*)

taches, mais seulement un filet de barbe sous le menton. Ils sont doués d'une physionomie agréable, et ils surpassent les Égyptiens, tant en courage qu'en intelligence. Curieux et questionneurs, ils sont étrangers à l'habitude du vol. Ils vont quelquefois ramasser en Égypte, à force de travail, une petite fortune ; mais ils n'ont pas l'esprit du commerce. Les femmes partagent les mêmes avantages physiques ; il en est de jolies et toutes sont bien faites ; la douceur est peinte sur leurs traits, et elles y joignent un grand sentiment de pudeur. M. Denon a trop déprécié les Nubiens, mais il est vrai de dire que leur physique varie de canton à canton ; là où le terrain cultivable a beaucoup de largeur, ils sont bien faits ; dans les endroits où le terrain fertile n'est qu'une lisière étroite, les habitants semblent aussi diminuer de force, et quelquefois ils ressemblent à des squelettes ambulants. »

Le pays gémissait sous le joug despotique des Kachefs, descendants du commandant des Bosniaques, qui ne payaient qu'un faible tribut annuel à l'Égypte. Ce n'en était pas moins pour eux un prétexte pour pressurer le malheureux fellah. Burckhardt donné un exemple assez curieux du sans-façon insolent avec lequel les Kachefs procédaient à leurs razzias.

« Hassan-Kachef, dit-il, avait besoin d'orge pour ses chevaux ; il va se promener dans les champs, suivi d'un grand nombre d'esclaves ; il rencontre près d'une belle pièce d'orge le paysan qui en était possesseur. « Vous cultivez mal « vos terres, s'écrie-t-il, vous semez de l'orge dans ce champ où vous auriez « pu récolter d'excellents melons d'eau qui vaudraient le double. Allez, voici de « la graine à melons (et il en donna une poignée au paysan), ensemencez votre « champ, et vous, esclaves, arrachez cette vilaine orge et portez-la chez moi. »

Au mois de mars 1814, après avoir pris un peu de repos, Burckhardt entreprit une nouvelle exploration, non plus cette fois sur les bords du Nil, mais bien dans le désert de Nubie. Jugeant que la sauvegarde la plus efficace est la pauvreté, le prudent voyageur renvoya son domestique, vendit son chameau, et, se contentant d'un seul âne, rejoignit une caravane de pauvres marchands.

La caravane partit de Daraou, village habité moitié par des Fellahs, moitié par des Ababdés. Le voyageur eut fort à se plaindre des premiers, non parce qu'ils voyaient en lui un Européen, mais au contraire parce qu'ils le prenaient pour un Turc syrien, venu dans l'intention de s'emparer d'une partie du commerce des esclaves, dont ils avaient le monopole.

Il est inutile de rappeler ici le nom des puits, des collines ou des vallées de ce désert. Nous préférons résumer, d'après le voyageur, l'aspect physique de la contrée.

Bruce, qui l'avait parcourue, la dépeint sous des couleurs trop sombres et il exagère, pour s'en faire un mérite, les difficultés de la route. Si l'on en croit Burckhardt, celle-ci serait moins aride que le chemin d'Alep à Bagdad ou de Damas à Médine. Le désert nubien n'est pas une plaine de sable sans limites, dont nul accident ne vient rompre la désolante monotonie. Il est semé de rochers dont quelques-uns n'ont pas moins de deux à trois cents pieds de haut, et qui sont ombragés de place en place d'énormes touffes de doums ou d'acacias. La végétation si grêle de ces arbres n'est qu'un abri trompeur contre les rayons verticaux du soleil. Aussi le proverbe arabe a-t-il soin de dire : « Compte sur la protection d'un grand et sur l'ombre de l'acacia. »

Ce fut à Ankheyre ou Ouadi-Berber que la caravane atteignit le Nil, après avoir passé par Schiggre, où se trouve une des meilleures sources au milieu des montagnes. En résumé, le seul danger que présente la traversée de ce désert, c'est de trouver à sec le puits deNedjeym, et, à moins de s'écarter de la route, ce qui est difficile avec de bons guides, on ne rencontre pas d'obstacles sérieux.

La description des souffrances éprouvées par Bruce en cet endroit doit donc être singulièrement atténuée, bien que le récit du voyageur écossais soit le plus souvent respectueux de la vérité.

Les habitants du pays de Berber semblent être les Barbarins de Bruce, les Barabras de d'Anville et les Barauras de Poncet. Leurs formes sont belles, leurs traits entièrement différents de ceux des nègres. Ils maintiennent cette pureté du sang en ne prenant pour femmes légitimes que des filles de leur tribu ou de quelque autre peuplade arabe.

La peinture que Burckhardt fait du caractère et des mœurs de cette tribu, pour être fort curieuse, n'est rien moins qu'édifiante. Il serait difficile de donner une idée de la corruption et de l'avilissement des habitants de Berber. Entrepôt de commerce, rendez-vous de caravanes, dépôt d'esclaves, cette petite ville a tout ce qu'il faut pour être un véritable repaire de bandits.

Les commerçants de Daraou, sur la protection desquels Burckhardt avait jusqu'alors compté, bien à tort, car ils cherchaient tous les moyens de l'exploiter. le chassèrent de leur compagnie en sortant de Berber, et le voyageur dut chercher protection auprès des guides et des âniers, qui l'accueillirent volontiers.

Le 10 avril, la caravane fut rançonnée par le Mek de Damer. un peu au sud du confluent du Mogren (le Mareb de Bruce). C'est un village de Fakirs, propre et bien tenu, qui contraste agréablement avec la saleté et les ruines de Berber. Ces Fakirs s'adonnent à toutes les pratiques de la sorcellerie, de la magie et au charlatanisme le plus effronté. L'un d'eux, dit-on, avait même fait bêler un agneau dans l'estomac de l'homme qui l'avait dérobé et mangé. Ces populations ignorantes ajoutent une entière foi à ces prodiges, et il faut avouer à regret que cela contribue singulièrement au bon ordre, à la tranquillité de la ville, à la prospérité du pays.

De Damer, Burckhardt gagna Schendy, où il séjourna un mois entier, sans que personne soupçonnât sa qualité d'infidèle. Peu importante lors du voyage de Bruce, Schendy possédait alors un millier de maisons. Il s'y fait un commerce considérable, où le dourrah, les esclaves et les chameaux remplacent le numéraire. Les articles les plus offerts sont de la gomme, de l'ivoire, de l'or en lingots et des plumes d'autruche.

Le nombre d'esclaves vendus annuellement à Schendy s'élèverait, selon
Burckhardt, à cinq mille, dont deux mille cinq cents pour l'Arabie, quatre cents
pour l'Égypte, mille pour Dongola et le littoral de la mer Rouge.

Le voyageur profita de son séjour à la frontière du Sennaar pour recueillir
quelques informations sur ce royaume. On lui raconta, entre autres particularités curieuses, que le roi, ayant un jour invité l'ambassadeur de Méhémet-
Ali à une revue de sa cavalerie qu'il croyait formidable, l'envoyé lui demanda
la permission de le faire assister à l'exercice de l'artillerie turque. A la première
décharge de deux petites pièces de campagne montées sur des chameaux, la
cavalerie, l'infanterie, les curieux, la cour et le roi lui-même s'enfuirent épouvantés !

Burckhardt vendit sa petite pacotille ; puis, lassé des persécutions des mar-
chauds égyptiens, ses compagnons de route, il joignit la caravane de Souakim
dans le but de parcourir le pays absolument inconnu qui sépare cette dernière
ville de Schendy. A Souakim, le voyageur comptait s'embarquer pour la Mecque,
dans l'espoir que le Hadji lui serait de la plus grande utilité pour la réalisa-
tion de ses projets ultérieurs.

« Les Hadjis, dit-il, forment un corps, et personne n'ose en attaquer un membre, crainte de se les mettre tous sur les bras. »

La caravane à laquelle se joignit Burckhardt était forte de cent cinquante
marchands et trois cents esclaves. Deux cents chameaux emportaient de lourdes
charges de tabac et de « dammour, » étoffe fabriquée dans le Sennaar.

Le premier objet intéressant qui frappa notre voyageur fut l'Atbara, dont les
bords frangés de grands arbres reposaient agréablement les yeux des déserts
arides jusque-là traversés.

Le cours du fleuve fut suivi jusqu'à la fertile contrée de Taka. La peau
blanche du cheik Ibrahim, — on sait que tel était le nom pris par Burckhardt,
— excitait dans plus d'un village les cris d'horreur de la gent féminine, peu
habituée à voir des Arabes.

« Un jour, raconte le voyageur, une fille de la campagne, à laquelle j'avais
acheté des oignons, me dit qu'elle m'en donnerait davantage, si je voulais me
décoiffer et lui montrer ma tête. J'en exigeai huit, qu'elle me livra sur-le-champ.
Quand elle vit, mon turban ôté, une tête blanche et tout à fait rasée, elle recula
d'horreur, et sur ce que je lui demandai, par plaisanterie, si elle voudrait d'un
mari qui eût une tête semblable, elle exprima le plus grand dégoût et jura
qu'elle préférerait le plus laid des esclaves amenés du Darfour. »

Un peu avant Goz-Radjeb, Burckhardt aperçut un monument qu'on lui dit être une église ou un temple, car le mot dont on se servit a les deux acceptions. Il se précipitait de ce côté, lorsque ses compagnons le rappelèrent en lui criant :

« Tout est plein de brigands dans les environs, tu ne peux faire cent pas sans être attaqué. »

Etait-ce un temple égyptien ? n'était-ce pas plutôt un monument de l'empire d'Axoum ? C'est ce que le voyageur ne put décider.

La caravane parvint enfin dans le pays de Taka ou El-Gasch, grande plaine inondée, de juin à juillet, par la crue de petites rivières, dont le limon est d'une fertilité merveilleuse. Aussi recherche-t-on le dourrah qui y pousse et se vend-il à Djeddah vingt pour cent plus cher que le meilleur millet d'Égypte.

Les habitants, appelés Hadendoa, sont traîtres, voleurs, sanguinaires, et leurs femmes sont presque aussi corrompues que celles de Schendy et de Berber.

Lorsque l'on quitte Taka pour gagner Souakim et le bord de la mer Rouge, il faut traverser une chaîne de montagnes de calcaire où l'on ne rencontre le granit qu'à Schinterab. Cette chaîne ne présente aucune difficulté. Aussi le voyageur arriva-t-il sans encombre à Souakim le 26 mai.

Mais les misères que Burckhardt devait éprouver n'étaient pas finies. L'émir et l'aga s'étaient entendus pour le dépouiller, et il était traité comme le dernier des esclaves, lorsque la vue des firmans qu'il tenait de Mehemet-Ali et d'Ibrahim-Pacha, changea complètement la scène. Loin d'aller en prison comme il en était menacé, le voyageur fut emmené chez l'aga, qui voulut le loger et lui faire don d'une jeune esclave.

« Cette traversée de vingt à vingt-cinq jours, dit M. Vivien de Saint-Martin, entre le Nil et la mer Rouge, était la première qu'un Européen eût jamais effectuée. Elle a valu à l'Europe les premières informations précises que l'on ait eues sur les tribus, en partie nomades, en partie sédentaires, de ces cantons. Les observations de Burckhardt sont d'un intérêt soutenu. Nous connaissons peu de lectures plus substantiellement instructives et, cependant, plus attachantes. »

Burckhardt put s'embarquer, le 7 juillet, sur un bateau du pays et gagner onze jours plus tard Djeddah, qui est comme le port de la Mecque.

Djeddah est bâtie au bord de la mer et entourée de murs impuissants contre l'artillerie, mais qui suffisaient parfaitement à la défendre contre les Wahabites. Ceux-ci, qu'on a qualifiés de « puritains de l'islamisme », forment une secte dissidente, dont la prétention était de ramener le mahométisme à sa simplicité primitive.

« Une batterie, dit Burckhardt, garde l'entrée du côté de la mer et commande tout le port. On y voit sur son affût une énorme pièce d'artillerie qui porte un boulet de cinq cents livres et qui est si célèbre sur tout le golfe Arabique que sa seule réputation est une protection pour Djeddah. »

Un des grands inconvénients de cette ville, c'est son manque d'eau douce, qu'il faut aller tirer de puits situés à près de deux milles de là. Sans jardins, sans végétaux, sans dattiers, Djeddah, malgré sa population de douze à quinze mille âmes, — chiffre que vient doubler la saison du pèlerinage, — présente un aspect absolument original. Sa population est loin d'être autochtone; elle se compose d'indigènes de l'Hadramazt, de l'Yemen ou d'Indiens de Surate et de Bombay, de Malais, qui, venus en pèlerinage, ont fait souche dans la ville.

Au milieu de détails très minutieux sur les mœurs, la manière de vivre, le prix des denrées, le nombre des marchands, on rencontre dans le récit de Burckhardt plus d'une anecdote intéressante.

Parlant des usages singuliers des habitants de Djeddah, le voyageur dit : « Presque tout le monde a l'habitude d'avaler chaque matin une tasse à café pleine de « ghi » ou beurre fondu. Ensuite, on boit le café, ce qui est regardé comme un tonique puissant, et ces gens y sont tellement habitués depuis leur plus tendre jeunesse, qu'ils se sentiraient très incommodés s'ils en discontinuaient l'usage. Ceux des hautes classes se contentent de boire la tasse de beurre, mais ceux des classes inférieures y ajoutent une demi-tasse de plus, qu'ils aspirent par les narines, supposant qu'ils empêcheront par là le mauvais air d'entrer dans leur corps par ces ouvertures. »

Le 24 août, le voyageur quitta Djeddah pour Taïf. Le chemin traverse une chaîne de montagnes, des vallées aux paysages romantiques et d'une verdure luxuriante qu'on est tout surpris de rencontrer. Burckhardt y fut pris pour un espion anglais, étroitement surveillé. Malgré le bon accueil apparent du pacha, il n'eut aucune liberté de mouvements, et ne put donner carrière à ses goûts d'observateur.

Taïf est renommée, parait-il, pour la beauté de ses jardins; ses roses et ses raisins sont transportés dans tous les cantons du Hedjaz. Cette ville faisait un commerce considérable et avait atteint une grande prospérité, avant d'être pillée par les Wahabites.

La surveillance dont Burckhardt était l'objet hâta son départ, et, le 7 septembre, il prenait la route de la Mecque. Très versé dans l'étude du Coran, connaissant à merveille les pratiques de l'islamisme, Burckardt était à même de jouer très sérieusement son rôle de pèlerin. La première précaution qu'il prit fut de revêtir, comme la loi le prescrit pour tout fidèle qui entre à la Mecque, « l'ihram, » pièces de calicot sans couture, l'une enveloppant les reins, l'autre jetée sur le cou et les épaules. Le premier devoir du pèlerin est d'aller au Temple avant même de songer à se procurer un gîte. Burckhardt ne manqua pas à cette prescription, pas plus qu'à l'observation des rites et des cérémonies ordonnées en pareil cas, toutes choses d'un intérêt spécial, mais, par cela même, trop restreint pour que nous nous y arrêtions.

« La Mecque, dit Burckhardt, peut être appelée une jolie ville. Ses rues sont en général plus larges que celles des autres villes de l'Orient. Ses maisons sont hautes et bâties en pierres; les fenêtres, nombreuses, s'ouvrant sur les rues, lui donnent un air plus gai et plus européen qu'à celles d'Égypte ou de Syrie, dont les habitations ne présentent, à l'extérieur, qu'un petit nombre de fenêtres... Chaque maison a sa terrasse, dont le sol, revêtu de chaux, est légèrement incliné, de sorte que l'eau coule par des gouttières dans la rue. Ces plates-formes sont cachées par de petits murs en parapet; car, dans tout l'Orient, il est inconvenant pour un homme de s'y montrer, et on l'accuserait d'y épier les femmes, qui passent une grande partie de leur temps sur la terrasse de leur maison à y sécher le blé, à étendre le linge et à d'autres occupations domestiques. La seule place publique de la ville est la vaste cour de la Grande Mosquée. Peu d'arbres; pas un jardin ne récrée la vue, et la scène n'est animée que durant le pèlerinage par une multitude de boutiques bien garnies, que l'on trouve partout. Excepté quatre ou cinq maisons spacieuses, appartenant au shérif, deux médressés ou collèges, maintenant convertis en magasins à blé, et la mosquée, avec quelques bâtiments et des écoles qui y sont attachées, la Mecque ne peut se vanter d'aucun édifice public, et, à cet égard peut-être, elle le cède aux autres villes de l'Orient de la même étendue. »

Les rues ne sont point pavées, et, comme les égouts sont inconnus, il s'y forme des flaques d'eau et une boue dont rien ne peut donner une idée.

Quant à l'eau, on ne doit compter que sur celle du ciel, qu'on recueille dans des citernes, car celle que fournissent les puits est si saumâtre, qu'il est impossible de l'utiliser.

« A l'endroit où la vallée s'élargit le plus, dans l'intérieur de la ville, s'élève la mosquée appelée Beithou'llah ou El-Haram, édifice remarquable seulement à cause de la Kaaba qu'il renferme, car, dans d'autres villes de l'Orient, il y a des mosquées presque aussi grandes et bien plus belles. »

Cette mosquée est située sur une place oblongue, entourée à l'est d'une colonnade à quatre rangs, et le long des autres côtés à trois; les colonnes sont unies entre elles par des arcades en ogive; de quatre en quatre, elles supportent un petit dôme enduit de mortier et blanchi au dehors. Quelques-unes de

Marchande de pains de Djedda. *(Fac-simile Gravure ancienne.)*

ces colonnes sont en marbre blanc, en granit ou en porphyre, mais la plupart
sont en pierre ordinaire des montagnes de la Mecque.

Quant à la Kaaba, elle a été si souvent ruinée et réparée, qu'on n'y rencontre
pas trace d'une antiquité reculée. Elle existait avant la mosquée qui la renferme
aujourd'hui.

« La Kaaba est placée, dit le voyageur, sur une base haute de deux pieds
et présentant un plan fortement incliné. Comme son toit est plat, elle offre à
une certaine distance l'aspect d'un cube parfait. L'unique porte par laquelle on
y entre, et qui ne s'ouvre que deux ou trois fois l'an, est du côté du nord et à
peu près à sept pieds au-dessus du sol. C'est pourquoi l'on n'y peut pénétrer

Côtes et bateaux de la mer Rouge.

que par un escalier en bois... A l'angle nord-est de la Kaaba, près de la porte, est enchâssée la fameuse « pierre noire », qui forme une portion de l'angle du bâtiment, à quatre ou cinq pieds au-dessus du sol de la cour... Il est très difficile de déterminer avec exactitude la nature de cette pierre, dont la surface a été usée et réduite à son état actuel par les baisers et les attouchements de plusieurs millions de pèlerins. La Kaaba est entièrement couverte en dehors d'une grande tenture en soie noire, qui enveloppe ses côtés et laisse le toit à découvert. Ce voile ou rideau est nommé « kesoua », renouvelé tous les ans au temps du pèlerinage et apporté du Caire, où il est fabriqué aux dépens du Grand Seigneur. »

Jusqu'alors on n'avait pas eu de description aussi détaillée de la Mecque et de son sanctuaire. C'est ce qui nous a engagé à donner quelques extraits de la relation originale, extraits que nous pourrions multiplier, car elle renferme les renseignements les plus circonstanciés sur le puits sacré, appelé Zemzem, dont l'eau est regardée comme un remède infaillible pour toutes les maladies, sur la *Porte du Salut*, sur le Makam-Ibrahim, monument qui contient la pierre où s'asseyait Abraham quand il construisait la Kaaba, et qui conserve la marque de ses genoux, ainsi que sur tous les édifices renfermés dans l'enceinte du temple.

Depuis la description si précise et si complète de Burckhardt, ces lieux ont gardé la même physionomie. La même affluence de pèlerins y entonne les mêmes chants. Les hommes seuls ont changé.

La description des fêtes du pèlerinage et du saint enthousiasme des fidèles est suivie dans les relations de Burckhardt, d'une peinture qui nous fait envisager les suites de ces grandes réunions d'hommes, venus de toutes les parties du monde, sous les plus sombres couleurs.

« La fin du pèlerinage, dit-il, donne un aspect tout différent à la mosquée ; les maladies et la mortalité qui succèdent aux fatigues supportées pendant le voyage sont produites par le peu d'abri que procure l'Ihram, les logements insalubres de la Mecque, la mauvaise nourriture et quelquefois le manque absolu de vivres, et remplissent le temple de cadavres, que l'on y apporte pour qu'ils reçoivent les prières de l'imam, ou bien ce sont des malades qui s'y font amener, et beaucoup, lorsque leur dernière heure approche, se font transporter à la colonnade, afin d'être guéris par la vue de la Kaaba, ou au moins d'avoir la consolation d'expirer dans l'enceinte sacrée. On voit de pauvres pèlerins, accablés par les maladies et par la faim, traîner leur corps épuisé le long de la colonnade, et, lorsqu'ils n'ont plus la force de tendre la main pour demander l'aumône aux passants, ils placent près de la natte où ils sont étendus une jatte pour recevoir ce que la pitié leur accordera. Lorsqu'ils sentent approcher leur dernier moment, ils se couvrent de leurs vêtements en lambeaux, et souvent un jour entier se passe avant que l'on s'aperçoive qu'ils sont morts. »

Terminons nos emprunts au récit de Burckhardt sur la Mecque par le jugement qu'il porte de ses habitants.

« Si les Mekkaouis ont de grandes qualités, s'ils sont affables, hospitaliers, gais et fiers, ils transgressent publiquement les prescriptions du Coran, buvant, jouant ou fumant. Les tromperies et les parjures ont cessé d'être des crimes chez les Mekkaouis; ils n'ignorent pas le scandale que ces vices occasionnent;

chacun d'eux se récrie contre la corruption des mœurs, mais aucun ne donne l'exemple de la réforme... »

Le 15 janvier 1815, Burckhardt partit de la Mecque avec une petite caravane de pèlerins qui allaient visiter le tombeau du Prophète. Le voyage jusqu'à Médine, de même qu'entre la Mecque et Djedda, se fait de nuit, ce qui le rend moins profitable à l'observateur, et, en hiver, moins commode que s'il se faisait en plein jour. Il faut traverser une vallée, couverte de buissons et de dattiers. dont l'extrémité orientale est bien cultivée, qui porte le nom d'Ouadi-Fatmé, mais qui est plus connue sous le simple nom d'El-Ouadi. Un peu plus loin, c'est la vallée d'Es-Ssafra, renommée pour ses grandes plantations de dattiers et marché de toutes les tribus voisines.

« Les bocages de dattiers, dit le voyageur, ont une étendue d'à peu près quatre milles; ils appartiennent aux habitants de Ssafra ainsi qu'aux Bédouins des environs, qui entretiennent des journaliers pris dans leur sein pour arroser la terre, et viennent eux-mêmes ici à la maturité des dattes. Les dattiers passent d'une personne à une autre dans le cours du commerce; on les vend isolément.... Le prix payé au père d'une fille que l'on épouse consiste souvent en trois dattiers. Ils sont tous plantés dans un sable profond, que l'on ramasse dans le milieu de la vallée et qu'on entasse autour de leurs racines; il doit être renouvelé tous les ans, et ordinairement les courants d'eau impétueux l'emportent. Chaque petit verger est entouré d'un mur en terre ou en pierre; les cultivateurs habitent plusieurs hameaux ou des maisons isolées, éparses entre les arbres. Le principal ruisseau jaillit dans un bocage auprès du marché; une petite mosquée s'élève à côté. Quelques grands châtaigniers l'ombragent. Je n'en ai pas vu ailleurs dans le Hedjaz... »

Il fallut à Burckhardt treize jours pour arriver à Médine. Cet assez long voyage ne fut pas perdu pour lui, il recueillit de nombreux documents sur les Arabes et sur les Wahabites. Comme à la Mecque, le premier devoir du pèlerin est d'aller visiter le tombeau et la mosquée de Mahomet. Cependant, les cérémonies sont beaucoup plus aisées et plus courtes, et il ne fallut qu'un quart d'heure au voyageur pour se mettre en règle.

Déjà le séjour de la Mecque avait été très préjudiciable à Burckhardt. Il fut attaqué à Médine de fièvres intermittentes qui devinrent bientôt quotidiennes; puis, ce fut une fièvre tierce accompagnée de vomissements; elle l'eut bientôt réduit à ne plus pouvoir se lever de son tapis sans l'aide de son esclave, « pauvre diable, qui, par sa nature et ses habitudes, s'entendait mieux à soigner un chameau qu'à garder son maître affaibli et abattu. »

Cloué pendant plus de trois mois à Médine par une fièvre due au mauvais climat, à la qualité détestable de l'eau et au grand nombre de maladies alors régnantes, Burckhardt dut renoncer au projet qu'il avait formé de traverser le désert jusqu'à Akaba afin de gagner au plus vite Yambo, où il pourrait s'embarquer pour l'Égypte.

« Médine est, après Alep, dit il, la ville la mieux bâtie que j'aie vue dans l'Orient. Elle est entièrement en pierres ; les maisons ont généralement deux étages et des toits plats. Comme elles ne sont pas blanchies et que la pierre est de couleur brune, les rues ont un aspect sombre et sont pour la plupart très étroites, n'ayant souvent que deux à trois pas de large. Maintenant, Médine a un aspect désolé ; on laisse dépérir les maisons. Leurs propriétaires, qui autrefois tiraient un grand profit de l'affluence des pèlerins, voient leurs revenus diminuer (à cause de la défense faite par les Wahabites de visiter le tombeau de Mahomet, qu'ils considèrent comme un simple mortel). Le précieux joyau de Médine, qui place cette ville de niveau avec la Mecque, est la Grande Mosquée, contenant le tombeau de Mahomet... Elle est plus petite que celle de la Mecque... d'ailleurs, elle est bâtie sur un semblable plan : c'est une grande cour carrée entourée de tous côtés de galeries couvertes et ayant au centre un petit édifice... C'est près de l'angle du sud-est que se trouve le fameux tombeau... Une grille de fer peinte en vert entoure la tombe. Elle est d'un bon travail, imitant le filigrane, et entrelacée d'inscriptions en cuivre. On entre dans cette enceinte par quatre portes, dont trois restent constamment fermées. La permission d'y pénétrer est accordée gratis aux gens de marque, les autres peuvent l'acheter des principaux eunuques au prix d'une quinzaine de piastres. On distingue dans l'intérieur une tenture qui entoure le tombeau et qui n'en est éloignée que de quelques pas... »

Selon l'historien de Médine, cette tenture couvre un édifice carré de pierres noires soutenu par deux colonnes et dans l'intérieur duquel sont les sépultures de Mahomet et de ses deux plus anciens disciples, Abou-Bekr et Omar. Il dit aussi que ces sépulcres sont des trous profonds et que le cercueil, qui renferme la cendre de Mahomet, est revêtu d'argent et surmonté d'une dalle de marbre avec cette inscription : « Au nom de Dieu, accorde-lui ta miséricorde. »

Les contes, jadis répandus en Europe sur le tombeau du Prophète, qui était, disait-on, suspendu en l'air, sont inconnus dans le Hedjaz.

Le trésor de la Mosquée fut en grande partie pillé par les Wahabites, mais il y a lieu de croire que ceux-ci avaient été précédés à mainte reprise par les gardiens successifs du tombeau.

On trouve encore dans la relation de Burckhardt bien d'autres détails intéressants sur Médine et ses habitants, sur les environs et les lieux ordinaires de pèlerinage. Nous avons fait des emprunts assez importants au récit de Burckhardt pour que le lecteur, désireux de se pénétrer plus intimement des mœurs et des usages des Arabes, qui n'ont pas changé, ait envie de recourir au texte lui-même.

Le 21 avril 1815, Burckhardt se joignit à une caravane qui le conduisit au port de Yambo, où régnait la peste. Le voyageur ne tarda pas à tomber malade. Il devint même si faible qu'il lui fut impossible de se réfugier à la campagne. Quant à s'embarquer, il n'y fallait pas penser, tous les bâtiments prêts à mettre à la voile étant encombrés de soldats malades. Il fut donc forcé de rester dix-huit jours dans cette ville insalubre, avant de pouvoir prendre passage sur un petit bâtiment, qui l'emmena à Cosseïr et de là en Égypte.

A son retour au Caire, Burckhardt apprit la mort de son père. La constitution du voyageur avait été profondément ébranlée par la maladie. Aussi ne put-il qu'en 1816 faire l'ascension du mont Sinaï. Les études d'histoire naturelle, la rédaction de ses journaux de voyage, le soin de sa correspondance l'occupèrent jusqu'à la fin de 1817, époque à laquelle il comptait se joindre à la caravane du Fezzan. Mais, attaqué soudain par une fièvre violente, il succomba au bout de quelques jours en disant : « Écrivez à ma mère que ma dernière pensée a été pour elle. »

Burckhardt était un voyageur accompli. Instruit, exact jusqu'à la minutie, courageux et patient, doué d'un caractère droit et énergique, il a laissé des écrits infiniment précieux. La relation de son voyage en Arabie, dont il ne put malheureusement pas visiter l'intérieur, est si complète, si précise, que, grâce à lui, on connaissait mieux alors ce pays que certaines contrées de l'Europe.

« Jamais, écrivait-il dans une lettre adressée du Caire à son père, le 13 mars 1817, jamais je n'ai dit un mot sur ce que j'ai vu et rencontré que ma conscience ne justifie pleinement, car ce n'a pas été pour écrire un roman que je me suis exposé à tant de dangers... »

Les explorateurs, qui se sont succédé dans les pays visités par Burckhardt, sont unanimes pour certifier l'exactitude de ces paroles et louer sa fidélité, ses connaissances, sa sagacité.

« Peu de voyageurs, dit la *Revue Germanique*, ont eu au même degré cette faculté d'observation fine et rapide qui est un don de nature, rare comme toutes les qualités éminentes. Il y a chez lui comme une sorte d'intuition qui lui fait discerner le vrai, même en dehors de son observation personnelle ; aussi ses informations orales ont-elles en général une valeur que présente rarement cette

nature de renseignements. Son esprit solide, mûri bien avant l'âge par la
réflexion et l'étude (Burckhardt, quand la mort l'a frappé, était seulement dans sa
trente-troisième année), va droit au but et s'arrête au point juste ; sa narration,
toujours sobre, renferme, on peut dire, plus de choses que de mots, et cependant ses récits se lisent avec un charme infini ; l'homme s'y fait aimer autant
que le savant et l'excellent observateur. »

Tandis que les terres bibliques étaient l'objet des recherches de Seetzen et de
Burckhardt, l'Inde, la patrie d'origine de la plupart des langues européennes,
allait devenir le centre d'études multiples, embrassant la linguistique, la littérature, la religion, tout aussi bien que la géographie. Nous ne nous occuperons
pour le moment que des recherches ayant trait aux nombreux problèmes de
géographie physique, dont les conquêtes et les études de la Compagnie des
Indes devaient assurer peu à peu la complète solution.

Nous avons raconté, dans un volume précédent, comment la domination por-
tugaise s'était établie aux Indes. L'union du Portugal avec l'Espagne, en 1599,
avait amené la chute des colonies portugaises, qui tombèrent entre les mains de
la Hollande et de l'Angleterre. Cette dernière ne tarda pas à accorder le monopole du commerce des Indes à une Compagnie qui devait jouer un rôle historique important.

A ce moment, le grand empereur mogol Akbar, le septième descendant de Ti-
mour-Leng, avait établi un vaste empire dans l'Hindoustan et le Bengale, sur les
ruines des États radjpouts. Cet empire, grâce aux qualités personnelles d'Akbar,
qui lui avaient valu le surnom de « Bienfaiteur des hommes », était dans tout
l'éclat de sa splendeur. Shah-Djahan continua la tradition paternelle, mais
Aureng-Zeb, petit-fils d'Akbar, doué d'une ambition insatiable, assassina ses
frères, fit prisonnier son père et s'empara du pouvoir. Tandis que l'empire
mogol jouissait d'une paix profonde, un aventurier de génie, Sewadji, jetait les
fondements de l'empire mahratte. L'intolérance religieuse d'Aureng-Zeb, sa
politique astucieuse, amenèrent le soulèvement des Radjpouts, et une lutte qui,
en dévorant les ressources les plus claires de l'empire, ébranla sa puissance.
Aussi la décadence suivit-elle la mort de ce grand usurpateur.

Jusqu'alors la Compagnie des Indes n'avait pu accroître la mince bande de
territoire qu'elle possédait autour de ses ports, mais elle allait habilement profiter des compétitions des nababs et des rajahs de l'Hindoustan. Ce n'est,
toutefois, qu'après la prise de Madras par La Bourdonnais en 1746 et pendant la
lutte contre Dupleix, que l'influence et le domaine de la Compagnie anglaise
'étendirent sensiblement.

Grâce à la politique astucieuse, déloyale et cynique des gouverneurs anglais Clive et Hastings, qui, employant tour à tour la force, la perfidie ou la corruption, ont fondé sur les ruines de leur honneur la grandeur de leur patrie, la Compagnie possédait, à la fin du siècle dernier, un immense territoire, peuplé de soixante millions d'individus. C'étaient le Bengale, le Behar, les provinces de Bénarès, de Madras et des Circars du nord. Seul, le sultan de Mysore, Tippoo-Saëb, lutte avec énergie contre les Anglais, mais il ne peut tenir tête à la coalition que le colonel Wellesley a su réunir contre lui. N'ayant plus un ennemi redoutable, la Compagnie supprime quelques velléités de résistance par des pensions, et, sous prétexte de protection, impose aux derniers rajahs indépendants une garnison anglaise qu'ils doivent entretenir à leurs frais.

On pourrait croire que la domination anglaise n'avait su que se faire haïr. Il n'en est rien. La Compagnie, respectueuse des droits des individus, n'avait rien changé à la religion, aux lois, aux mœurs.

Aussi ne faut-il pas s'étonner que les voyageurs, alors même qu'ils s'aventuraient en des régions n'appartenant pas en propre à la Grande-Bretagne, n'aient couru que peu de dangers. En effet, dès qu'elle avait pu faire trêve à ses préoccupations politiques, la Compagnie des Indes avait encouragé les explorateurs de ses vastes domaines. En même temps, elle dirigeait sur les pays limitrophes des voyageurs chargés de la renseigner. Ce sont ces différentes explorations que nous allons rapidement passer en revue.

Une des plus curieuses et des plus anciennes est celle de Webb aux sources du Gange.

Les notions que l'on possédait jusqu'alors sur ce fleuve étaient des plus incertaines et des plus contradictoires. Aussi, le gouvernement du Bengale, comprenant de quelle importance était pour le développement du commerce la reconnaissance de cette grande artère, organisa-t-il, en 1807, une expédition composée de MM. Webb, Raper et Hearsay, qui allaient être accompagnés de Cipayes, d'interprètes et de domestiques indigènes.

L'expédition arriva, le 1er avril 1808, à Herdouar, ville peu considérable sur la rive gauche du fleuve, mais dont la situation à l'entrée de la riche plaine de l'Hindoustan a fait un lieu de pèlerinage très fréquenté. C'est là que se font, pendant la saison chaude, les purifications dans l'eau du fleuve sacré.

Comme il n'y a pas de pèlerinage sans exposition ni vente de reliques, Herdouar est le siège d'un marché important, où l'on trouve des chevaux, des chameaux, de l'antimoine, de l'assa-fœtida, des fruits secs, des châles, des flèches, des mousselines et des tissus de coton ou de drap, productions du

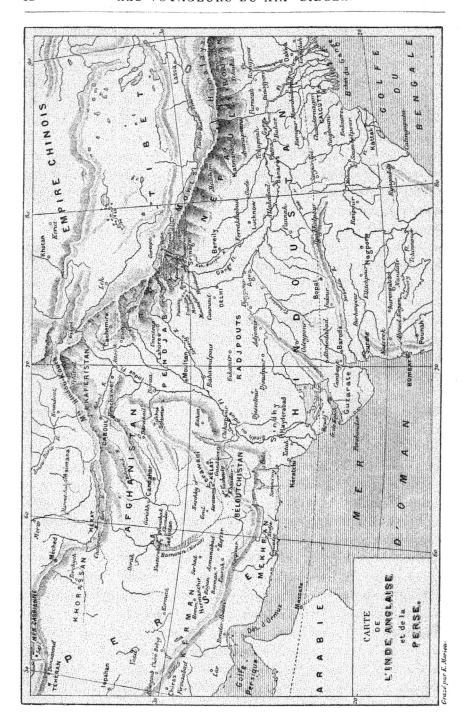

CARTE
DE
L'INDE ANGLAISE
et de la
PERSE.

Gravé par E. Morieu.

Pont de cordes. (Page 35.)

Pendjab, du Caboulistan et de Cachemire. Il faut ajouter qu'on y vendait des esclaves, de trois à trente ans, depuis dix jusqu'à cent cinquante roupies. C'est un curieux spectacle que cette foire où se rencontrent tant de physionomies, tant de langues, tant de costumes divers.

Le 12 avril, la mission anglaise, partie pour Gangautri, suivit une route plantée de mûriers blancs et de figuiers jusqu'à Gouroudouar. Un peu plus loin tournaient des moulins à eau d'une construction très simple, à cheval sur des ruisseaux bordés de saules et de framboisiers. Le sol était fertile, mais la tyrannie du gouvernement empêchait les habitants d'en tirer un parti convenable. Le pays devint bientôt montueux sans cesser de nourrir des pêchers,

des abricotiers, des noyers et d'autres arbustes européens. Puis il fallut
s'enfoncer au milieu de chaînes de montagnes, qui paraissaient se rattacher à
l'Himalaya.

Bientôt, au bas d'un col, fut aperçu le Baghirati, qui prend plus loin le nom de
Gange. Sur sa gauche, le fleuve était bordé de hautes montagnes assez arides ;
à droite s'étendait une vallée fertile. Au village de Tchivali, on cultive en
grand le pavot destiné à faire l'opium ; les paysans, sans doute à cause de la
qualité de l'eau, y avaient tous des goitres.

A Djosvara fut passé un pont de corde qu'on appelle « djoula, » construction
singulière et dangereuse.

« On enfonce en terre de chaque côté de la rivière, dit Webb, deux pieux
très forts à trois pieds de distance l'un de l'autre, et l'on place en travers une
autre pièce de bois ; on y attache une douzaine ou plus de grosses cordes que
l'on fixe à terre avec de grands tas de bois. Elles sont partagées en deux paquets
séparés entre eux par un espace d'un pied ; au-dessous, on tend une échelle de
corde nouée aux premières, qui tiennent lieu de parapet. De petites branches
d'arbres placées à deux pieds et demi de distance et quelquefois à trois pieds
les unes des autres, forment le plancher du pont. Généralement très minces,
elles ont l'air d'être à chaque instant sur le point de se casser, ce qui porte
naturellement le voyageur à compter sur le secours des cordes formant le
parapet et à les tenir constamment sous le bras. Le premier pas que l'on
hasarde sur une machine aussi vacillante est bien propre à causer des étour-
dissements, car en marchant on lui imprime un mouvement qui la fait balancer de chaque côté, et le fracas du torrent au-dessus duquel on est suspendu
ne rassure pas. Le passage est d'ailleurs si étroit, que si deux personnes se
rencontrent, il faut que l'une se range entièrement d'un côté pour faire place à
l'autre. »

La mission traversa ensuite la ville de Baharat, dont la plupart des maisons
n'avaient pas été reconstruites depuis le tremblement de terre de 1803. Le marché
qui se tient dans cette ville, la difficulté de se procurer des vivres dans les villages
plus élevés, sa position centrale, — là viennent aboutir les routes de Djemauhi,
Kedar-Nath et Srinagar, — ont dû contribuer à donner, de tout temps, une certaine
importance à cette localité. A partir de Batheri, la route devint si mauvaise
qu'il fallut abandonner les bagages. Le chemin n'étant bientôt plus qu'un sentier qui côtoyait des précipices, au milieu d'éboulis de cailloux et de rochers,
on dut renoncer à aller plus loin.

Devaprayaga est située au confluent du Baghirati et de l'Alcananda. Le premier de ces cours d'eau, qui vient du Nord, roule avec fracas et impétuosité ; le second, plus paisible, plus profond et plus large, n'en monte pas moins de quarante-six pieds au-dessus de son niveau ordinaire, pendant la saison des pluies. C'est la jonction de ces deux rivières qui forme le Gange.

Là est un lieu saint et vénéré dont les brahmines ont su tirer un excellent parti, en établissant des sortes de piscines où, moyennant une redevance, les pèlerins peuvent faire leurs ablutions, sans risquer d'être emportés par le courant.

L'Alcananda fut passé sur un pont à coulisse ou « dindla. »

« Ce pont consiste, dit la relation, en trois ou quatre grosses cordes fixées aux deux rives et auxquelles on suspend, par des cerceaux placés à chacune de ses extrémités, un petit coffre de dix-huit pouces carrés. Le voyageur s'y asseoit et on le fait passer d'une rive à l'autre par le moyen d'une corde que tire un homme placé sur la rive opposée. »

Le 13 mai, l'expédition entrait à Srinagar. La curiosité des habitants était tellement surexcitée, que les magistrats envoyèrent un message aux Anglais pour les prier de se promener dans la ville.

Déjà visitée en 1796 par le colonel Hardwick, Srinagar avait été démolie presque entièrement par le tremblement de terre de 1803, et, en outre, conquise la même année par les Gorkhalis. C'est dans cette ville que Webb fut rejoint par les émissaires qu'il avait envoyés à Gangautri sur la route que lui-même n'avait pu suivre. Ils avaient visité la source du Gange.

« Un grand rocher, dit-il, des deux côtés duquel l'eau coulait et était très peu profonde, offrait une ressemblance grossière avec le corps et la bouche d'une vache. C'est à un creux qui se trouve à une extrémité de sa surface, que l'imagination a attaché l'idée de l'objet qu'elle croyait voir en le nommant *Gaoumokhi*, ou la bouche de la vache, qui, selon le bruit populaire, vomit l'eau du fleuve sacré. Un peu plus loin, il est impossible d'avancer ; les Indous avaient en face une montagne escarpée comme un mur ; le Gange paraissait sortir de dessous la neige qui était au pied ; la vallée se terminait en ce lieu... Personne n'est jamais allé au delà. »

Pour revenir, la mission ne suivit pas le même itinéraire. Elle vit les confluents du Gange et du Keli-Ganga ou Mandacni, grande rivière sortie des monts du Kerdar, croisa sur sa route d'immenses troupeaux de chèvres et de moutons chargés de grains, traversa un grand nombre de défilés, passa par les villes de Badrinath, de Manah, enfin arriva par un froid rigoureux et sous une neige intense à la cascade de Barsou.

« C'est ici, dit Webb, le terme des dévotions des pèlerins. Quelques-uns y viennent pour se faire arroser par la pluie d'eau sainte de la cascade. On distingue, en ce lieu, le cours de l'Alcananda jusqu'à l'extrémité de la vallée au sud-ouest, mais son lit est entièrement caché sous des monceaux de neige, qui s'y sont probablement accumulés depuis des siècles. »

Webb nous donne aussi quelques détails sur les femmes de Manah. Elles avaient au cou, aux oreilles, au nez, des colliers et des ornements d'or et d'argent qui ne s'accordaient aucunement avec leur mise grossière. Quelques enfants portaient aux bras et au cou des anneaux et des colliers d'argent pour la valeur de six cents roupies.

En hiver, cette ville, qui fait un grand commerce avec le Thibet, est complètement ensevelie sous la neige. Aussi les habitants se réfugient-ils dans les villes voisines.

A Badrinath, la mission visita le temple renommé, au loin, pour sa sainteté. Sa structure et son apparence, tant extérieure qu'intérieure, ne donnent aucune idée des sommes immenses que coûte son entretien. C'est un des sanctuaires les plus anciens et les plus vénérés de l'Inde. Les ablutions s'y font dans des bassins alimentés par une eau sulfureuse très chaude.

« On compte un grand nombre de sources chaudes, dit la relation, qui ont, chacune, leur dénomination et leur vertu particulière, et dont, sans doute, les brahmines savent tirer bon parti. C'est ainsi que le pauvre pèlerin, en pratiquant successivement les ablutions requises, voit diminuer sa bourse ainsi que la somme de ses péchés, et les nombreux péages qu'on lui demande sur ce chemin du paradis peuvent lui donner lieu de penser que la voie étroite n'est pas la moins coûteuse. »

Ce temple possède sept cents villages, concédés par le gouvernement, donnés en garantie de prêts ou achetés par de simples particuliers qui en ont fait offrande.

La mission était à Djosimah le 1ᵉʳ juin. Là, le brahmine qui lui servait de guide reçut, du gouvernement du Népaul, l'ordre de reconduire au plus vite les voyageurs sur les terres de la Compagnie. Celui-ci comprenait, un peu tard, il faut en convenir, que la reconnaissance accomplie par les Anglais avait un but politique tout autant que géographique. Un mois plus tard, Webb et ses compagnons rentraient à Delhi, après avoir établi définitivement le haut cours du Gange et reconnu les sources du Baghirati et de l'Alcananda, c'est-à-dire après avoir complètement atteint le but que la Compagnie s'était proposé.

En 1808, le gouvernement anglais résolut d'envoyer une nouvelle mission dans le Pendjab, alors placé sous la domination de Rendjeit-Singh. La relation anonyme qui en a été publiée dans les *Annales des Voyages* renferme certaines particularités intéressantes. Aussi lui ferons-nous quelques emprunts.

Le 6 avril 1808, l'officier anglais, chargé de la mission, arriva à Herdouar, ville qu'il représente comme le rendez-vous d'un million d'individus au moment de sa foire annuelle. A Boria, située entre la Jumna et le Seteedje, le voyageur fut en butte à la curiosité indiscrète des femmes, qui lui demandèrent la permission de venir le voir.

« Leurs regards et leurs gestes, dit la relation, exprimaient leur étonnement. Elles s'approchèrent de moi en riant de tout leur cœur ; le teint de mon visage excitait leur gaieté. Elles m'adressèrent une foule de questions, me demandèrent si je ne portais pas de chapeau, si j'exposais ma figure au soleil, si je restais toujours renfermé ou si je ne sortais que sous un abri et si je couchais sur la table placée dans ma tente ; mon lit se trouvait cependant tout à côté, mais les rideaux en étaient fermés. Ensuite, elles l'examinèrent dans le plus grand détail, puis la doublure de ma tente et tout ce qui en dépendait. Elles avaient toutes des figures gracieuses ; leurs traits offraient de la douceur et de la régularité ; leur teint était olivâtre et formait un contraste agréable avec leurs dents blanches et bien rangées, particularité qui distingue tous les habitants du Pendjab. »

Moustafabad, Moulana et Umballa furent successivement visitées par l'officier anglais. Le pays qu'il traversait est habité par les Sikhs, dont la bienfaisance, l'hospitalité et l'amour de la vérité forment le fond du caractère. C'est, dit l'auteur, la meilleure race d'hommes de l'Inde. Patiata, Makeouara, Fegouara, Oudamitta, où lord Lake était entré en 1805 à la poursuite d'un chef mahratte, et enfin Umritsar, furent des étapes facilement franchies.

Umritsar est mieux bâtie que les principales villes de l'Hindoustan. C'est le plus grand entrepôt du commerce des châles et du safran, ainsi que d'autres marchandises du Dekkan.

« Le 14, ayant mis des souliers blancs à mes pieds, dit le voyageur, j'ai visité avec les cérémonies requises l'Amretsir ou le bassin du breuvage de l'immortalité, d'où la ville a pris son nom. C'est un bassin d'environ cent trente-cinq pas carrés, construit en briques cuites, au milieu duquel s'élève un joli temple dédié à Gourougovind-Singh. On y arrive par une chaussée ; il est élégamment décoré en dedans et en dehors, et le rajah y ajoute souvent de nouveaux ornements à ses frais. C'est dans ce lieu sacré qu'est placé, sous un dais de soie, le livre des lois écrit par Gourou en caractères gourou-moukhtis. Le temple s'appelle Hermendel, ou la demeure de Dieu. Près de six cents « akalis » ou prêtres sont attachés à son service; ils se sont bâti des maisons commodes avec le produit des contributions volontaires des dévôts qui viennent visiter le temple. Quoique les prêtres soient l'objet d'un respect infini, ils ne sont cependant pas absolument exempts de vices. Dès qu'ils ont de l'argent, ils le dépensent avec la même facilité qu'ils l'ont gagné. Le concours de jolies femmes qui vont tous les matins au temple est réellement prodigieux; celles qui composent ces groupes de beautés l'emportent infiniment par l'élégance de leurs personnes, les belles proportions de leurs formes et les traits de leurs visages, sur les femmes des classes inférieures de l'Hindoustan. »

Après Umritsar, Lahore eut la visite de l'officier. Il est assez curieux de savoir ce qu'il restait de cette grande ville au commencement de notre siècle. « Les murs, très hauts, dit-il, sont ornés en dehors avec tout le luxe du goût oriental, mais ils tombent en ruines, de même que les mosquées et les maisons de la ville. Le temps appesantit sur cette ville sa main destructive, comme à Delhi et à Agra. Déjà les ruines de Lahore sont aussi étendues que celles de cette ancienne capitale. »

Le voyageur fut reçu trois jours après son arrivée par Rendjeit-Singh, qui l'accueillit avec politesse et s'entretint avec lui principalement d'art militaire. Le rajah avait alors vingt-sept ans. Sa physionomie aurait été agréable, si la petite vérole ne l'eût privé d'un œil; ses manières étaient simples, affables, et l'on sentait en lui le souverain. Après avoir visité le tombeau de Schah Djahan, le Schalamar et les autres monuments de Lahore, l'officier regagna Delhi et les possessions de la Compagnie. On lui dut de connaître un peu mieux une contrée intéressante, qui ne devait pas tarder à tenter l'insatiable avidité du gouvernement anglais.

L'année suivante (1809), la Compagnie avait envoyé vers les émirs du Sindhy une ambassade composée de MM. Nicolas Hankey Smith, Henny Ellis, Robert Taylor, et Henry Pottinger. L'escorte était commandée par le capitaine Charles Christie.

Un bâtiment transporta la mission à Kératchi. Le gouverneur de ce fort ne voulut pas permettre le débarquement de l'ambassade avant d'avoir reçu ses instructions des émirs. Il s'ensuivit un échange de correspondances, à la suite desquelles l'envoyé, Smith, releva quelques impropriétés relatives au titre et au rang respectif du gouverneur général et des émirs. Le gouverneur s'en excusa sur son ignorance de la langue persane et dit que, ne voulant laisser subsister aucune trace de malentendu, il était prêt à faire tuer ou aveugler, au choix de l'envoyé, la personne qui avait écrit la lettre. Cette déclaration parut suffisante aux Anglais, qui s'opposèrent à l'exécution du coupable.

Dans leurs lettres, les émirs affectaient un ton de supériorité méprisant; en même temps, ils faisaient approcher un corps de huit mille hommes et mettaient toutes les entraves imaginables aux tentatives des Anglais pour se procurer les moindres renseignements. Après de longues négociations où l'orgueil britannique fut plus d'une fois humilié, l'ambassade reçut l'autorisation de partir pour Hayderabad.

Au delà de Kératchi, le principal port d'exportation du Sindhy, s'étend une vaste plaine sans arbres ni végétaux, tout le long de la mer. Il faut la traverser pendant cinq jours pour arriver à Tatah, ancienne capitale du Sindhy, alors déserte et ruinée. Des canaux la mettaient autrefois en communication avec le Sindh, fleuve immense, véritable bras de mer à son embouchure, sur lequel Pottinger réunit les détails les plus précis, les plus complets et les plus utiles qu'on eût encore.

Il avait été convenu d'avance que l'ambassade, sur une excuse plausible, se partagerait et gagnerait Hayderabad par deux routes différentes, afin de se procurer le plus de notions géographiques sur le pays. Elle ne tarda pas à y arriver, et les mêmes négociations difficiles durent avoir lieu pour la réception de l'ambassade, qui se refusa aux prétentions humiliantes des émirs.

« Le précipice sur lequel repose la façade orientale de la forteresse d'Hayderabad, dit Pottinger, le faîte des maisons et même les fortifications, tout était couvert d'une multitude de personnes des deux sexes qui, par leurs acclamations et leurs applaudissements, témoignaient de leurs bonnes dispositions pour nous. « Arrivés dans le palais, au lieu où ils devaient mettre pied à terre, les Anglais furent reçus par Ouli-Mohammed-Khan et plusieurs autres officiers d'un rang éminent; ils ont marché devant nous vers une vaste plate-forme ouverte, à l'extrémité de laquelle les émirs étaient assis. Cette plate-forme étant couverte des plus riches tapis de Perse, nous quittâmes nos souliers. Du moment où l'envoyé fit le premier pas vers les princes, ils se levèrent tous trois et restèrent debout jusqu'à ce qu'il fût arrivé à la place qui lui était marquée; un drap brodé qui la recouvrait la distinguait de celles des autres personnes de l'ambassade. Les princes nous adressèrent chacun des questions très polies sur nos santés. D'ailleurs, comme c'était une audience de pure cérémonie, tout se passa en compliments et en expressions de politesse... Les émirs portaient une grande quantité de pierres précieuses, outre celles qui ornaient les poignées et les fourreaux de leurs épées et de leurs poignards; et

Ils étaient assis par rang d'âge. (Page 40.)

l'on voyait briller à leurs ceinturons des émeraudes et des rubis d'une gros-
scur extraordinaire. Ils étaient assis par rang d'âge, l'aîné au milieu, le second
à sa droite, le plus jeune à gauche. Un tapis de feutre léger couvrait tout le
cercle; dessus était posé un matelas de soie d'environ un pouce d'épaisseur et
précisément assez grand pour que les trois princes y prissent place. »

La relation se termine par une description d'Hayderabad, — forteresse qui
aurait quelque peine à résister aux approches d'un ennemi européen, — et par
diverses considérations sur la nature de l'ambassade, qui avait en partie pour
but de fermer aux Français l'entrée du Sindhy. Dès que le traité fut conclu,
les Anglais regagnèrent Bombay.

Guerriers beloutchistans. (*Fac-simile. Gravure ancienne.*)

Grâce à ce voyage, la Compagnie connaissait mieux un de ses pays limitrophes et réunissait des documents précieux sur les ressources et les productions
d'une contrée traversée par un fleuve immense, l'Indus des anciens, qui, prenant
sa source dans l'Himalaya, pouvait facilement servir à l'écoulement des productions d'une immense zone de territoire. Le but atteint était plutôt politique
que géographique, mais la science profitait, une fois de plus, des nécessités de
la politique.

Le peu qu'on savait jusqu'alors sur l'espace compris entre le Caboulistan,
l'Inde, la Perse et la mer des Indes était aussi incomplet que défectueux.

La Compagnie, très satisfaite de la manière dont le capitaine Christie et le lieutenant Pottinger avaient accompli leur ambassade, résolut de leur confier une mission autrement délicate et difficile : rejoindre par terre à travers le Béloutchistan le général Malcolm, ambassadeur en Perse, et réunir sur cette vaste étendue de pays des données plus complètes et plus précises que celles qu'on possédait alors.

Il ne fallait pas songer à traverser, sous le costume européen, le Béloutchistan, dont la population était fanatique. Aussi Christie et Pottinger s'adressèrent-ils à un négociant hindou, qui fournissait des chevaux aux gouvernements de Madras et de Bombay, et celui-ci les accrédita comme ses agents pour Kélat, la capitale du Béloutchistan.

Le 2 janvier 1810, les deux officiers s'embarquèrent à Bombay pour Sonminy, seul port de mer de la province de Lhossa, où ils arrivèrent, après avoir relâché à Porebender, sur la côte de Guzarate.

Tout le pays que les voyageurs traversèrent avant d'arriver à Bela n'est qu'un immense marais salé, envahi par la jungle. Le « Djam », ou gouverneur de cette ville, était intelligent. Il fit aux Anglais une foule de questions, qui dénotaient son désir de s'instruire, et confia au chef de la tribu des Bezendjos, qui sont Béloutchis, le soin de mener les voyageurs à Kélat.

La température avait bien changé depuis Bombay. Pottinger et Christie eurent à souffrir dans les montagnes d'un froid excessivement vif, qui alla jusqu'à geler l'eau dans les outres.

« Kélat, dit Pottinger, la capitale de tout le Béloutchistan, ce qui lui a valu son nom de Kélat, ou *la Cité*, est située sur une hauteur à l'occident d'une plaine ou vallée bien cultivée, longue d'environ huit milles et large de trois. La plus grande partie de cette étendue est en jardins. La ville forme un carré. Trois côtés sont ceints par un mur en terre haut d'une vingtaine de pieds, flanqué, par intervalles de deux cent cinquante pas, de bastions, qui, ainsi que les murs, sont percés d'un grand nombre de barbacanes pour la mousqueterie..... Je n'eus pas l'occasion de visiter l'intérieur du palais, mais il n'offre qu'un amas confus de bâtiments communs en terre avec des toits plats en forme de terrasse ; le tout est défendu par des murs bas, garnis de parapets et percés de barbacanes. On compte dans la ville près de deux mille cinq cents maisons, mais il y en a à peu près la moitié autant dans les faubourgs ; elles sont en briques à demi cuites et en charpente, le tout enduit de mortier de terre. Les rues sont en général plus larges que celles des villes habitées par les Asiatiques. La plupart ont de chaque côté des trottoirs élevés pour les piétons ; dans le milieu, un ruisseau découvert, qui est une chose bien incommode par la grande quantité d'ordures et d'immondices que l'on y jette et par l'eau de pluie stagnante qui s'y arrête, car aucun règlement positif ne force de le nettoyer. Un autre grand obstacle à l'agrément et à la propreté de la ville tient à l'usage de faire avancer par-dessus la rue les étages supérieurs des maisons, ce qui en rend le dessous sombre et humide... Le bazar de Kélat est vaste et bien garni de marchandises de toute sorte. Chaque jour, il est fourni de viandes, d'herbages et de toute espèce de denrées, qui sont à bon marché. »

La population, d'après Pottinger, est partagée en deux classes bien distinctes, les Béloutchis et les Brahouis, et chacune d'elles est subdivisée en un grand nombre de tribus. La première tient du persan moderne par son aspect et sa langue ; le brahoui conserve au contraire un grand nombre d'anciens mots hindous. De nombreuses unions entre ces deux classes ont donné naissance à une troisième.

Les Béloutchis, sortis des montagnes du Mekhran, sont tunnites, c'est-à-dire qu'ils considèrent les quatre premiers imans comme les successeurs légitimes de Mahomet. Peuple pasteur, ils en ont les qualités et les défauts. S'ils sont hospitaliers, ils sont indolents, et passent leur temps à jouer et à fumer. Ils se bornent généralement à posséder une ou deux femmes, qu'ils sont moins jaloux que les autres musulmans de laisser voir aux étrangers. Ils ont un grand nombre d'esclaves des deux sexes, qu'ils traitent avec bonté. Excellents tireurs, ils sont chasseurs passionnés ; d'une bravoure à toute épreuve, ils se plaisent aux razzias, qui portent chez eux le nom de « tchépaos. » Ces expéditions sont, ordinairement, le fait des Nhérouis, les plus sauvages et les plus pillards des Béloutchis.

Quand aux Brahouis, ils poussent encore plus loin leurs habitudes errantes. Peu d'hommes sont plus actifs et plus forts, endurant aussi bien le froid glacial des montagnes que la chaleur embrasée des plaines. Généralement petits, aussi braves, aussi habiles tireurs, aussi fidèles à leur parole que les Béloutchis, ils ont un goût moins prononcé pour la rapine.

« Je n'ai vu aucun autre peuple asiatique, dit Pottinger, auquel·ils ressemblent, car un grand nombre ont la barbe et les cheveux bruns. »

· Après un assez court séjour à Kélat, les deux voyageurs, qui continuaient·à se faire passer pour des marchands de chevaux, jugèrent à propos de reprendre leur voyage ; mais, au lieu de suivre la grande route de Candahar, ils traversèrent un pays triste et stérile, fort peu peuplé, qu'arrose le Caïsser, rivière sans eau pendant l'été. Ils arrivèrent, sur la frontière de l'Afghanistan, dans une petite ville appelée Noschky ou Nouchky.

En cet endroit, des Béloutchis, qui semblaient leur vouloir du bien, leur représentèrent la difficulté de gagner le Khorassan et Hérat, sa capitale, par la route du Sedjistan.

« Gagnez le Kerman, leur disait-on, par Kedje et Benpour ou par Serhed, village à la frontière occidentale du Béloutchistan, et de là entrez dans le Nermanchir. »

L'idée de suivre deux routes sourit immédiatement à Christie et à Pottinger. Cette résolution était cependant contraire à leurs instructions, mais « nous trouvions notre excuse, dit Pottinger, dans l'avantage incontestable qui en résulterait, en procurant, sur les régions que nous étions chargés d'explorer, des connaissances géographiques et statistiques plus étendues que celles que l'on pourrait espérer si nous voyagions ensemble. »

Christie partit le premier par la route de Douchak ; nous le suivrons plus tard.

Quelques jours plus tard, Pottinger reçut à Nouschky, de son correspondant de Kélat, des lettres lui apprenant que des envoyés des émirs du Sindhy étaient à leur recherche, car ils avaient été reconnus, et que le soin de sa sûreté devait le déterminer à partir au plus tôt.

Le 25 mars, le lieutenant anglais prenait donc la route de Serawan, très petite ville située près de la frontière afghane. Avant d'y parvenir, Pottinger avait rencontré sur son chemin des monuments singuliers, tombeaux ou autels, dont la construction était attribuée aux « Guèbres, » ces adorateurs du feu, qui portent aujourd'hui le nom de « Parsis ».

Serawan est à six milles des monts Serawani, au milieu d'un canton stérile et nu. Cette ville ne doit sa fondation qu'à l'approvisionnement constant et considérable d'eau que lui fournit le Beli, avantage inappréciable dans une contrée continuellement exposée à la sécheresse, à la disette et à la famine.

Pottinger visita ensuite le district de Kharan, renommé pour la force et l'agilité de ses chameaux, et traversa le désert qui forme l'extrémité méridionale de l'Afghanistan. Le sable y est excessivement ténu, ses particules sont presque impalpables ; il forme, sous l'action du vent, des monticules de dix à vingt pieds de haut séparés par de profondes vallées. Même par un temps calme, un grand nombre de particules flottent dans l'air, donnent lieu à un mirage d'une espèce particulière, et, pénétrant dans les yeux, la bouche ou les narines, causent une irritation excessive en même temps qu'une soif inextinguible.

En pénétrant sur le territoire du Mekhran, Pottinger dut prendre le caractère d'un « pyrzadeh » ou saint, parce que la population est essentiellement pillarde et que sa qualité apparente de commerçant n'aurait pas manqué de lui attirer les aventures les plus désagréables.

Au village de Goul, dans le district de Daïzouk, succèdent le bourg ruiné d'Asmanabad, celui d'Hefter et la ville de Pourah, où Pottinger fut obligé d'avouer sa qualité de Frangui, au grand scandale du guide, qui, depuis deux mois qu'ils vivaient ensemble, ne s'en doutait pas, et auquel il avait donné mainte preuve de sainteté.

Enfin, épuisé de fatigue, à bout de ressources, Pottinger atteint Benpour, localité visitée, en 1809, par un capitaine d'infanterie cipaye du Bengale, M. Grant. Fort de l'excellent souvenir que cet officier a laissé, le voyageur se rend auprès du *Serdar*. Mais celui-ci, au lieu de mettre à sa disposition les secours nécessaires à la continuation de son voyage, au lieu de se contenter du faible présent que Pottinger lui a fait, trouve encore moyen d'extorquer une paire de pistolets, qui lui auraient été bien utiles dans ses pérégrinations.

Basman est le dernier lieu d'habitation fixe du Béloutchistan. On visite en ce lieu une source d'eau bouillante sulfureuse que les Béloutchis regardent comme un excellent spécifique dans les maladies cutanées.

Les frontières de la Perse sont loin d'être établies d'une manière scientifique. Aussi existe-t-il une large bande de territoire non pas neutre, mais sujette à contestation et théâtre ordinaire de luttes sanglantes.

La petite ville de Regan, dans le Nermanchir, est très jolie. C'est un fort, ou plutôt un village fortifié entouré de hautes murailles bien entretenues et munies de bastions.

Plus loin, dans la Perse même, on rencontre Bemm, ville autrefois très importante, comme en témoignent les ruines étendues dont elle est entourée. Pottinger y fut reçu avec beaucoup de cordialité par le gouverneur.

« Quand il fut près de l'endroit où je me trouvais, dit le voyageur, il se tourna vers un de ses gens et lui demanda où était le Frangui. On me désigna; il me fit signe de la main de le suivre, et en même temps son regard fixe, qui me toisait de la tête aux pieds, exprimait l'étonnement que lui causait ma mise ; elle était réellement assez étrange pour excuser l'impolitesse de son regard. J'avais une grosse chemise de Béloutchi et un pantalon qui jadis avait été blanc ; mais, depuis six semaines que je le portais, il tirait sur le brun et était presque en lambeaux ; ajoutez à cela un turban bleu, un morceau de corde en guise de ceinture et dans ma main un gros bâton qui m'avait rendu de grands services pour m'aider à marcher et à me défendre contre les chiens. »

Malgré l'état de délabrement du personnage loqueteux qui se présentait devant lui, le gouverneur reçut Pottinger avec autant de cordialité qu'on en peut attendre d'un musulman, et lui fournit un guide pour aller à Kerman.

C'est le 3 mai que le voyageur pénétra dans cette ville, avec le sentiment d'avoir accompli ce qu'il y avait de plus difficile dans son voyage et de se voir à peu près sauvé.

Kerman est la capitale de l'ancienne Karamanîe; c'était une ville florissante sous la domination afghane, et une fabrique de châles qui rivalisaient avec ceux de Cachemire.

En ce lieu, Pottinger fut témoin d'un spectacle fréquent dans ces pays où l'on fait peu de cas de la vie d'un homme, mais qui cause toujours à un Européen une impression d'horreur et de dégoût.

Le gouverneur de cette ville était à la fois gendre et neveu du shah et fils de sa femme..

« Le 15 mai, le prince jugea lui-même, dit le voyageur, des gens accusés d'avoir tué un de leurs domestiques. On peut difficilement se faire une idée de l'état d'incertitude et d'alarme dans lequel les habitants restèrent toute la journée. Les portes de la ville furent fermées, au moins pour empêcher de sortir. Les officiers du gouvernement ne s'occupèrent d'aucune affaire. Des gens furent mandés comme témoins, sans avertissement préalable. J'en vis deux ou trois conduits au palais dans un état d'angoisse qui n'eût pas été différent s'ils eussent été conduits au supplice. Vers trois heures après midi, le prince prononça la sentence contre les prévenus qui avaient été convaincus. Aux uns, on creva les deux yeux; à d'autres, on fendit la langue. A ceux-ci on coupa les oreilles, le nez, les lèvres; à ceux-là les deux mains, les doigts ou les orteils. J'appris que, durant tout le supplice de ces misérables que l'on mutilait, le prince était assis à la même fenêtre où je le vis et qu'il donna ses ordres sans le moindre signe de compassion ou d'horreur pour la scène qui se passait devant lui. »

De Kerman, Pottinger gagna Cheré-Bebig, ville située à égale distance de Yezd, de Chiraz et de Kerman, puis Ispahan, où il eut le plaisir de retrouver son compagnon Christie, et enfin Meragha, où il rencontra le général Malcolm. Il y avait sept mois que les voyageurs avaient quitté Bombay. Christie avait parcouru deux mille deux cent cinquante milles, et Pottinger deux mille quatre cent douze.

Mais il faut revenir en arrière et voir comment Christie allait se tirer du périlleux voyage qu'il avait entrepris. A bien meilleur compte et bien plus facilement que lui-même ne l'espérait!

Il avait quitté Noschky le 22 mars, traversé les monts Vachouty et un pays inculte, presque désert jusqu'aux bords du Helmend, rivière qui se jette dans le lac Hamoun.

« Le Helmend, dit Christie dans son rapport à la Compagnie, après avoir passé près de Candahar, coule sud-ouest et ouest, puis entre dans le Sedjistan environ à quatre jours de marche de Douchak ; il décrit un détour le long des montagnes, puis il forme un lac. A Pellalek, où nous étions, il est à peu près large de douze cents pieds et très profond; son eau est très bonne. A la distance d'un demi-mille de chaque côté, le pays est cultivé par irrigations, ensuite le désert commence, il s'élève en falaises perpendiculaires. Les bords de la rivière abondent en tamarix et fournissent aussi la pâture aux bestiaux. »

Le Sedjistan, situé sur les bords de cette rivière, ne renferme que cinq cents milles carrés. Les parties habitées sont les bords du Helmend, dont le lit s'enfonce tous les ans.

A Elomdar, Christie envoya chercher un Hindou, auquel il était recommandé. Celui-ci lui conseilla de renvoyer ses Béloutchis et de prendre le caractère d'un pèlerin. Quelques jours plus tard, il pénétrait à Douchak, qui porte aussi le nom de Djellahabad.

« Les ruines de l'ancienne ville couvrent un terrain au moins aussi grand que celui d'Ispahan, dit le voyageur. Elle a été bâtie, comme toutes les villes du Sedjistan, de briques à demi cuites; les maisons étaient à deux étages et avaient des toits voûtés. La ville moderne de Djellahabad est propre, jolie, et dans un état d'accroissement; elle renferme à peu près deux mille maisons et un bazar passable. »

De Douchak à Hérat, Christie fit la route assez facilement, n'ayant à prendre que certaines précautions pour soutenir son personnage.

Hérat est située dans une vallée entourée de hautes montagnes et arrosée par une rivière, ce qui fait qu'on ne voit partout que vergers et jardins. La ville couvre un espace de quatre milles carrés; elle est entourée d'un mur flanqué de tours et ceinte de fossés pleins d'eau. De grands bazars, garnis de nombreuses boutiques, la Mechedé-Djouma ou Mosquée du Vendredi, sont les principaux monuments de cette ville.

Aucune cité n'a moins de terrains vagues et une population plus agglomérée. Christie l'estime à cent mille habitants. C'est peut-être, de toute l'Asie soumise aux princes indigènes, la ville la plus commerçante. Entrepôt du trafic entre Caboul, Candahar, l'Hindoustan, le Cachemire et la Perse, Hérat produit certaines marchandises recherchées, les soies, le safran, les chevaux et l'assa-fœtida.

Costumes afghans. (*Fac-simile. Gravure ancienne.*)

« Cette plante, dit Christie, croît à la hauteur de deux à trois pieds ; la tige a deux pouces de diamètre ; elle est terminée par une ombelle, qui, dans sa maturité, est jaune et ressemble à un chou-fleur. Les Hindous et les Béloutchis l'aiment beaucoup ; ils la mangent, après avoir fait cuire la tige sous les cendres et étuver l'ombelle comme les autres plantes potagères ; elle conserve néanmoins son goût et son odeur nauséabonde. »

Comme tant d'autres villes orientales, Hérat possède de beaux jardins publics, mais on ne les soignait plus alors que pour leurs productions, qui étaient vendues au bazar.

Au bout d'un mois de séjour à Hérat, sous le déguisement d'un marchand

Une troupe de bayadères entra. (Page 52.)

de chevaux, Christie quitte la ville, ayant adroitement semé le bruit de son prochain retour, après le pèlerinage qu'il comptait faire à Méched. Il se dirige sur Yezd, à travers un pays ravagé par les Ouzbecks, qui ont détruit les réservoirs destinés à recevoir l'eau de pluie.

Yezd est une très grande ville, bien peuplée, à l'entrée d'un désert de sable. On lui donne le nom de « Dar-oul-Ebadet », ou le Siège de l'Adoration. Elle est renommée pour la sécurité dont on y jouit, ce qui a puissamment contribué au développement de son commerce avec l'Hindoustan, le Khorassan, la Perse et Bagdad.

« Le bazar, dit Christie, est vaste et bien fourni de marchandises. Cette ville

contient vingt mille maisons, indépendamment de celles des Guèbres. On estime
le nombre de ces derniers à quatre mille. C'est un peuple actif et laborieux,
quoique cruellement opprimé. »

De Yezd à Ispahan, où il descendit au palais de l'émir Oud-Daoulé, Christie
avait parcouru une distance de cent soixante-dix milles sur une bonne route.
Il eut le plaisir de rencontrer dans cette dernière ville, comme nous l'avons dit,
son compagnon Pottinger; les deux officiers n'eurent qu'à se féliciter mutuellement d'avoir si bien accompli leur mission et échappé à tous les dangers
d'une route aussi longue, à travers des pays fanatisés.

Comme on pourra peut-être en juger par le résumé que nous venons de faire,
le récit de Pottinger est extrêmement curieux. Bien plus précis que la plupart de ses devanciers, il a porté à la connaissance publique une foule de faits
historiques, d'anecdotes, d'appréciations et de descriptions géographiques des
plus intéressants.

Depuis le milieu du xviiie siècle, le Caboulistan n'avait cessé d'être le théâtre
de guerres civiles acharnées. Des compétiteurs, qui s'attribuaient plus ou moins
de droits au trône, avaient partout porté le fer et la flamme, et, de cette région,
autrefois riche et florissante, ils avaient fait un désert, où les ruines des cités
disparues semblaient le dernier témoignage d'une prospérité que l'on pouvait
croire à jamais éteinte.

Vers 1808, c'était Shujau-Oul-Moulk qui régnait à Caboul. L'Angleterre, plus
inquiète qu'on ne l'a longtemps soupçonné des projets formés par Napoléon
de l'attaquer dans l'Inde et des tentatives d'alliance qu'il avait faites auprès du
shah de Perse par l'intermédiaire du général Gardane, résolut d'envoyer une
ambassade au roi de Caboul, qu'il s'agissait de gagner aux intérêts de la Compagnie.

L'ambassadeur choisi fut Mountstuart Elphinstone, qui nous a laissé un très
intéressant récit de sa mission. On lui doit des informations absolument nouvelles sur toute cette région et sur les tribus qui la peuplent. Son livre a aujour-
d'hui un regain d'actualité, et l'on ne lit pas sans intérêt les pages consacrées aux Kybériens et aux autres peuplades montagnardes, mêlées aux événements qui se déroulent sous nos yeux.

Parti de Delhi au mois d'octobre 1808, Elphinstone gagna Canound, où commence un désert de sable mouvant, puis entra dans le Shekhawuttée, canton
habité par des Radjpouts. A la fin d'octobre, l'ambassade atteignait Singauna,
jolie ville, dont le rajah était un enragé fumeur d'opium.

« C'était, dit le voyageur, un petit homme, dont les gros yeux étaient enflammés par l'usage de l'opium. Sa barbe, relevée de chaque côté vers les oreilles, lui donnait un aspect sauvage et terrible. »

Djounjounha, dont les jardins causent une impression de fraîcheur au milieu de ces déserts, ne dépend pas encore du rajah de Bikanir, dont les revenus ne dépassent pas 1,250,000 francs. Comment ce prince peut-il encore percevoir des revenus aussi considérables avec un territoire aride et désert, que parcourent en tous sens des millions de rats, des hordes de gazelles ou d'ânes sauvages ?

« Le sentier, à travers les montagnes de sable, étant fort étroit, dit Elphinstone, décrivant la marche de sa caravane, deux chameaux à peine y pouvaient passer de front. Pour peu qu'un de ces animaux s'écartât, il s'enfonçait dans le sable comme dans la neige, en sorte que le moindre embarras à la tête de la colonne arrêtait toute la caravane. L'avant-garde ne pouvait plus marcher lorsque la queue était retenue, et, de peur que la division séparée de ses guides se perdît parmi les colonnes de sable, le son du tambour et de la trompette servait de signal pour empêcher toute séparation. »

Ne dirait-on pas la marche d'une armée ? Ces bruits guerriers, l'éclat des uniformes et des armes, tout cela pouvait-il donner l'idée d'une ambassade pacifique ? Ne pourrait-on pas appliquer à l'Inde le dicton si connu, qui explique, en Espagne, les idées et les mœurs qui nous sont étrangères, et dire *Cosas de India,* comme on dit *Cosas de España ?*

« La rareté de l'eau, rapporte encore l'ambassadeur, et la mauvaise qualité de celle que nous buvions, étaient insupportables à nos soldats et à nos valets. Si l'abondance des melons d'eau soulageait leur soif, ce n'était pas sans de fâcheux effets pour leur santé. La plupart des naturels de l'Inde qui nous accompagnaient furent affligés d'une fièvre lente et de la dyssenterie. Quarante personnes moururent pendant la première semaine de halte à Bikanir. »

On peut dire de Bikanir ce que La Fontaine dit des bâtons flottants :

> De loin c'est quelque chose, et de près ce n'est rien

L'aspect extérieur de la ville lui est favorable ; mais ce n'est qu'un amas sans ordre de cabanes avec des murailles de « bousillage ».

A ce moment, le pays était envahi par cinq armées, et les deux belligérants expédiaient envoyé sur envoyé à l'ambassadeur anglais pour tâcher d'obtenir, sinon un secours matériel, du moins un appui moral.

Elphinstone fut reçu par le rajah de Bikanir.

« Cette cour, dit-il, était fort différente de toutes celles que j'avais vues dans l'Inde. Les hommes étaient plus blancs que les Hindous, ressemblaient aux Juifs par la configuration de leurs traits et étaient coiffés de turbans magnifiques. Le rajah et ses parents avaient des bonnets de plusieurs couleurs, enrichis de pierreries. Le rajah s'appuyait sur un bouclier d'acier, dont le milieu relevé en bosse et la bordure étaient incrustés de rubis et de diamants. Quelques moments après (notre entrée), le rajah nous proposa de nous soustraire à la chaleur et à l'importunité de la foule..... Nous nous assîmes à terre, suivant la coutume indienne, et le rajah prononça un discours, dans lequel il nous dit qu'il était le vassal du souverain de Delhi, et que, Delhi étant au pouvoir des Anglais, il s'empressait de reconnaître en ma personne la suzeraineté de mon gouvernement Il se fit apporter les clés du fort et me les offrit, mais je les refusai, n'ayant aucun pouvoir à cet égard. Après de longues instances, le rajah consentit à garder ses clés. Quelque temps après, une troupe de bayadères entra ; les danses et les chants ne cessèrent qu'à notre départ. »

Au sortir de Bikanir, il faut rentrer dans un désert, au milieu duquel s'élèvent les cités de Moujghur et de Bahawulpore, où une foule compacte attendait l'ambassade. L'Hyphase, fleuve sur lequel navigua la flotte d'Alexandre, ne répondit pas à l'idée qu'un tel souvenir évoquait. Le lendemain arrivait Bahaweel-Khan, gouverneur d'une des provinces orientales du Caboulistan. Il apportait de magnifiques présents à l'ambassadeur anglais, qu'il conduisit par la rive droite de l'Hyphase jusqu'à Moultan, ville fameuse par ses soieries. Le gouverneur de cette ville avait été frappé de terreur en apprenant l'arrivée des Anglais, et l'on délibéra pour savoir quelle attitude il conviendrait de tenir, si ceux-ci allaient prendre la ville par surprise où s'ils exigeaient sa cession.

Ces alarmes se calmèrent, et l'entrevue fut des plus cordiales. La description qu'en donne Elphinstone, pour paraître un peu chargée, n'en est pas moins curieuse.

« Le gouverneur, dit-il, salua M. Strachey (le secrétaire de l'ambassade) à la manière persane. Ils s'acheminèrent ensemble vers la tente, et le désordre ne fit que s'accroître. Ici, on se battait à coups de poing ; là, les cavaliers passaient à travers les piétons. Le cheval de M. Strachey fut presque jeté à terre, et le secrétaire eut beaucoup de peine à reprendre l'équilibre. En approchant de la tente, le Khan et sa suite se trompèrent de route, ils se précipitèrent sur la cavalerie avec tant d'impétuosité, que celle-ci eut à peine le temps de faire volte-face pour les laisser passer. Les troupes en désordre se replièrent sur la tente, les domestiques du Khan prirent la fuite, les paravents furent arrachés et foulés aux pieds, les cordes mêmes de la tente rompirent et la toile faillit nous tomber sur la tête. L'intérieur fut en un instant rempli de monde et dans une complète

obscurité. Le gouverneur et dix personnes de sa suite s'assirent, les autres restèrent sous les armes. Cette visite fut de peu de durée ; ce gouverneur ne savait
que réciter son rosaire avec ferveur et me dire avec précipitation : « Vous êtes le
« bien-venu ! vous êtes le bien-venu ! » Enfin, il prétexta qu'il craignait que je
fusse incommodé par la foule et il se retira. »

Le récit est amusant. Est-il vrai dans tous ses détails ? Peu importe. Le 31 décembre, l'ambassade passait l'Indus et pénétrait dans un pays cultivé avec
soin et méthode qui ne rappelait en rien l'Hindoustan. Les gens du pays n'avaient
jamais entendu parler des Anglais, qu'ils prenaient pour des Mogols, des Afghans
ou des Hindous. Aussi, les bruits les plus étranges couraient-ils dans cette population amie du merveilleux.

Il fallut faire un séjour d'un mois à Déra pour attendre un « mehmandar », sorte
d'introducteur des ambassadeurs. Deux personnes de la mission en profitèrent
pour escalader le pic de Tukhte-Soleiman, ou Trône de Soliman, sur lequel
l'arche de Noé, suivant la légende, se serait arrêtée après le déluge.

Le 7 février eut lieu le départ de Déra, et dès lors l'ambassade ne fit plus
que traverser des contrées délicieuses jusqu'à Peschawer, où le roi se rendait
de son côté, car cette ville n'est pas la résidence ordinaire de la cour.

« Le jour de notre arrivée, dit la relation, le dîner nous fut fourni par la cuisine
du roi. Les plats étaient excellents. Dans la suite, nous fîmes préparer les viandes
à notre manière ; mais le roi continua de nous fournir à déjeuner, à dîner et une
collation, plus des provisions pour deux mille personnes, deux cents chevaux et
un grand nombre d'éléphants. Il s'en fallait de beaucoup que notre suite fût aussi
considérable, et je n'eus cependant pas peu de peine, au bout d'un mois, à obtenir
de Sa Majesté quelque retranchement sur cette profusion inutile. »

Comme il fallait s'y attendre, les négociations pour les présentations à la cour
furent longues et difficiles. On finit cependant par s'arranger, et la réception fut
aussi cordiale que le permettent les usages diplomatiques. Le roi était habillé
de diamants et de pierreries ; il portait une couronne magnifique, et sur l'un de
ses bracelets étincelait le « cohi-noor », le plus grand diamant qui existe et dont
on trouve un dessin dans les *Voyages* de Tavernier.

« Je dois déclarer, dit Elphinstone, que si quelques objets et surtout la richesse extraordinaire du costume royal excitèrent mon étonnement, j'en trouvai
beaucoup d'autres fort au-dessous de mon attente. Somme toute, on y voyait
moins les indices de la prospérité d'un État puissant que les symptômes de la
décadence d'une monarchie naguère florissante. »

Et, là-dessus, l'ambassadeur cite la rapacité avec laquelle les officiers du roi

se disputèrent les présents des Anglais, et certains autres détails qui l'impression
nèrent péniblement.

Une seconde entrevue avec le roi produisit sur Elphinstone une impression
plus favorable.

« On croira difficilement, dit-il, qu'un monarque oriental puisse avoir un aussi
bon ton et conserver sa dignité en même temps qu'il s'efforce de plaire. »

La plaine de Peschawer, entourée, sauf à l'est, de hautes montagnes, est
baignée par trois bras de la rivière de Caboul, qui y font leur jonction, et
par plusieurs petits ruisseaux. Aussi, cette campagne est-elle singulièrement fertile. Prunes, pêches, poires, coings, grenades, dattes, s'y rencontrent à chaque
pas. La population, si clairsemée dans les contrées arides que l'ambassade avait
traversées, s'était ici donné rendez-vous, et, d'une hauteur, le lieutenant
Macartney ne compta pas moins de trente-deux villages.

Quant à Peschawer, on y constatait la présence de cent mille habitants, logés
dans des maisons en briques à trois étages. Beaucoup de mosquées, mais dont
la construction n'a rien de remarquable, un beau caravansérail et le balla-
hissaur, château fortifié dans lequel le roi reçut l'ambassade, tels sont les monuments les plus importants de Peschawer. Le concours d'habitants de races
diverses, aux costumes différents, présente un tableau toujours changeant, véritable kaléidoscope humain, qui semble fait pour l'ébattement de l'étranger.
Persans, Afghans, Kybériens, Hazaurehs, Douranées, etc., chevaux, dromadaires
et chameaux de la Bactriane, bipèdes et quadrupèdes, le naturaliste a de quoi
observer et décrire.

Mais ce qui fait le charme de cette ville comme de l'Inde entière, ce sont ses
jardins, l'abondance et le parfum de ses fleurs et surtout de ses roses.

Cependant, si la situation du roi n'était pas rassurante, son frère, qu'il avait
détrôné à la suite d'une émotion populaire, avait repris les armes et venait de
s'emparer de Caboul. Un plus long séjour de l'ambassade était impossible. Elle
dut donc reprendre le chemin de l'Inde, passa par Attock et la vallée d'Hussoun-
Abdoul, célèbre par sa beauté. C'est là qu'Elphinstone devait s'arrêter jusqu'à
ce que le sort des armes eût décidé du trône de Caboul, mais il avait reçu ses
lettres de rappel. D'ailleurs, la chance avait été contraire à Sjuhau, qui, après
avoir été complètement battu, avait dû chercher son salut dans la fuite.

La mission continua donc sa route et traversa le pays des Sikhs, montagnards
grossiers, demi-nus et à moitié barbares.

« Les Sikhs, — qui allaient quelques années plus tard terriblement faire parler
d'eux, — sont des hommes grands, dit Elphinstone, maigres et cependant très

forts. Ils ne portent guère d'autres vêtements que des culottes qui descendent seulement jusqu'à la moitié des cuisses. Souvent ils portent de grands manteaux de peau, attachés négligemment sur l'épaule. Leurs turbans ne sont pas larges, mais très hauts et aplatis par devant. Jamais les ciseaux ne touchent leur barbe ni leurs cheveux. Leurs armes sont l'arc ou le mousquet. Les gens distingués portent des arcs très élégants, et ne font point de visite sans être armés de la sorte. Presque tout le Pendjab appartient à Rendjet-Sing, qui, en 1805, n'était qu'un des nombreux chefs du pays. A l'époque de notre voyage, il venait d'acquérir la souveraineté de toute la contrée occupée par les Sikhs, et il avait pris le titre de roi. »

Aucun incident digne d'attention ne vint marquer le retour de l'ambassade à Delhi. Elle rapportait, outre le récit des événements qui s'étaient passés sous ses yeux, les documents les plus précieux sur la géographie de l'Afghanistan et du Caboulistan, sur le climat, les productions animales, végétales et minérales de cette immense étendue de pays.

L'origine, l'histoire, le gouvernement, la législation, la condition des femmes, la religion, la langue, le commerce, forment le sujet d'autant de chapitres très intéressants de la relation d'Elphinstone, que les journalistes les mieux informés ont bel et bien pillée, lorsque a été décidée la récente expédition anglaise en Afghanistan.

Enfin, l'ouvrage se termine par une étude très détaillée sur les tribus qui forment la population de l'Afghanistan et par un ensemble de documents inestimables, pour l'époque, sur les contrées voisines.

En résumé, la relation d'Elphinstone est curieuse, intéressante, précieuse à plus d'un titre, et peut être encore aujourd'hui consultée avec fruit.

Le zèle de la Compagnie était infatigable. Une mission n'était pas plus tôt de retour qu'une autre partait dans une autre direction, avec des instructions différentes. Il s'agissait de tâter le terrain autour de soi, d'être sans cesse au courant de cette politique asiatique toujours si changeante, d'empêcher une coalition de ces tribus de nationalités diverses contre les usurpateurs du sol. En 1812, une autre pensée, — celle-là plus pacifique, — détermina le voyage de Moorcroft et du capitaine Hearsay au lac Mansarovar, situé dans la province de l'Oundès, qui fait partie du Petit Thibet.

Il était question, cette fois, de ramener un troupeau de chèvres du Cachemire à longues soies, dont la toison sert à la fabrication de ces châles fameux dans l'univers entier.

Par surcroît on se proposait de réduire à néant cette assertion des Hindous

Costumes persans. (*Fac-simile. Gravure ancienne.*)

que le Gange prend sa source au delà de l'Himalaya, dans le lac Mansarovar.

Mission difficile et périlleuse! Il fallait d'abord pénétrer dans le Népaul, dont le gouvernement rendait l'accès fort difficile, entrer ensuite dans un pays dont sont exclus les habitants du Népaul et à plus forte raison les Anglais. Ce pays, c'était l'Oundès.

Les explorateurs se déguisèrent donc en pèlerins hindous. Ils avaient une suite de vingt-cinq personnes, et, chose singulière, un de ces serviteurs s'était engagé à marcher continuellement en faisant des enjambées de quatre pieds. Moyen très approximatif de mesurer le chemin parcouru, il faut en convenir.

MM. Moorcroft et Hearsay passèrent par Bereily et suivirent la route de

Deux soldats me tenaient par le bout d'une corde. (Page 59.)

Webb jusqu'à Djosimath, qu'ils quittèrent le 26 mai 1812. Il leur fallut bientôt franchir le dernier chaînon de l'Himalaya, au prix de difficultés sans cesse renaissantes, rareté des villages, et par cela même des vivres et des porteurs, mauvais état de chemins, situés à une très grande hauteur au-dessus du niveau de la mer.

Ils n'en virent pas moins Daba, où se trouve une lamanerie très importante, Gortope, Maïsar, et, à un quart de mille de Tirtapouri, de curieuses sources d'eau chaude.

« L'eau, dit la relation originale reproduite dans les *Annales des Voyages*, sort par deux embouchures de six pouces de diamètre d'un plateau calcaire de

trois milles d'étendue et élevé presque partout de dix à douze pieds au-dessus
de la plaine qui l'environne. Il a été formé par les dépôts terreux laissés par
l'eau en se refroidissant. L'eau s'élève à quatre pouces au-dessus du niveau du
plateau. Elle est très claire, et si chaude, que l'on n'y peut pas tenir la main plus
de quelques secondes. Tout à l'entour, on voit un gros nuage de fumée. L'eau,
coulant sur une surface presque horizontale, creuse des bassins de formes différentes, qui, à force de recevoir des dépôts terreux, se resserrent; les fonds se
haussent, et l'eau creuse un nouveau réservoir, qui se remplit à son tour. Elle
coule ainsi des uns dans les autres jusqu'à ce qu'elle arrive dans la plaine. Le
dépôt terreux qu'elle laisse est d'abord, proche d'une des ouvertures, aussi
blanc que le stuc le plus pur; un peu plus loin, jaune paille, et plus loin
encore, jaune safran. A l'autre source, il est d'abord couleur de rose, puis
devient d'un rouge foncé. Ces différentes teintes se retrouvent dans le plateau
calcaire, qui doit être l'œuvre des siècles. »

Tintapouri, résidence d'un lama, est, depuis une très haute antiquité, le
rendez-vous le plus fréquenté des fidèles, comme le prouve un mur de plus de
quatre cents pieds de long sur quatre de large, formé de pierres sur lesquelles
sont inscrites des prières.

Les voyageurs partirent de ce lieu le 1ᵉʳ août, afin de gagner le lac Mansarovar,
et laissèrent sur leur droite le lac Ravahnrad, qui passait pour donner naissance
à la principale branche du Setledje.

Le lac Mansarovar est creusé au pied d'immenses prairies en pente que dominent au sud des montagnes gigantesques. De tous les lieux que les Hindous
vénèrent, il n'en est pas de plus sacré. Cela tient sans doute à son éloignement
de l'Hindoustan, aux fatigues et aux dangers de la route, enfin à la nécessité
d'emporter avec soi argent et provisions.

Les géographes hindous faisaient sortir de cette nappe d'eau le Gange, le
Setledje et le Kali. Moorcroft n'avait aucun doute sur la fausseté de la première
de ces assertions. Résolu à vérifier les deux autres, il longea les rives escarpées
et coupées de profondes ravines de ce lac, il vit un grand nombre de cours
d'eau qui s'y jetaient; pas un n'en sortait. Il est possible qu'avant le tremblement de terre qui ruina Srinagar, le Mansarovar ait eu un émissaire, mais
Moorcroft n'en trouva pas trace. Situé entre l'Himalaya et la chaîne du Caïlas,
de forme oblongue irrégulière, ce lac a cinq lieues de longueur sur quatre de
largeur.

Le but de la mission étant rempli, Moorcroft et Hearsay revinrent vers l'Inde,
passèrent à Gangri et virent Ravahnrad; mais Moorcroft était trop faible pour

en faire le tour ; il regagna Tirtapouri, puis Daba, et eut beaucoup à souffrir en traversant le Ghat, ou passage qui sépare l'Hindoustan du Thibet.

« Le vent qui vient des montagnes du Bouthan, couvertes de neige, dit la relation, est froid et ·perçant, la montée a été longue et pénible, la descente raide et glissante, et a exigé bien des précautions. En général, nous avons beaucoup souffert. Nos chèvres, par la négligence de leurs conducteurs, s'étaient écartées de la route et avaient grimpé sur le bord d'un précipice élevé de cinq cents pieds au-dessus. Un montagnard les dérangea de ce poste dangereux ; elles se mirent à descendre en courant une pente très escarpée. Les dernières dérangèrent des cailloux qui, en tombant avec violence, menaçaient de frapper celles qui se trouvaient les premières ; c'était une chose curieuse de voir avec quelle adresse celles-ci, en continuant à courir, évitaient l'atteinte des pierres. »

Bientôt les Gorkhalis, qui se sont jusqu'alors contenté de mettre obstacle à la marche des voyageurs, les serrent de près et veulent les arrêter. La fermeté des Anglais contint longtemps ces sauvages fanatiques, mais enfin leur nombre leur donna du courage, et ils tombèrent sur le camp.

« Vingt hommes se précipitèrent sur moi, dit Moorcroft ; l'un me prit par le cou et, appuyant son genou contre mes reins, essayait de m'étrangler en serrant ma cravate ; un autre attacha une corde à l'une de mes jambes et me tira en arrière ; j'étais sur le point de m'évanouir. Mon fusil, sur lequel je m'appuyais, m'échappa, je tombai ; on me tira par les pieds jusqu'à ce que je fusse garrotté. Quand je me relevai, rien n'égala l'expression de joie féroce qui se peignit sur le visage de mes vainqueurs. De crainte que je parvinsse à m'échapper, deux soldats me tenaient par le bout d'une corde, et m'en donnaient de temps en temps un bon coup, sans doute pour me rappeler ma position. Il paraît que M. Hearsay ne prévoyait guère que nous serions attaqués si tôt ; il se rinçait la bouche quand la bagarre commença et n'entendit pas mes cris qui l'appelaient à mon secours. Nos gens ne se trouvaient pas auprès du peu d'armes que nous avions ; quelques-uns s'échappèrent, je ne sais comment ; les autres furent arrêtés, ainsi que M. Hearsay. On ne le lia pas comme moi, on se contenta de lui tenir les bras. »

Le chef de cette bande apprit aux deux Anglais qu'ils étaient reconnus et arrêtés pour avoir traversé le pays sous le déguisement de pèlerins hindous. Un fakir, que Moorcroft avait engagé comme chévrier, parvint cependant à s'échapper et à porter deux lettres aux autorités anglaises. Les démarches furent faites aussitôt, et, le 1er novembre, les explorateurs étaient relâchés. Non seulement on leur faisait des excuses, mais on leur rendait ce qu'on leur avait pris, et le rajah ·

du Népaul leur permettait de quitter son pays. Tout est bien qui finit bien !
Il reste à rappeler, pour être complet, la course de M. Fraser dans l'Himalaya
et l'exploration de Hodgson aux sources du Gange, en 1817.

Le capitaine Webb avait, par lui-même, comme nous l'avons dit, reconnu le
cours de ce fleuve depuis la vallée de Dhoun jusqu'à Cadjani, près de Reital.
Le capitaine Hodgson partit de cet endroit, le 28 mai 1817, et parvint, trois
jours après, à la source du Gange, au delà de Gangautri. Il vit le fleuve sortir
d'une voûte basse, au milieu d'une masse énorme de neige glacée, qui avait plus
de trois cents pieds de hauteur perpendiculaire. Le cours d'eau était déjà
respectable, n'ayant pas moins de vingt-sept pieds de largeur moyenne et dix-
huit pouces de profondeur.

Selon toute probabilité, c'est en cet endroit que le Gange apparaît pour la
première fois à la lumière. Quelle est sa longueur sous la neige glacée ? Est-il
le produit de la fonte de ces neiges ? Sourd-il de terre ? Voilà des points
qu'aurait désiré résoudre le capitaine Hodgson ; mais, ayant voulu remonter
plus haut que les guides n'y consentaient, l'explorateur enfonça dans la neige
jusqu'au cou et fut forcé de revenir à grand'peine sur ses pas. L'endroit d'où
sort le Gange est situé à douze mille neuf cent quatorze pieds au-dessus du
niveau de la mer, dans l'Himalaya même.

Hodgson fit aussi des recherches sur la source de la Jumna. A Djemautri, la
masse de neige d'où la rivière s'échappe n'a pas moins de cent quatre-vingts
pieds de largeur et plus de quarante pieds d'épaisseur entre deux murailles de
granit perpendiculaires. Cette source est située sur le versant sud-est de l'Himalaya.

Si la domination des Anglais dans l'Inde avait pris une extension considérable, il n'en est pas moins vrai que cette extension même était un danger.
Toutes ces populations de races diverses, dont plusieurs avaient derrière elles
un passé glorieux, n'avaient été soumises que grâce au principe politique si connu,
qui consiste à diviser pour régner. Mais ne pouvaient-elles pas un jour imposer
silence à leurs rivalités et à leurs inimitiés pour se retourner contre l'étranger ?

Cette perspective envisagée froidement par la Compagnie, toutes ses actions
devaient tendre à l'application du système qui avait si bien réussi jusqu'alors.
Certains États voisins, encore assez puissants pour porter ombrage à la puissance britannique, pouvaient servir de refuge aux mécontents et devenir le foyer
d'intrigues dangereuses. Or, de tous ces empires voisins, celui qui devait être le
plus étroitement surveillé était la Perse, non pas seulement à cause du voisi-

nage de la Russie, mais parce que Napoléon avait eu une idée de génie que ses guerres d'Europe ne lui permirent pas de mettre à exécution.

Au mois de février 1807, le général de Gardane, qui avait gagné ses grades pendant les guerres de la République et s'était distingué à Austerlitz, à Iéna, à Eylau, fut nommé ministre plénipotentiaire en Perse, avec mission de s'allier au shah Feth-Ali contre l'Angleterre et la Russie. Le choix était heureux, car un des ancêtres du général Gardane avait rempli une semblable mission à la cour du Shah. Gardane traversa la Hongrie, gagna Constantinople et l'Asie Mineure ; mais lorsqu'il parvint en Perse, Abbas Mirza avait succédé à son père Feth-Ali.

Le nouveau shah reçut l'ambassadeur français avec distinction, le combla de présents, octroya quelques privilèges aux catholiques et aux négociants français. Ce fut d'ailleurs le seul résultat de cette mission, qui fut contrecarrée par le général anglais Malcolm, dont l'influence était alors prépondérante. L'année suivante, Gardane, découragé, voyant toutes ses tentatives déjouées et comprenant qu'il ne pouvait espérer aucun succès, rentrait en France.

Son frère, Ange de Gardane, qui lui avait servi de secrétaire, rapportait une assez courte relation du voyage, — ouvrage qui contient quelques détails curieux sur les antiquités de la Perse, mais que devaient de beaucoup dépasser les ouvrages publiés par les Anglais.

Il faut également rattacher à la mission de Gardane la relation d'un consul français, Adrien Dupré, qui avait été attaché à cette ambassade. Elle a été publiée sous le titre de *Voyage en Perse, fait dans les années 1807 à 1809, en traversant l'Anatolie, la Mésopotamie, depuis Constantinople jusqu'à l'extrémité du golfe Persique et de là à Irwan, suivi de détails sur les mœurs, les usages et le commerce des Persans, sur la cour de Téhéran, et d'une notice des tribus de la Perse.* L'ouvrage tient en grande partie les promesses du titre, et c'est une bonne contribution à la géographie et à l'ethnographie de la Perse.

Les Anglais, qui firent un bien plus long séjour en ce pays que les Français, étaient par cela même plus aptes à réunir des matériaux autrement abondants et à faire un choix judicieux entre les informations qu'ils avaient recueillies.

Deux ouvrages surtout firent longtemps autorité : ce sont d'abord les deux relations de James Morier ; les loisirs que lui laissait sa position de secrétaire d'ambassade, il les mit à profit pour s'initier à tous les détails des mœurs des Persans, et, de retour en Angleterre, il publia plusieurs romans orientaux, auxquels la variété des tableaux, la fidélité minutieuse des peintures, la nouveauté du cadre, assurèrent un succès retentissant.

C'est, en second lieu, le gros mémoire géographique in-4°, de John Macdonald-Kinneir, sur l'empire de Perse. Cet ouvrage, qui a fait date et qui laissait bien loin derrière lui tout ce qui avait été publié jusqu'alors, ne nous fournit pas seulement les informations les plus précises sur les bornes du pays, ses montagnes, ses rivières et son climat, comme son titre pourrait le faire croire, il renferme aussi sur le gouvernement, sur la constitution, les forces militaires, le commerce, les productions animales, végétales et minérales, sur la population et le revenu, les documents les plus exacts.

Puis, après avoir décrit dans un vaste et lumineux tableau d'ensemble les forces matérielles et morales de l'empire de la Perse, Kinneir passe à la description des différentes provinces, sur lesquelles il avait entassé une masse de documents des plus intéressants, qui ont fait de son ouvrage, jusqu'à ces derniers temps, le travail le plus complet et le plus impartial qui ait été publié.

C'est que, de 1808 à 1814, Kinneir avait parcouru en bien des directions différentes l'Asie Mineure, l'Arménie et le Kurdistan. Les diverses positions qu'il avait occupées, les missions dont il avait été chargé, l'avaient mis à même de bien voir et de comparer. Qu'il fût capitaine au service de la Compagnie, agent politique auprès du nabab de Carnatic, ou simple voyageur, l'esprit critique de Kinneir était toujours en éveil, et bien des événements, des révolutions, dont les causes auraient échappé à tant d'autres explorateurs, s'expliquaient, pour lui, par la connaissance qu'il avait acquise des mœurs, des usages et du caractère des Orientaux.

A la même époque, un autre capitaine au service de la Compagnie des Indes, William Price, qui avait été attaché en 1810 comme interprète et secrétaire adjoint auprès de l'ambassade de sir Gore Ouseley, en Perse, avait dirigé ses études sur le déchiffrement des caractères cunéiformes. Bien d'autres s'y étaient déjà essayés, qui étaient arrivés aux résultats les plus bizarres et les plus fantastiques. Comme toutes celles de ses contemporains, les vues de Price furent hasardées et ses explications fort peu satisfaisantes; mais il eut le talent d'intéresser un certain public à la recherche de ce difficile problème, en même temps qu'il continuait la tradition de Niebuhr et des autres orientalistes.

On lui doit le récit du voyage de l'ambassade anglaise à la cour de Perse, à la suite duquel il a publié deux mémoires sur les antiquités de Persépolis et de Babylone.

A son tour, le frère de sir Gore Ouseley, William Ouseley, qui l'avait accompagné en qualité de secrétaire, avait profité de son séjour à la cour de Téhéran pour étudier la Perse. Seulement, ses travaux ne portèrent ni sur la géographie ni sur l'économie politique ; il les restreignit aux inscriptions, aux médailles, aux manuscrits, à la littérature, en un mot à tout ce qui touchait à l'histoire intellectuelle ou matérielle du pays. C'est ainsi qu'on lui doit une édition de Firdousi et tant d'autres ouvrages, qui sont heureusement venus, à côté de ceux que nous venons de citer, pour compléter les connaissances déjà recueillies sur le pays des shahs.

Mais il est une autre contrée, demi-asiatique, demi-européenne, que l'on commençait aussi de mieux connaître. Nous voulons parler de la région caucasique.

Déjà, dans la dernière moitié du xviii° siècle, un médecin russe, Jean-Antoine Guldenstædt, avait visité Astrakan, Kislar sur le Térek à l'extrême frontière des possessions russes ; il était entré en Géorgie, où le czar Héraclius l'avait accueilli avec distinction ; il avait vu Tiflis et le pays des Truchmènes, et était parvenu en Iméritie. L'année suivante, 1773, il avait visité la grande Kabardie, la Kumanie orientale, exploré les ruines de Madjary, gagné Tscherkask, Azow, reconnu les bouches du Don, et il se promettait de terminer cette vaste exploration par l'étude de la Crimée lorsqu'il fut rappelé à Saint-Pétersbourg.

Les voyages de Guldenstædt n'ont pas été traduits en français ; publiés incomplètement par leur auteur, que la mort vint surprendre au milieu de leur rédaction, ils eurent pour éditeur, à Saint-Pétersbourg, un jeune Prussien, Henri-Jules de Klaproth, qui devait explorer les mêmes contrées.

Né à Berlin le 11 octobre 1783, Klaproth montra dès l'âge le plus tendre des dispositions étonnantes pour l'étude des langues orientales. A quinze ans, il apprenait tout seul le chinois, et à peine avait-il terminé ses études aux universités de Halle et de Dresde, qu'il commençait la publication de son journal, *le Magasin asiatique*. Attiré en Russie par le comte Potocki, il fut aussitôt nommé membre-adjoint pour les langues orientales à l'Académie de Saint-Pétersbourg.

Klaproth n'appartenait pas à cette race estimable de savants en chambre, qui se contentent de veiller sur des livres. Il comprenait la science d'une manière plus large. Pour lui, il n'y avait pas de manière plus certaine d'arriver à une connaissance parfaite des langues de l'Asie et des mœurs et des habitudes de l'Orient que d'aller les étudier sur place.

Klaproth demanda donc l'autorisation d'accompagner l'ambassadeur Golowkin, qui se rendait en Chine par l'Asie. Dès qu'il eut obtenu la permission nécessaire, le savant voyageur partit seul pour la Sibérie, s'arrêtant tour à tour chez les Samoyèdes, les Tongouses, les Bashkirs, les Jakoutes, les Kirghises, et

Quinze Ossetes m'accompagnèrent. (Page 67.)

bien d'autres peuplades finnoises ou tartares, qui errent dans ces déserts immenses. Puis, il arriva à Jakoutsk, où il fut bientôt rejoint par l'ambassadeur
Golowkin. Après une halte à Kiatka, celui-ci franchit la frontière chinoise, le
1ᵉʳ janvier 1806.

Mais le vice-roi de Mongolie voulut soumettre l'ambassadeur à des cérémonies que celui-ci considérait comme humiliantes. Or, ni l'un ni l'autre ne voulant rien diminuer de leurs prétentions, l'ambassade dut reprendre le chemin
de Saint-Pétersbourg. Klaproth, peu désireux de suivre la route qu'il avait
déjà parcourue et préférant visiter des peuplades nouvelles pour lui, traversa le
sud de la Sibérie et recueillit pendant ce long voyage de vingt mois une collec-

Il vit le Missouri se précipiter en une seule nappe. (Page 72.)

tion importante de livres chinois, mandchous, thibétains et mongols, qu'il utilisa dans son grand travail qui porte le nom d'*Asia polyglotta*.

Nommé, à sa rentrée à Saint-Pétersbourg, académicien extraordinaire, il fut, peu après, chargé, sur la proposition du comte Potocki, d'une mission historique, archéologique et géographique dans le Caucase. Klaproth passa une année entière en courses, souvent périlleuses, au milieu de populations pillardes, dans des contrées difficiles, et il visita les pays qu'avait parcourus Guldenstædt à la fin du siècle précédent.

« Tiflis, dit Klaproth, — et sa description est curieuse lorsqu'on la rapproche de celles des auteurs contemporains, —Tiflis, ainsi nommée à cause de ses eaux

9

thermales, se divise en trois parties : Tiflis proprement dite ou l'ancienne ville, Kala ou la forteresse, et le faubourg d'Isni. Baignée par le Kour, cette ville n'offrait, dans la moitié de son enceinte, que des décombres. Ses rues étaient si étroites, qu'un « arba », un de ces carrosses haut perchés qui figurent si souvent dans les vues de l'Orient, n'y pouvait aisément passer, et c'étaient les plus larges ; quant aux autres, un cavalier n'y trouvait qu'un passage à peine suffisant. Les maisons, mal bâties en cailloux et en briques liées par de la boue, ne duraient qu'une quinzaine d'années. Tiflis avait deux marchés, mais tout y était extrêmement cher, et les châles ainsi que les étoffes de soie, qui sont le produit de manufactures asiatiques voisines, y atteignaient des prix plus élevés qu'à Saint-Pétersbourg.

Parler de Tiflis sans dire quelques mots de ses eaux chaudes est impossible. Nous citerons donc ce passage de Klaproth :

« Les fameux bains chauds étaient autrefois magnifiques, mais ils tombent en ruines ; cependant, on en voit plusieurs dont les parois et les planchers sont revêtus de marbre. L'eau contient peu de soufre. L'usage en est très salutaire ; les indigènes et surtout les femmes en font usage jusqu'à l'excès ; ces dernières y restent des journées entières et y apportent leurs repas. »

La base de l'alimentation, dans les districts montagneux du moins, est le « phouri », sorte de pain très dur et d'un goût désagréable, dont la préparation singulière répugne à nos idées sybarites.

« Quand la pâte est suffisamment pétrie, dit la relation, on fait, avec du bois bien sec, un feu clair et vif dans des vases de terre hauts de quatre pieds, larges de deux et enfoncés dans le sol. Dès que le feu est bien ardent, les Géorgiennes y secouent leurs chemises et leurs culottes de soie rouge pour faire tomber dans les flammes la vermine qui infecte ces vêtements. Ce n'est qu'après cette cérémonie que l'on jette dans les pots la pâte partagée en morceaux de la grosseur de deux poings ; on bouche aussitôt l'ouverture avec un couvercle et on le recouvre avec des chiffons, afin qu'il ne se perde rien de la chaleur et que le pain se cuise bien. Ce phouri est néanmoins toujours mal cuit et de très difficile digestion. »

Après avoir décrit ce qui forme la base de tout festin chez le pauvre montaguard, assistons maintenant avec Klaproth à un repas de prince.

« On étendit devant nous, dit-il, une longue nappe rayée, large d'une aune et demie et très sale ; on y posa, pour chaque convive, un pain de froment ovale, long de trois empans, large de deux et à peine de l'épaisseur du doigt. On apporta ensuite un grand nombre de petites jattes de laiton remplies de chair de

mouton et de riz au bouillon, des poules rôties et du fromage coupé en tran-
ches. On servit au prince et aux Géorgiens du saumon fumé avec des herbages
verts et crus, parce que c'était jour de jeûne. On ne sait en Géorgie ce que c'est
que des cuillères, des fourchettes, des couteaux ; on boit la soupe à même la
jatte ; on prend la viande avec les mains et on la déchire avec les doigts en
morceaux de la grosseur d'une bouchée. Quand on a beaucoup d'amitié pour
quelqu'un, on lui jette un bon morceau. On pose les mets sur la nappe. Ce
repas fini, on servit des raisins et des fruits secs. Pendant que l'on mangeait,
on versa abondamment, à la ronde, de bon vin rouge du pays qui se nomme
« traktir » en tartare et « ghwino » en géorgien ; on le but dans une jatte d'ar-
.gent très plate, assez semblable à une soucoupe. »

Si ce tableau des mœurs est piquant, la manière dont Klaproth raconte les
différents incidents de son voyage n'est pas non plus sans intérêt. Écoutez
plutôt ce récit de l'excursion du voyageur aux sources du Térek, sources dont
Guldenstædt avait assez exactement indiqué l'emplacement, mais qu'il n'avait
pas vues :

« Je partis du village d'Outsfars-Kan, le 17 mars, par une matinée belle mais
froide. Quinze Ossètes m'accompagnaient. Après une demi-heure de marche,
nous avons commencé à gravir, par une route escarpée et difficile, jusqu'au
point où l'Outsfar-Don se jette dans le Térek. Nous avons eu ensuite pendant
une lieue un chemin encore plus mauvais le long de la rive droite de cette
rivière, qui a ici à peine dix pas de large ; elle était cependant gonflée par la
fonte des neiges. Ce côté de ses bords est inhabité. Nous avons continué à
monter, et nous avons atteint le pied du Khoki, nommé aussi Istir-Khoki. Nous
sommes enfin arrivés à un lieu où de grosses pierres amoncelées dans la rivière
en facilitaient le passage pour entrer dans le village de Tsiwratté-Kan, où nous
avons déjeuné ; c'est là que se réunissent les petits courants d'eau qui forment
le Térek. Satisfait d'être parvenu au but de mon voyage, je versai un verre de
vin de Hongrie dans le fleuve et je fis une seconde libation au génie de la montagne dont le Térek tire sa source. Les Ossètes, qui crurent que je m'acquittais
d'un devoir religieux, me contemplèrent avec recueillement. Je fis tracer en
couleur rouge, sur un énorme rocher schisteux dont les pans étaient lisses, la
date de mon voyage, ainsi que mon nom et celui de mes compagnons, ensuite
je montai encore un peu, jusqu'au village de Ressi. »

A la suite de ce récit de voyage, dont nous pourrions multiplier les extraits,
Klaproth résume les informations qu'il a recueillies sur les populations du
Caucase et insiste tout particulièrement sur les ressemblances marquées que

présentent les différents dialectes georgiens avec les langues finnoises et wogoules. C'était là un rapprochement nouveau et fécond.

Parlant des Lesghiens, qui occupent le Caucase oriental et dont le territoire porte le nom de Daghestan ou Lezghistan, Klaproth dit qu'on ne doit se servir du mot Lesghien « que comme on employait autrefois celui de Scythe ou de Tartare pour désigner les Asiatiques du nord ; » puis, il ajoute un peu plus tard qu'ils sont loin de former une même nation, comme l'indique le nombre des dialectes parlés, « qui, cependant, paraissent dériver d'une source commune, quoique le temps les ait considérablement altérés. » Il y a là une contradiction singulière : ou les Lesghiens, parlant la même langue, forment une même nation, ou bien, ne formant pas une même nation, ils ne doivent pas parler des dialectes dont l'origine est la même.

Suivant Klaproth, les mots lesghiens montrent beaucoup de rapports avec d'autres langues du Caucase et avec celles de l'Asie septentrionale, principalement avec les dialectes samoyèdes et finnois de la Sibérie.

A l'ouest et au nord-ouest des Lesghiens, on trouve les Metzdjeghis ou Tchetchentses, qui sont vraisemblablement les plus anciens habitants du Caucase. Tel n'était pas, cependant, l'avis de Pallas, qui voyait en eux une tribu séparée des Alains. La langue des Tchetchentses offre beaucoup de ressemblance et d'analogie avec le samoyède, le wogoule et d'autres langues sibériennes, et même avec les dialectes slaves.

Les Tcherkesses ou Circassiens sont les Sykhes des Grecs. Ils habitaient jadis le Caucase oriental et la presqu'île de Crimée, mais ils ont souvent changé de demeure. Leur langue diffère beaucoup des autres idiomes caucasiens, bien que les Tcherkesses « appartiennent, ainsi que les Wogouls et les Ostiakes — on vient de voir que le lesghien et la langue des Tchetchentses ressemblent à ces idiomes sibériens, — à une même souche, qui, à une époque très reculée, s'est divisée en plusieurs branches, dont une était formée vraisemblablement par les Huns. » La langue des Tcherkesses est l'une des plus difficiles à prononcer ; certaines consonnes doivent être articulées d'un coup de gosier si fort, qu'aucun Européen n'en peut rendre les sons.

On trouve encore, dans le Caucase, les Abazes, qui n'ont jamais abandonné les bords de la mer Noire, où ils sont établis de toute antiquité, et les Ossètes ou As, qui appartiennent à la souche des nations indo-germaniques. Ils appellent leur pays Ironistan et se donnent le nom d'Iron. Klaproth voit en eux des Mèdes Sarmates, non seulement à cause de ce nom, qu'il rapproche d'Iran, mais par la nature même de la langue, « qui prouve encore mieux que les documents historiques, et même d'une manière incontestable, qu'ils appartiennent à la même souche que les Mèdes et les Perses. » Vue qui nous paraît tout à fait hypothétique, car on connaissait trop peu, à l'époque de Klaproth, la langue des Mèdes — le déchiffrement des inscriptions cunéiformes n'avait pas encore été accompli — pour qu'on pût juger de sa ressemblance avec l'idiome que parlent les Ossètes.

« Cependant, continue Klaproth, après avoir retrouvé dans ce peuple les Sarmates Mèdes des anciens, il est encore plus surprenant d'y reconnaître aussi les Alains qui occupaient la contrée au nord du Caucase. »

Et plus loin :

« Il résulte évidemment de tout ce qui précède, que les Ossètes, qui se nomment eux-mêmes Iron, sont les Mèdes, qui se donnaient à eux-mêmes le nom d'Iran et qu'Hérodote désigne par celui d'Arioi. Ils sont encore les Mèdes Sarmates des anciens et appartiennent à la colonie médique établie dans le Caucase par les Scythes. Ils sont les As ou Alains du moyen âge ; ils sont enfin les Iasses des chroniques russes, d'après lesquelles une partie des monts Caucase fut nommée les monts Iassiques. »

Ce n'est pas ici le lieu de discuter ces identifications, qui prêtent à la critique. Contentons-nous d'ajouter cette réflexion de Klaproth sur la langue Ossète, que sa prononciation ressemble beaucoup à celle des dialectes bas-allemands et slaves.

Quant aux Géorgiens, ils diffèrent essentiellement des nations voisines, aussi bien par la langue que par les qualités physiques et morales. Ils se partagent en quatre tribus principales, les Karthouli, les Mingréliens, les Souanes, habitants des Alpes méridionales du Caucase, et les Lazes, tribu sauvage et adonnée au brigandage.

Comme on le voit, les informations recueillies par Klaproth sont fort curieuses et jettent un jour inattendu sur les migrations des anciens peuples. La pénétration et la sagacité du voyageur étaient extraordinaires, sa mémoire prodigieuse. Aussi le savant Berlinois rendit-il de signalés services à la linguistique. Il est fâcheux que les qualités de l'homme, sa délicatesse, la douceur de son caractère, n'aient pas été à la hauteur de la science et de la perspicacité du professeur.

Il faut maintenant quitter l'ancien monde pour le nouveau et raconter les explorations de la jeune république des États-Unis.

Dès que le gouvernement fédéral fut sorti des embarras de la guerre, dès que

son existence fut reconnue et qu'il fut véritablement constitué, l'attention publique se porta vers ces pays des fourrures qui avaient tour à tour attiré les
Anglais, les Espagnols et les Français. La baie de Nootka et les côtes voisines,
que le grand Cook et les habiles Quadra, Vancouver et Marchand avaient reconnues, étaient américaines. Déjà même la doctrine Monroë, qui devait plus tard
faire tant de bruit, était en germe dans l'esprit des hommes d'État de cette
époque.

Sur une proposition faite au Congrès, le capitaine Meryweather Lewis et le
lieutenant William Clarke furent chargés de reconnaître le Missouri depuis son
embouchure dans le Mississipi jusqu'à sa source, de traverser les montagnes
Rocheuses par le passage le plus court et le plus facile, qui mettrait en communication le golfe du Mexique et l'océan Pacifique. Ces officiers devaient en outre
entrer en relations commerciales avec les Indiens qu'ils pourraient rencontrer.

L'expédition se composait de troupes réglées et de volontaires, dont le nombre,
y compris les chefs, formait un total de quarante-trois hommes. Un bateau et
deux pirogues complétaient leur armement.

Ce fut le 14 mai 1804 que les Américains quittèrent la Wood-river, qui se
jette dans le Mississipi, pour entrer dans le Missouri. D'après les réflexions in-
sérées dans le journal publié par Gass, les membres de cette mission s'attendaient à rencontrer les plus grands périls naturels, et à lutter contre des sauvages d'une stature gigantesque, dont l'acharnement contre la race blanche
était invincible.

Pendant les premiers jours de cet immense voyage en canot, qui n'avait jusqu'alors de comparable que ceux d'Orellana et de La Condamine sur l'Amazone,
les Américains eurent la bonne fortune de rencontrer, avec quelques Sioux, un
vieux Français, un de ces coureurs des bois canadiens, qui, parlant la langue de
la plupart des nations voisines du Missouri, consentit à les accompagner
comme interprète.

Successivement, ils passèrent les confluents de l'Osage, du Kansas, de la
Plate ou Shallow-river et de la rivière Blanche. Ils avaient rencontré de nombreux partis d'Indiens, Osages, Sioux ou Mahas, qui tous leur semblèrent dans un
état de décadence complet. De ces derniers, même, une tribu avait tellement
souffert de la petite vérole, que les survivants, pris d'une sorte de rage et
comme frappés de folie, avaient tué leurs femmes, leurs enfants épargnés par
la maladie, et s'étaient enfuis de ce territoire empesté.

Ce furent, un peu plus loin, les Ricaris ou Rees, considérés d'abord comme les
plus probes, les plus affables et les plus industrieux qu'on eût rencontrés.

Quelques vols vinrent bientôt affaiblir l'idée favorable qu'on s'était faite de leur caractère. Chose singulière, cette population n'était pas exclusivement adonnée à la chasse ; elle cultivait du blé, des pois et du tabac.

Il n'en était pas de même des Mandans, plus fortement constitués que leurs congénères. On trouve chez eux une coutume singulière de la Polynésie, celle de ne pas enterrer les morts, mais de les exposer sur un échafaud.

La relation de Clarke nous fournit quelques détails sur cette tribu curieuse. Les Mandans n'ont vu dans l'Être divin que le pouvoir de guérir. Ils reconnaissaient, en conséquence, deux divinités, qu'ils appellent le Grand Médecin et le Génie. Faut-il croire que pour eux la vie est d'une telle importance, qu'ils adorent tout ce qui peut la prolonger ?

Leur origine ne serait pas moins singulière. Ils habitaient originairement un grand village souterrain, creusé sous le sol, au bord d'un lac. Mais, une vigne ayant poussé ses racines assez profondément pour arriver jusqu'à eux, quelques-uns des Mandans, en se servant de cette échelle improvisée, parvinrent jusqu'à la surface du sol. Sur la description enthousiaste qu'ils rapportèrent de l'abondance des territoires de chasse, de la quantité du gibier et des fruits, la nation, séduite, résolut aussitôt de gagner un territoire si favorisé. Déjà la moitié de la tribu était arrivée à la surface du sol, lorsque la vigne, pliant sous le poids d'une grosse femme, céda et rendit impossible l'ascension du reste des Mandans. Après la vie, ils s'attendent à retourner dans leur ancienne patrie souterraine ; mais ne pourront y pénétrer que ceux dont la conscience sera nette ; les autres seront précipités dans un lac immense.

C'est chez cette peuplade que, le 1er novembre, les explorateurs prirent leurs quartiers d'hiver. Ils se construisirent des cabanes aussi confortables que le permettaient les moyens dont ils disposaient, et se livrèrent presque tout l'hiver, malgré une température assez rigoureuse, au plaisir de la chasse, qui n'avait pas tardé à devenir pour eux une nécessité.

Dès que le Missouri fut dégelé, les explorateurs songèrent à continuer leur voyage. Mais, comme ils expédiaient à Saint-Louis le bateau avec une quantité de peaux et de fourrures qu'ils avaient pu réunir, ils ne se trouvèrent plus que trente hommes déterminés, prêts à tout supporter pour atteindre le but.

Les voyageurs ne tardèrent pas à dépasser l'embouchure de la Yellow-stone (rivière de la pierre jaune), presque aussi forte que le Missouri, et les terrains giboyeux qui la bordent.

Cruel fut leur embarras, lorsqu'ils arrivèrent à une fourche. Laquelle des deux rivières, à peu près égales en volume, était le Missouri ? Le capitaine Lewis, à la

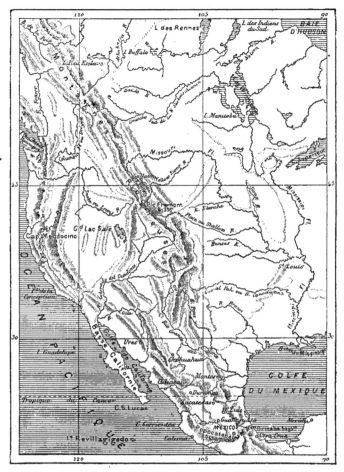

Carte du Missouri.

tête d'une troupe d'éclaireurs, remonta la branche méridionale et ne tarda pas à apercevoir les montagnes Rocheuses, complètement couvertes de neige. Guidé par un bruit épouvantable, il vit bientôt le Missouri se précipiter en une seule nappe sur le talus d'un rocher, puis former, pendant plusieurs milles, une suite ininterrompue de rapides.

Le détachement suivit donc cette branche, profondément enfoncée au milieu des montagnes, et qui, sur un parcours de trois ou quatre milles, se précipite entre deux murailles perpendiculaires de rochers. Le courant se divisait enfin en trois branches, qui reçurent les noms de Jefferson, Madison et Gallatin, célèbres hommes d'État américains.

Guerrier javanais. (*Fac-simile. Gravure ancienne.*)

Bientôt les dernières rampes furent franchies, et l'expédition descendit le versant qui regarde l'océan Pacifique. Les Américains avaient amené avec eux une femme Sohsonée, enlevée dès sa jeunesse par des Indiens de l'Est ; non seulement elle leur servit très fidèlement d'interprète, mais, dans le chef d'une tribu qui manifestait des intentions hostiles, elle reconnut son frère, et dès ce jour les étrangers furent traités avec une extrême bienveillance. Par malheur, le pays était pauvre, les habitants ne se nourrissaient que de baies sauvages, de l'écorce des arbres et d'animaux quand ils pouvaient s'en procurer, ce qui était rare.

Les Américains, peu habitués à cette nourriture frugale, durent, pour se soutenir, manger leurs chevaux, pourtant bien amaigris, et acheter aux naturels tous les chiens que ceux-ci consentirent à leur vendre. Ils en reçurent même le surnom de « Mangeurs de chiens. »

Avec la température, la nature des habitants s'adoucissait, les vivres devenaient plus abondants, et, lorsque l'on descendit l'Orégon, qui porte aussi le nom de Colombia, la pêche des saumons vint apporter à propos un supplément de vivres. Lorsque la Colombia, au cours dangereux, s'approche de la mer, elle forme un estuaire très vaste, dans lequel les lames, venues du large, luttent contre le courant de la rivière. Les Américains, avec leur frêle canot, y coururent plus d'une fois le risque d'être engloutis, avant d'avoir atteint le littoral de l'Océan.

Heureux d'avoir rempli le but de leur mission, ils hivernèrent en cet endroit, et, lorsque les beaux jours furent revenus, ils reprirent le chemin de Saint-Louis, où ils arrivèrent au mois de mai 1806, après une absence de deux ans quatre mois et dix jours. Ils avaient calculé qu'ils n'avaient pas fait moins de 1,378 lieues depuis Saint-Louis jusqu'à l'embouchure de l'Orégon.

L'élan était donné. Bientôt les expéditions de reconnaissance vont se succéder dans l'intérieur du nouveau continent et prendre, un peu plus tard, un caractère scientifique tout particulier, qui les classe à part dans l'histoire des découvertes.

Quelques années après, un des plus grands colonisateurs dont l'Angleterre puisse s'honorer, sir Stamford Raffles, l'organisateur de l'expédition qui s'empara des colonies hollandaises, avait été nommé lieutenant gouverneur de Java. pendant une administration de cinq années, Raffles accomplit des réformes considérables et abolit l'esclavage. Mais ces travaux, si absorbants qu'ils fussent, ne l'empêchèrent pas de réunir les matériaux nécessaires pour la rédaction de deux énormes in-4, qui sont des plus intéressants et des plus curieux. Ils contiennent, outre l'histoire de Java, une foule de détails sur les populations de l'intérieur, jusqu'alors peu connues, les renseignements les plus circonstanciés sur la géologie et l'histoire naturelle. Aussi, ne faut-il pas s'étonner si le nom de « Rafflesia », en l'honneur de celui qui fit si bien connaître cette grande île, a été donné à une fleur énorme, qui mesure quelquefois un mètre de diamètre et pèse jusqu'à cinq kilogrammes.

Raffles fut aussi le premier qui pénétra dans l'intérieur de Sumatra, dont le littoral seul était connu, tantôt visitant les cantons occupés par les Passoumahs, athlétiques cultivateurs, tantôt pénétrant au nord jusqu'à Memang-Kabou, célèbre capitale de l'empire malais, tantôt traversant toute l'île de Bencoulen à Palimbang.

· Mais, ce qui constitue la gloire la plus durable de sir Thomas Stamford Raffles, c'est d'avoir indiqué au gouvernement de l'Inde la position exceptionnelle de Singapour, d'en avoir fait un port franc, qui ne devait pas tarder à prendre un développement considérable.

CHAPITRE II

L'EXPLORATION ET LA COLONISATION DE L'AFRIQUE

Peddie et Campbell dans le Soudan. — Richtie et Lyon dans le Fezzan. — Denham, Oudney et Clapperton au Fezzan, dans le pays des Tibbous. — Le lac Tchad et ses affluents. — Kouka et les principales villes du Bornou. — Le Mandara. — Une razzia chez les Fellatahs. — Défaite des Arabes et mort de Bou-Khaloum. — Le Loggoun. — Mort de Toole. — En route pour Kano. — Mort du docteur Oudney. — Kano. — Sackatou. — Le sultan Bello. — Retour en Europe.

A peine la puissance de Napoléon I⁰ʳ vient-elle de s'écrouler et avec elle la prépondérance de la France, à peine ces luttes gigantesques, pour l'ambition d'un seul, qui arrêtent le développement scientifique de l'humanité, se sont-elles terminées, que, de tous côtés, les nobles aspirations se réveillent, les entreprises scientifiques ou commerciales recommencent. Une ère nouvelle vient de se lever.

Au premier rang des puissances qui encouragent et qui organisent des voyages de découvertes, il faut, comme toujours, placer l'Angleterre. Son activité se porte sur l'Afrique centrale, sur ces pays dont les reconnaissances d'Hornemann et de Burckhardt ont fait soupçonner la richesse prodigieuse.

Tout d'abord, en 1816, c'est le major Peddie, qui part du Sénégal et se dirige vers Kakondy, située sur le Rio-Nunez. A peine arrivé dans cette ville, Peddie succombe aux fatigues de la route et à l'insalubrité du climat. Le major Campbell lui succède dans le commandement de l'expédition et traverse les hautes montagnes du Fotan-Djallon, mais il perd en peu de jours une partie des animaux de charge et plusieurs hommes.

Arrivée sur les terres de l'« almamy » — titre que portent la plupart des souverains de cette partie de l'Afrique, — l'expédition est retenue dans ce royaume, et n'obtient la permission de revenir qu'après le payement d'une contribution considérable.

Désastreuse fut cette retraite, pendant laquelle il fallut, non seulement traverser à nouveau les rivières dont le passage avait été si pénible, mais endurer des tracasseries, des persécutions, des exactions telles que, pour les faire cesser, le major Campbell se vit forcé de faire brûler ses marchandises, briser ses fusils, et noyer sa poudre.

A tant de fatigues, à la ruine de ses espérances, à l'échec complet de sa tentative, le major Campbell ne put résister, et il mourut, avec plusieurs de ses officiers, à l'endroit même où s'était éteint le major Peddie. Ce qui restait de l'expédition regagna avec peine Sierra-Leone.

Un peu plus tard, ce sont Richtie et le capitaine Georges-Francis Lyon, qui, profitant du prestige que le bombardement d'Alger vient d'apporter au pavillon britannique et des relations que le consul anglais de Tripoli a su se créer.parmi . les personnages importants de la Régence, entreprennent de suivre la route tracée par Hornemann.et de pénétrer jusqu'au centre même de l'Afrique.

Le 25 mars 1819, ces voyageurs partent de Tripoli avec Mohammed-el-Moukni, bey du Fezzan, qui prend le titre de sultan sur son territoire. Grâce à cette puissante escorte, Richtie et Lyon arrivent sans encombre jusqu'au Mourzouk. Mais là, les fatigues du voyage à travers le désert, les privations, les ont tellement épuisés, que Richtie meurt le 20 novembre. Lyon, longtemps malade, ne se rétablit que pour déjouer les entreprises perfides du sultan, qui, spéculant déjà sur la mort des voyageurs, cherche à s'emparer de leurs bagages Lyon ne peut donc s'avancer au delà des frontières méridionales du Fezzan; mais il a cependant le temps de recueillir de précieuses informations sur les principales villes de cet État et sur la langue des habitants. En même temps, on lui doit les premiers renseignements authentiques relatifs aux Touaregs, ces sauvages habitants du grand désert, sur leur religion, leurs coutumes, leur langage et leur costume singulier.

La relation du capitaine Lyon est également riche en détails, non plus vus, mais triés avec soin, sur le Bornou, le Wadaï et le Soudan en général.

Les résultats obtenus n'étaient pas pour satisfaire l'avidité anglaise, qui voulait ouvrir à ses négociants les riches marchés de l'intérieur. Aussi, les propositions faites au gouvernement par un Écossais, le docteur Walter Oudney, qu'avaient enflammé les récits de Mungo-Park, furent-elles accueillies favorablement. Il avait pour ami un lieutenant de vaisseau, de trois ans plus âgé que lui, Hugues Clapperton, qui s'était distingué sur les lacs canadiens et en maintes circonstances, mais auquel la pacification de 1815 avait créé des loisirs forcés en le réduisant à la demi-solde.

La confidence que le docteur Oudney fit à Clapperton de son projet de voyage le décida sur-le-champ à faire partie de cette aventureuse expédition. Le docteur Oudney sollicita du ministère l'aide de cet officier entreprenant, dont les connaissances spéciales lui devaient être du plus grand secours. Lord Bathurst ne fit aucune difficulté, et les deux amis, après avoir reçu des instructions détaillées, s'embarquèrent pour Tripoli, où ils apprirent bientôt qu'ils allaient avoir pour chef le major Dixon Denham.

Né à Londres, le 31 décembre 1785, Denham avait d'abord été commis chez un régisseur de grandes propriétés rurales. Entré dans l'étude d'un attorney, son peu de goût pour les affaires, son caractère audacieux, en quête d'aventures, l'avaient bientôt poussé à s'engager dans un régiment qui partait pour l'Espagne. Jusqu'en 1815, il s'était battu; puis, il avait mis ses loisirs à profit pour visiter la France et l'Italie.

Amoureux de la gloire, Denham avait cherché la carrière qui pût lui donner rapidement, même au péril de la vie, les satisfactions qu'il ambitionnait, et il s'était déterminé pour celle d'explorateur. Chez lui, l'action suivait de près la pensée. Il proposa au ministère de se rendre à Tembouctou par la route que Laing devait suivre plus tard. Lorsqu'il apprit quelle mission avait été confiée au lieutenant Clapperton et au docteur Oudney, il sollicita la faveur de leur être adjoint.

Sans retard, muni des objets qu'il croit nécessaires à son expédition, après avoir engagé un habile charpentier, nommé William Hillman, Denham s'embarque pour Malte et rejoint ses futurs compagnons de voyage à Tripoli, le 21 novembre 1821. Le nom anglais jouissait à cette époque d'un très grand prestige, non seulement dans les États barbaresques, à cause du récent bombardement d'Alger, mais aussi parce que le consul de la Grande-Bretagne à Tripoli avait su, par une politique habile, se maintenir en bons termes avec le gouvernement de la régence.

Cette influence n'avait même pas tardé à rayonner hors de ce cercle restreint. La nationalité de certains voyageurs, la protection dont l'Angleterre avait entouré la Porte, le bruit de ses luttes et de ses victoires dans l'Inde, tout cela avait vaguement pénétré dans l'intérieur de l'Afrique, et le nom anglais, sans qu'on pût donner des détails précis, y était désormais connu. La route de Tripoli au Bornou était aussi sûre que celle de Londres à Édimbourg, à en croire le consul britannique. C'était donc le moment de profiter de facilités qui pourraient bien ne pas se représenter de sitôt.

Les trois voyageurs, après un bienveillant accueil du bey, qui mit ses res-

sources à leur disposition, s'empressèrent de quitter Tripoli. Grâce à l'escorte
fournie par lui, ils purent gagner facilement Mourzouk, la capitale du Fezzan, le
8 avril 1822.

En certaines localités, ils avaient même été reçus avec une bienveillance et
des transports qui touchaient presque à l'enthousiasme.

« A Sockna, raconte Denham, le gouverneur vint à notre rencontre et nous
aborda dans la plaine. Il était accompagné des principaux habitants et de plusieurs
centaines de paysans, qui entouraient nos chevaux, nous baisaient les mains avec
toute l'apparence de la franchise et du plaisir. Nous entrâmes ainsi dans la
ville. Les mots : *Inglesi! Inglesi!* étaient répétés par la foule, et cette réception
nous était d'autant plus agréable que nous étions les premiers Européens qui
n'eussent point changé d'habit, et je suis persuadé que notre réception eût été
beaucoup moins amicale, si nous avions voulu passer pour Mahométans et nous
abaisser au rôle d'imposteurs. »

Mais, à Mourzouk, devaient se renouveler toutes les tracasseries qui avaient
paralysé Hornemann. Toutefois, les circonstances, comme les hommes, étaient
changées. Sans se laisser éblouir par les grands honneurs que le sultan leur
rendait, les Anglais, qui visaient au sérieux, demandèrent l'escorte nécessaire
pour gagner le Bornou.

Il était impossible de partir avant le printemps suivant, leur répondait-on,
à cause de la difficulté de réunir la « kafila », ou caravane, et les troupes qui
devaient l'escorter à travers des régions désertes.

Cependant, un riche marchand, du nom de Boû-Baker-Bou-Khaloum, ami
particulier du pacha, fit entendre aux Anglais que, s'il recevait quelques présents, il se faisait fort d'aplanir bien des difficultés. Il se chargeait même de les
conduire dans le Bornou, pays où il se rendait lui-même, si le pacha de Tripoli
lui en donnait l'autorisation.

Denham, persuadé de la véracité de Bou-Khaloum, comprit qu'il fallait
obtenir cette autorisation et gagna Tripoli. Ne recevant que des réponses éva-
sives, il menaça de s'embarquer pour l'Angleterre, où il allait, disait-il, rendre
compte des entraves qu'apportait le pacha à l'accomplissement de la mission
dont il était chargé.

Ces menaces ne produisant pas d'effet, Denham mit à la voile, et il allait
débarquer à Marseille, lorsqu'il reçut du bey un message qui le rappelait et lui
donnait satisfaction, en autorisant Bou-Khaloum à accompagner les trois
voyageurs.

Le 30 octobre, Denham rentrait à Mourzouk, où il retrouvait ses compagnons, très violemment attaqués des fièvres et minés par la désastreuse influence du climat.

Persuadé que le changement d'air rétablirait leur santé compromise, Denham les fit partir et voyager à petites journées. Lui-même quitta Mourzouk le 29 novembre avec une caravane composée de marchands de Mesurata, de Tripoli, de Sockna et de Mourzouk, qu'accompagnait une escorte de deux cent dix Arabes, commandés par Bou-Khaloum, guerriers choisis parmi les tribus les plus éclairées et les plus soumises.

L'expédition suivit la route qu'avait parcourue le lieutenant Lyon et gagna bientôt Tegherhy, ville la plus méridionale du Fezzan, et la dernière qu'on rencontre avant de pénétrer dans le désert de Bilma.

« Je fis si bien, dit Denham, que je dessinai une vue du château de Tegherhy, prise de la rive méridionale d'un étang salé contigu à cette ville. On entre à Tegherhy par un passage étroit, bas et voûté, puis on trouve une seconde muraille et une porte; le mur est percé de meurtrières, qui rendraient très difficile l'entrée par ce passage resserré. Au-dessus de la seconde porte, il y a aussi une ouverture d'où l'on pourrait lancer sur les assaillants des traits et des tisons enflammés, dont les Arabes faisaient autrefois un grand usage. Il y a, dans l'intérieur, dés puits dont l'eau est assez bonne. Aussi, avec des munitions et des vivres, si cette place était réparée, je pense qu'elle pourrait faire une bonne défense. La situation de Tegherhy est vraiment agréable. Tout à l'entour croissent des dattiers, et l'eau y est excellente. Une chaîne de collines basses se prolonge à l'est. Les bécassines, les canards et les oies sauvages fréquentent les étangs salés qui sont près de la ville. »

Les voyageurs pénétrèrent, en quittant cette ville, dans un désert de sable, à travers lequel il n'aurait pas été facile de se diriger, si la route n'eût été jalonnée de squelettes d'animaux et d'hommes qu'on rencontrait surtout auprès des puits.

« Un des squelettes que nous vîmes aujourd'hui, raconte Denham, paraissait encore tout frais; sa barbe tenait à son menton, on distinguait ses traits. Un des marchands de la kafila s'écria tout à coup : C'était mon esclave! Il y a quatre mois, je le laissai près d'ici. — Et vite, vite, mène-le au marché! cria un marchand d'esclaves facétieux, de crainte qu'un autre ne le réclame! »

A travers le désert, il y a certaines étapes marquées par dés oasis, au-milieu desquelles s'élèvent des villes plus ou moins importantes. Kishi est un des rendez-vous les plus fréquentés des caravanes. C'est là qu'on paye le droit de passage à travers le pays. Le sultan de cette ville, — on verra plus d'un de ces

Une khafila d'esclaves. (*Fac-simile. Gravure ancienne.*)

potentats minuscules prendre le titre du commandeur des croyants, — le sultan de Kishi se faisait remarquer par une absence complète de propreté, et sa cour n'offrait guère un aspect plus ragoûtant, si l'on en croit Denham.

« Il vint, dit le voyageur, dans la tente de Bou-Khaloum, accompagné d'une demi-douzaine de Tibbous dont quelques-uns étaient vraiment hideux. Leurs dents étaient d'un jaune foncé, car ils aiment tant le tabac en poudre qu'ils en prennent par le nez et par la bouche. Leur nez ressemblait à un petit morceau de chair arrondi fiché sur leur figure; leurs narines étaient si grandes que leurs doigts pouvaient y pénétrer aussi avant qu'ils voulaient. Ma montre, ma bous-

Garde du corps du cheik de Bornou. (*Fac-simile. Gravure ancienne.*)

sole, ma tabatière à musique, ne leur causèrent que peu d'étonnement. C'étaient de vraies brutes à face humaine. »

La ville de Kirby, qu'on rencontre un peu plus loin, dans le voisinage d'une chaîne de collines dont les plus hautes ne dépassent pas quatre cents pieds, est située dans un « ouady », entre deux lacs salés qui, suivant toute vraisemblance, doivent leur origine aux excavations faites pour prendre la terre nécessaire aux constructions. Au milieu de ces lacs s'élève, comme un îlot, une masse de muriate et de carbonate de soude. Ce sel, que fournissent les ouadys, très nombreux dans la contrée, est l'objet d'un important commerce avec le Bornou et tout le Soudan.

Quant à Kirby, il est impossible dé voir une ville plus misérable. « Il n'y a rien dans les maisons, pas même une natte. » Et comment en pourrait-il en être autrement, dans une cité exposée aux incessantes razzias des Touaregs?

La caravane traversait alors le pays des Tibbous, peuple hospitalier et paisible, auquel les caravanes payent un droit de passage comme gardien des puits et citernes qui jalonnent le désert. Vifs et actifs, montés sur des chevaux très agiles, la plupart des Tibbous ont une adresse singulière à manier la lance, que les plus vigoureux guerriers jettent jusqu'à deux cent quarante pieds. Bilma est leur capitale et la résidence de leur sultan.

« Celui-ci, dit la relation, vint au devant des étrangers avec un nombreux cortège d'hommes et de femmes. Ces dernières étaient bien mieux que celles des petites villes; quelques-unes avaient des traits fort agréables, leurs dents blanches et bien rangées contrastaient admirablement avec le noir éclatant de leur peau et avec la tresse triangulaire qui pendait de chaque côté de leur visage dégoûtant d'huile; des pendeloques de corail au nez et de grands colliers d'ambre les rendaient tout à fait séduisantes. Les unes avaient un « cheiche » ou éventail fait d'herbes minces ou de crin pour écarter les mouches, d'autres une branche d'arbre; celles-ci des éventails de plumes d'autruche, celles-là un paquet de clefs; toutes tenaient quelque chose à la main et l'agitaient au-dessus de leur tête en avançant. Un morceau d'étoffe du Soudan, attaché sur l'épaule gauche et laissant le côté droit découvert, composait leur habillement; un autre, plus petit, entourait leur tête et leur descendait sur les épaules, ou bien était jeté en arrière. Quoi qu'elles parussent très peu vêtues, rien de moins immodeste que leur air ou leur maintien. »

A un mille de Bilma, au delà d'une source limpide, qui semble avoir été placée là par la nature pour inviter le voyageur à s'approvisionner d'eau, commence un désert dont la traversée n'exige pas moins de dix jours. C'était autrefois, sans doute, un immense lac salé.

Le 4 février 1828, la caravane atteignit Lari, ville située sur la rivière septentrionale du Bornou par 14°40′ de latitude nord.

Les habitants, effrayés de la force de la caravane, s'enfuirent, frappés de terreur.

« Mais la tristesse que ce spectacle nous causait, dit Denham, fit bientôt place à une sensation toute différente, lorsque nous découvrîmes plus loin, à moins d'un mille du lieu où nous étions, le grand lac Tchad, réfléchissant les rayons du soleil. La vue de cet objet, si intéressant pour nous, produisit en moi une satisfaction et une émotion dont aucune expression ne serait assez énergique pour rendre la force et la vivacité. »

A partir de Lari, l'aspect du pays changeait complètement. Aux déserts sablonneux succédait une terre argileuse, couverte de gazon, semée d'acacias et d'arbres d'essences variées, au milieu desquels on apercevait des troupeaux d'antilopes, tandis que les poules de Guinée et les tourterelles de Barbarie faisaient chatoyer leur plumage à travers la verdure. Les villes succédaient aux villages, composés de huttes en forme de cloche et couvertes avec la paille de dhourra.

Les voyageurs continuèrent à s'avancer vers le sud, en contournant le lac Tchad, qu'ils avaient attaqué par la pointe septentrionale. Près des bords de cette nappe liquide, le terrain était vaseux, noir et ferme. L'eau, s'élevant beaucoup dans la saison d'hiver, baisse proportionnellement en été ; elle est douce, poissonneuse, peuplée d'hippopotames et d'oiseaux aquatiques. A peu près au milieu du lac, dans le sud-est, sont des îles habitées par les Biddomah, peuple habitué à vivre du pillage qu'il fait sur le continent.

Les étrangers avaient envoyé un courrier au cheik El-Khanemi, afin de lui demander l'autorisation de gagner sa capitale. Un envoyé rejoignit bientôt la caravane, invitant Bou-Khaloum et ses compagnons à se diriger vers Kouka.

Dans leur route, les étrangers passèrent à Beurwha, ville fortifiée qui avait jusqu'alors défié les attaques des Touaregs, et ils traversèrent l'Yeou, grande rivière dont la largeur, dans quelques endroits, mesure plus de cent cinquante pieds. Cet affluent du Tchad vient du Soudan.

Sur la rive méridionale de cette rivière, s'élève une jolie ville murée, appelée également Yeou, et moitié moins grande que Beurwha.

La khafila arriva bientôt après aux portes de Kouka, et fut reçue le 17 février, après deux mois et demi de marche, par un corps d'armée de quatre mille hommes, qui manœuvraient avec un ensemble parfait. Parmi ces troupes, se trouvait un corps de noirs, formant la garde particulière du cheik, et dont l'armement rappelait celui des anciens chevaliers.

« Ils portaient, dit Denham, des cottes de mailles en chaînons de fer qui couvraient la poitrine jusqu'au cou, se rattachaient au-dessus de la tête et descendaient séparément par devant et par derrière, de manière à tomber sur les flancs du cheval et à couvrir les cuisses du cavalier. Ils avaient des espèces de casques ou calottes de fer retenues par des turbans jaunes, rouges ou blancs, noués sous le menton. Les têtes des chevaux étaient également défendues par des plaques de même métal. Leurs selles étaient petites et légères ; leurs étriers, d'étain. On n'y peut placer que le bout du pied, qui est revêtu par une sandale de cuir ornée de peau de crocodile. Ils montaient tous admirablement à cheval et coururent vers nous au grand galop, ne s'arrêtant qu'à quelques pas de nous, agitant leurs lances renversées du côté de Bou-Khaloum en criant : Barca! Barca! Bien-venue! Bien-venue ! »

Entourés de cette fantasia brillante, les Anglais et les Arabes pénétrèrent dans la ville, où un appareil militaire tout semblable avait été déployé en leur honneur.

Ils furent bientôt admis en la présence du cheik El-Khanemi. Ce personnage paraissait âgé de quarante-cinq ans. Sa physionomie prévenait en sa faveur; elle était riante, spirituelle et bienveillante.

Les Anglais lui remirent les lettres du pacha. Lorsque le cheik en eut terminé la lecture, il demanda à Denham ce que lui et ses compagnons venaient faire dans le Bornou.

« Uniquement voir le pays, répondit Denham, et nous renseigner sur ses habitants, sa nature et ses productions.

— Soyez les bien-venus, répliqua le cheik. Vous montrer chaque chose sera un plaisir pour moi. J'ai ordonné que l'on construisît des cases pour vous dans la ville; allez les voir avec un de mes gens, et s'il y a quelque chose de défectueux ne craignez pas de le dire. »

Les voyageurs reçurent bientôt l'autorisation d'emporter les dépouilles des animaux et des oiseaux qui leur paraîtraient intéressants et de prendre des notes sur tout ce qu'ils pourraient observer. C'est ainsi qu'ils recueillirent quantité de renseignements sur les villes voisines de Kouka.

Kouka, alors capitale du Bornou, possédait un marché où se vendaient des esclaves, des moutons, des bouvards, du froment, du riz, des arachides, des haricots, de l'indigo et bien d'autres productions de la contrée. Une grande animation ne cessait de régner dans les rues de cette ville, qui ne comptait pas moins de quinze mille habitants.

Angornou était aussi une grande cité murée, qui ne renfermait pas moins de trente mille âmes. C'était l'ancienne capitale du pays. Son marché était très important. On y avait vu jusqu'à cent mille individus s'y disputer à prix d'argent le poisson, la volaille et la viande, qu'on y vend crus ou cuits, le laiton, le cuivre l'ambre et le corail. La toile de lin était à si bas prix dans ce district que la plupart des hommes avaient une chemise et un pantalon. Aussi, les mendiants ont-ils une singulière manière d'exciter la compassion : ils se placent aux entrées du marché, et, tenant à la main les lambeaux d'un vieux pantalon, ils prennent un air piteux et disent aux passants : « Voyez, je n'ai pas de culottes. » La nouveauté du procédé, la demande de ce vêtement plus nécessaire à leurs yeux que la nourriture, fit rire aux éclats le voyageur, lorsqu'il en fut pour la première fois témoin.

Jusqu'alors, les Anglais n'avaient eu affaire qu'au cheik, qui, se contentant d'un pouvoir effectif, abandonnait la puissance nominale au sultan. Singulier personnage que ce souverain, qui ne se laissait voir, comme un animal curieux et malfaisant, qu'à travers les barreaux d'une cage de roseaux, près de la porte de son jardin! Modes bizarres que celles qui régnaient à cette cour, où tout élégant devait avoir un gros ventre et se donner par des moyens factices une obésité qu'on considère généralement comme très gênante!

Certains raffinés, lorsqu'ils étaient à cheval, avaient même un ventre si rembourré et si proéminent qu'il semblait pendre par-dessus le pommeau de la selle. Avec cela, l'élégance exigeait qu'on eût un turban d'une envergure et d'un poids tels, qu'ils forçaient souvent ceux qui les portaient à pencher la tête de côté.

Ces fantaisies baroques rappelaient à s'y méprendre celles des Turcs de bal masqué. Aussi, les voyageurs eurent-ils grand peine à conserver leur gravité en face de ces grotesques.

Mais, à côté de ces réceptions sollennellement amusantes, que d'observations nouvelles, que de renseignements intéressants à recueillir, que de « desiderata » à combler !

Denham aurait voulu s'enfoncer tout de suite dans le sud. Or, le cheik se refusait à compromettre la sécurité des voyageurs que le bey de Tripoli lui avait confiés. Depuis qu'ils étaient entrés dans le territoire du Bornou, la responsabilité de Bou-Khaloum ayant pris fin, celle du cheik était engagée.

Si vives, cependant, furent les instances de Denham, qu'il obtint d'El-Khanemi l'autorisation d'accompagner Bou-Khaloum dans une « ghrazzie » ou razzia qu'il méditait sur les Kaffirs ou infidèles.

L'armée du cheik et la troupe des Arabes traversèrent tour à tour Yeddie, grande ville murée à vingt milles d'Angornou, Affagay, et plusieurs autres cités, bâties sur un sol d'alluvion, qui présente un aspect argileux de couleur foncée.

A Delow, les Arabes pénétrèrent dans le Mandara, dont le sultan vint au devant d'eux, à la tête de cinq cents cavaliers.

« Mohammed-Becker était de petite taille. dit Denham, et âgé d'environ cinquante ans; sa barbe était teinte en bleu céleste de la plus belle nuance. »

Les présentations se firent, et le sultan, ayant regardé le major Denham, demanda aussitôt qui il était, d'où il venait, ce qu'il voulait, enfin s'il était musulman. A la réponse embarrassée de Bou-Khaloum, le sultan détourna les yeux en disant : « Le pacha a donc des Kaffirs pour amis ? »

Cet incident produisit une très mauvaise impression, et Denham ne fut plus admis désormais à paraître devant le sultan.

Les ennemis du pacha du Bornou et du sultan de Mandara portaient le nom de Felatahs. Leurs tribus immenses s'étendaient jusque bien au delà de Tembouctou. Ce sont de beaux hommes, dont la couleur rappelle le bronze foncé, ce qui les distingue nettement des nègres et en fait une race à part. Ils professent l'islamisme et se mêlent rarement avec les noirs. Au reste, il y aura lieu de revenir un peu plus tard sur les Felatahs, Foulahs, Peuls ou Fans, comme on les appelle dans tout le Soudan.

Au sud de la ville de Mora, s'élève une chaîne de montagnes dont les plus hauts sommets ne dépassent pas deux mille cinq cents pieds, et qui s'étend, au dire des indigènes, sur un parcours de plus de deux mois de route.

La description que Denham fait de ce pays est assez curieuse pour que nous en reproduisions les traits saillants.

« De tous côtés, dit-il, notre vue était bornée par la chaîne de montagnes dont on ne découvrait pas la fin. Quoique, pour les dimensions gigantesques et l'âpre magnificence, elles ne puissent être comparées ni aux Alpes, ni aux Apennins, ni au Jura, ni même à la Sierra-Morena, toutefois elles les égalaient sous le rapport pittoresque. Les pics de Valmy Savah, Djogghiday Vayah, Moyoung et Memay, dont les flancs pierreux étaient couverts de groupes de villages, s'élançaient à l'est et à l'ouest ; Horza, qui l'emportait sur tous les autres en élévation et en beauté, se montrait devant nous dans le sud avec ses ravins et ses précipices. »

Derkolla, l'une des principales villes des Felatahs, fut réduite en cendres par les envahisseurs. Ceux-ci [ne tardèrent pas à prendre position devant Mosfeia, dont la situation était très forte, et qui était défendue par des palissades garnies de nombreux archers. Le voyageur anglais dut assister à cette action. Le premier choc des Arabes fut irrésistible. Les détonations des armes à feu, la réputation de vaillance et de cruauté de Bou-Khaloum et de ses acolytes, jetèrent un moment de panique chez les Felatahs. Assurément, si les Mandarans et les Bornouens eussent alors donné avec vigueur l'assaut à la colline, on avait ville gagnée.

Mais les assiégés, remarquant l'hésitation de leurs adversaires, prirent à leur tour l'offensive et rapprochèrent leurs archers, dont les flèches empoisonnées ne tardèrent pas à faire de nombreuses victimes parmi les Arabes. C'est à ce moment que les contingents du Bornou et du Mandara lâchèrent pied.

Barca Gama, le général qui commandait le premier, avait eu trois chevaux tués sous lui. Bou-Khaloum était blessé ainsi que son cheval; celui de Denham l'était également; lui-même avait eu le visage effleuré d'une flèche, et deux autres étaient fichées dans son burnous.

La retraite dégénère bientôt en une fuite désordonnée. Le cheval de Denham tombe, et le cavalier se relève à peine qu'il est entouré de Felatahs. Deux s'enfuient à la vue du pistolet dont l'Anglais les menace ; un troisième reçoit la charge dans l'épaule.

Denham se considérait comme sauvé, lorsque son cheval s'abattit une seconde fois avec une telle violence qu'il fut jeté au loin contre un arbre. Lorsque le major se releva, son cheval avait disparu et il était sans armes. Aussitôt entouré d'ennemis, Denham, blessé aux deux mains et au côté droit, est en partie dépouillé, et, seule, la crainte de détériorer ses riches vêtements empêche les Felatahs de l'achever.

Une contestation s'élève à propos de ces dépouilles. Le major en profite pour se glisser sous un cheval, et il disparaît au milieu des halliers. Nu, ensanglanté, après une course folle, il arrive au bord d'une ravine au fond de laquelle coule un torrent.

« Mes forces m'avaient presque abandonné, dit-il ; j'empoignai les jeunes branches qui avaient poussé sur un vieux tronc d'arbre suspendu au-dessus de la ravine, ayant le projet de me laisser glisser jusqu'à l'eau, parce que les rives étaient très escarpées. Déjà les branches cédaient au poids de mon corps, lorsque, sous ma main, un grand « liffa », le serpent le plus venimeux de ces contrées, sortit de son trou comme pour me mordre. L'horreur dont je fus saisi bouleversa toutes mes idées. Les branches se dérobèrent de ma main, et je fus culbuté dans l'eau. Cependant, ce choc me ranima, et trois mouvements de mes bras me portèrent au bord opposé que je gravis avec difficulté. Alors, pour la première fois, j'étais à l'abri de la poursuite des Felatahs... »

Par bonheur, Denham aperçut un groupe de cavaliers, dont il parvint, malgré le tumulte de la poursuite, à se faire entendre. Il ne parcourut pas moins de trente-sept milles, sans autre vêtement qu'une mauvaise couverture, constellée de vermine, sur la croupe nue d'un cheval maigre. Quelles souffrances avec cette chaleur de trente-six degrés, qui envenimait ses blessures !

Trente-cinq Arabes tués et avec eux leur chef Bou-Khaloum, presque tous les autres blessés, les chevaux détruits ou perdus, tels furent les résultats

Reception de la mission. (*Fac-simile. Gravure ancienne.*) (Page 84.)

d'une expédition qui devait rapporter un immense butin et procurer quantité
d'esclaves.

En six jours furent parcoûrus les cent quatre-vingts milles qui séparaient Mora
de Kouka. Denham reçut dans cette dernière ville un bienveillant accueil du
cheik El-Khanemy, qui lui envoya, pour remplacer sa garde-robe perdue, un
vêtement à la mode du pays.

A peine le major était-il remis de ses blessures et de ses fatigues qu'il prenait part à une nouvelle expédition que le cheik envoyait dans le Monga, pays
situé à l'ouest du lac Tchad, dont les habitants n'avaient jamais complètement
reconnu sa suprématie et refusaient de payer tribut.

Lancier du sultan de Begharmi. (*Fac-simile. Gravure ancienne.*)

Denham et le docteur Oudney partirent de Kouka le 22 mai, traversèrent le Yeou, rivière presque à sec en cette saison, mais très grosse au moment des pluies, visitèrent Birnie et les ruines du vieux Birnie, ancienne capitale du pays, qui pouvait contenir jusqu'à deux cent mille individus. Ce furent ensuite les restes de Gambarou, aux édifices magnifiques, résidence favorite de l'ancien sultan, détruite par les Felatahs, puis Kabchary, Bassecour, Bately, et tant d'autres villes ou villages, dont la nombreuse population se soumit sans résistance au sultan du Bornou.

L'hivernage ne fut pas favorable aux membres de la mission. Clapperton avait une fièvre terrible. L'état du docteur Oudney, déjà malade de la poitrine au

12

départ d'Angleterre, empirait tous les jours. Le charpentier Hillman était dans un état désespéré. Seul, Denham résistait encore.

Dès que la saison des pluies tira vers sa fin, le 14 décembre, Clapperton partit avec le docteur Oudney pour Kano. Nous aurons bientôt à le suivre dans cette partie si intéressante du voyage.

Sept jours après, un enseigne nommé Toole arrivait à Kouka, n'ayant mis que trois mois et quatorze jours pour venir de Tripoli.

Au mois de février 1824, Denham et Toole firent une course dans le Loggoun, à l'extrémité méridionale du lac Tchad. Toute la partie voisine du lac et de son affluent, le Chary, est marécageuse et inondée pendant la saison des pluies. Le climat excessivement malsain de cette région fut fatal au jeune Toole, qui mourut le 26 février, à Angala; il n'avait pas encore vingt-deux ans. Persévérant, intré- pide, gai, obligeant, doué de sang-froid et de prudence, Toole possédait les qualités qui distinguent le véritable voyageur

Le Loggoun était alors un pays très peu connu, que ne parcouraient pas les caravanes, et dont la capitale, Kernok, ne comptait pas moins de quinze mille habitants. C'est un peuple plus beau, plus intelligent que les Bornouens, — cela est vrai surtout pour les femmes, — très laborieux, qui fabrique des toiles très belles et du tissu le plus serré.

La présentation obligée au sultan se termina, après un échange de bonnes paroles et l'acceptation de riches présents, par cette offre singulière de la part d'un sultan à un voyageur : « Si tu es venu pour acheter des femmes esclaves, ce n'est pas la peine que tu ailles plus loin, je te les vendrai aussi bon marché que qui que ce soit. » Denham eut grand'peine à faire comprendre à ce souve- rain industriel que tel n'était pas le but de son voyage et que le seul amour de la science avait dirigé ses pas

Le 2 mars, Denham était de retour à Kouka, et, le 20 mai, il voyait arriver le lieutenant Tyrwhit, qui, porteur de riches présents pour le cheik, devait ré- sider au Bornou en qualité de consul.

Après une dernière razzia vers Manou, la capitale du Kanem, et chez les Dog- ganah, qui habitaient autrefois dans les environs du lac Fitri, le 16 août, le major reprenait avec Clapperton la route du Fezzan, et il rentrait à Tripoli, après un long et pénible voyage dont les résultats géographiques, déjà considérables, avaient été singulièrement augmentés par Clapperton.

Il est temps, en effet, de raconter les incidents de voyage et les découvertes de cet officier. Parti, le 14 décembre 1823, avec le docteur Oudney pour Kano, grande ville des Felatahs située à l'ouest du Tchad, Clapperton avait suivi le Yeou jusqu'à Damasak, et visité le vieux Birnie, Bera, située sur les bords d'un lac superbe formé des débordements du Yeou, Dogamou, Bekidarfi, cités qui font presque toutes partie du Haoussa. Les habitants de cette province, qui étaient très nombreux avant l'invasion des Felatahs, sont armés d'arcs et de flèches, et font le commerce de tabac, de noix, de gouro, d'antimoine, de peaux de chèvres tannées, de toile de coton en pièces ou en vêtements.

La caravane abandonna bientôt le cours du Yeou ou Gambarou pour s'avancer dans une contrée boisée, qui doit être complètement inondée pendant la saison des pluies.

Les voyageurs entrèrent ensuite dans la province de Katagoum, dont le gouverneur les reçut avec beaucoup d'affabilité, leur assurant que leur arrivée était une véritable fête pour lui et qu'elle serait on ne peut plus agréable au sultan des Felatahs, qui n'avait jamais vu d'Anglais. Il leur affirmait en même temps qu'ils trouveraient chez lui, comme à Kouka, tout ce qui leur serait nécessaire.

La seule chose qui l'étonnât profondément, c'était de savoir que les voyageurs ne voulaient ni esclaves, ni chevaux, ni argent, qu'ils ne demandaient, avec son amitié, que la permission de cueillir des fleurs et des plantes et l'autorisation de visiter le pays.

Katagoum est située par 12° 17′ 11″ de latitude et environ 12° de longitude, d'après les observations de Clapperton. Cette province formait la frontière du Bornou avant la conquête des Felatahs. Elle peut mettre sur pied quatre mille hommes de cavalerie et deux mille fantassins armés d'arcs, d'épées et de lances. Elle produit du grain et des bœufs, qui sont, avec les esclaves, les principaux articles de commerce. Quant à la ville même, c'était la plus forte que les Anglais eussent vue depuis Tripoli. Percée de portes qu'on fermait tous les soirs, elle était défendue par deux murs parallèles et trois fossés à sec, un intérieur, un autre extérieur, et un troisième creusé entre les deux murailles hautes de vingt pieds et larges de dix à la base. D'ailleurs, aucun autre monument qu'une mosquée en ruines dans cette ville aux maisons de terre, qui peut renfermer sept à huit mille habitants.

C'est là que, pour la première fois, les Anglais virent les cauris servir de monnaie. Jusqu'alors, la toile du pays ou quelque autre article avait été l'unique terme des échanges.

Au sud de la province de Katagoum est situé le pays de Yacoba, que les musulmans désignent sous le nom de Mouchy. D'après les rapports que Clapperton reçut, les habitants de cette province, hérissée de montagnes calcaires, seraient anthropophages. Cependant, les musulmans, qui ont une invincible horreur pour les Kaffirs, ne donnent d'autre preuve à cette accusation que d'avoir vu des têtes et des membres humains pendus aux murs des habitations.

C'est dans le Yacoba que prendrait sa source l'Yeou, rivière complètement à sec pendant l'été, mais dont les eaux, pendant la saison des pluies, au dire des habitants, croissent et diminuent alternativement tous les sept jours.

« Le 11 janvier, dit Clapperton, nous continuâmes notre voyage, mais, à midi, il fallut nous arrrêter à Mourmour. Le docteur était dans un tel état de faiblesse et d'épuisement que je n'espérais pas qu'il pût y résister un jour de plus. Il dépérissait journellement depuis notre départ des montagnes d'Obarri, dans le Fezzan, où il avait été attaqué d'une inflammation à la gorge pour s'être exposé à un courant d'air pendant qu'il était en transpiration.

« 12 janvier. — Le docteur prit, au point du jour, une tasse de café et, d'après son désir, je fis charger les chameaux. Je l'aidai ensuite à s'habiller et, soutenu par son domestique, il sortit de la tente. Mais, à l'instant où l'on allait le placer sur le chameau, j'aperçus dans tous ses traits l'affreuse empreinte de la mort Je le fis rentrer aussitôt, je me plaçai à côté de lui, et, avec une douleur que je ne chercherai pas à exprimer, je le vis expirer sans proférer une plainte et sans paraître souffrir. J'envoyai demander au gouverneur la permission de l'ensevelir, ce qui me fut accordé sur-le-champ. Je fis creuser une fosse sous un mimosa, auprès d'une des portes de la ville. Après que le corps eut été lavé selon l'usage du pays, je le fis revêtir avec des châles à turbans que nous avions pour en faire des présents. Nos domestiques le portèrent, et, avant de le confier à la terre, je lus le service funèbre de l'Église d'Angleterre. Je fis ensuite entourer le modeste tombeau d'un mur en terre pour le préserver des animaux carnassiers, et je fis tuer deux moutons, que je distribuai aux pauvres. »

Ainsi s'éteignit misérablement le docteur Oudney, chirurgien de marine assez instruit en histoire naturelle. La terrible maladie dont il avait apporté les germes d'Angleterre, ne lui avait pas permis de rendre à l'expédition tous les services que le gouvernement attendait de lui, et, pourtant, il ne ménageait pas ses forces, disant qu'il se sentait moins mal en voyage qu'au repos. Sentant que sa constitution épuisée ne lui permettait pas un travail assidu, jamais il n'avait voulu mettre une entrave au zèle de ses compagnons.

Après cette triste cérémonie, Clapperton reprit sa route vers Kano. Digou, ville située au milieu d'un pays bien cultivé et qui nourrit de nombreux troupeaux ; Katoungoua, qui n'est plus dans la province de Katagoum ; Zangeia,

située près de l'extrémité de la chaîne des collines de Douchi et qui doit
avoir été considérable, à en juger d'après l'étendue de ses murailles encore
debout; Girkoua, dont le marché est plus beau que celui de Tripoli; Sochwa,
entourée d'un haut rempart d'argile, telles furent les principales étapes du
voyageur, avant son entrée à Kano, qu'il atteignit le 20 janvier.

Kano, la Chana d'Édrisi et des autres géographes arabes, est le grand rendez-
vous du royaume de Haoussa.

« A peine eus-je passé les portes, dit Clapperton, que je fus étrangement
déçu dans mon attente. D'après la brillante description que m'en avaient
faite les Arabes, je m'attendais à voir une ville d'une étendue immense. Les
maisons étaient à un quart de mille des murailles, et dans quelques endroits
réunies en petits groupes séparés par de larges mares d'eau stagnante. J'aurais
pu me dispenser de mes frais de toilette (il avait revêtu son uniforme d'officier de marine); tous les habitants, occupés à leurs affaires, me laissèrent
passer tranquillement sans me remarquer et sans tourner les yeux vers moi. »

Kano, la capitale de la province de même nom et l'une des principales
villes du Soudan, est située par 12° 0' 19'' de latitude nord et 9° 20' de longitude est.

Il peut y avoir dans cette capitale trente ou quarante mille habitants, dont
plus de la moitié sont esclaves.

Le marché, qui est bordé à l'est et à l'ouest par de grands marécages plantés
de roseaux, est la retraite de nombreuses bandes de canards, de cigognes et
de vautours, qui servent de boueurs à la ville. Dans ce marché, fourni de toutes
les provisions en usage en Afrique, on voit de la viande de bœuf, de mouton,
de chèvre et quelquefois de chameau.

« Les bouchers du pays, raconte le voyageur, sont aussi avisés que les
nôtres; ils pratiquent quelques coupures pour mettre la graisse en évidence,
ils soufflent la viande, et même, quelquefois, ils collent un morceau de peau de
mouton à un gigot de chèvre. »

Du papier à écrire, produit des manufactures françaises, des ciseaux et des
couteaux de fabrication indigène, de l'antimoine, de l'étain, de la soie rouge,
des bracelets de cuivre, des grains de verroterie, du corail, de l'ambre, des
bagues d'étain, quelques bijoux en argent, des châles à turban, de la toile de
coton, du calicot, des habillements mauresques et bien d'autres objets encore,
voilà ce qu'on trouve abondamment sur le marché de Kano.

Clapperton y acheta, pour trois piastres, un parapluie anglais en coton, venu
par Ghadamès. Il visita aussi le marché aux esclaves, où ces malheureux sont

examinés très minutieusement « et avec le même soin que les officiers de santé visitent les volontaires qui entrent dans la marine. »

La ville est très malsaine ; les marais qui la partagent à peu près par la moitié et les trous qu'on creuse dans le sol, pour se procurer la terre nécessaire aux constructions, y engendrent une sorte de mal'aria permanente.

A Kano, la grande mode est de se teindre les dents et les lèvres avec les fleurs du « gourgi » et du tabac, qui les colorent en rouge sanguin. On mâche la noix de gouro, on la prise même, mêlée avec du « trona », usage qui n'est pas particulier au Haoussa, car on le retrouve également dans le Bornou, où il est cependant interdit aux femmes. Enfin les Haoussani fument un tabac originaire du pays.

Le 23 février, Clapperton partit pour Sockatou. Il traversa un pays pittoresque et bien cultivé, auquel des bosquets, disséminés sur les collines, donnaient une sorte de ressemblance avec un parc anglais. Des troupeaux de beaux bœufs blancs ou d'un gris cendré animaient le paysage.

Les localités les plus importantes que Clapperton rencontra sur sa route sont Gadania, ville très peu peuplée, dont les habitants avaient été vendus comme esclaves par les Felatahs, Doncami, Zirmie, capitale du Zambra, Kagaria, Kouara et les puits de Kamoun, où le rejoignit une escorte envoyée par le sultan.

Sockatou était la ville la plus peuplée que le voyageur eût vue en Afrique. Ses maisons, bien bâties, formaient des rues régulières, au lieu d'être réunies en groupes, comme dans les autres villes du Haoussa. Entourée d'une muraille de vingt à trente pieds d'élévation, percée de douze portes qu'on fermait régulièrement au coucher du soleil, Sockatou possédait deux grandes mosquées, un marché spacieux et une grande place devant la demeure du sultan.

Les habitants, qui, pour la plupart, sont Felatahs, ont beaucoup d'esclaves, et, de ces derniers, ceux qui ne sont pas occupés aux travaux intérieurs, exercent quelque métier pour le compte de leurs maîtres ; ils sont tisserands, maçons, forgerons, cordonniers ou cultivateurs.

Pour faire honneur à ses hôtes, pour leur donner une haute idée de la puissance et de la richesse de l'Angleterre, Clapperton ne voulut paraître devant le sultan Bello que dans une toilette éblouissante. Il revêtit son uniforme aux galons d'or, mit un pantalon blanc et des bas de soie ; puis, il s'affubla, pour compléter son costume de carnaval, d'un turban et de babouches turques. Bello le reçut assis sur un tapis entre deux colonnes supportant le toit de chaume d'une cabane, qui ressemblait assez à un cottage anglais. Ce sultan était un bel homme d'environ quarante-cinq ans, vêtu d'un « tobé » de coton bleu et d'un turban blanc dont le châle lui cachait le nez et la bouche, selon la mode turque.

Bello accepta avec une joie d'enfant les présents que lui apportait le voyageur. Ce qui lui fit le plus de plaisir, ce fut la montre, le télescope et le thermomètre, qu'il appelait ingénieusement « une montre de chaleur. » Mais, de toutes ces curiosités, celle qu'il trouvait la plus merveilleuse, c'était le voyageur lui-même. Il ne pouvait se lasser de l'interroger sur les mœurs, les habitudes, le commerce de l'Angleterre. A plusieurs reprises, Bello manifesta le désir d'entrer en relations de commerce avec cette puissance ; il aurait voulu qu'un consul et qu'un médecin anglais résidassent dans un port qu'il appelait Raka ; enfin, il demandait que certains objets des manufactures de la Grande-Bretagne lui fussent expédiés à la côte maritime, où il possédait une ville très commerçante, nommée Funda. Après nombre de conversations sur les différents cultes de l'Europe et bien d'autres matières, Bello rendit à Clapperton les livres, journaux et vêtements qui avaient été pris à Denham, lors de la malheureuse razzia dans laquelle Bou-Khaloum perdit la vie.

Le 3 mai, le voyageur fit ses adieux au sultan.

« Après beaucoup de tours et de détours, dit-il, je fus enfin admis en présence de Bello, qui était seul et qui me remit incontinent une lettre pour le roi d'Angleterre, en m'assurant de ses sentiments d'amitié pour notre nation. Il exprima, de nouveau, tout son désir d'entretenir des relations avec nous et me pria de lui écrire l'époque à laquelle l'expédition anglaise (dont Clapperton lui avait promis l'envoi) arriverait sur les côtes. »

Clapperton reprit la route qu'il avait suivie en venant et rentra, le 8 juillet, à Kouka, où il retrouva le major Denham. Il rapportait un manuscrit arabe, contenant un tableau historique et géographique du royaume de Takrour, gouverné par Mohammed Bello de Haoussa, fait et composé par ce prince. Lui-même avait recueilli non seulement de précieuses et nombreuses informations sur la zoologie et la botanique du Bornou et du Haoussa, mais il avait aussi rassemblé un vocabulaire des langues du Bégharmi, du Mandara, du Bornou, du Haoussa et de Tembouctou.

Les résultats de cette expédition étaient donc considérables. C'était pour la première fois qu'on entendait parler des Felatahs, et leur identité avec les Fans allait être démontrée par le second voyage de Clapperton. On savait qu'ils avaient créé dans le centre et dans l'ouest de l'Afrique un immense empire, et il était bien constaté que ces peuples n'appartenaient pas à la race nègre.

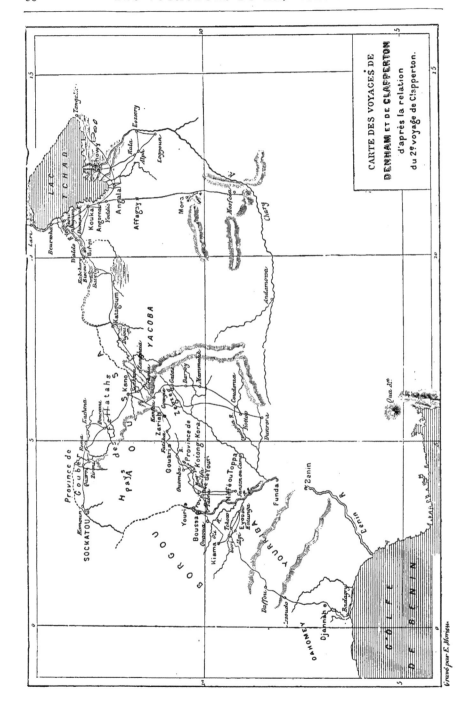

CARTE DES VOYAGES DE
DENHAM ET DE **CLAPPERTON**
d'après la relation
du 2ᵉ voyage de Clapperton.

Gravé par E. Morieu.

LE CAPITAINE CLAPPERTON.

Portrait de Clapperton. (*Fac-simile. Gravure ancienne.*)

L'étude de leur langage et des rapports qu'il présente avec certains idiomes non africains allait jeter un jour tout nouveau sur l'histoire des migrations des peuples. Enfin, on connaissait le lac Tchad, sinon dans son entier, du moins dans sa plus grande partie. On lui savait deux affluents : l'Yeou, dont le cours se trouvait en partie relevé et dont la source était indiquée par les rapports des indigènes, et le Chary, dont la partie inférieure et l'embouchure avaient été visitées avec soin par Denham. Quant au Niger, les informations que Clapperton avait recueillies de la bouche des indigènes étaient encore bien confuses, mais de leur ensemble on pouvait inférer qu'il se jetait dans le golfe de Benin. D'ailleurs, Clapperton se promettait de revenir, après un court repos en Angle-

13

terre, et, partant de la côte de l'Atlantique, de remonter le Kouara ou Djoliba, comme on appelait le Niger, en divers endroits de son cours, de mettre fin au débat, depuis si longtemps soulevé, en faisant de ce fleuve un cours d'eau différent du Nil, de relier ses nouvelles découvertes avec celles de Denham, et enfin d'achever la traversée de l'Afrique, suivant une diagonale allant de Tripoli au golfe de Benin.

II

Second voyage de Clapperton. — Arrivée à Badagry. — Le Yourriba et sa capitale Katunga. — Boussa. — Tentatives pour obtenir un récit fidèle de la mort de Mungo-Park. — Le Nyffé, le Gouari et le Zegzeg. — Arrivée à Kano. — Déboires. — Mort de Clapperton. — Retour de Lander à la côte. — Tuckey au Congo. — Bowdich chez les Aschanties. — Mollien aux sources du Sénégal et de la Gambie. — Le major Gray. — Caillié à Tembouctou. — Laing aux sources du Niger. — Richardet et John Lander à l'embouchure du Niger. — Cailliaud et Letorzec en Égypte, en Nubie et à l'oasis de Siouah.

Dès que Clapperton fut revenu en Angleterre, il s'empressa de soumettre à lord Bathurst le projet qu'il avait formé de se rendre à Kouka en partant de Benin, c'est-à-dire en suivant le chemin le plus court, — chemin qu'aucun de ses prédécesseurs n'avait parcouru, — et en remontant le Niger depuis son embouchure jusqu'à Tembouctou.

Trois personnes furent adjointes à Clapperton pour cette expédition, dont il avait le commandement : le chirurgien Dickson, le capitaine de vaisseau Pearce, excellent dessinateur, et le chirurgien de marine Morrison, très versé dans toutes les branches de l'histoire naturelle.

L'expédition arriva, le 26 novembre 1825, dans le golfe de Benin. Dickson ayant demandé, on ne sait sous quel motif, à voyager seul pour gagner Sockatou, fut débarqué à Juidah. Un Portugais, nommé de Souza, l'accompagna jusqu'à Dahomey avec Columbus, qui avait été le domestique de Denham. A dix-sept journées de cette ville, Dickson atteignit Char, puis Youri, et l'on n'entendit plus jamais parler de lui.

Les autres explorateurs avaient gagné la rivière de Benin, qu'un négociant anglais du nom de Houtson leur conseilla de ne pas remonter, car le roi des contrées qu'elle arrosait nourrissait une haine profonde contre les Anglais, qui mettaient obstacle à son commerce le plus rémunérateur, la traite des esclaves.

Il valait bien mieux, disait-il, aller à Badagry, lieu aussi rapproché de Sockatou, et dont le chef, bien disposé pour les voyageurs, leur fournirait, sans doute, une escorte jusqu'aux frontières du royaume de Yourriba. Houtson habitait le pays depuis plusieurs années ; il en connaissait les mœurs et la langue ; Clapperton jugea donc utile de se l'attacher jusqu'à Eyes ou Katunga, capitale du Yourriba.

L'expédition débarqua, le 29 novembre 1825, à Badagry, remonta un bras de la rivière de Lagos, puis, pendant près de deux milles, la crique de Gazie, qui traverse une partie du Dahomey, et, descendant sur la rive gauche, elle s'enfonça dans l'intérieur. Le pays était tantôt marécageux, tantôt admirablement cultivé, et planté d'ignames. Tout respirait l'abondance. Aussi, les nègres se montraient-ils très récalcitrants au travail. Dire à quels interminables « palabres » (pourparlers) il fallut avoir recours, quelles négociations il fut nécessaire de mener, quelles exactions il fallut subir pour se procurer des porteurs, serait impossible.

Les explorateurs, au milieu de ces difficultés, atteignirent cependant Djannah, à soixante milles de la côte.

« Nous avons vu ici, dit Clapperton, plusieurs métiers de tisserand en mouvement. Il y en avait huit ou dix dans une maison ; c'était réellement une manufacture en règle.... Ces gens fabriquent aussi de la faïence, mais ils préfèrent celle qui vient d'Europe, quoi qu'ils ne fassent pas toujours un usage convenable des différents objets. Le vase dans lequel le « cabocir » (chef) nous offrit de l'eau à boire, fut reconnu par M. Houtson pour un joli pot de chambre qu'il avait vendu l'année précédente à Badagry. »

Tous les membres de l'expédition étaient gravement atteints de fièvres, engendrées par la chaleur humide et malsaine de la contrée. Pearce et Morrisson moururent le 27 septembre, l'un auprès de Clapperton, l'autre à Djannah, avant d'avoir atteint la côte.

Dans toutes les villes que Clapperton traversait, à Assoudo, qui ne compte pas moins de dix mille habitants, à Daffou, qui en renferme cinq mille de plus, un bruit singulier semblait l'avoir précédé. Partout on disait qu'il venait rétablir la paix dans les pays où régnait la guerre, et faire du bien aux contrées qu'il explorerait.

A Tcbow, la caravane rencontra l'émissaire que le roi du Yourriba envoyait au devant d'elle avec une suite nombreuse, et entra bientôt à Katunga. Cette ville « est entourée et entremêlée d'arbres touffus décrivant une ceinture autour de la base d'une montagne rocailleuse composée de granit et longue d'environ trois milles ; c'est un des plus beaux tableaux qu'il soit possible de voir. »

Clapperton séjourna dans cette ville depuis le 24 janvier jusqu'au 7 mars 1826. Il y fut reçu avec beaucoup de cordialité par le sultan, auquel il demanda l'autorisation d'entrer dans le Nyffé ou Toppa, afin de gagner par là le Haoussa et le Bornou. « Le Nyffé était désolé par la guerre civile, et l'un des prétendants au trône avait appelé à son aide les Felatahs, répondit le sultan ; il ne serait donc pas prudent de prendre ce chemin, et mieux vaudrait passer par la province de Youri. » Quoi qu'il en eût, Clapperton dut se soumettre.

Mais il avait profité de son séjour à Katunga pour faire quelques observations intéressantes. Cette ville ne renferme pas moins de sept marchés différents, où l'on vend des ignames, du grain, des bananes, des figues, du beurre végétal, des graines de coloquinte, des chèvres, des poules, des moutons, des agneaux, de la toile et une foule d'instruments aratoires.

Les maisons du roi et de ses femmes sont entourées de deux grands parcs. Les portes et les poteaux qui soutiennent les verandahs sont ornés de sculptures, représentant, soit un boa qui tue une antilope ou un cochon, soit des troupes de guerriers accompagnées de tambours, — sculptures qui ne sont pas trop mal exécutées.

« L'aspect général des Yourribani, dit le voyageur, me paraît offrir moins des traits caractéristiques des nègres que celui d'aucun des autres peuples que j'ai vus ; leurs lèvres sont moins épaisses, leur nez se rapproche plus de la forme aquiline que ceux des nègres en général. Les hommes sont bien faits et ont un maintien aisé qui ne peut manquer d'attirer l'attention. Les femmes ont presque toutes l'air plus commun que les hommes, ce qui peut provenir de ce qu'elles sont exposées au soleil et des fatigues qu'elles sont obligées de supporter, tous les travaux de la terre retombant sur elles. »

Quelque temps après être sorti de Katunga, Clapperton traversa la rivière de Moussa, affluent du Kouara, et entra à Kiama, l'une des villes par lesquelles passe la caravane qui, du Haoussa et du Borgou, va au Gandja, sur les frontières de l'Achantie. Elle ne renferme pas moins de trente mille habitants, qui sont regardés comme les plus grands voleurs de toute l'Afrique. « Il suffit d'appeler quelqu'un natif du Borgou pour le désigner comme un larron et un assassin. »

Au sortir de Kiama, le voyageur rencontra la caravane du Haoussa. Des bœufs, des ânes, des chevaux, des femmes et des hommes, au nombre d'un millier, marchaient les uns derrière les autres, en formant une ligne interminable, qui offrait le coup d'œil le plus singulier et le plus bizarre. Quelle étrange bigarrure, depuis ces jeunes filles nues et ces hommes pliant sous le fardeau, jusqu'à ces marchands gandjani, vêtus d'une manière aussi fantastique que ridicule, et montés sur des chevaux estropiés qui boitaient en marchant !

Clapperton dirigeait maintenant sa marche vers Boussa, lieu où Mungo-Park avait péri sur le Niger. Avant de l'atteindre, il lui fallut traverser l'Oli, affluent du Kouara, et passer par Ouaoua, capitale d'une province du Borgou, dont l'enceinte carrée peut contenir dix-huit mille habitants. C'est l'une des villes les plus propres et les mieux bâties qu'on rencontre depuis Badagry. Les rues sont propres, larges, et les maisons circulaires ont un toit conique en chaume. Mais il est impossible, dans l'univers entier, d'imaginer une ville où l'ivrognerie soit plus générale. Gouverneur, prêtres, laïques, hommes, femmes, boivent avec excès du vin de palme, du rhum qui vient de la côte et « du bouza ». Cette dernière liqueur est un mélange de dourrah, de miel, de poivre du Chili et de la racine d'une herbe grossière que mange le bétail, le tout additionné d'une certaine quantité d'eau.

« Les Ouaouanis, dit Clapperton, ont une grande réputation de probité. Ils sont gais, bienveillants et hospitaliers. Je n'ai pas vu de peuple en Afrique qui fût aussi disposé à donner des renseignements sur la contrée qu'ils habitent, et, ce qui est très extraordinaire, je n'ai pas aperçu un seul mendiant parmi eux. Ils nient qu'ils soient originaires du Borgou et disent qu'ils sont issus des Haoussani et des Nyffeni. Leur langue est un dialecte de celle des Yourribani, mais les femmes ouaouanies sont jolies et les Yourribanies ne le sont pas ; les hommes sont vigoureux et bien faits, ils ont l'air débauché. Leur religion est en partie un islamisme relâché, et en partie le paganisme. »

Depuis la côte, Clapperton, — et sa remarque est précieuse, — avait rencontré des tribus Felatahs encore païennes, parlant la même langue, ayant les mêmes traits et la même couleur que les Felatahs musulmans. Ils étaient évidemment de la même race.

Boussa, que le voyageur atteignit enfin, n'est pas une ville régulière ; elle est composée de groupes de maisons épars dans une île du Kouara par 10° 14' de latitude nord et 6° 11' de longitude à l'est du méridien de Greenwich. La province dont elle est la capitale est la plus peuplée du Borgou. Les habitants sont païens, de même que le sultan, bien que son nom soit Mohammed. Ils se nourrissent de singes, de chiens, de chats, de rats, de poissons, de bœuf et de mouton.

« Pendant que j'étais avec le sultan, dit Clapperton, on a apporté son déjeuner ; je fus invité à y prendre part ; il consistait en un gros rat d'eau grillé et encore revêtu de sa peau, un plat de très beau riz bouilli, du poisson sec cuit à l'étuvée dans de l'huile de palme, des œufs d'alligator frits, ou à l'étuvée, et enfin de l'eau fraîche du Kouara. Je mangeai du poisson à l'étuvée et du riz, et l'on se divertit beaucoup de ce que je ne voulus tâter ni du rat ni des œufs d'alligator. »

Le sultan reçut le voyageur avec affabilité et lui apprit que le sultan d'Youri tenait depuis sept jours des bateaux prêts, afin qu'il pût remonter le fleuve jusqu'à cette ville. Clapperton répondit que, la guerre ayant fermé toutes les issues entre le Bornou et Youri, il préférait s'avancer par le Koulfa et le Nyffé. « Tu as raison, dit le sultan, tu as bien fait de venir me voir, tu prendras telle route que tu voudras. »

Dans une audience subséquente, le voyageur s'informa des Européens qui, il y avait une vingtaine d'années, avaient péri sur le Kouara. Cette demande mit évidemment le sultan mal à son aise. Aussi ne répondit-il pas franchement. Il était alors, dit-il, trop jeune pour avoir su bien exactement ce qui s'était passé.

« Je n'ai besoin, répondit Clapperton, que d'avoir les livres et papiers qui leur appartenaient et de voir l'endroit où ils ont péri.

— Je n'ai rien de ce qui leur a appartenu, répondit le sultan. Quant au lieu de leur mort, n'y va pas! C'est un très mauvais endroit.

— On m'a dit qu'on pouvait y voir encore une partie du bateau qui les portait. Est-ce vrai? demanda Clapperton.

— Non, non, on t'a fait un faux rapport, reprit le sultan. Il y a longtemps que les grandes eaux ont emporté ce qu'il en restait entre les rochers. »

A une nouvelle demande relative aux papiers et journaux de Mungo-Park, le sultan répondit qu'il ne possédait rien, que ces papiers avaient été entre les mains de quelques savants, mais que, puisque cela tenait tant au cœur de Clapperton, il les ferait rechercher. Après avoir remercié, le voyageur demanda l'autorisation d'interroger les vieillards de la ville, dont plusieurs avaient dû être témoins de l'événement. A cette question, l'embarras se peignit sur la figure du sultan, qui ne répondit pas. Il était donc inutile de le presser davantage.

« Ce fut un coup mortel pour mes recherches ultérieures, dit Clapperton, car chacun montrait de l'embarras, quand je demandais des détails et disait: L'affaire est arrivée avant que j'aie pu m'en souvenir; ou bien, je n'étais pas témoin. On me désigna le lieu où le bateau s'était arrêté et où son malheureux équipage avait péri, mais on ne le fit qu'avec précaution et comme à la dérobée. »

Quelques jours plus tard, Clapperton apprenait que le dernier iman, qui était Felatah, avait eu en sa possession les livres et les papiers de Mungo-Park. Par malheur, cet iman venait de quitter Boussa depuis quelque temps. Enfin, à Koulfa, le voyageur recueillait des renseignements qui ne lui permettaient pas de douter que Mungo-Park n'eût été tué.

Au moment où Clapperton quitte le Borgou, il ne peut s'empêcher de remarquer combien est menteuse la mauvaise réputation de ses habitants, partout traités de voleurs et de bandits. Pour son compte, il avait traversé tout leur pays, il avait voyagé et chassé seul avec eux, et il n'avait jamais eu à leur faire le moindre reproche.

Le voyageur va maintenant essayer de gagner Kano en traversant le Kouara et en passant par le Gouari et le Zegzeg. Il arrive bientôt à Tabra, sur le May-Yarrow, où résidait la reine-mère de Nyffé; puis, il va voir le roi à son camp, qui était peu éloigné de la ville. C'était, au dire de Clapperton, le coquin le plus effronté, le plus abject et le plus avide qu'il fût possible de rencontrer, demandant tout ce qu'il voyait et ne se laissant rebuter par aucun refus.

« Il a occasionné, dit le voyageur, la ruine de son pays par son ambition de nature et par son appel aux Felatahs, qui sont venus à son secours et qui se débarrasseront de lui du moment qu'il ne leur sera plus bon à rien. Il est cause que la plus grande partie de la population industrieuse du Nyffé a été tuée ou vendue comme esclave ou a fui de sa patrie. »

Clapperton fut forcé par la maladie de résider plus longtemps qu'il ne l'aurait voulu à Koulfa, ville commerçante, sur la rive septentrionale du May-Yarrow, qui renferme de douze à quinze mille habitants. Depuis vingt ans exposée aux incursions des Felatahs, cette cité avait été brûlée deux fois en six ans. Clapperton y fut témoin de la célébration de la fête de la nouvelle lune. Ce jour-là, chacun fait et reçoit des visites. Les femmes ont la laine de leur chevelure nattée et teinte d'indigo, ainsi que les sourcils. Leurs cils sont peints avec du khol, leurs lèvres sont teintes en jaune, leurs dents en rouge; leurs mains et leurs pieds sont coloriés de henné. Elles mettent pour cette circonstance leurs vêtements les plus beaux et les plus gais, et elles portent leurs verroteries, leurs bracelets et leurs anneaux de cuivre, d'argent, d'étain ou de laiton. Elles profitent de cette fête pour boire autant de bouza que les hommes, pour se mêler à leurs chants et à leurs danses.

Le voyageur pénétra bientôt dans la province de Gouari, après avoir quitté celle de Kotong-Kora. Conquis avec le reste du Haoussa par les Felatahs, le Gouari s'était insurgé à la mort de Bello Ier, et depuis cette époque, il avait su, malgré les tentatives des Felatahs, conserver son indépendance. La capitale de cette province, qui porte aussi le nom de Gouari, est située par 10° 54′ de latitude nord et 8° 1′ de longitude est de Greenwich.

A Fatika, Clapperton entra dans le Zegzeg, territoire soumis aux Felatahs; puis, il visita Zariyah, ville singulière, où l'on voyait des champs de millet, des jardins potagers, des plantations d'arbres touffus, des marais et des pelouses, — il y avait même des maisons. La population passait pour être plus considérable

La caravane rencontra l'émissaire du roi du Yourriba. (Page 99.)

qu'à Kano et était estimée à quarante ou cinquante mille habitants, presque tous Felatahs.

Le 19 septembre, après tant de traverses et de fatigues, Clapperton pénétrait enfin à Kano. Dès le premier jour, il s'aperçut qu'on aurait préféré le voir arriver par l'est, car la guerre avec le Bornou avait intercepté toutes les communications avec le Fezzan et Tripoli. Laissant le bagage à la garde de son domestique Lander, Clapperton alla presque aussitôt à la recherche du sultan Bello, qui se trouvait, disait-on, dans les environs de Sockatou. Ce voyage fut extrêmement pénible. Clapperton y perdit ses chameaux, ses chevaux, et ne put se procurer, pour emmener le peu qu'il avait avec lui, qu'un bœuf galeux

Notre marche fut lente. (Page 107.)

et malade, de sorte que lui-même et ses serviteurs durent porter une partie de la charge.

Bello accueillit Clapperton avec bonté et lui envoya des provisions et des chameaux. Mais, comme le sultan cherchait à réduire la province de Couber révoltée contre lui, il ne put tout d'abord accorder une audience au voyageur pour s'entretenir des intérêts multiples que le gouvernement anglais avait chargé Clapperton de traiter.

A la tête de cinquante à soixante mille soldats, dont les neuf dixièmes étaient à pied et revêtus d'armures ouatées, Bello attaqua Counia, capitale du Gouber. Ce fut le plus pauvre combat qu'il soit possible d'imaginer, et la guerre se ter-

14

mina après cette tentative avortée. Cependant, Clapperton, dont la santé était profondément altérée, gagna Sockatou, puis Magoria, où il vit le sultan.

Dès qu'il eut reçu les présents qui lui étaient destinés, Bello ne montra plus des dispositons aussi amicales. Bientôt même, il prétendit avoir reçu du cheik El-Khanemi une lettre pour l'engager à se défaire du voyageur, qui n'était qu'un espion, et à se défier des Anglais, dont les projets étaient, après s'être renseignés sur les ressources du pays, de s'y établir, de s'y créer des partisans et de profiter ensuite des troubles qu'ils auraient suscités pour s'emparer du Haoussa comme ils avaient fait de l'Inde.

Ce qui ressortait le plus clairement de toutes les difficultés élevées par Bello, c'est qu'il désirait vivement se rendre maître des présents destinés au sultan du Bornou. Cependant, il lui fallait un prétexte; il crut l'avoir trouvé en répandant le bruit que le voyageur portait des canons et des munitions à Kouka. En toute conscience, Bello ne pouvait. disait-il, permettre qu'un étranger traversât ses États pour mettre son irréconciliable ennemi en état de lui faire la guerre. Bien plus, Bello prétendit forcer Clapperton à lui lire la lettre de lord Bathurst au sultan du Bornou.

« Tu peux la prendre si tu veux, répondit le voyageur, mais je ne te la donnerai pas. Tout t'est possible, puisque tu as la force, mais tu te déshonoreras en le faisant. Pour moi, ouvrir cette lettre, ce serait faire plus que ma tête ne vaut. Je suis venu à toi avec une lettre et des présents de la part du roi d'Angleterre, d'après la confiance que lui a inspirée ta lettre de l'année dernière. J'espère que tu n'enfreindras pas ta parole et ta promesse pour voir ce que contient cette lettre. »

Le sultan fit alors un geste de la main pour donner congé au voyageur, qui se retira.

Cependant, cette tentative ne fut pas la dernière, et les choses allèrent même beaucoup plus loin. Quelques jours plus tard on vint encore demander à Clapperton de livrer les présents destinés à El-Khanemi. Sur son refus, on les lui enleva.

« Vous vous conduisez envers moi comme des voleurs, s'écria Clapperton. Vous manquez essentiellement à la foi jurée. Aucun peuple dans le monde ne se conduirait ainsi. Vous feriez mieux de me couper la tête que de faire une chose semblable, mais je suppose que vous en viendrez là, quand vous m'aurez tout enlevé. »

Bien plus, on voulut lui prendre ses armes et ses munitions. Clapperton s'y refusa avec la dernière énergie. Ses domestiques effrayés l'abandonnèrent, mais ils ne tardèrent pas à revenir, prêts à se soumettre aux mêmes dangers que leur maître, pour lequel ils avaient la plus vive affection.

A ce moment critique s'arrête le journal de Clapperton. Il y avait plus de six mois qu'il était à Sockatou, sans avoir pu se livrer à aucune exploration, sans avoir réussi à mener à bien la négociation pour laquelle il était venu de la côte. L'ennui, les fatigues, les maladies, ne lui avaient laissé aucun repos, et son état était tout à coup devenu très alarmant. Son domestique, Richard Lander, qui l'avait rejoint à Sockatou, se multipliait en vain.

Le 12 mars 1827, Clapperton fut attaqué d'une dysenterie que rien ne put arrêter, et ne tarda pas à s'affaiblir. Comme on était dans le rhamadan, Lander ne pouvait obtenir aucun service, pas même des domestiques. Et cependant la maladie faisait tous les jours des progrès, que développait une chaleur accablante. Pendant vingt jours, Clapperton resta dans le même état de faiblesse et d'affaissement; puis, sentant sa fin approcher, il donna ses dernières instructions à Richard Lander, son fidèle serviteur, et s'éteignit dans ses bras, le 11 avril.

« Je fis avertir le sultan Bello, dit Lander, de la perte cruelle que je venais de faire, en lui demandant la permission d'enterrer mon maître à la manière de mon pays et le priant de me faire désigner l'endroit où je pourrais déposer sa dépouille mortelle. Mon messager revint bientôt avec le consentement du sultan, et le même jour, à midi, quatre esclaves me furent amenés de la part de Bello pour creuser la fosse. Me proposant de les suivre avec le corps, je le fis placer sur le dos de mon chameau et je le couvris du pavillon de la Grande-Bretagne. Notre marche fut lente et nous nous arrêtâmes à Djungari, petit village bâti sur une éminence à cinq milles dans le sud-est de Sockatou. Le corps fut enlevé de dessus le chameau et placé d'abord sous un hangar, tandis que les esclaves creusaient la fosse, ensuite transporté près d'elle, lorsqu'elle fut achevée. J'ouvris alors un livre de prières, et, d'une voix entrecoupée de sanglots, je lus l'office des morts. Personne ne prêtait l'oreille à cette triste lecture et n'allégeait ma douleur en la partageant. Les esclaves se tenaient à quelque distance; ils se querellaient et faisaient un bruit indécent. La cérémonie religieuse terminée, le pavillon fut enlevé et le corps déposé doucement dans la terre. Et moi je pleurai amèrement sur les restes inanimés du meilleur, du plus intrépide et du plus digne des maîtres. »

La chaleur, la fatigue et la douleur accablèrent si bien le pauvre Lander, qu'il fut pendant plus de dix jours dans l'impossibilité absolue de quitter sa hutte.

Bello s'informa plusieurs fois de l'état de santé du malheureux domestique, mais celui-ci ne se trompa pas à ces démonstrations du sultan ; elles n'étaient inspirées que par le désir de s'emparer des caisses et des bagages du voyageur, qu'on croyait remplis d'or et d'argent. Aussi, l'étonnement de Bello fut-il à son comble, en constatant que Lander ne possédait même pas la somme suffisante pour acquitter les frais de son voyage jusqu'à la côte. Mais ce que le sultan n'apprit jamais, c'est que Lander avait eu la précaution de cacher sur lui une montre d'or qui lui restait, avec celles des capitaines Pearce et Clapperton.

Cependant, Lander comprenait qu'il lui fallait à tout prix et au plus vite regagner la côte. Au moyen de quelques présents adroitement distribués, il gagna plusieurs conseillers du sultan, qui représentèrent à celui-ci que, si le voyageur venait à mourir, on ne manquerait pas de répandre le bruit que Bello l'avait fait assassiner ainsi que son maître. Bien que Clapperton eût conseillé à Lander de se joindre aux marchands arabes qui gagnent le Fezzan, celui-ci, craignant que les papiers et les journaux de l'expédition ne lui fussent enlevés, se détermina à regagner le littoral.

Le 3 mai, Lander partit enfin de Sockatou, se dirigeant vers Kano. Si, pendant la première partie de ce voyage, Lander avait failli mourir de soif, la seconde fut moins pénible, car le roi de Djacoba, qu'il eut pour compagnon de route, le traita avec affabilité et l'engagea même à visiter son pays. Il lui raconta qu'il avait pour voisins des peuples nommés Nyam-Nyams, qui lui avaient servi d'alliés contre le sultan de Bornou, et, qu'à la suite d'un combat, ces Nyam-Nyams, après avoir enlevé les cadavres de leurs ennemis, les avaient rôtis et mangés. C'est, croyons-nous, depuis Hornemann, la première fois que paraît, dans une relation de voyage, avec cette réputation d'anthropophagie, ce peuple qui devait être le sujet de tant de fables ridicules.

Lander entra le 25 mai dans Kano et, n'y faisant qu'un court séjour, prit la route de Funda, au bord du Niger, — route qu'il comptait suivre jusqu'à Benin. Le voyageur trouvait d'ailleurs plusieurs avantages à cette direction. Si le chemin était plus sûr, il était en même temps nouveau, et Lander pourrait ajouter ainsi aux découvertes précédemment faites par son maître.

Kanfon, Carifo, Gowgie, Gatas furent successivement visitées par Lander, qui constata que les habitants de ces villes appartiennent à la race du Haoussa et payent tribut aux Felatahs. Il vit aussi Damoy, Drammalik, Coudonia, rencontra une grande rivière qui coulait vers le Kouara, visita Kottop, grand marché de bœufs et d'esclaves, Coudgi et Dunrora, en vue d'une longue chaîne de hautes montagnes qui courent à l'est.

A Dunrora, au moment où Lander faisait charger ses bêtes de somme, quatre cavaliers, aux chevaux couverts d'écume, se précipitèrent chez le chef et, de concert avec lui, forcèrent le voyageur à retourner sur ses pas pour aller trouver le roi du Zegzeg, qui avait, disaient-ils, le plus grand désir de le voir. Il n'en était pas de même de Lander, qui voulait au contraire gagner le Niger, dont il n'était plus très éloigné et qu'il comptait descendre jusqu'à la mer. Cependant, il fallut céder à la force. Les guides de Lander ne suivirent pas tout à fait la même route que celui-ci avait prise pour venir à Dunrora, ce qui permit au voyageur de voir la ville d'Eggebi, gouvernée par un des principaux guerriers du souverain de Zegzeg.

Le 22 juillet, Lander entrait à Zegzeg. Il fut aussitôt reçu par le roi, qui lui déclara ne l'avoir fait revenir sur ses pas que parce que, la guerre ayant éclaté entre Bello et le roi de Funda, ce dernier n'aurait pas manqué de le faire périr lorsqu'il aurait appris qu'il avait porté des présents au sultan des Felatahs. Lander eut l'air de se laisser prendre à ces protestations d'intérêt, mais il comprit que la curiosité et le désir d'obtenir quelques présents avaient fait agir le roi de Zegzeg. Il s'exécuta donc, en s'excusant de la pauvreté de ses cadeaux sur ce qu'il avait été dépouillé de ses marchandises, et il obtint bientôt la permission de partir.

Ouari, Ouomba, Koulfa, Boussa et Ouaoua marquent les étapes du voyage de retour de Lander à Badagry, où il entra le 22 novembre 1827. Deux mois plus tard, il s'embarquait pour l'Angleterre.

Si le but commercial, principal objectif du voyage de Clapperton, était complètement manqué, grâce à la jalousie des Arabes, qui avaient changé les dispositions de Bello, parce que l'ouverture d'une nouvelle route aurait ruiné leur commerce, la science, du moins, profitait largement des travaux et des fatigues de l'explorateur anglais.

Dans son histoire des voyages, Desborough Cooley apprécie ainsi qu'il suit les résultats obtenus à cette époque par les voyageurs dont nous venons de résumer les travaux :

« Les découvertes, faites dans l'intérieur de l'Afrique par le capitaine Clapperton, dépassent de beaucoup, au double point de vue de leur étude et de leur importance, celles de tous ses prédécesseurs. Le 24° de latitude était la dernière limite qu'avait atteinte au midi le capitaine Lyon ; mais le major Denham, dans son expédition à Mandara, parvint jusqu'au 9° 15′ de latitude, ajoutant ainsi 14° 3/4 ou neuf cents milles aux pays découverts par les Européens. Hornemann, il est vrai, avait déjà traversé le désert, et s'était avancé au midi jusqu'à Nyffé,

par 10° 1/2 latitude, mais nous ne possédons aucune relation de son voyage.
Dans sa première expédition, Park atteignit Silla par 1° 34' longitude ouest,
éloigné de onze cents milles de l'embouchure de la Gamba. Enfin Denham et
Clapperton, depuis la côte orientale du lac Tchad (17° longitude) jusqu'à Sockatou (3° 1/2 longitude), explorèrent cinq cents milles de l'est à l'ouest de
l'Afrique; de sorte que quatre cents milles seulement demeuraient inconnus
entre Silla et Sockatou; mais, dans son second voyage, le capitaine Clapperton
obtint des résultats dix fois plus importants. Il découvrit, en effet, la route la
plus courte et la plus commode pour se rendre dans les contrées si populeuses
de l'Afrique centrale, et il put se vanter d'avoir été le premier voyageur qui
complétât un itinéraire du continent africain jusqu'à Benin. »

A ces réflexions si judicieuses, à cette appréciation si honorable, il n'y a que
peu de chose à ajouter.

Les informations des géographes arabes, et notamment celles de Léon l'Africain, étaient vérifiées, et l'on avait une connaissance approximative d'une
partie considérable du Soudan. Si la solution du problème qui agitait depuis
si longtemps les savants, — le cours du Niger, — et qui avait décidé l'envoi
d'expéditions dont nous allons parler, n'était pas encore complètement trouvée,
on pouvait du moins l'entrevoir. En effet, l'on comprenait maintenant que le
Niger, Kouara ou Djoliba, de quelque nom qu'on voulût l'appeler, et le Nil,
étaient deux fleuves différents, aux bassins complètement distincts. En un mot,
un grand pas venait d'être fait.

En 1816, on se demandait encore si le fleuve connu sous le nom de Congo ne
serait pas l'embouchure du Niger. Cette reconnaissance fut donc confiée à un
officier de marine qui avait donné de nombreuses preuves d'intelligence et de
bravoure. Fait prisonnier en 1805, Jacques Kingston Tuckey n'avait été échangé
qu'en 1814. Dès qu'il apprit qu'une expédition s'organisait pour l'exploration
du Zaïre, il demanda à en faire partie, et le commandement lui en fut confié.
Des officiers de mérite et des savants lui furent adjoints.

Tuckey partit d'Angleterre, le 19 mars 1816, ayant sous ses ordres le *Congo* et
la *Dorothée*, bâtiment-transport. Le 20 juin, il mouillait à Malembé, sur la côte
de Congo, par 4° 39' de latitude sud. Le roi du pays fut scandalisé, paraît-il, en
apprenant que les Anglais ne venaient pas acheter des esclaves, et se répandit
en injures contre ces Européens qui ruinaient son commerce.

Le 18 juillet, Tuckey remontait le vaste estuaire du Zaïre avec le *Congo*; puis,
lorsque la hauteur des rives du fleuve ne lui permit plus de s'avancer à la voile,
il s'embarqua avec une partie de son monde dans ses chaloupes et ses canots.

Le 10 août, la rapidité du courant, les énormes rochers dont était tapissé le lit du fleuve, le déterminèrent à s'avancer tantôt par terre, tantôt par eau. Dix jours plus tard, les canots s'arrêtaient définitivement devant une chute infranchissable. On s'avança donc par terre. Mais les difficultés devenaient tous les jours plus grandes, les nègres refusaient de porter les fardeaux, et plus de la moitié des Européens étaient malades. Enfin, alors qu'il était déjà à deux cent quatre-vingts milles de la mer, Tuckey se vit obligé de revenir sur ses pas. La saison des pluies était commencée. Le nombre des malades ne fit que s'accroître. Le commandant, affligé du lamentable résultat de cette excursion, fut à son tour pris de la fièvre et ne rentra à son bord que pour y mourir, le 4 octobre 1816.

Le seul résultat de cette déplorable tentative fut donc une reconnaissance exacte de l'embouchure du Zaïre et un redressement du gisement de la côte, qui était jusqu'alors affecté d'une erreur considérable.

Non loin des lieux où Clapperton devait débarquer un peu plus tard, sur la Côte d'Or, un peuple brave, mais d'instincts féroces, avait fait apparition en 1807. Les Aschanties, venus on ne sait au juste de quel endroit, s'étaient jetés sur les Fanties et, après en avoir fait, en 1811 et en 1816, d'horribles boucheries, ils avaient établi leur domination sur tout le territoire qui s'étend entre les monts Kong et la mer.

Forcément, une grande perturbation en était résultée dans les relations des Fanties et des Anglais, qui possédaient sur la côte quelques établissements de commerce, comptoirs ou factoreries.

En 1816 notamment, le roi des Aschanties avait porté la famine dans les forts britanniques, en ravageant le territoire des Fanties sur lequel ils sont élevés. Aussi le gouverneur de Cape-Coast s'était-il adressé à son gouvernement pour le prier d'envoyer une ambassade à ce vainqueur barbare et féroce. Le porteur de cette dépêche fut Thomas-Édouard Bowdich, jeune homme qui, tourmenté de la passion des voyages, avait secoué le joug paternel, renoncé au commerce et, après s'être marié contre le gré de sa famille, était venu occuper un modeste emploi à Cape-Coast, dont son oncle était le sons-gouverneur.

Sans hésiter, le ministre, adhérant à la proposition du gouverneur de Cape-Coast, avait renvoyé Bowdich en le chargeant de cette ambassade. Mais le gouverneur, prétextant de la jeunesse de celui-ci, nomma, pour chef de la mission, un homme qui, par sa longue expérience, par la connaissance du pays et des mœurs des habitants, lui semblait plus en état de remplir cette tâche importante. Les événements allaient se charger de lui donner tort. Bowdich,

Vue des bords du Congo. (*Fac-simile. Gravure ancienne.*)

attaché à l'expédition, était chargé de la partie scientifique et surtout des observations de longitude et de latitude.

Frederic James et Bowdich quittèrent l'établissement anglais le 22 août 1817 et arrivèrent à Coumassie, la capitale des Aschanties, sans avoir rencontré d'autre obstacle que la mauvaise volonté des porteurs. Les négociations, qui avaient pour but la conclusion d'un traité de commerce et l'ouverture d'une route entre Coumassie et la côte, furent menées avec un certain succès par Bowdich, James manquant totalement d'initiative et de fermeté. La conduite de Bowdich reçut une si complète approbation que James fut rappelé.

Il aurait semblé que la géographie eût peu de choses à attendre d'une mission

Capitaine aschante en costume de guerre. (*Fac-simile. Gravure ancienne.*)

diplomatique dans les contrées visitées autrefois par Bosman, Loyer, Des Mar-
chais et tant d'autres, et sur lesquelles on avait les monographies de Meredith
et de Dalzel. Mais les cinq mois de séjour à Coumassie, c'est-à-dire à dix journées de marche seulement de l'Atlantique, avaient été mis à profit par Bowdich
pour observer le pays, les mœurs, les habitudes et les institutions d'un des peuples les plus intéressants de l'Afrique.

Nous allons résumer brièvement ici le récit de l'entrée pompeuse de la
mission à Coumassie. Toute la population était sur pied, formant la haie, et
des troupes, dont Bowdich évalue le nombre à trente mille hommes au moins,
étaient sous les armes.

15

Avant d'être admis devant le roi, les Anglais furent témoins d'un spectacle bien fait pour leur donner une idée de la cruauté et de la barbarie des Aschanties. Un homme, les mains liées derrière le dos, les joues percées par une lame, une oreille coupée, l'autre ne tenant plus que par un lambeau, le dos tailladé, avec un couteau passé dans la peau au-dessus de chaque omoplate, traîné par une corde qui lui traversait le nez, était promené à travers la ville au son des tambours, avant d'être sacrifié en l'honneur des Anglais.

« Tout ce que nous avions vu, dit Bowdich, nous avait préparés à un spectacle extraordinaire, mais nous ne nous attendions pas encore à la magnificence qui frappa nos yeux. Un emplacement d'environ un mille carré avait été préparé pour nous recevoir. Le roi, ses tributaires et ses capitaines étaient sur le dernier plan, entourés de leurs suites respectives. On voyait devant eux des corps militaires si nombreux, qu'il semblait que nous ne pourrions approcher. Les rayons du soleil se réfléchissaient avec un éclat presque aussi insupportable que leur chaleur dans les ornements d'or massif qui brillaient de toutes parts. Plus de cent troupes de musiciens jouèrent en même temps à notre arrivée, chacune faisait entendre les airs particuliers du chef à qui elle appartenait. Tantôt on était étourdi par le bruit d'une multitude innombrable de cors et de tambours ; tantôt c'était par les accents de longues flûtes qui n'étaient pas sans harmonie et par un instrument du genre des cornemuses qui s'y mariait agréablement. Une centaine de grands parasols ou dais, dont chacun pouvait mettre à l'abri au moins trente personnes, étaient agités sans cesse par ceux qui les portaient. Ils étaient de soie écarlate, jaune et d'autres couleurs brillantes, et surmontés de croissants, de pélicans, d'éléphants, de sabres et d'autres armes, le tout d'or massif. Les messagers du roi, portant sur la poitrine de grandes plaques d'or, nous ayant fait faire place, nous nous avançâmes précédés par les cannes[1] et par le pavillon anglais. Nous nous arrêtâmes pour prendre la main de chacun des cabocirs. Tous ces chefs portaient des costumes magnifiques, avec des colliers d'or massif, des cercles d'or au genou, des plaques en or au-dessus de la cheville, des bracelets ou des morceaux d'or au poignet gauche, et si lourds qu'ils étaient obligés d'appuyer le bras sur la tête d'un enfant. Enfin, des têtes de loup ou de bélier en or de grandeur naturelle étaient suspendues au pommeau de leur épée, dont la poignée était de même métal et dont la lame était souillée de sang. De gros tambours étaient portés sur la tête d'un homme suivi de deux autres qui frappaient l'instrument.

---

1. Des cannes à pomme d'or sont la marque distinctive des interprètes.

Les poignets de ceux-ci étaient ornés de sonnettes et de morceaux de fer qui les accompagnaient, quand ils battaient du tambour. Leur ceinture était garnie des crânes et des os des cuisses des ennemis qu'ils avaient tués dans les combats. Au-dessus des grands dignitaires, assis sur des sièges de bois noir incrustés d'or et d'ivoire, on agitait d'immenses éventails en plumes d'autruche, et derrière eux se tenaient les jeunes gens les mieux faits, qui, ayant sur le dos une boite en peau d'éléphant remplie de cartouches, tenaient à la main de longs mousquets danois incrustés d'or et portaient à la ceinture des queues de cheval, blanches pour la plupart, ou des écharpes de soie. Les fanfares prolongées des cors, le tapage assourdissant des tambours et, dans les intervalles, le son des autres instruments, annonçaient que nous approchions du roi. Nous étions déjà près des principaux officiers de sa maison ; le chambellan, l'officier porteur de la trompette d'or, le capitaine des messagers, le chef des exécutions, le capitaine du marché, le gardien de la sépulture royale et le chef des musiciens étaient assis au milieu de leur suite, brillant d'une magnificence qui annonçait l'importance des dignités dont ils étaient revêtus. Les cuisiniers étaient entourés d'une immense quantité de vaisselle d'argent étalée devant eux, de plats, d'assiettes, de cafetières, de coupes et de vases de toute espèce. Le chef des exécutions, homme d'une taille presque gigantesque, portait sur la poitrine une hache d'or massif, et l'on voyait devant lui le bloc sur lequel on devait abattre la tête des condamnés. Il était teint de sang et couvert en partie d'énormes taches de graisse. Les quatre interprètes étaient entourés d'une splendeur qui ne le cédait à la magnificence d'aucun des autres grands officiers, et leurs marques particulières de distinction, les cannes à pommes d'or, étaient portées devant eux liées en faisceaux. Le gardien du trésor joignait à son luxe personnel celui de la place qu'il occupait, et l'on voyait devant lui des coffres, des balances et des poids en or massif. Le délai de quelques minutes qui s'écoula pendant que nous nous approchions du roi, pour lui prendre la main tour à tour, nous permit de le bien voir. Son maintien excita d'abord mon attention. C'est une chose curieuse que de trouver un air de dignité naturelle dans ces princes qu'il nous plait d'appeler barbares. Ses manières annonçaient autant de majesté que de politesse, et la surprise ne lui fit pas perdre un instant l'air de calme et de sang-froid qui convient à un monarque. Il paraissait âgé d'environ trente-huit ans et disposé à l'embonpoint; sa figure portait le caractère de la bienveillance. »

Suit une description, qui dure plusieurs pages, de la toilette du roi, du défilé des chefs, des troupes, de la foule, et de la réception qui dura jusqu'à la nuit.

Lorsqu'on lit cette étonnante narration de Bowdich, on se demande si elle n'est pas le produit de l'imagination exaltée du voyageur, si le luxe merveilleux de cette cour barbare, si les sacrifices de milliers de personnes, à certaines époques de l'année, si les mœurs étranges de cette population belliqueuse et cruelle, si ce mélange de civilisation et de barbarie, inconnu jusqu'alors en Afrique, est bien véritable. On serait tenté de croire que Bowdich a singulièrement exagéré les choses; si les voyageurs qui l'ont suivi et les explorateurs contemporains n'avaient confirmé son récit. On demeure donc étonné qu'un pareil gouvernement, fondé seulement sur la terreur, ait pu avoir une durée si longue!

Parmi tant de voyageurs étrangers qui prodiguent leur vie pour contribuer à l'avancement de la science géographique, le Français est heureux lorsqu'il rencontre le nom d'un compatriote. Sans cesser d'être impartial dans l'appréciation de ses travaux, il se sent plus ému à la lecture du récit de ses dangers et de ses fatigues. C'est ce qui arrive, maintenant que nous avons à parler de Mollien, de Caillié, de Cailliaud et de Létorzec.

Gaspard Mollien était le neveu du ministre du Trésor de Napoléon Ier. Embarqué sur la *Méduse*, il eut le bonheur d'échapper au naufrage de ce bâtiment dans un des canots qui gagnèrent la côte du Sahara et parvinrent, en la suivant, jusqu'au Sénégal.

Le désastre, que Mollien venait d'éviter, aurait tué, dans tout esprit moins bien trempé, le goût des aventures et la passion des voyages. Il n'en fut rien. Dès que le gouverneur de la colonie, le commandant Fleuriau, eut accepté l'offre que le jeune voyageur lui faisait de rechercher les sources des grands fleuves de la Sénégambie et plus particulièrement celles du Djoliba, Mollien quitta Saint-Louis.

Parti de Diedde, le 29 janvier 1818, Mollien, se dirigeant dans l'est, entre le 15e et le 16e parallèle, traversa le royaume de Domel et pénétra chez les Yoloffs. Détourné de suivre la route du Woulli, il prit celle du Fouta-Toro, et, malgré le fanatisme des habitants et leur soif de pillage, il réussit à atteindre le Bondou sans accident. Il lui fallut trois jours pour traverser le désert qui sépare le Bondou des pays au delà de la Gambie; puis, il pénétra dans le Niokolo, contrée montagneuse, habitée par des Peuls et des Djallons presque sauvages.

En sortant du Bandeia, Mollien entra dans le Fouta-Djallon et arriva aux sources de la Gambie et du Rio-Grande, situées à côté l'une de l'autre. Quelques jours plus tard, il voyait celles de la Falémé. Malgré la répugnance et la terreur de son guide, Mollien gagna Timbou, capitale du Fouta. L'absence du roi et de la plupart des habitants lui épargna, sans aucun doute, les horreurs d'une captivité qui aurait pu être longue, si de terribles tortures ne l'avaient abrégée. Fouta est une ville fortifiée, où le roi possède des cases dont les murailles de terre ont de trois à quatre pieds d'épaisseur sur quinze de hauteur.

A peu de distance de Timbou, Mollien se rendit aux sources du Sénégal, — du moins à ce que dirent les noirs qui l'accompagnaient; mais il ne lui fut pas possible de faire des observations astronomiques.

Cependant, l'explorateur ne considérait pas sa mission comme terminée. La solution de l'important problème de la source du Niger s'imposait à son esprit. Mais le misérable état de sa santé, la saison des pluies, le grossissement des fleuves, la terreur de ses guides, qui malgré l'offre de fusils, de grains d'ambre, de son cheval même, refusèrent de l'accompagner dans le Kouranko et le Soliman, et l'obligèrent à renoncer à traverser la chaîne des monts Kong et à revenir à Saint-Louis.

En somme, Mollien avait tracé plusieurs lignes nouvelles dans une partie de la Sénégambie non encore visitée par l'Européen.

« Il est à regretter, dit M. de La Renaudière, qu'exténué de fatigues, se traînant à peine, dans un dénûment absolu et privé de moyens d'observations, Mollien se soit trouvé hors d'état de franchir les hautes montagnes qui séparent le bassin du Sénégal de celui de Djoliba, et forcé de s'en rapporter aux indications des naturels sur les objets les plus importants de sa mission. C'est sur la foi des nègres qu'il croit avoir visité la source du Rio-Grande, de la Falémé, de la Gambie et du Sénégal. S'il lui avait été possible de suivre le cours de ces fleuves au delà de leur point de départ, il eût donné à ces découvertes un degré de certitude qu'elles n'ont malheureusement pas. Toutefois, la position qu'il assigne à la source du Ba-Fing, ou Sénégal, ne peut s'appliquer, dans cette partie, à aucun autre grand courant; en la rapprochant, d'ailleurs, des renseignements obtenus par d'autres voyageurs, on demeurera convaincu de la réalité de cette découverte. Il paraît également constant que ces deux dernières sources sont plus hautes qu'on ne le supposait, et que le Djoliba sort encore d'un terrain supérieur. Le pays s'élève graduellement au sud et au sud-est en terrasses parallèles. Ces chaînes de montagnes augmentent en hauteur à mesure qu'elles s'avancent au midi; elles atteignent leur plus haut point entre le 8e et le 10e degré de latitude nord. »

Telles sont les données qui ressortent de l'intéressant voyage de Mollien dans notre colonie du Sénégal. Ce pays devait être aussi le point de départ d'un autre explorateur, René Caillié.

Né en 1800, dans le département des Deux-Sèvres, Caillié ne reçut d'autre instruction que celle de l'école primaire; mais la lecture de *Robinson Crusoé* ayant développé dans sa jeune imagination le goût des aventures, Caillié n'eut de cesse qu'il se fût procuré, avec le peu de ressources qu'il possédait, des cartes et des récits de voyages. En 1816, bien qu'il n'eût encore que seize ans, il s'embarquait pour le Sénégal sur la gabarre *la Loire.*

Le gouvernement anglais organisait à cette époque une expédition pour l'intérieur sous le commandement du major Gray. Afin d'éviter le terrible « almamy » de Timbou, qui avait été si funeste à Peddie, les Anglais s'étaient dirigés par mer vers la Gambie. Le Woulli, le Gabon, furent traversés, et l'expédition pénétra dans le Bondou, que Mollien allait visiter quelques années plus tard, pays habité par un peuple aussi fanatique, aussi féroce que celui du Fouta-Djallon. Les exigences de l'almamy furent telles, que le major Gray se vit, sous prétexte d'une ancienne dette du gouvernement anglais non acquittée, dépouillé de presque toutes ses marchandises, et fut obligé d'envoyer au Sénégal un officier qu'il chargea d'en réunir un nouvel assortiment.

Caillié, ignorant ce début malencontreux et comprenant que le major Gray accueillerait avec plaisir toute nouvelle recrue, partit de Saint-Louis avec deux nègres et gagna Gorée. Mais là, plusieurs personnes qui s'intéressaient à lui le détournèrent de se joindre à cette expédition, et lui procurèrent un emploi à la Guadeloupe. Caillié ne resta que six mois dans cette île, revint à Bordeaux, puis retourna au Sénégal.

Un officier du major Gray, nommé Partarieu, était sur le point d'aller rejoindre son chef avec les marchandises qu'il s'était procurées. Caillié lui demanda à l'accompagner sans appointements et sans engagement fixe. L'offre fut aussitôt acceptée.

La caravane se composait de soixante-dix individus, blancs et noirs, et de trente-deux chameaux richement chargés. Elle quitta Gandiolle, dans le Cayor, le 5 février 1819, et, avant d'entrer dans le Yoloff, traversa un désert, où elle souffrit cruellement de la soif, car, pour emporter plus de marchandises, on avait négligé de prendre une provision d'eau suffisante.

A Boulibaba, village habité par des Foulahs pasteurs, la caravane put se rafraîchir et remplir ses outres pour la traversée d'un second désert.

Évitant le Fouta-Toro, dont les habitants sont fanatiques et voleurs, Partarieu pénétra dans le Bondou. Il aurait bien voulu éviter d'entrer à Boulibané, capitale du pays et résidence de l'almamy; mais les résistances des habitants, qui se refusaient à livrer du grain et de l'eau à la caravane, les ordres précis du major Gray, qui se figurait que l'almamy laisserait passer la caravane, après en avoir tiré contribution, le contraignirent à se rendre dans cette ville.

Le terrible almamy commença par se faire livrer une quantité considérable de présents, mais il refusa aux Anglais l'autorisation de gagner Bakel, sur le Sénégal. Ils pouvaient, disait-il, se rendre à Clégo en traversant ses États et ceux du Kaarta, ou prendre la route du Fouta-Toro. De ces deux routes, la première ne valait pas mieux que la seconde, car il fallait traverser des pays fanatiques. L'intention de l'almamy était donc, — c'est ainsi que les Anglais le comprenaient, — de les faire piller et massacrer, sans en encourir la responsabilité.

· L'expédition résolut de s'ouvrir de force un passage. Les préparatifs en étaient à peine commencés qu'elle se trouva environnée d'une multitude de soldats qui, en occupant les puits, la mirent dans l'impossibilité matérielle de passer à l'exécution de ce projet. En même temps, les tambours de guerre retentissaient de tous côtés. La lutte était impossible. Il fallut en venir à un palabre, c'est-à-dire reconnaître son impuissance. L'almamy dicta les conditions de la paix, obtint des Anglais de nouveaux présents et exigea qu'ils se retirassent par le Fonta-Toro.

Bien plus, — sanglant affront à l'orgueil britannique, — les Anglais se virent escortés par une garde, qui devait les empêcher de prendre tout autre chemin. Aussi, dès que la nuit tomba, en présence même des Foulahs qui voulaient s'y opposer, jetèrent-ils au feu toutes les marchandises, dont ceux-ci se promettaient de s'emparer. La traversée du Fouta-Toro, au milieu de populations hostiles, fut encore plus pénible. Sous le plus futile prétexte, les discussions éclataient et l'on était sur le point d'en venir aux mains. Les vivres et l'eau surtout n'étaient livrés qu'à prix d'or.

Enfin, une nuit, M. Partarieu, afin d'endormir la vigilance des indigènes, après avoir déclaré qu'il ne pourrait emporter à la fois tout ce qui lui restait, fit remplir de pierres ses coffres et ses bagages; puis, laissant ses tentes dressées et ses feux allumés, il décampa avec tout son monde et fila vers le Sénégal. Bientôt, ce ne fut plus une retraite, mais une véritable fuite. Effets, bagages, armes, animaux, tout fut abandonné, semé sur la route. Grace à ce subterfuge et à la rapidité de la course, on put gagner l'établissement de Bakel, où les Français recueillirent avec empressement les débris de l'expédition.

Quant à Caillié, attaqué d'une fièvre qui prit bientôt le caractère le plus alarmant, il regagna Saint-Louis; mais, ne parvenant pas à s'y rétablir, il dut rentrer en France. Ce fut seulement en 1824 qu'il put revenir au Sénégal. Cette colonie

Ce ne fut plus une retraite... Page 119.)

était alors gouvernée par le baron Roger, homme ami du progrès et désireux
d'étendre, en même temps que nos relations commerciales, nos connaissances
géographiques. Le baron Roger fournit donc à Caillié les moyens d'aller vivre
chez les Bracknas, pour y apprendre l'arabe et la pratique du culte musulman.

La vie, chez ces Maures pasteurs, méfiants et fanatiques, ne fut pas aisée. Le
voyageur, qui rencontra bien des difficultés pour tenir son journal à jour fut
obligé à des ruses multiples pour obtenir la liberté de parcourir les environs
de sa résidence. Il en rapporta quelques observations curieuses sur la manière
de vivre des Bracknas, sur leur nourriture qui se compose presque entièrement de lait, sur leurs habitations qui ne sont que des tentes impropres à

Réné Caillié. (*Fac-simile. Gravure ancienne.*)

résister aux intempéries du climat, sur leurs chanteurs ambulants ou « gué-hués », sur les moyens d'amener leurs femmes au degré d'embonpoint qui leur paraît l'idéal de la beauté, sur la nature du pays, sur la fertilité et les droductions du sol.

Les plus curieuses de toutes les informations recueillies par Caillié sont celles relatives aux cinq classes distinctes, entre lesquelles est divisée la nation des Maures Bracknas.

Ce sont les « hassanes », ou guerriers, d'une paresse, d'une saleté et d'un orgueil incroyables, les marabouts, ou prêtres, les « zénagues » tributaires des hassanes, les « laratines » et les esclaves.

Les zénagues forment une classe misérable, méprisée de toutes les autres, mais surtout des hassanes, auxquels il payent une contribution qui, bien que régulièrement déterminée, n'est jamais trouvée assez forte. Ce sont les véritables travailleurs, qu'ils s'adonnent à l'industrie, à l'agriculture ou à l'élève des bestiaux.

« Malgré tous mes efforts, dit Caillié, je n'ai rien pu découvrir sur l'origine de cette race, ni savoir comment elle avait été réduite à payer tribut à d'autres Maures. Lorsque j'adressais des questions à ce sujet, on me répondait que Dieu le voulait ainsi. Seraient-ce les restes de tribus vaincues, et comment ne s'en conserverait-il aucune tradition parmi eux? Je ne puis le croire, car les Maures, fiers de leur origine, n'oublient jamais les noms de ceux qui ont illustré leurs familles, et les zénagues, formant la majeure partie de la population et étant d'ailleurs exercés à la guerre, se soulèveraient sous la conduite d'un descendant de leurs anciens chefs et secoueraient le joug de la servitude. »·

Les « laratines » sont les enfants nés d'un Maure et d'une esclave nègre. Bien qu'esclaves, ils ne sont jamais vendus; parqués dans des camps particuliers, ils sont traités à peu près comme les zénagues. Ceux qui sont fils d'un hassane sont guerriers; ceux qui sont issus d'un marabout reçoivent de l'instruction et embrassent la profession de leur père.

Quant aux esclaves, tous sont nègres. Mal traités, mal nourris, fouettés au moindre caprice de leur maître, il n'est sorte de vexations qu'on ne leur fasse endurer.

Au mois de mai 1825, Caillié était de retour à Saint-Louis. Le baron Roger absent, celui qui le remplaçait ne semblait pas animé d'intentions bienveillantes. Le voyageur dut attendre, avec la seule ration du soldat, le retour de son protecteur, auquel il remit les notes qu'il avait recueillies chez les Bracknas, mais il vit repousser toutes ses offres de service. On lui promettait une certaine somme à son retour de Tembouctou! Et comment pourrait-il partir, puisqu'il avait aucune ressource personnelle?

Cependant, rien ne pouvait décourager l'intrépide Caillié. Ne trouvant auprès du gouvernement colonial ni encouragement ni secours, il passa à Sierra-Leone, dont le gouverneur, ne voulant pas arracher au major Laing la gloire d'arriver le premier à Tembouctou, rejeta ses propositions.

Grâce aux économies qu'il fit dans la gérance d'une fabrique d'indigo, Caillié posséda bientôt deux mille francs, somme qui lui paraissait suffisante pour aller au bout du monde. Il s'empressa donc de se procurer les marchandises nécessaires, et se lia avec des mandingues et des « seracolets », marchands.

voyageurs qui parcourent l'Afrique. Il leur raconta sons le sceau du secret que, né en Égypte de parents arabes, il avait été emmené en France dès l'âge le plus tendre, puis conduit au Sénégal pour faire les affaires commerciales de son maître, qui, satisfait de ses services, l'avait affranchi. Il ajoutait que son plus vif désir était de regagner l'Égypte et de reprendre la religion musulmane.

Le 22 mars 1827, quittant Freetown pour Kakondy, village sur le Rio-Nunez, Caillié profita de son séjour en cette localité pour rassembler quelques renseignements sur les Landamas et les Nalous, peuples soumis aux Foulahs du Fouta-Djallon, non mahométans et par cela même très adonnés aux spiritueux. Ils habitent les environs de cette rivière, ainsi que les Bagos, peuplade idolâtre de l'embouchure du Rio-Nunez. Gais, industrieux, habiles cultivateurs, les Bagos tirent de grands profits de leurs récoltes de riz et de sel. Ils n'ont pas de roi, pas d'autre religion qu'une barbare idolâtrie, sont gouvernés par le plus ancien de leur village et ne s'en trouvent pas plus mal.

Le 19 avril 1817, Caillié, avec un seul porteur et un guide, partait enfin pour Tembouctou. Il n'eut qu'à se louer des Foulahs et des Djallonkés, dont il traversa le pays riche et fertile ; il passa le Ba-Fing, principal affluent du Sénégal, tout près de sa source, dans un endroit où il pouvait avoir une centaine de pas de largeur et un pied et demi de profondeur seulement ; mais la violence du courant et les énormes roches de granit noir qui embarrassent son lit, rendaient sa traversée difficile et dangereuse. Après une halte de dix-neuf jours au village de Cambaya, où résidait le guide qui l'avait accompagné jusqu'alors, Caillié se rendit dans le Kankan, à travers un pays coupé de rivières et de gros ruisseaux qui commençaient alors à inonder toute la contrée.

Le 30 mai, Caillié traversa le Tankisso, large rivière au lit escarpé, qui appartient au bassin du Djoliba, fleuve que le voyageur atteignit, le 11 juin, à Couroussa.

« Il avait déjà, dit Caillié, encore si près de sa source, une largeur de neuf cents pieds et une vitesse de deux milles et demi. »

Mais, avant d'entrer avec l'explorateur français dans le pays de Kankan, il est bon de résumer ses appréciations sur les Foulahs du Fouta. Ce sont généralement des hommes grands et bien faits, au teint marron clair, à la chevelure crépue, au front élevé, au nez aquilin, dont les traits se rapprochent de ceux des Européens. Mahométans fanatiques, ils ont en haine les chrétiens. Non voyageurs comme les Mandingues, ils aiment leur « home » et sont ou cultivateurs habiles ou commerçants adroits. Belliqueux et patriotes, ils ne laissent que les vieillards et les femmes dans les villages en temps de guerre.

La ville de Kankan est située au milieu d'une plaine entourée de hautes montagnes. On y rencontre à profusion le bombax, le baobab et l'arbre à beurre,
appelé aussi « cé », qui est le « shea » de Mungo Park. Caillié fit en cette ville une
station de vingt-huit jours avant de pouvoir trouver une occasion pour gagner
Sambatikila ; il y fut odieusement volé par son hôte et ne put obtenir du chef
de la ville la restitution des marchandises qui lui avaient été soustraites.

« Kankan, dit le voyageur, chef-lieu d'un canton du même nom, est une petite
ville située à deux portées de fusil de la rive gauche du Milo, jolie rivière qui
vient du sud et arrose le pays de Kissi, où elle prend sa source ; elle coule au
nord-est et se perd dans le Djoliba, à deux ou trois jours de Kankan. Entourée
d'une belle haie vive, très épaisse, cette ville, qui ne contient pas plus de six
mille habitants, est située dans une belle plaine de sable gris de la plus grande
fertilité. On voit dans toutes les directions de jolis petits villages qu'ils nomment aussi Ourondés; c'est là qu'ils placent leurs esclaves. Ces habitations embellissent la campagne et sont entourées des plus belles cultures; l'igname, le
maïs, le riz, le foigné, l'oignon, la pistache, le gombo, y viennent en abondance. »

Du Kankan au Ouassoulo, la route traversait de très bonnes terres, chargées
de cultures en cette saison, et presque toutes inondées. Les habitants de cette
province parurent à Caillié d'une extrême douceur; gais et curieux, ils lui firent
un excellent accueil.

Plusieurs affluents du Djoliba, et notamment le Sarano, furent passés avant de
faire halte à Sigala, où résidait le chef du Ouassoulo, nommé Baramisa. Aussi
malpropre que ses sujets, il usait comme eux de tabac en poudre et à fumer.
Ce chef passe pour être très riche en or et en esclaves; ses sujets lui font souvent des cadeaux de bestiaux ; il a beaucoup de femmes, dont chacune possède une case particulière, ce qui forme un petit village dont les environs sont
très bien cultivés. C'est là que, pour la première fois, Caillié vit le « rhamnus
lotus » dont parle Mungo Park.

En sortant du Ouassoulo, Caillié pénétra dans le Foulou, dont les habitants,
comme les Ouassoulos, parlent mandingue, sont idolâtres, ou plutôt n'ont
aucun culte, et sont aussi sales. A Sambatikila, le voyageur alla faire visite à
l'almamy.

« Nous entrâmes, dit Caillié, dans une pièce qui servait tout à la fois de
chambre à coucher pour lui et d'écurie pour son cheval. Le lit du prince était
dans le fond ; il consistait en une petite estrade élevée de six pouces, sur laquelle était tendue une peau de bœuf, avec une sale moustiquière pour se préserver des insectes. Point de meubles dans ce logement royal. On y voit deux

selles pour les chevaux ; elles sont pendues au mur, à des piquets ; un grand chapeau de paille, un tambour qui ne sert que dans les temps de guerre, quelques lances, un arc, un carquois et des flèches en font tout l'ornement, avec une lampe faite d'un morceau de fer plat, maintenue par un autre morceau du même métal, planté en terre ; on y brûle du beurre végétal, qui n'a pas assez de consistance pour être fabriqué et faire de la chandelle. »

Cet almamy prévint bientôt le voyageur qu'une occasion se présentait de gagner Timé, ville d'où partait une caravane pour Djenné. Caillié pénétra alors dans le pays des Bambaras et arriva en peu de temps au joli petit village de Timé, habité par des Mandingues mahométans, et dominé à l'est par une chaîne de montagnes qui peut avoir trois cent cinquante brasses d'élévation.

En entrant dans ce village à la fin de juillet, Caillié ne se doutait guère du long séjour qu'il allait être forcé d'y faire. Il avait au pied une plaie que la marche à travers les herbes mouillées avait considérablement enflammée. Aussi résolut-il de laisser partir la caravane de Djenné et de rester à Timé jusqu'à son entière guérison. Il était trop dangereux pour lui, dans sa situation, de traverser le pays des Bambaras, peuple idolâtre qui le dévaliserait sans doute.

« Ces Bambaras, dit le voyageur, ont peu d'esclaves, vont presque nus et marchent toujours armés d'arcs et de flèches. Ils sont gouvernés par une multitude de petits chefs indépendants qui souvent se font la guerre entre eux. Enfin, ce sont des êtres bruts et sauvages, si on les compare aux peuples soumis à la religion du Prophète. »

Jusqu'au 10 novembre, Caillié, dont la plaie n'était pas guérie, fut retenu à Timé. Toutefois, il entrevoyait, à cette époque, le moment où il pourrait se mettre en route pour Djenné.

« Mais de violentes douleurs dans la mâchoire, raconte le voyageur, m'apprirent que j'étais atteint du scorbut, affreuse maladie que j'éprouvai dans toute son horreur. Mon palais fut entièrement dépouillé, une partie des os se détachèrent et tombèrent ; mes dents semblaient ne plus tenir dans leurs alvéoles ; mes souffrances étaient affreuses ; je craignis que mon cerveau ne fût attaqué par la force des douleurs que je ressentais dans le crâne. Je fus plus de quinze jours sans trouver un instant de sommeil. »

Pour compliquer la situation, la plaie de Caillié se rouvrit et ne céda, ainsi que le scorbut, qu'au traitement énergique que lui appliqua une vieille négresse, habituée à soigner cette maladie commune dans le pays.

Enfin, le 9 janvier 1828, Caillié quitta Timé et gagna Kimba, petit village où s'était réunie la caravane qui devait partir pour Djenné. Près de ce village se dresse la chaîne improprement appelée Kong, car ce mot signifie « montagne » chez tous les Mandingues.

Le nom des villages que traversa le voyageur, les incidents toujours répétés de la route, n'offrent pas beaucoup d'intérêt dans ce pays des Bambaras, qui passent chez les Mandingues pour très voleurs et qui ne le sont cependant pas plus que leurs accusateurs.

Les femmes bambaras ont toutes un morceau de bois très mince incrusté dans la lèvre inférieure, mode singulière, tout à fait analogue à celle que Cook observa sur la côte occidentale de l'Amérique du Nord. Tant il est vrai que l'humanité, quelle que soit la latitude sous laquelle elle vit, est partout le même ! Ces Bambaras parlent mandingue ; ils ont cependant un idiome particulier, appelé « kissour », sur lequel le voyageur ne put réunir des documents complets et positifs.

Djenné était autrefois appelé le « pays de l'or ». A la vérité, les environs n'en produisent pas, mais les marchands de Bouré et les Mandingues du pays de Kong en apportent fréquemment.

Djenné, sur deux milles et demi de tour, est entourée d'un mur en terre de dix pieds d'élévation. Les maisons, construites en briques cuites au soleil, sont aussi grandes que celles des paysans d'Europe. Elles sont toutes recouvertes par une terrasse et n'ont pas de fenêtre à l'extérieur. C'est une ville bruyante, animée, où arrive chaque jour quelque caravane de marchands. Aussi y voit-on quantité d'étrangers. Le nombre des habitants peut s'élever à huit ou dix mille. Très industrieux, intelligents, il font travailler leurs esclaves par spéculation et exercent tous les métiers.

Cependant, ce sont les Maures qui ont accaparé le haut commerce. Il n'y a pas de jour qu'ils n'expédient de grandes embarcations pleines de riz, de mil, de coton, d'étoffes, de miel, de beurre végétal et d'autres denrées indigènes.

Malgré ce grand mouvement commercial, Djenné se voyait atteinte dans sa prospérité. Le chef du pays, Sego Ahmadou, animé d'un fanatisme exagéré, faisait à cette époque une guerre acharnée aux Bambaras de Sego, qu'il voulait rallier à l'étendard du Prophète. Cette lutte causait le plus grand tort au trafic de Djenné, car elle interceptait les communications avec Yamina, Sansanding, Bamakou, Bouré et une immense étendue de pays. Cette ville n'était donc plus, au moment où Caillié la visita, le point central du commerce, et c'étaient Yamina, Sansanding et Bamakou qui en étaient devenues les principaux entrepôts.

Les femmes de Djenné auraient cru manquer à leur sexe, si elles n'avaient fait preuve de coquetterie. Les élégantes se passent un anneau ou des verroteries dans le nez, et celles qui sont moins riches y suspendent un morceau de soie rose.

Pendant le long séjour que Caillié fit à Djenné, il fut comblé de soins et d'attentions par les Maures, auxquels il avait raconté la fable relative à sa naissance et à son enlèvement par l'armée d'Égypte.

Le 23 mars, le voyageur s'embarqua sur le Niger pour Tembouctou, dans une grande embarcation sur laquelle le chérif, gagné par le don d'un parapluie, lui avait procuré passage. Il emportait des lettres de recommandation pour les principaux habitants de cette ville.

Caillié passa devant le joli village de Kera, devant Taguetia, Sankha-Guibila, Diébé et Isaca, près duquel le fleuve est rejoint par un grand bras, qui, parti de Sego, forme un coude immense ; il vit Ouandacora, Ouanga, Corocoïla, Cona, et aperçut, le 2 avril, l'embouchure du grand lac Débo.

« On voit la terre de tous les côtés du lac, dit Caillié, excepté à l'ouest, où il se déploie comme une mer intérieure. En suivant sa côte nord, dirigée à peu près O.-N.-O., dans une longueur de quinze milles, on laisse à gauche une langue de terre plate, qui avance dans le sud de plusieurs milles ; elle semble fermer le passage du lac et forme une espèce de détroit. Au delà de cette barrière, le lac se prolonge dans l'ouest à perte de vue. La barrière que je viens de décrire divise ainsi le lac Débo en deux, l'un supérieur, l'autre inférieur. Celui où les embarcations passent et où se trouvent trois îles est très grand ; il se prolonge un peu à l'est et est entouré d'une infinité de grands marais. »

Puis, tour à tour, défilèrent devant les yeux du voyageur Gabibi, village de pêcheurs, Didhiover, Tongom, dans le pays des Dirimans, contrée qui s'étend très loin dans l'est, Co, Do, Sa, port très commerçant, Barconga, Leleb, Garfolo, Baracondié, Tircy, Talbocoïla, Salacoïla, Cora, Coratou, où les Touaregs exigent un péage des bateaux qui passent sur le fleuve, et enfin Cabra, bâtie sur une éminence à l'abri des débordements du Djoliba et qui sert de port à Tembouctou.

Le 20 avril, Caillié débarqua et se mit en route pour cette ville, dans laquelle il entra au coucher du soleil.

« Je voyais donc cette capitale du Soudan, s'écrie notre voyageur, qui depuis si longtemps était le but de tous mes désirs ! En entrant dans cette cité mystérieuse, objet des recherches des nations civilisées de l'Europe, je fus saisi d'un sentiment inexprimable de satisfaction. Je n'avais jamais éprouvé une sensation

Caillié passe le Ba–Fing. (Page 123.)

pareille, et ma joie était extrême. Mais il fallut en comprimer les élans; ce fut
au sein de Dieu que je confiai mes transports. Avec quelle ardeur je le remerciai
de l'heureux succès dont il avait couronné mon entreprise! Que d'actions de
grâces j'avais à lui rendre pour la protection éclatante qu'il m'avait accordée
au milieu de tant d'obstacles et de périls qui paraissaient insurmontables!
Revenu de mon enthousiasme, je trouvai que le spectacle que j'avais sous
les yeux ne répondait pas à mon attente. Je m'étais fait de la grandeur et de la
richesse de cette ville une tout autre idée; elle n'offre au premier aspect qu'un
amas de maisons en terre mal construites; dans toutes les directions, on ne voit
que des plaines immenses de sable mouvant, d'un blanc tirant sur le jaune, et

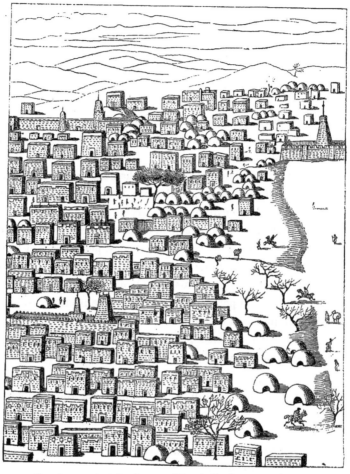

Vue d'une partie de Tembouctou. (*Fac-simile. Gravure ancienne.*)

de la plus grande aridité. Le ciel à l'horizon est d'un rouge pâle; tout est triste dans la nature; le plus grand silence y règne; on n'entend pas le chant d'un seul oiseau. Cependant, il y a je ne sais quoi d'imposant à voir une grande ville élevée au milieu des sables, et l'on admire les efforts qu'ont eu à faire ses fondateurs. En ce qui regarde Tembouctou, je conjecture qu'antérieurement le fleuve passait près de la ville; il en est maintenant éloigné de huit milles au nord et à cinq milles de Cabra, dans la même direction. »

Ni aussi grande ni aussi peuplée que Caillié s'attendait à la trouver, Tembouctou manque absolument d'animation. On n'y voit pas entrer continuellement des caravanes comme à Djenné. Il n'y a pas non plus cette affluence

17

d'étrangers qu'on rencontre dans cette dernière ville, et le marché, qui se tient à trois heures, à cause de la chaleur excessive, semble désert.

Tembouctou est habitée par des nègres Kissours, qui paraissent très doux et s'adonnent au commerce. L'administration n'existe pas ; il n'y a, à proprement parler, aucun pouvoir ; chaque ville, chaque village a son chef. Ce sont les mœurs des anciens patriarches. Beaucoup de Maures, établis dans cette ville, s'adonnent au négoce et y font rapidement fortune, car ils reçoivent des marchandises en consignation d'Adrar, de Tafilet, de Touat, d'Ardamas, d'Alger, de Tunis et de Tripoli.

C'est à Tembouctou qu'est apporté à dos de chameau tout le sel des mines de Toudeyni. Il est en planches, liées ensemble par de mauvaises cordes faites avec une herbe qui croît dans les environs de Tandaye.

L'enceinte de Tembouctou, qui affecte la forme d'un triangle, peut avoir trois milles de tour. Les maisons de la ville sont grandes, peu élevées et construites en briques rondes. Les rues sont larges et propres. Enfin, on compte sept mosquées, surmontées d'une tour en brique, d'où le muezzin appelle les fidèles à la prière. En y comprenant la population flottante, on ne trouve guère dans cette capitale du Soudan que dix à douze mille habitants.

Située au milieu d'une immense plaine mouvante de sable blanc, Tembouctou n'a d'autres ressources que l'exploitation du sel, la terre y étant impropre à toute espèce de culture. C'est au point que, si les Touaregs interceptaient complètement les nombreuses flottilles qui viennent du Djoliba inférieur, les habitants seraient dans la plus affreuse disette.

La proximité de ces tribus errantes, leurs exigences, sans cesse renouvelées, sont une gêne perpétuelle pour le commerce. Tembouctou est continuellement pleine de gens qui viennent arracher ce qu'ils appellent des présents, mais ce que l'on pourrait, à plus juste raison, nommer des contributions forcées. Quand le chef des Touaregs arrive à Tembouctou, c'est une calamité publique. Pendant deux mois, il reste dans la ville, nourri, ainsi que sa nombreuse suite, aux frais des habitants, et ne s'en va qu'après avoir reçu de riches cadeaux.

La terreur a étendu la domination de ces tribus errantes sur tous les peuples voisins, qu'ils pillent et exploitent sans merci.

Le costume des Touaregs ne diffère que par la coiffure de celui des Arabes. Jour et nuit, ils portent une bande de toile de coton, qui leur voile les yeux et qui, descendant jusqu'au milieu du nez, les oblige à lever la tête pour y voir. La même bande, après avoir fait une ou deux fois le tour de leur tête, vient leur éacher la bouche et descend jusqu'au-dessous du menton. On ne leur voit donc que le bout du nez.

Parfaits cavaliers, montés sur des chevaux excellents ou des chameaux rapides, les Touaregs sont armés d'une lance, d'un bouclier et d'un poignard. Ce sont les écumeurs du désert, et la quantité de caravanes qu'ils ont pillées ou mises à contribution est innombrable.

Il y avait quatre jours que Caillié était à Tembouctou, lorsqu'il apprit le départ de la caravane pour Tafilet. Sachant qu'il n'en sortirait pas d'autre avant trois mois, et craignant toujours de se voir découvert, le voyageur se joignit à cette réunion de marchands, qui n'emmenait pas moins de six cents chameaux. Parti le 4 mai 1828, après avoir souffert atrocement de la chaleur et d'un vent d'est qui soulevait les sables du désert, Caillié atteignit, cinq jours plus tard, El-Arouan, ville sans ressources par elle-même, qui sert d'entrepôt aux sels de Toudeyni, exportés à Sansanding, sur les bords du Djoliba.

C'est à El-Arouan qu'arrivent les caravanes de Tafilet, de Mogador, du Drah, de Touat et de Tripoli, avec des marchandises européennes, qu'elles viennent échanger contre l'ivoire, l'or, les esclaves, la cire, le miel et les étoffes du Soudan.

Le 19 mai 1828, la caravane quittait El-Arouan pour gagner le Maroc, à travers le Sahara.

La chaleur accablante, les tourments de la soif, les privations de tout genre, les fatigues et la blessure que le voyageur se fit en tombant de chameau, lu furent moins sensibles que les vexations, les railleries, les insultes continuelles qu'il eut à souffrir tout aussi bien de la part des Maures que des esclaves. Ces gens savaient toujours trouver de nouveaux prétextes pour se moquer des habitudes ou de la maladresse de Caillié; ils allaient même jusqu'à le frapper et à lui jeter des pierres, aussitôt qu'il avait le dos tourné.

« Les Maures me disaient souvent avec mépris, raconte Caillié : « Tu vois bien « cet esclave? Eh bien, je le préfère à toi; juge combien je t'estime. » Cette insolente dérision était accompagnée de rires immodérés. »

C'est dans ces conditions misérables que Caillié passa par les puits des Trarzas, auprès desquels on trouve du sel en quantité, d'Amoul-Gagim, d'Amoul-Taf, d'El-Ekreif, ombragés par un joli bosquet de dattiers, de roseaux et de jonc, de Marabouty et d'El-Harib, aux habitants d'une malpropreté absolu· lument repoussante.

Le territoire d'El-Harib est compris entre deux chaînes de petites montagnes qui le séparent du Maroc, dont il est tributaire. Ses habitants, partagés en plu·

sieurs tribus nomades, font de l'élève des chameaux leur principale occupation. Ils seraient heureux et riches, s'ils ne payaient de forts tributs aux Berbers, qui trouvent encore moyen de les harceler sans cesse.

Le 12 juillet, la caravane quittait El-Harib et pénétrait, onze jours plus tard, dans le pays de Tafilet, aux majestueux dattiers. A Ghourland, Caillié fut assez bien accueilli par les Maures, mais ne put être reçu dans leurs maisons, parce que les femmes, qui ne doivent voir d'autres hommes que ceux de leur famille, pourraient être exposées aux regards indiscrets d'un étranger.

Caillié visita le marché, qui se tient trois fois la semaine auprès d'un petit village nommé Boheim, à trois milles de Ghourland, et fut étonné de la variété des objets qui l'approvisionnaient : légumes, fruits indigènes, luzerne, volailles, moutons, tout s'y trouvait à profusion. Des marchands d'eau, avec des outres pleines, se promenaient dans le marché, une sonnette à la main, pour avertir ceux qui voulaient boire, car il faisait une chaleur accablante. Les monnaies du Maroc et d'Espagne étaient seules reçues.

L'arrondissement de Tafilet compte un certain nombre de gros villages et de petites villes. Ghourland, L-Ekseba, Sosso, Boheim et Ressaut, qui furent vues par le voyageur, pouvaient renfermer, chacune, douze cents habitants, tous propriétaires et marchands.

Le sol est très productif. On cultive beaucoup de blé, des légumes, quantité de dattiers, des fruits d'Europe et du tabac. De fort beaux moutons, dont la laine, très blanche, sert à faire de jolies couvertures, des bœufs, d'excellents chevaux, des ânes et quantité de mulets, telles sont les richesses naturelles du Tafilet.

Comme à El-Drah, beaucoup de juifs habitent les mêmes villages que les mahométans; ils y sont très malheureux, vont presque nus, et sont sans cesse insultés ou frappés. Brocanteurs, cordonniers, forgerons, porteurs, quel que soit le métier qu'ils exercent ostensiblement, ils prêtent tous de l'argent aux Maures.

Le 2 août, la caravane reprit sa marche, et, après avoir passé par Afilé, Tanneyara, Marca, M-Dayara, Rahaba, L-Eyarac, Tamaroc, Aïn-Zeland, El-Guim, Guigo, Soforo, Caillié arriva à Fez, où il ne fit qu'un court séjour, et gagna Rabat, l'ancienne Salé. Épuisé par cette longue marche, n'ayant pour se soutenir que quelques dattes, obligé de recourir à la charité des musulmans, qui le renvoyaient le plus souvent sans lui rien donner, ne trouvant dans cette ville, comme agent consulaire de France, qu'un juif du nom d'Ismayl, qui, par crainte de se compromettre, refusa d'embarquer Caillié sur un brick portugais allant à Gibraltar, le voyageur saisit avec empressement une occasion inopinée qui se présenta de se rendre à Tanger. Il y fut bien reçu par le vice-consul, M. Delaporte, qui le traita comme son propre fils, écrivit aussitôt au commandant de la station française de Cadix, et le fit embarquer, sous les habits de matelot, sur une corvette venue pour le chercher.

Ce fut, dans le monde savant, une nouvelle bien inattendue que celle du débarquement à Toulon d'un jeune Français qui revenait de Tembouctou. Avec le seul appui de son courage inébranlable, à force de patience, il venait de mener à bonne fin une exploration pour laquelle les Sociétés de Géographie de Londres et de Paris avaient promis de fortes récompenses. Seul, pour ainsi dire sans ressources, sans l'aide du gouvernement, en dehors de toute Société scientifique, par la seule force de sa volonté, il avait réussi et venait d'éclairer d'un jour tout nouveau une immense partie de l'Afrique !

Caillié n'était certes pas le premier Européen qui eût vu Tembouctou. L'année précédente, le major anglais Laing avait pu pénétrer dans cette cité mystérieuse, mais il avait payé de la vie cette exploration dont nous allons tout à l'heure raconter les émouvantes péripéties.

Caillié, lui, revenait en Europe et rapportait le curieux journal de voyage que nous venons d'analyser. Si sa profession de foi musulmane avait empêché Caillié de faire des observations astronomiques, s'il n'avait pu librement dessiner et prendre ses notes, ce n'avait été cependant qu'au prix de cette apparente apostasie qu'il avait pu parcourir ces pays fanatiques où le nom chrétien était en exécration.

Que d'observations curieuses, que de détails nouveaux et précis! Quelle immense contribution à la connaissance des pays africains ! Si, par deux voyages successifs, Clapperton avait réussi à traverser l'Afrique de Tripoli à Benin, dans un seul Caillié venait de la traverser du Sénégal au Maroc, mais au prix de quelles fatigues, de quelles souffrances et de quelle misère ! Tembouctou était enfin connue, ainsi que cette route nouvelle des caravanes à travers le Sahara, par les oasis de Tafilet et d'El-Harib.

Les secours que la Société de Géographie envoya aussitôt au voyageur, le prix de dix mille francs qu'elle lui décerna, la croix de la Légion d'honneur dont il fut gratifié, l'accueil empressé des sociétés savantes, la notoriété et la gloire qui s'attachèrent au nom de Caillié, tout cela fut-il suffisant pour payer les tortures physiques et morales du voyageur? Nous devons le croire. Lui-même, en maint endroit de sa narration, proclame que le désir d'augmenter par ses découvertes le renom de la France, sa patrie, put seul, en bien des circonstances, l'aider à supporter les affronts dont il était abreuvé et les souffrances qui l'assaillirent continuellement. Honneur donc au patient voyageur, au patriote sincère, au grand découvreur !

Il nous reste à parler de l'expédition dans laquelle Alexandre Gordon-Laing allait trouver la mort. Mais, avant d'aborder le récit de ce voyage dramatique, forcément succinct, puisque le journal des voyageurs nous fait défaut, il convient de donner quelques détails et sur l'officier qui en fut la victime et sur une excursion très curieuse dans le Timanni, le Kouranko et le Soulimana, — excursion pendant laquelle Laing découvrit les sources du Djoliba.

Né à Edimbourg en 1794, Laing était entré dans l'armée anglaise à l'âge de seize ans et n'avait pas tardé à s'y distinguer. En 1820, il se trouvait à Sierra-Leone, comme lieutenant faisant fonctions d'aide de camp auprès de sir Charles Maccarthy, gouverneur général de l'Afrique occidentale. A cette époque, la guerre sévissait entre Amara, l'almamy des Mandingues, et l'un de ses principaux chefs, appelé Sannassi. Le commerce de Sierra-Leone n'était déjà pas très florissant. Cet état de choses lui avait porté un coup fatal. Maccarthy, désireux d'y porter remède, résolut d'intervenir et d'amener une réconciliation entre les deux chefs. Il jugea donc à propos d'envoyer une ambassade à Kambia, sur les rives du Scarcies, et de là à Malacoury et au camp des Mandingues. Le caractère entreprenant de Gordon-Laing, son habileté, son courage à toute épreuve, le désignaient au choix du gouverneur, qui lui remit, le 7 janvier 1822, des instructions dans lesquelles il lui recommandait de s'informer de l'état de l'industrie du pays, de sa topographie, et de pressentir la façon de penser des habitants sur l'abolition de l'esclavage.

Une première entrevue avec Yareddi, général des troupes soulimas qui accompagnaient l'almamy, prouva que les nègres de ces contrées n'avaient encore que des données bien vagues sur la civilisation européenne et que leurs relations avec les blancs n'avaient pas été fréquentes.

« Chaque partie de notre habillement, dit le voyageur, était pour lui un sujet d'étonnement. Me voyant ôter mes gants, il resta stupéfait, couvrit de ses mains sa bouche ouverte de surprise, et finit par s'écrier : *Allah Akbar!* (Dieu miséricordieux), il vient d'enlever la peau de ses mains ! S'étant peu à peu familiarisé avec notre aspect, il frotta alternativement les cheveux de M. Mackie, un chirurgien qui accompagnait Laing, et les miens, puis, éclatant de rire, il dit : « Non, ce ne sont pas des hommes ! » Il demanda, à plusieurs reprises, à mon interprète si nous avions des os. »

Ces excursions préliminaires, pendant lesquelles Laing avait constaté que beaucoup de Soulimas possédaient quantité d'or et d'ivoire, le déterminèrent à proposer au gouverneur d'entreprendre l'exploration des pays situés à l'est de la colonie — pays dont les productions et les ressources mieux connues pourraient alimenter le commerce de Sierra-Leone.

Maccarthy approuva les idées de Laing et les soumit au conseil. Il fut décidé que Laing serait autorisé à pénétrer dans le pays des Soulimas, en prenant la route qui lui semblerait la plus commode pour les communications futures.

Parti de Sierra-Leone le 16 avril, Laing s'embarqua sur la Rockelle et arriva bientôt à Rokon, ville principale du Timanni. Son entrevue avec le chef de cette ville fut singulièrement amusante. Pour lui faire honneur, Laing, qui l'avait vu entrer dans la cour où devait avoir lieu la réception, fit tirer une salve de dix coups de fusil. Au bruit de cette décharge, le roi s'arrêta, recula et prit la fuite, après avoir regardé le voyageur d'un air furieux. On eut beaucoup de peine à faire revenir ce souverain pusillanime. Enfin, il rentra et, s'asseyant sur son fauteuil d'étiquette avec solennité, il interrogea le major :

« Pourquoi avez-vous tiré des coups de fusil ?

— Pour vous faire honneur; c'est toujours au bruit de l'artillerie que sont accueillis les souverains européens.

— Pourquoi ces fusils étaient-ils dirigés vers la terre ?

— Afin que vous ne puissiez vous méprendre sur nos intentions.

— Des cailloux m'ont volé au visage. Pourquoi n'avez-vous pas tiré en l'air ?

— Pour ne pas mettre le feu au toit de chaume de vos maisons.

— A la bonne heure. Donne-moi du rhum. »

Inutile d'ajouter que l'entrevue, dès que le major eut accédé aux désirs du roi, devint on ne peut plus cordiale.

Le portrait de ce souverain d'une partie du Timanni mérite à plus d'un titre de figurer dans notre galerie, et c'est le cas de rappeler ce dicton : *Ab uno disce omnes.*

Ba-Simera était âgé de quatre-vingt-dix ans; « il avait la peau bigarrée et très ridée, de sorte qu'elle ressemblait plus à celle d'un alligator qu'à celle d'un homme; des yeux d'un vert sombre et très enfoncés; une barbe blanche et tortillée qui descendait à deux pieds au-dessous de son menton. De même que le roi de la rive opposée, il portait un collier de grains de corail et de dents de léopard; son manteau était brun et aussi sale que sa peau; ses jambes, gonflées comme celles d'un éléphant, n'étaient pas entièrement couvertes par un pantalon de toile de coton qui, dans l'origine, était peut-être blanche; mais, ayant été porté depuis plusieurs années, il avait pris une teinte verdâtre. Pour marque de

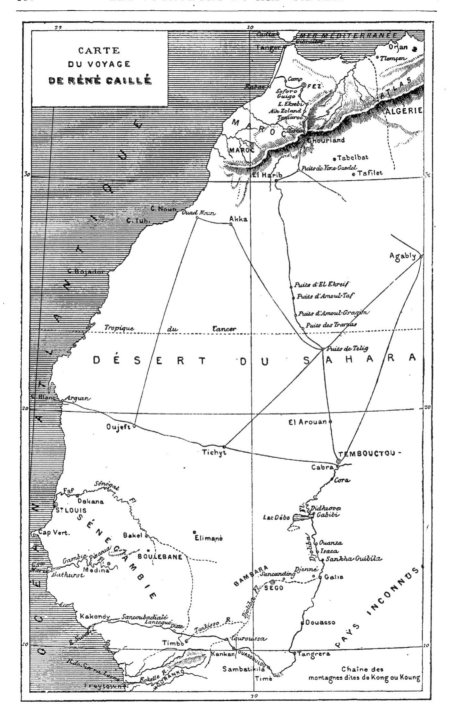

CARTE
DU VOYAGE
DE RÉNÉ CAILLÉ

Laing aperçut la montagne de Loma. (Page 140.)

sa dignité, ce chef tenait à la main un bâton auquel étaient suspendus des grelots de différentes dimensions. »

Comme ses prédécesseurs en Afrique, l'explorateur dut longuement discuter les droits de passage et les gages des porteurs; mais, grâce à sa fermeté, Gordon Laing sut se dérober aux exigences des rois nègres. Toma, où l'on n'avait jamais vu d'homme blanc, Balandeco, Roketchnick, dont le voyageur détermina la position par 12° 11′ de longitude à l'ouest de Greenwich et par 8° 30′ de latitude nord, Maboung, au delà d'une rivière fort large qui coule au nord de la Rockelle, Ma-Yosso, ville principale de la frontière du Timanni, forment les différentes étapes de la route suivie par le major Laing.

Le voyageur avait rencontré dans ce pays une institution singulière, espèce de franc-maçonnerie, portant le nom de « pourrah », dont Caillié avait déjà constaté l'existence sur les bords du Rio-Nunez.

« Son pouvoir, affirme Laing, l'emporte même sur celui des chefs des divers territoires. Tout ce qu'elle fait est enveloppé dans les ténèbres et couvert du mystère le plus profond. Jamais ses actes ne donnent lieu à la moindre enquête de la part de l'autorité, jamais même leur justice n'est mise en question. J'ai essayé inutilement de remonter à l'origine et aux causes de la formation de cette association extraordinaire ; j'ai des motifs de supposer qu'aujourd'hui elles sont inconnues de la généralité des Timanniens et que peut-être elles le sont des membres mêmes du pourrah, dans un pays où il n'existe aucun monument traditionnel, soit dans les écrits, soit dans les chants... »

Le Timanni, d'après les renseignements que Laing put se procurer, serait divisé en quatre territoires, dont les chefs s'arrogent le titre de roi.

Le sol est assez fertile et produirait en abondance du riz, des ignames, de la cassave, des arachides et des bananes, n'était le caractère paresseux, indolent, débauché, avaricieux, des habitants, qui s'adonnent avec une émulation regrettable à l'ivrognerie.

« Je crois, dit Laing, qu'une certaine quantité de houes, de fléaux, de râteaux, de pelles et d'autres outils communs serait bien reçue par ce peuple, si l'on avait soin de lui en enseigner l'usage. Ces choses lui conviendraient mieux pour son intérêt et pour le nôtre que les fusils, les chapeaux retapés et les habits de charlatan qu'on a coutume de lui fournir. »

Malgré ce vœu philanthropique du voyageur, les choses n'ont pas changé depuis cette époque. On rencontre toujours chez les nègres la même passion pour les liqueurs fortes, et l'on voit encore leurs roitelets, coiffés d'un chapeau qui imite le soufflet d'un accordéon, revêtir, sans chemise, un habit bleu à boutons de cuivre. Nous devons à la vérité de dire que ce sont là leurs costumes de cérémonie.

Le sentiment maternel ne parut pas au voyageur être très développé chez les Timanniennes, car, deux fois, des femmes lui proposèrent d'acheter leurs enfants et l'accablèrent d'injures parce qu'il ne voulut pas y consentir. Quelques jours plus tard, un grand tumulte s'élevait contre Laing, l'un de ces blancs qui, en arrêtant la traite, avaient porté un coup sensible à la prospérité du pays.

Le première ville qu'on trouve en entrant dans le Kouranko est Ma-Boum. Il est curieux de noter en passant les sentiments que la vue de l'activité des habitants inspira au major Laing.

« J'entrai dans la ville, raconte-t-il, au coucher du soleil, et j'éprouvai d'abord une impression extrêmement favorable pour les habitants. Ils revenaient de leur travail; on reconnaissait que tous avaient été occupés pendant la journée. Les uns avaient préparé les champs pour la récolte, que les pluies très prochaines allaient favoriser; d'autres enfermaient dans des enclos le bétail, dont les flancs lisses et la bonne apparence annonçaient qu'il était nourri dans de gras pâturages. Le dernier coup de marteau du forgeron retentissait aux oreilles; le tisserand mesurait la quantité de toile qu'il avait fabriquée depuis le matin, et le tanneur enfermait dans un sac ses étuis à couteau, ses poches et ses autres objets artistement travaillés et colorés. Le muezzin, perché à l'entrée de la mosquée, répétait d'une voix grave et à intervalles mesurés le cri d'*Allah Akhbar*, pour appeler les dévôts musulmans à la prière du soir. »

Ce tableau, reproduit par un Marilhat ou un Henri Regnault dans un paysage où la lumière éclatante du soleil commence à se fondre en teintes vertes et roses, ne pourrait-il porter ce titre si souvent employé pour peindre semblable épisode dans nos climats brumeux : *le Retour des champs?*

« Cette scène, continue le voyageur, par la nature et par le sentiment qu'elle inspirait, formait un contraste agréable avec le bruit, la confusion et la dissipation qui règnent à la même heure dans une ville timannienne; mais il ne faut pas se fier aux apparences, et j'ajoute avec beaucoùp de regret que la conduite des Kourankoniens ne contribua nullement à justifier la bonne opinion que j'avais d'abord conçue d'eux. »

Le voyageur passa successivement à Koufoula, où il reçut un accueil bienveillant, traversa un pays à l'aspect agréablement varié, dont les montagnes du Kouranko formaient l'arrière-plan, s'arrêta à Simera, où le chef chargea son « guiriot » de chanter la venue de l'étranger; mais les maisons mal construites et couvertes d'un mauvais chaume laissaient filtrer la pluie, si bien qu'après un orage, comme la fumée n'avait pour s'échapper que les interstices du toit, Laing ressemblait plus, suivant ses propres paroles, à un ramoneur à demi décrassé qu'à l'étranger blanc du roi de Simera.

Laing visita ensuite la source du Tongolellé, affluent de la Rockelle, et quitta le Kouranko pour entrer dans le Soulimana.

Le Kouranko, dont le voyageur n'avait visité que la lisière, est d'une étendue considérable, et se divise en un grand nombre de petits États.

Les habitants ressemblent aux Mandingues par la langue et le costume, mais ils ne sont ni aussi bien faits ni aussi intelligents. Ils ne professent pas l'islamisme et ont une confiance illimitée dans leurs grigris.

Assez industrieux, ils savent coudre et tisser. Le principal objet de leur commerce est le bois de rose ou « cam », qu'ils exportent vers la côte. Les productions du pays sont à peu près les mêmes que celles du Timanni.

Komia, par 9° 22′ de latitude nord, est la première ville du Soulimana. Laing vit ensuite Semba, cité riche et populeuse, où il fut reçu par une bande de musiciens, qui l'accueillirent par leurs fanfares les plus assourdissantes, sinon les plus harmonieuses, et il parvint enfin à Falaba, capitale du pays.

Des témoignages d'estime tout particuliers lui furent donnés par le roi. Celui-ci avait réuni de nombreux corps de troupes dont il passa la revue, auxquels il fit exécuter différentes manœuvres et qui se livrèrent à une longue et curieuse fantasia, tandis que le bruit des tambours, les sons du violon et des autres instruments particuliers au pays écorchaient les oreilles du voyageur. Puis de nombreux « guiriots » se succédèrent pour chanter les louanges du roi, l'arrivée du major, les conséquences heureuses qu'aurait sa venue pour la prospérité du pays et le développement du commerce.

Laing profita de si heureuses dispositions pour demander au roi la permission de visiter les sources du Niger. Celui-ci lui fit à plusieurs reprises de fortes objections sur le danger de cette expédition ; mais, sur les instances du voyageur et considérant que « son cœur soupirait après l'eau », il lui accorda enfin la permission qu'il sollicitait avec tant d'insistance.

Laing n'était pas à deux heures de Falaba que l'autorisation était révoquée et qu'il devait renoncer à une course qu'il considérait à bon droit comme très importante.

Il obtint, quelques jours plus tard, la permission de visiter la source de la Rockelle, ou Salé-Kongo, rivière dont, avant lui, on ne connaissait guère le cours au delà de Rokon.

Du haut d'un rocher élevé, Laing aperçut la montagne de Loma, la plus haute de toute la chaîne dont elle fait partie.

« On me montra, dit-il, le point d'où sortait le Niger ; il me parut de niveau avec l'endroit où je me trouvais, c'est-à-dire à près de seize cents pieds au-dessus du niveau de la mer, car la source de la Rockelle, que je venais de mesurer, est à 1,400 pieds. Ayant exactement déterminé la position de Konkodongoré et de la hauteur sur laquelle je me trouvais, la première par observation et la seconde par estime, il me fut facile de fixer le gisement du Loma. Je ne puis me tromper beaucoup en donnant aux sources du Niger 9° 25′ de latitude nord et 9° 45′ de longitude occidentale. »

Le major Laing avait passé trois mois dans le Soulimana et y avait fait de nombreuses excursions. C'est une contrée extrêmement pittoresque, entrecoupée de collines, de grandes vallées et de prairies fertiles, bordées de bois et ornées de massifs d'arbres touffus.

Le terrain est fertile et exige peu de travail préparatoire ; les récoltes sont abondantes, et le riz y vient très bien. Les bœufs, les moutons, les chèvres, une volaille d'une petite espèce, quelques chevaux, sont les animaux domestiques des Solimas. Les bêtes sauvages, assez nombreuses, sont l'éléphant, le buffle, une espèce d'antilope, des singes et des léopards.

Falaba, dont le nom vient du Fala-Ba, rivière sur laquelle elle est située, peut avoir un mille et demi de long sur un mille de large. Les maisons y sont très ·rapprochées comparativement aux autres villes de l'Afrique, et elle possède une population de six mille habitants.

Sa position comme place forte est bien choisie. Élevée sur une éminence au milieu d'une plaine inondée pendant la saison des pluies, elle est entourée d'une palissade en bois très dur, capable de résister à toutes les machines de guerre moins puissantes que l'artillerie.

Singulière observation : dans ce pays, les hommes et les femmes semblent avoir fait échange d'occupations. Ces dernières ont en partage tous les travaux de la culture, à l'exception des semailles et de la moisson ; elles bâtissent les maisons et font l'office de maçon, de barbier et de chirurgien ; les hommes s'occupent de la laiterie, vont traire les vaches, cousent et lavent le linge.

Le 17 septembre, Laing reprenait le chemin de Sierra-Leone, chargé des présents du roi, et, après avoir été accompagné jusqu'à plusieurs milles de distance par une foule considérable, il regagnait la colonie anglaise sans accident.

En résumé, cette course de Laing à travers le Timanni, le Kouranko et le Soulimana, n'était pas sans importance. Elle nous révélait des pays dans lesquels aucun Européen n'avait encore pénétré. Elle nous initiait aux mœurs, à l'industrie, au commerce des habitants comme aux productions de la contrée. En même temps, le cours et la source de la Rockelle étaient connus, et on avait pour la première fois des données certaines sur la source du Djoliba. Si le voyageur n'avait pu la voir par lui-même, il s'en était cependant assez approché pour en fixer la position d'une manière approximative.

Les résultats que Laing avait obtenus dans ce voyage ne firent qu'exalter sa passion des découvertes. Aussi résolut-il de tout tenter pour pénétrer jusqu'à Tembouctou.

Le 17 juin 1825, le voyageur s'embarquait à Malte pour Tripoli et quittait cette ville avec une caravane de laquelle faisait partie Hatita, prince Targhi ou

Touareg, ami du capitaine Lyon, qui allait l'accompagner jusqu'à Touat. Après être resté deux mois entiers à Ghadamès, Laing abandonnait cette oasis au mois d'octobre et gagnait Inçalah, dont il assignait la position bien plus à l'occident qu'on ne le supposait. Après un séjour dans cette oasis qui dura depuis le mois de novembre 1825 jusqu'en janvier 1826, le major atteignit l'Ouadi Touat, se proposant d'aller ensuite à Tembouctou, de faire le tour du lac Djenné ou Dibbie, de visiter le pays de Melli et de suivre le cours du Djoliba jusqu'à son embouchure. Il serait ensuite revenu sur ses pas jusqu'à Sockatou, aurait visité le lac Tchad et aurait essayé de gagner le Nil. C'était là, on le voit, un projet grandiose, mais terriblement chanceux.

Au sortir de Touat, la caravane dont Laing faisait partie fut assaillie par des Touaregs, disent les uns, par des Berbiches, tribu voisine du Djoliba, au dire des autres.

« Laing, reconnu pour chrétien, raconte Caillié, qui recueillit ces renseignements à Tembouctou, fut horriblement maltraité ; on ne cessa de le frapper avec un bâton que lorsqu'on le crut mort. Je suppose qu'un autre chrétien, qu'on me dit avoir péri sous les coups, était quelque domestique du major. Les Maures de la caravane de Laing le relevèrent et parvinrent, à force de soins, à le rappeler à la vie. Dès qu'il eut repris connaissance, on le plaça sur son chameau, où il fallut l'attacher tant il était faible et incapable de se soutenir. Les brigands ne lui avaient rien laissé ; la plus grande partie de ses marchandises avait été pillée. »

Arrivé à Tembouctou le 18 août 1826, Laing guérit de ses blessures. Sa convalescence fut lente, mais du moins ne fut pas troublée par les vexations des habitants, grâce aux lettres de recommandation qu'il avait apportées de Tripoli, grâce aux soins dévoués de son hôte, qui était tripolitain.

Laing, d'après ce qu'un vieillard rapporta à Caillié, — ce qui semble bien extraordinaire, — n'avait pas quitté son costume européen et se proclamait envoyé par le roi d'Angleterre, son maitre, pour visiter Tembouctou et décrire les merveilles que cette ville renferme.

« Il paraît, ajoute le voyageur français, que Laing en avait tiré le plan devant tout le monde, car ce même Maure me raconta, dans son langage naïf et expressif, qu'il avait « écrit » la ville et tout ce qu'elle contenait. »

Dès qu'il eut visité Tembouctou en détail, Laing, qui avait des raisons particulières pour se défier des Touaregs, alla, de nuit, visiter Cabra et contempler le Djoliba. Le major, au lieu de revenir en Europe par le Grand Désert, désirait vivement passer par Djenné et Sego afin de gagner les établissements français du Sénégal ; mais à peine eut-il touché quelques mots de ce projet aux Foulahs accourus pour le voir, qu'ils déclarèrent ne pouvoir souffrir qu'un « nazareh » mît le pied sur leur territoire, et d'ailleurs, s'il l'osait, ils sauraient l'en faire repentir.

Laing dut donc choisir la route d'El-Arouan, où il espérait rallier une caravane de marchands maures qui portaient du sel à Sansanding. Mais il n'avait pas quitté Tembouctou depuis cinq jours, que la caravane dont il faisait partie fut rejointe par un fanatique, le cheik Hamed-ould-Habib, chef de la tribu de Zaouat. Laing fut aussitôt arrêté sous prétexte qu'il était entré sans permission sur le territoire de la tribu. Sollicité d'embrasser l'islamisme, le major résista et déclara préférer la mort à l'apostasie. Sur l'heure, le cheik et ses sicaires discutèrent le genre de supplice de leur victime, qui fut aussitôt étranglée par deux esclaves, et dont le corps fut abandonné dans le désert.

Tels sont les renseignements que Caillié put recueillir sur les lieux qu'il visitait, un an seulement après la mort du major Laing. Nous les avons complétés par quelques détails empruntés au Bulletin de la Société de Géographie, car, avec le voyageur, ont à jamais disparu et son journal de voyage et les observations qu'il avait pu recueillir.

Il a été raconté précédemment comment le major Laing avait pu déterminer approximativement la source du Djoliba. Nous avons décrit en outre les tentatives faites par Mungo-Park et Clapperton pour l'exploration du cours moyen de ce fleuve. Il nous reste à narrer les voyages qui eurent pour but la reconnaissance de son embouchure et de son cours inférieur. Le premier en date et le plus concluant est celui de Richard Lander, l'ancien domestique de Clapperton.

Richard Lander et son frère John avaient proposé au gouvernement anglais de se rendre en Afrique, pour explorer le cours du Niger jusqu'à son embouchure. Leur offre fut aussitôt acceptée, et ils s'embarquèrent sur un bâtiment de l'État pour Badagry, où ils arrivèrent le 19 mars 1830.

Le souverain du pays, Adouly, dont Richard Lander avait conservé le meilleur souvenir, était triste. Sa ville venait d'être brûlée ; ses généraux et ses meilleurs soldats avaient péri dans un combat contre les Lagos ; lui-même n'avait échappé qu'avec peine à l'incendie qui avait dévoré sa maison et ses richesses.

Il lui fallait reconstituer son trésor : il résolut de le faire aux dépens des voyageurs. Ceux-ci n'obtinrent la permission de pénétrer dans l'intérieur du pays qu'après s'être vu dépouiller de leurs marchandises les plus précieuses. Ils durent encore signer des traités pour l'acquisition d'un bateau à canons avec

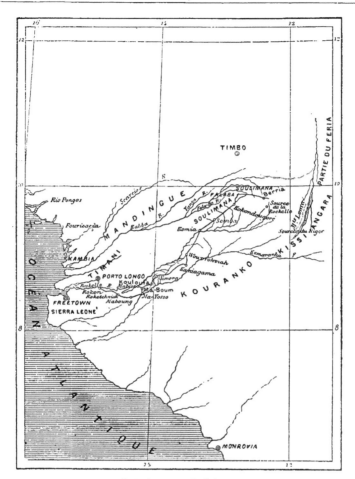

Carte du voyage de Laing.

cent hommes, pour deux poinçons de rhum, pour vingt barils de poudre, enfin
pour une quantité de marchandises qu'ils savaient bien ne devoir jamais être
livrées par ce souverain aussi insatiable qu'ivrogne.

Au reste, si le chef fit preuve d'égoïsme et d'avidité, s'il ne montra aucun
sentiment généreux, ses sujets n'hésitèrent pas à se mettre à l'unisson, et, considérant les Anglais comme une proie, ils saisirent toutes les occasions de les
dépouiller.

Enfin, le 31 mars, Richard et John Lander purent quitter Badagry. Ils passèrent par Wow, cité considérable, Bidjie, où Pearce et Morrison étaient tombés
malades dans la précédente expédition, Jenna, Chow, Egga, toutes villes qu'avait

Le mont Késa. (*Fac-simile. Gravure ancienne.*)

visitées Clapperton, Engua, où mourut Pearce, Asinara, la première cité ceinte de murailles qu'ils aient rencontrée, Bohou, l'ancienne capitale du Yarriba, Jaguta, Léoguadda, Itcbo, dont le marché est renommé, et ils arrivèrent, le 13 mai, à Katunga, précédés d'une escorte que le roi avait envoyée au-devant d'eux.

Suivant l'usage, les deux voyageurs firent halte au pied d'un arbre, avant d'être reçus par le roi. Mais bientôt, las d'attendre, ils se rendirent à la rési_dence d'Ebo, chef des eunuques et personnage le plus influent après le souve_rain. Mansolah, qui les reçut peu après au bruit diabolique des cymbales, des trompes et de la grosse caisse, les accueillit si bien, qu'il ordonna à Ebo de

19

faire décapiter toute personne qui se permettrait d'importuner les voyageurs.

Cependant, craignant que Mansolah ne les retînt jusqu'à la saison des pluies, John et Richard Lander, sur le conseil d'Ebo, ne parlèrent pas au roi de leur désir de gagner le Niger. Ils se contentèrent de dire qu'un de leurs compatriotes étant mort à Boussa, il y avait une vingtaine d'années, le roi d'Angleterre les avait envoyés, vers le sultan de Yaourie, à la recherche de ses papiers.

Bien que Mansolah n'eût pas traité les frères Lander aussi gracieusement qu'il l'avait fait pour Clapperton, il les laissa cependant partir huit jours après leur arrivée.

Des nombreux détails que donne la relation originale sur la ville de Katunga et sur le Yarriba, nous ne retiendrons que la citation suivante :

« Sous le rapport de la richesse, du nombre de la population, Katunga n'a nullement répondu à l'idée que nous nous en étions faite. La vaste plaine au milieu de laquelle cette ville est située, quoique très belle, le cède en vigueur de végétation, en fertilité, en beaux aspects, au délicieux pays de Bohou, qui est bien moins renommé. Le marché est passablement approvisionné, mais tout y est excessivement cher. Les basses classes en sont réduites à se priver presque entièrement de nourriture animale ou à se contenter de la chair dégoûtante d'insectes, de reptiles et de vermine. »

L'incurie de Mansolah, l'imbécile pusillanimité de ses sujets, avaient permis aux Fellans ou Felatahs de s'établir dans le Yarriba, de s'y retrancher dans des villes fortifiées et de faire reconnaître leur indépendance, jusqu'au jour où ils se trouveraient assez forts pour établir une domination absolue sur le pays tout entier.

Les frères Lander passèrent ensuite par Atoupa, Bumbum, lieu très fréquenté des marchands du Haoussa, du Borgou et d'autres pays, qui trafiquent avec Gonja, par Kishi, sur les frontières du Yarriba, et par Moussa, sur la rivière du même nom. Au delà de cette ville, ils furent rejoints par une escorte que le sultan du Borgou envoyait à leur rencontre.

Le sultan Yarro reçut les voyageurs avec des témoignages de satisfaction et de bienveillance, et il parut particulièrement sensible au plaisir de revoir Richard Lander.

Bien que ce souverain fût mahométan, il avait plus de foi dans les pratiques superstitieuses de ses pères que dans sa nouvelle croyance. Des fétiches et des grigris étaient suspendus à sa porte, et, dans une de ses huttes, on voyait un tabouret carré dont les deux principaux côtés étaient soutenus par quatre petites figures d'hommes en bois sculpté.

Quant au peuple du Borgou, sa nature, ses mœurs, ses coutumes diffèrent essentiellement de ceux des Yarribani.

« Ces derniers, dit la relation, sont toujours occupés à trafiquer d'une ville à l'autre ; les premiers ne quittent jamais leurs demeures qu'en cas de guerre ou pour quelque expédition de pillage. Les uns, pusillanimes et poltrons, les autres hardis, courageux, entreprenants, pleins d'énergie, ne semblant jamais plus à l'aise qu'au milieu d'exercices guerriers. Les Yarribani, généralement doux, tranquilles, humbles, honnêtes, mais froids et apathiques ; les Borgouni, hautains, orgueilleux, trop vains pour être civils, trop rusés pour être probes, cependant comprenant la passion de l'amour, les affections sociales, chauds dans leurs attachements et vifs dans leurs haines. »

Le 17 juin, nos voyageurs aperçurent enfin la cité de Boussa. Leur surprise fut grande de voir que cette ville était située en terre ferme et non sur une île du Niger, comme le dit Clapperton. Entrés dans Boussa par la porte de l'ouest, ils furent presque aussitôt introduits près du roi et de la « midiki », ou reine, qui leur dirent avoir versé, tous deux, le matin même, des larmes abondantes sur le sort de Clapperton.

La première visite des frères Lander fut pour le Niger, ou Quorra, qui coule au pied de la cité.

« L'aspect de ce célèbre fleuve, raconte le voyageur, nous a grandement désappointés. Des roches noires et rugueuses s'élevaient au centre, occasionnant, à la surface, de forts bouillonnements et des courants qui se croisaient. On nous dit qu'au-dessus de Boussa, la rivière était divisée en trois branches par deux petites îles fertiles, et qu'au delà elle coulait unie et sans interruption jusqu'à Funda. Ici le Niger, dans sa partie la plus vaste, n'a guère qu'un jet de pierre de largeur. Le rocher sur lequel nous étions assis domine l'endroit où périrent Park et ses compagnons. »

Ce fut d'abord avec une certaine circonspection que Richard Lander prit des informations sur les livres et les papiers qui pouvaient rester du voyage de Mungo-Park. Cependant, encouragé par la bienveillance du souverain, il se décida à le questionner sur la triste fin de l'explorateur. Mais le sultan était trop jeune à cette époque, pour savoir ce qui s'était passé, cette catastrophe s'étant produite sous l'avant-dernier roi ; au surplus, il ferait rechercher tout ce qui pouvait rester des dépouilles de l'illustre voyageur.

« Dans l'après-midi, dit Richard Lander, le roi est venu nous voir, suivi d'un homme portant sous son bras un livre qui avait été trouvé flottant sur le Niger, après le naufrage de notre compatriote. Il était enveloppé d'un morceau d'étoffe de coton, et nos cœurs battaient, pleins d'espérance, tandis que l'homme le développait lentement, car, à son format, nous avions jugé que ce devait être le journal de M. Park. Mais notre désappointement a été grand, lorsqu'en ouvrant le livre nous avons découvert que ce n'était autre chose qu'un vieil ouvrage nautique du dernier siècle. »

Il ne restait plus d'espoir de retrouver le journal du voyageur.

Le 23 juin, les frères Lander quittaient Boussa, remplis de reconnaissance pour le roi, qui leur avait fait des cadeaux importants et les avait engagés à n'accepter de vivres, de peur du poison, que de la part des gouverneurs des villes qu'ils traverseraient. Ils remontèrent le cours du Niger par terre jusqu'à Kagogie, où ils s'embarquèrent sur un des mauvais canots du pays, tandis que leurs chevaux s'en allaient par terre vers Yaourie.

« Nous n'avions guère parcouru que quelques centaines de toises, dit Richard Lander, quand la rivière commença à s'élargir graduellement ; et aussi loin que notre vue pouvait atteindre, il y avait plus de deux milles de distance d'un bord à l'autre. C'était tout à fait comme un vaste canal artificiel, les bords à pic encaissant les eaux comme dans de petites murailles, au delà desquelles se montrait la végétation. L'eau, très basse dans quelques endroits, était assez profonde dans d'autres pour porter une frégate. On ne peut rien imaginer de plus pittoresque que les sites que nous avons parcourus pendant les deux premières heures ; les deux rives étaient littéralement couvertes de hameaux et de villages. Des arbres immenses pliaient sous le poids de feuillages épais, dont la sombre couleur, reposant les yeux de l'éclat du soleil, contrastait avec la chatoyante verdure des collines et des plaines. Mais, tout à coup, ce fut un changement de scène complet. A cette rive unie de terreau, d'argile et de sable, succédèrent des rochers noirs, rugueux ; et ce spacieux miroir qui réfléchissait les cieux, fut divisé en mille petits canaux par de larges bancs de sable. »

Un peu plus loin, le courant était barré par un mur de roches noires, ne laissant qu'une étroite ouverture à travers laquelle les eaux se précipitaient avec fureur. Il y a là un portage au-dessus duquel le Niger reprend son cours, large, tranquille et majestueux.

Au bout de trois jours de navigation, les frères Lander atteignirent un village où hommes et chevaux les attendaient. Ils ne tardèrent pas à gagner, à travers un pays qui s'élevait graduellement, la ville de Yaourie.

Les voyageurs furent reçus, dans une sorte de cour de ferme, proprement tenue, par le sultan, homme replet, sale et dégoûtant, mais qui avait l'air d'un bon vivant.

Très mécontent que Clapperton ne l'eût pas visité et que Richard Lander, dans son voyage de retour, se fût dispensé de lui rendre hommage, ce sultan se montra d'une rapacité révoltante. Il ne voulut pas fournir aux voyageurs les provisions dont ils avaient besoin, et mit en œuvre toutes ses ruses pour les retenir le plus longtemps possible.

Ajoutons que les vivres, à Yaourie, étaient très chers, et que Richard Lander n'avait plus guère comme marchandises que des aiguilles, « garanties superfines pour ne pas couper le fil », sans doute parce qu'elles manquaient du trou nécessaire à les enfiler. Aussi les voyageurs furent-ils obligés de les jeter.

Ils tirèrent cependant parti de plusieurs boîtes d'étain, qui avaient contenu des tablettes de bouillon, dont les étiquettes, bien que noircies et ternies, excitaient l'envie des naturels. L'un de ceux-ci obtint, un jour de marché, un succès des mieux caractérisés, en portant sur sa tête, affiché à quatre endroits différents : « Excellent jus de viande concentré. »

Ne voulant laisser les Anglais pénétrer ni dans le Nyffé, ni dans le Bornou, le sultan de Yaourie leur déclara qu'il ne leur restait qu'à regagner Boussa. Richard Lander demanda aussitôt par lettre au roi de cette dernière ville l'autorisation d'acheter un canot pour atteindre Funda, la route de terre étant infestée de Fellans, qui se livraient au pillage.

Enfin, le 26 juillet, un messager du roi de Boussa venait s'informer de l'inexprimable conduite du sultan de Yaourie et des causes du retard qu'il mettait à renvoyer les Anglais à Boussa. Après un emprisonnement de cinq semaines, les frères Lander purent donc quitter cette ville, alors presque entièrement inondée.

Ils remontèrent le Niger jusqu'au confluent de la rivière Cubbie, puis redescendirent à Boussa, dont le roi, charmé de les revoir, les accueillit avec la plus franche cordialité. Ils furent, toutefois, retenus plus longtemps qu'ils n'auraient voulu, aussi bien par la nécessité de faire une visite au roi de Wowou, que par la difficulté de se procurer une barque. Il y eut en outre le retard des messagers que le roi de Boussa avait envoyés aux différents chefs dont les États bordent le fleuve, et enfin la consultation du « Beken rouah » (l'eau noire), qui promit de conduire sains et saufs les voyageurs jusqu'à la mer.

En quittant le roi, les deux frères ne purent que lui exprimer les sentiments de reconnaissance que leur avaient inspirés sa bienveillance, son hospitalité, ses attentions, son zèle à défendre leurs intérêts, la protection dont il n'avait cessé de leur donner des marques, pendant un séjour de près de deux mois qu'ils avaient fait dans sa capitale. Ce sentiment de regret était également éprouvé par les naturels, qui, à genoux sur le passage des frères Lander, les mains levées au ciel, appelaient sur eux la protection de leurs divinités.

Alors commença la descente du Niger. Tout d'abord, il fallut s'arrêter dans la petite île de Mélalie, dont le chef pria les voyageurs d'accepter un fort beau chevreau, qu'ils étaient certainement trop polis pour refuser. Les deux Lander traversèrent ensuite la grande ville de Congi, la Songa de Clapperton, puis Inguazilligie, passage général des marchands allant et revenant du Nyffé aux pays situés au N.-E. du Borgou, et ils s'arrêtèrent à Patashie, grande île, riche, d'une beauté inexprimable, semée de bosquets de palmiers et de grands et magnifiques arbres.

Comme cet endroit n'était pas éloigné de Wowou, Richard Lander envoya un messager au roi de cette ville, qui se refusait à livrer le canot acheté à son compte. L'envoyé n'ayant pas obtenu gain de cause, les voyageurs furent donc obligés d'aller trouver ce monarque, mais ils n'obtinrent, comme il fallait s'y attendre, que des protestations équivalant à un refus. Dès lors, ils n'eurent d'autre ressource, pour continuer leur voyage, que de voler les canots qu'on leur avait prêtés à Patashie. Le 4 octobre, après de nouveaux retards, ils reprenaient leur course, et, emportés par le courant, ils perdirent bientôt de vue Lever ou Layaba et ses misérables habitants.

Près de cet endroit, les bords du fleuve s'élèvent d'environ quarante pieds au-dessus de l'eau et sont à peu près perpendiculaires. La rivière, libre de tout récif, se dirige droit au sud.

La première ville que rencontrèrent les deux frères est Bajiébo, grande et spacieuse cité, qui, pour la malpropreté, le bruit et le désordre, ne peut être dépassée. Puis ce furent Litchi, habitée par des Nyfféens, et Madjie, près de laquelle le Niger se divise en trois canaux. Au bout de quelques minutes, au moment où ils dépassaient une nouvelle île, les voyageurs se trouvèrent tout à coup en vue d'un rocher de deux cent quatre-vingt-un pieds de haut, appelé Kesa ou Késy, qui s'élève perpendiculairement au milieu du fleuve. Il est grandement vénéré des naturels, persuadés qu'ils sont qu'un génie bienfaisant en a fait sa demeure favorite.

Un peu avant Rabba, à l'île de Bili, les frères Lander reçurent la visite du roi des « Eaux noires », souverain de l'île de Zangoshie, qui montait un canot d'une longueur extraordinaire, d'une propreté inaccoutumée, décoré de drap écarlate et de galons d'or. Le jour même, ils atteignaient la ville de Zangoshie, située en face de Rabba, la seconde cité des Fellans après Sokatou.

Le roi de cette ville, Mallam-Dendo, était un cousin de Bello. Vieillard aveugle, très affaibli, à la santé délabrée; persuadé de n'avoir plus que peu d'années à vivre, il n'avait d'autre préoccupation que d'assurer le trône à son fils.

Bien qu'il eût reçu des présents d'une valeur considérable, Mallam-Dendo se montra très mécontent, déclarant que si les voyageurs ne lui faisaient pas des cadeaux plus utiles et d'un autre prix, il exigerait leurs fusils, leurs pistolets, leur poudre, avant de leur laisser quitter Zangoshie.

Désespéré, Richard Lander ne savait que faire, lorsque le don de la tobé (robe) de Mungo-Park, que lui avait rendue le roi de Boussa, jeta Mallam en de tels transports de joie, qu'il se déclara le protecteur des Européens, promit de tout mettre en œuvre pour les aider à gagner la mer, et leur fit présent de nattes tressées des plus riches couleurs, de deux sacs de riz et d'un régime de bananes. Ces provisions arrivaient à point, car toute la pacotille de drap, de miroirs, de rasoirs, de pipes était épuisée, et il ne restait plus aux Anglais que des aiguilles et quelques bracelets d'argent à distribuer aux chefs qu'ils rencontreraient sur le Niger.

« Vue de Zangoshie, dit Lander, Rabba donne l'idée d'une ville très grande, nette, propre, bien bâtie. Sans défense, sans fortifications, elle n'a pas d'enceinte de murailles. Elle est construite irrégulièrement sur le penchant d'une colline, au pied de laquelle coule le Niger. En grandeur, en population et en richesses, c'est la seconde ville des Fellans. La population est un mélange de Fellans, de Nyfféens, d'émigrés et d'esclaves de divers pays. Elle reconnaît l'autorité d'un gouverneur auquel on donne le titre de sultan ou roi. Rabba est célèbre pour le blé, l'huile et le miel. Le marché, quand nos hommes y allèrent, semblait bien approvisionné de bœufs, de chevaux, de mules, d'ânes, de moutons, de chèvres et de volailles. On offrait de tous côtés du riz, du blé, du coton, du drap, de l'indigo, des selles et des brides en cuir jaune et rouge, des souliers, des bottes, des sandales. Les deux cents esclaves que l'on avait remarqués le matin étaient encore exposés en vente le soir. Rabba n'a aucune renommée en industrie; cependant, sa fabrication en nattes et sandales est sans rivale, tandis que, dans tous les autres métiers, cette ville cède le pas à Zangoshie. »

L'activité, l'amour du travail des habitants de cette dernière ville cause une agréable surprise dans ce pays de paressseux. Hospitaliers, obligeants, ils sont protégés par la situation de leur île contre les Fellans; indépendants. Ils ne reconnaissent d'autorité que celle du roi des « Eaux noires », encore parce qu'il est de leur intérêt de lui obeir.

Le 16 octobre, Richard Lander et son frère partirent enfin sur une mauvaise

Ils faillirent être submergés. (Page 152.)

pirogue que le roi leur avait vendue fort cher, et après avoir volé des pagaies
que personne ne voulait leur vendre. C'était la première fois qu'ils étaient en
état de naviguer sur le Niger sans l'assistance d'étrangers.

Ils descendirent la rivière, dont la largeur variait beaucoup, en évitant autant
que possible les grandes villes, car ils auraient été dans l'impossibilité de satisfaire aux exigences des gouverneurs.

Jusqu'à Egga, aucun incident ne vint marquer cette navigation paisible. Une
nuit seulement, dans l'impossibilité de débarquer au milieu des marais qui bor-
daient le fleuve, les voyageurs avaient été forcés de se laisser emporter par le
courant, lorsque éclata un orage épouvantable, pendant lequel ils faillirent être

Tabouret carré du sultan de Bornou. (*Fac-simile. Gravure ancienne.*)

submergés par des troupeaux d'hippopotames, qui se jouaient à la surface des eaux.

Le Niger coulait, pendant ce temps, presque toujours à l'est et au sud-est, large tantôt de huit milles, tantôt de deux seulement. Son courant était si rapide, que l'embarcation filait avec une vitesse de quatre ou cinq milles à l'heure.

Le 19 octobre, Richard Lander passa devant l'embouchure de la Coudounia, rivière qu'il avait traversée près de Cuttup, lors de sa première mission, et, quelque temps après, il aperçut Egga. Il gagna aussitôt le lieu de débarquement, en remontant une baie encombrée d'un nombre infini de grands et massifs canots

20

chargés de marchandises, aux prones barbouillées de sang et couvertes de plumes, — charmes et préservatifs contre les voleurs.

Le chef, en présence duquel les voyageurs furent aussitôt conduits, était orné d'une longue barbe blanche, et il aurait eu l'aspect le plus vénérable et l'air d'un patriarche, s'il n'avait ri et joué comme un véritable enfant. Les naturels accoururent bientôt, par centaines, pour voir ces étrangers à la mine si singulière, et ceux-ci durent placer trois hommes en sentinelle à leur porte pour tenir les curieux à distance.

« Plusieurs des habitants d'Egga, dit Richard Lander, vendent des toiles et des draps de Benin et de Portugal, ce qui rend probable qu'il y a une communication de ce lieu à la côte. Les naturels sont spéculateurs, entreprenants, et beaucoup emploient tout leur temps à trafiquer, en descendant et en remontant le Niger. Ils vivent entièrement dans leurs canots, et le petit toit ou hangar qu'ils ont à bord leur sert de demeure ; ils y habitent comme dans des huttes... La persuasion où sont les naturels que nous n'avons qu'à vouloir pour accomplir les choses les plus difficiles, nous a d'abord amusés ; mais leur importunité est devenue des plus fatigantes. Ils nous demandent des charmes pour détourner les guerres et autres calamités nationales, des talismans pour s'enrichir, pour empêcher les crocodiles d'emporter les gens, pour pêcher tous les jours un plein canot de poissons. Cette dernière requête nous a été adressée par le chef des pêcheurs, avec un présent convenable, toujours offert à l'appui de la prière et d'une valeur proportionnelle à son importance.... La curiosité du peuple pour nous voir est si intense, que nous n'osons faire un pas dehors ; et, pour avoir de l'air, nous sommes forcés, tout le jour, de tenir la porte ouverte, marchant et tournant autour de notre hutte, seul exercice qu'il nous soit permis de prendre, comme des bêtes féroces en cage. Les gens nous regardent fixement, avec des émotions de terreur et de surprise, à peu près comme on regarde en Europe les tigres d'une ménagerie. Si nous avançons du côté de la porte, ils reculent avec le plus grand effroi et tout frémissants ; mais, dès qu'ils nous voient à l'autre bout de la hutte, ils se rapprochent autant que leur crainte le leur permet, en silence et avec les plus grandes précautions. »

Egga est une cité d'une étendue prodigieuse, et sa population doit être immense. Comme presque toutes les villes bâties au bord du Niger, elle est inondée tous les ans. Il faut croire que les naturels ont leurs raisons pour se construire des demeures dans des lieux qui nous paraîtraient si incommodes et si malsains.

Ne serait-ce pas parce que le sol des environs n'est qu'un terreau gras et noir, extraordinairement fertile, qui leur fournit sans grand travail toutes les productions nécessaires à l'existence ?

Bien qu'il parût avoir plus de cent ans, le chef d'Egga était tout joie et tout gaieté. Les personnages les plus importants de la ville se réunissaient dans sa case et passaient des journées entières à causer.

« Cette société de barbes grises, raconte le voyageur, rit de si bon cœur et jouit de ses saillies avec tant d'expansion, qu'on voit invariablement les passants s'arrêter à l'extérieur de la hutte, écouter et se joindre aux bruyants éclats de joie qui retentissent au dedans ; si bien que du matin au soir nous n'entendons de ce côté-là que des tonnerres d'applaudissements. »

Un jour, le vieux chef voulut faire montre devant les étrangers de ses talents de chanteur et de danseur, afin de les frapper de surprise et d'admiration.

« Gambadant sous le faix des années et secouant ses mèches de cheveux blancs, dit la relation, il fit nombre de sauts et de cabrioles, au grand délice des spectateurs, dont les rires, seuls applaudissements des Africains, chatouillèrent si fort la vanité et l'imagination du vieillard, qu'il fut obligé de s'aider d'une béquille pour continuer. Il alla encore un peu, clopin-clopant ; mais, ses forces étant épuisées, il fut obligé de s'arrêter et de s'asseoir près de nous sur le seuil de la hutte. Pour le monde entier, il n'eût voulu nous laisser voir sa faiblesse. Tout haletant qu'il était, il tâchait de respirer bas et de retenir son souffle bruyant et pressé. Il fit une seconde tentative de danse et de chant ; mais la nature ne seconda pas ses efforts, et sa voix faible et chevrotante s'entendait à peine. Cependant, les chanteurs et chanteuses, danseurs et musiciens continuèrent leur bruyant concert, jusqu'à ce que, las de les regarder et de les écouter, et la nuit arrivant, nous les priâmes de se retirer, au grand regret du gai et frivole vieillard. »

Cependant, Mallam-Dendo détourna les Anglais de continuer à descendre le cours de la rivière. Egga était, disait-il, la dernière ville du Nyffé ; le pouvoir des Fellans ne s'étendait pas au delà, et l'on ne rencontrait plus, jusqu'à la mer, que des peuplades sauvages et barbares, toujours en guerre les unes contre les autres.

Ces récits et les contes que les habitants avaient faits aux compagnons des deux Lander sur le danger qu'ils allaient courir d'être égorgés ou pris et vendus comme esclaves, les avaient tellement terrifiés, qu'ils refusèrent de s'embarquer, voulant retourner à Cape-Coast-Castle par le chemin qu'ils avaient déjà parcouru.

Grâce à la fermeté des deux frères, cette sorte de révolte n'eut pas de suite, et, le 22 octobre, les explorateurs quittèrent Egga en la saluant de trois coups de mousquet.

Quelques milles plus loin, une mouette passait au-dessus de leurs têtes, indice de la proximité de la mer, certitude presque absolue qu'ils touchaient au terme de leur fatigant voyage.

Plusieurs villages, petits et pauvres, à demi ensevelis sous l'eau, une ville considérable, au pied d'une haute montagne qui semble l'écraser et dont les voyageurs ne purent savoir le nom, sont tour à tour dépassés. On croise un nombre immense de canots, construits comme ceux des rivières Bonny et Calabar. Leurs équipages regardent, non sans étonnement, ces hommes blancs avec lesquels ils n'osent converser.

Basses et au loin marécageuses, les rives du Niger deviennent bientôt plus élevées, plus riches, plus fertiles.

Kacunda, où les habitants d'Egga avaient recommandé à Richard Lander de s'arrêter, est située sur la rive occidentale du fleuve. Vue d'un peu loin, elle présente un aspect singulièrement pittoresque.

Les naturels furent d'abord alarmés de l'apparition des voyageurs. Un vieux Mallam, prêtre et instituteur musulman, les prit sous sa protection. Grâce à lui, les deux frères reçurent un accueil bienveillant dans cette capitale d'un royaume indépendant du Nyffé.

Les renseignements que les voyageurs réunirent dans cette ville, ou plutôt dans cette réunion de quatre villages, concordaient avec ceux recueillis à Egga. Aussi Richard Lander se détermina-t-il à ne plus voyager que la nuit et à charger de balles et de chevrotines les quatre fusils et les deux pistolets qui lui restaient.

Quoi qu'il en fût, nos explorateurs, au grand étonnement des naturels, qui ne pouvaient croire à un tel mépris de danger, quittèrent Kacunda en poussant trois acclamations bruyantes et « en remettant leur sort entre les mains de Dieu. »

Ils passèrent ainsi devant plusieurs villes importantes, qu'ils évitèrent avec soin. Le cours de la rivière, pendant ce temps, changea plusieurs fois, tournant du sud au sud-est, puis au sud-ouest, entre de hautes collines.

Le 25 octobre, les Anglais se trouvèrent devant l'embouchure d'une forte rivière. C'était la Tchadda ou Bénoué. A son confluent s'étalait une ville importante faisant face au Niger et à la Benoué. C'était Cutumcuraffi.

Enfin, après avoir failli se perdre dans un gouffre et se briser contre des rochers, Richard Lander, découvrant un lieu commode et inhabité, sur la rive droite, se détermina à débarquer.

Cet endroit avait été visité peu de temps auparavant, comme en témoignaient des feux éteints, des calebasses brisées, des tessons de vases de terre épars sur le sol, des coquilles de noix de coco et des douves de baril de poudre, qu'on ne ramassa pas sans émotion, car c'était la preuve que les naturels entretenaient des relations avec des Européens.

Cependant, les femmes s'étaient enfuies, effrayées par trois hommes de la suite de Lander, qui s'étaient introduits dans un village pour y chercher du feu. Les voyageurs harassés se reposaient sur les nattes, lorsqu'ils se virent tout à coup entourés d'une troupe d'hommes presque nus, armés de fusils, d'arcs, de flèches, de coutelas, de crochets de fer et de fers de lance.

Le sangfroid et la présence d'esprit des deux frères prévinrent seuls une lutte qui paraissait inévitable et dont l'issue n'était pas douteuse. Jetant leurs armes à terre, ils s'avancèrent vers le chef de ces forcenés.

« Comme nous approchions, raconte Lander, nous fîmes bon nombre de signes avec nos bras, pour l'engager, ainsi que son peuple, à ne point tirer sur nous. Son carquois se balançait à son côté, son arc était bandé, et une flèche, visée à notre poitrine, tremblait, prête à partir, que nous n'étions qu'à quelques pas de lui. La Providence détourna le coup, car le chef s'apprêtait à lâcher la corde fatale, lorsque l'homme qui était le plus près de lui s'élança en avant et lui retint le bras. Nous étions alors face à face, et de suite nous lui tendîmes la main. Tous tremblaient comme la feuille. Le chef nous regarda fixement, se jeta à genoux. Sa physionomie prit une expression indéfinissable, mêlée de timidité et d'effroi, et où toutes les passions, bonnes et mauvaises, semblaient lutter; enfin il laissa tomber sa tête sur sa poitrine, saisit les mains que nous lui tendions et fondit en larmes. De ce moment, l'harmonie fut rétablie, les pensées de guerre et de sang firent place à la meilleure intelligence.

« J'ai cru que vous étiez les enfants du ciel tombés des nuages, » dit le chef pour expliquer son changement subit.

« Il est heureux pour nous, ajoute Lander, que nos figures blanches et notre conduite calme aient si fort imposé à ce peuple. Une minute plus tard, nos corps eussent été hérissés d'autant de flèches qu'un porc-épic a de dards. »

Ce lieu était le fameux marché de Bocqua, dont les voyageurs avaient si souvent entendu parler, où l'on vient en foule de la côte pour échanger les marchandises des blancs contre des esclaves amenés en grand nombre du Funda, qui se trouve sur la rive opposée.

Les renseignements recueillis en cet endroit étaient des plus favorables. La mer n'était plus qu'à dix journées de chemin. La navigation, ajoutait le chef de

Bocqua, n'offrait aucun danger ; seulement, les habitants des rives étaient « de très méchantes gens. »

Suivant les conseils de ce chef, les deux frères passèrent devant la belle et très grande ville d'Atta sans y atterrir, et se reposèrent à Abbazaca, où le Niger se sépare en plusieurs branches, et dont le chef fit preuve d'une avidité insatiable. Puis, ils refusèrent de descendre à deux ou trois villages où on les pressait de s'arrêter pour satisfaire la curiosité des naturels, et furent forcés de prendre terre au village de Damuggo, où un petit homme portant une veste d'uniforme les avait hélés en anglais au cri de : « Holà ! Ho ! Anglais, venez par ici. » C'était un messager du roi de Bonny, venu pour acheter des esclaves au compte de son maître.

Le chef de cette ville, qui n'avait jamais vu d'hommes blancs, reçut très bien les explorateurs, fit procéder à des réjouissances publiques en leur honneur et les retint, au milieu des fêtes, jusqu'au 4 novembre. Bien que le fétiche qu'il avait consulté présageât qu'ils seraient assaillis par mille dangers avant d'atteindre la mer, ce souverain leur fournit un autre canot, des rameurs et un guide.

Les sinistres prédictions des fétiches n'allaient pas tarder à se réaliser. John et Richard Lander s'étaient embarqués sur deux embarcations différentes. En passant devant une grande ville qu'ils apprirent être Kirri, ils furent arrêtés par de longs canots de guerre, montés chacun par une quarantaine d'hommes, couverts de vêtements européens, sauf les pantalons.

Ces canots portaient, à l'extrémité de longues tiges de bambou, de larges pavillons aux armes de la Grande-Bretagne ; ils étaient décorés de chaises, de tables, de flacons ou d'autres emblèmes. Chacun de leurs noirs matelots avait un mousquet, et chaque embarcation montrait, amarrée à la proue, une longue pièce de quatre ou de six.

Les deux frères furent conduits à Kirri. Un palabre s'y tint sur leur sort. Par bonheur, des prêtres mahométans, ou mallams, parlèrent en leur faveur et leur firent restituer une partie des objets qui leur avaient été dérobés ; mais la plus grande partie avait coulé à fond avec le canot de John Lander.

« A ma grande satisfaction, dit Richard Lander, je reconnus de suite la caisse qui contenait nos livres et un des journaux de mon frère ; la boîte de pharmacie était auprès, mais toutes deux étaient pleines d'eau. Un grand sac de nuit en tapisserie, qui avait contenu nos vêtements, était ouvert et dévalisé ; il n'y restait plus qu'une seule chemise, une paire de pantalons et un habit ; plusieurs choses de valeur avaient disparu. Mes journaux, à l'exception d'un livre de notes où j'avais inscrit mes remarques depuis Rabba jusqu'ici, étaient perdus. Il manquait quatre fusils, dont un avait appartenu à Mungo-Park, quatre coutelas et deux pistolets. Neuf défenses d'éléphant, les plus belles que j'eusse vues dans le pays, présents des rois de Wowou et de Boussa, quantité de plumes d'autruche, quelques belles peaux de léopards, une grande variété de graines, tous nos boutons, nos cauries, nos aiguilles, si nécessaires comme monnaie pour acheter des provisions, tout cela avait disparu et était, à ce que l'on assurait, au fond de la rivière. »

C'était vraiment échouer au port! Avoir traversé toute l'Afrique depuis Badagry jusqu'à Boussa, avoir échappé aux dangers de la navigation du Niger, s'être heureusement tirés des mains de tant de souverains rapaces, pour faire naufrage à six journées de la mer, pour être réduits en esclavage ou condamnés à mort, au moment de faire connaître à l'Europe émerveillée le précieux résultat de tant de maux soufferts, de tant de dangers évités, de tant d'obstacles heureusement franchis; avoir déterminé le cours du Niger depuis Boussa, être sur le point de fixer définitivement son embouchure, et se voir arrêtés par de misérables pirates, c'en était trop, et bien amères furent les réflexions des deux frères, pendant tout le temps que dura cet interminable palabre.

Si leurs effets volés leur étaient en partie rendus, si le nègre qui avait commencé les hostilités était condamné à avoir la tête tranchée en expiation de sa faute, les deux frères n'en étaient pas moins considérés comme prisonniers; et ils devaient être conduits à Obie, roi du pays d'Éboe, qui statuerait sur leur sort.

Il était évident que ces pillards n'étaient pas originaires du pays et qu'ils n'y étaient venus que dans le but d'exercer leur piraterie. Ils comptaient, sans doute, commercer sur deux ou trois marchés comme Kirri, s'ils ne rencontraient que des flottilles trop fortes pour se laisser piller sans combat. Au reste, toutes les populations de cette partie du Niger montraient une excessive défiance les unes à l'égard des autres, et l'achat des provisions ne se faisait qu'en armes.

Au bout de deux jours de navigation, les canots arrivèrent en vue d'Éboe, à un endroit où le fleuve se partage en trois «rivières» d'une prodigieuse grandeur, aux bords plats, marécageux et couverts de palmiers.

Une heure plus tard, le 8 novembre, un des hommes de l'équipage, natif d'Éboe, s'écriait : « Voilà mon pays! »

Là, de nouvelles complications attendaient les explorateurs. Obie, le roi d'Éboe, était un jeune homme à physionomie éveillée et intelligente, qui reçut les voyageurs avec affabilité. Son costume, qui rappelait celui du roi de Yarriba, était orné d'une telle profusion de coraux, qu'on aurait pu lui donner le nom de « Roi-Corail ».

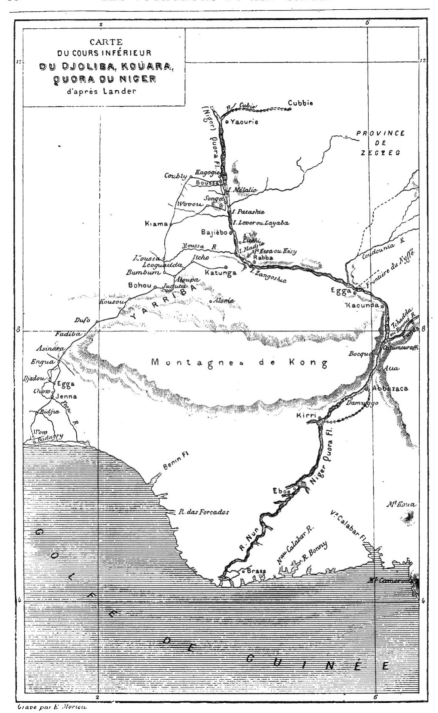

CARTE
DU COURS INFÉRIEUR
DU DJOLIBA, KOUARA,
QUORA OU NIGER
d'après Lander

Le canot mesurait plus de 50 pieds de long. (Page 163.)

Assurément, Obie parut touché du récit de l'attaque dans laquelle les Anglais avaient perdu toutes leurs marchandises ; mais les secours qu'il leur distribua ne furent pas à la hauteur de ses sentiments, et il les laissa à peu près mourir de faim.

« Les habitants d'Éboe, comme la plupart des Africains, sont extrêmement indolents, dit la relation, et ne cultivent que l'igname, le maïs et le plantanier (bananier). Ils ont beaucoup de chèvres et de volailles, mais peu de moutons et point de bestiaux. La ville, d'une grande étendue, est située dans une plaine découverte et renferme une nombreuse population ; comme capitale du royaume, elle ne porte d'autre nom que le « pays d'Eboe ». Son huile de palmier est

21

renommée. C'est, depuis une longue suite d'années, le principal marché d'esclaves où viennent s'approvisionner les indigènes qui font ce commerce sur les côtes, entre la rivière Bonny et celle du vieux Calabar. Des centaines de naturels remontent ces rivières pour venir trafiquer ici, et, dans ce moment même, il y en a un grand nombre qui habitent leurs canots, rangés en face de la ville. Presque toute l'huile achetée par les Anglais, à Bonny et dans les lieux environnants, vient d'ici, de même que tous les esclaves que les vaisseaux négriers français, espagnols et portugais viennent charger à la côte. Plusieurs personnes nous ont dit que le peuple d'Éboe est anthropophage, et cette opinion est plus accréditée parmi les tribus voisines que parmi celles de l'intérieur. »

D'après tout ce que les voyageurs apprenaient, il devenait certain pour eux qu'Obie ne les relâcherait que moyennant une forte rançon. Ce souverain pouvait, sans doute, y être poussé par les instigations de ses favoris ; mais ce qui le fortifia dans cette détermination, ce furent, principalement, l'avidité et l'empressement des habitants de Bonny et de Brass, qui se disputaient à qui emmènerait les Anglais dans leur pays.

Un fils du dernier chef de Bonny, le roi Peper (Poivre), un nommé Gun (Fusil), frère du roi Boy (Garçon), et leur père, le roi Forday, qui, avec le roi Jacket (Jaquette), gouverne tout le pays de Brass, étaient les plus acharnés. Ils produisirent, en témoignage de leur honorabilité, les certificats que leur avaient donnés les capitaines européens avec lesquels ils avaient été en relation d'affaires.

Une de ces pièces, signée James Dow, capitaine du brick la Susanne, de Liverpool, et datée de la première rivière de Brass, septembre 1830, était ainsi conçue :

« Le capitaine Dow déclare n'avoir jamais rencontré une troupe de plus grands misérables que les naturels en général et les pilotes en particulier. »

Puis, continuant sur le même ton, il les chargeait d'anathèmes, les traitant de damnés drôles, qui avaient essayé de faire échouer son vaisseau sur les brisants, à l'embouchure du fleuve, afin de s'en partager les dépouilles. Le roi Jacket y était traité de fripon fieffé et voleur enragé. Boy était le seul à peu près honnête et digne de confiance.

A la suite d'un interminable palabre, Obie déclara que, d'après les lois et les coutumes du pays, il avait le droit de regarder les frères Lander et leur suite comme sa propriété ; mais que, ne voulant pas abuser de ses avantages, il se contenterait de les échanger contre la valeur de vingt esclaves en marchandises anglaises.

Cette décision, sur laquelle Richard Lander essaya vainement de faire revenir Obie, plongea les deux frères dans un violent désespoir, qui fut bientôt suivi d'une apathie et d'une indifférence telles, qu'ils auraient été incapables du plus petit effort pour recouvrer leur liberté. Qu'on joigne à ces peines morales l'affaiblissement physique causé par le manque de nourriture, et l'on comprendra l'affaissement dans lequel les deux voyageurs étaient tombés.

Sans ressources d'aucune sorte, dépouillés de leurs aiguilles, de leurs cauries et de leurs objets d'échange, ils furent réduits à la triste nécessité de mendier leur nourriture.

« Autant eût valu, dit Lander, adresser nos prières aux pierres et aux arbres; nous nous fussions, du moins, épargné l'humiliation du refus. Dans la plupart des villes et villages de l'Afrique, nous avions été pris pour des demi-dieux et traités, en conséquence, avec une vénération, un respect universels. Mais, ici, hélas! quel contraste! nous sommes rangés parmi les êtres les plus dégradés et les plus misérables esclaves, dans cette terre d'ignorance, objet des railleries et du mépris d'une horde de barbares. »

Ce fut enfin Boy qui l'emporta, parce qu'il consentit à payer à Obie tout ce qu'il demandait pour la rançon des deux frères et de leur suite. Quant à lui, il se montra très modéré, n'exigeant, pour sa peine et pour les risques qu'il courait en les transportant à Brass, que la valeur de quinze barres ou quinze esclaves et un tonneau de rhum. Bien que cette demande fût exorbitante, Richard Lander n'hésita pas à faire un billet de trente-six barres sur le capitaine anglais Lake, qui commandait un bâtiment à l'ancre dans la rivière de Brass.

Le canot du roi, sur lequel s'embarquèrent les deux frères, le 12 novembre, portait soixante personnes, dont quarante rameurs. Muni d'une pièce de quatre à la proue, d'un arsenal de coutelas et de mitraille, de marchandises de toute sorte, il était creusé dans un seul tronc d'arbre et mesurait plus de cinquante pieds de long.

Les immenses cultures qu'on voyait sur les bords du fleuve indiquaient que la population était bien plus considérable qu'elle ne le paraissait. Le pays était plat, ouvert, varié, et le sol, d'un riche terreau noir, portait des arbres et des arbustes d'une richesse de tons infinie.

Le 14 novembre, à sept heures du soir, le canot quitta le bras principal et s'engagea dans la rivière de Brass. Une heure plus tard, avec une joie inexprimable, Richard Lander sentit l'effet de la marée.

Un peu plus loin, le canot de Boy rejoignit ceux de Gun et de Forday. Ce dernier, vieillard d'aspect vénérable, quoique misérablement habillé, moitié à l'européenne, moitié à la mode du pays, avait une prédilection marquée pour le rhum, dont il but une immense quantité, sans que ses manières ou sa conversation s'en ressentissent.

C'était un étrange cortège que celui qui accompagna les deux Anglais jusqu'à la ville de Brass.

« Les canots, dit Lander, se suivaient à la file, avec assez de régularité, déployant chacun trois pavillons. A la proue du premier, le roi Boy se tenait debout, la tête couronnée de longues plumes, qui se balançaient à chaque mouvement de son corps, couvert des figures les plus fantasques, blanches sur fond noir. Il s'appuyait sur deux énormes lances barbelées, que, de temps à autre, il lançait avec force dans le fond du canot, comme s'il eût tué quelque animal sauvage et redoutable, gisant à ses pieds. A l'avant des autres canots, des prêtres exécutaient des danses et faisaient mille contorsions bizarres. Toutes leurs personnes, ainsi que celles des gens de la suite, étaient barbouillées de la même façon que le roi Boy, et, pour couronner le tout, M. Gun s'affairait, courant de la tête à la queue de la file, quelquefois le premier ou le dernier, ajoutant à l'effet imposant du cortège par les décharges répétées de son unique canon. »

Brass se compose de deux villes, l'une appartenant à Forday, l'autre au roi Jacket. Avant de débarquer, les prêtres procédèrent à des cérémonies mystérieuses, dont les blancs étaient l'objet évident. Le résultat de cette consultation du fétiche de la ville fut-il favorable aux étrangers? C'est ce que la conduite des naturels à leur égard devait révéler.

Avant même d'avoir pris terre, Richard Lander aperçut, avec une vive émotion de joie, un homme blanc sur le rivage. C'était le capitaine d'un schooner espagnol à l'ancre dans la rivière.

« De tous les endroits sales et dégoûtants, dit la relation, il n'en est pas un au monde qui puisse l'emporter sur celui-ci, ni offrir à l'œil d'un étranger plus misérable aspect. Dans cette abominable ville de Brass, tout n'est que fange et saleté. Les chiens, les chèvres et autres animaux encombrent les rues boueuses; ils ont l'air affamé et le disputent de misère avec de malheureuses créatures humaines à traits hâves et décharnés, à physionomie hideuse, dont le corps est couvert de arges pustules et dont les huttes tombent en ruines par suite de négligence et de malpropreté. »

Une autre localité, nommée par les Européens la Ville des Pilotes, à cause du grand nombre de pilotes qui l'habitent, est située à l'embouchure de la rivière Noun ou Nun, à soixante-dix milles de Brass.

Le roi Forday entendait s'opposer à ce que les deux frères Lander quittassent la ville sans lui payer quatre barres. C'était l'usage, disait-il, que tout homme blanc qui venait à Brass, par la rivière, fût soumis à ce tribut. Il n'y avait pas à résister, et Richard Lander tira un nouveau billet sur le capitaine Lake.

A ce prix, Richard Lander eut la permission de gagner, dans le canot royal de Boy, le brick anglais stationné à l'embouchure de la rivière. Son frère et les gens de sa suite ne devaient être relâchés qu'au retour du roi.

Mais, en arrivant sur ce brick, quelle ne fut pas la stupéfaction et la honte de Lander de voir le capitaine Lake lui refuser toute espèce de secours! Il lui fit lire alors les instructions qu'il avait reçues du ministère, afin de lui prouver qu'il n'était pas un imposteur.

« Si vous croyez, répondit le capitaine, avoir affaire à un imbécile ou à un fou, vous vous trompez. Je ne donnerais pas un fétu de votre parole ou de votre billet! Je m'en soucie comme de cela! Le diable m'emporte, si vous tirez de moi un seul liard! »

Puis, jurant, sacrant, Lake laissa échapper les paroles les plus offensantes pour les Anglais.

Accablé de douleur par ce malheur imprévu et cette conduite invraisemblable d'un compatriote, Richard Lander regagna le canot de Boy, ne sachant à quel parti s'arrêter, et demanda à ce dernier de le mener à Bonny, où se trouvaient quantité de navires anglais. Le roi ne voulut pas y consentir. Richard Lander se vit donc forcé d'essayer d'attendrir le capitaine, lui demandant de donner seulement dix fusils, dont le roi se contenterait peut-être.

« Je vous ai déjà dit que je ne vous donnerais même pas une pierre à fusil, répondit Lake. Ainsi, ne m'ennuyez plus!

— Mais j'ai laissé mon frère et huit personnes à Brass, reprit Lander, et si vous ne voulez pas absolument payer le roi, persuadez-lui, du moins, de les conduire à bord; sans quoi, mon frère sera mort de faim ou empoisonné, et tous mes gens seront vendus, avant que je puisse avoir du secours d'un vaisseau de guerre!

— Si vous trouvez moyen de les faire venir à bord, répliqua le capitaine, je les passerai; mais, je vous le répète, vous n'aurez pas de moi la valeur d'une amorce. »

Enfin Richard Lander obtint de Boy qu'il retournât chercher son frère et sa suite. Le roi n'y voulait consentir qu'après avoir reçu un acompte, et ce ne fut pas sans peine qu'il fut amené à se désister de cette prétention.

Quand le capitaine Lake apprit que la suite de Richard Lander se composait de solides gaillards en état de remplacer ses matelots, morts ou épuisés par les fièvres, il s'adoucit un peu. Ce ne fut cependant pas pour longtemps, car il déclara que, si dans trois jours, John et ses gens n'étaient pas rendus à bord, il partirait sans eux.

Encore bien que Richard Lander lui prouvât jusqu'à l'évidence que ces malheureux seraient vendus comme esclaves, le capitaine ne voulut rien entendre.

« Tant pis pour eux, répondit-il, je n'en peux mais, et n'attendrai pas davantage ! »

Une telle inhumanité est heureusement fort rare. Aussi faut-il clouer au pilori un pareil misérable, qui ne fait pas plus de cas, non pas de ses semblables, mais d'hommes qui lui sont infiniment supérieurs.

Enfin, le 24 novembre, après qu'une forte brise, soufflant de la mer et refoulant les eaux sur la barre, en eut rendu le passage presque impossible, John Lander arrivait à bord.

Il avait dû subir les reproches et les invectives de Boy. Avoir, de ses propres deniers, racheté de l'esclavage les deux frères et leur suite, les avoir ramenés dans son canot et nourris, — fort mal il est vrai, — s'être vu promettre autant de bœuf et de rhum qu'il en pourrait boire et manger, pour être mal accueilli ensuite, se voir refuser la restitution de ses avances et être traité comme un voleur, avouez qu'il y avait de quoi être mécontent et que tout autre aurait fait payer cher aux prisonniers qui lui restaient tant d'espérances déçues, tant d'argent dépensé en pure perte !

Malgré cela, Boy s'était décidé à ramener John Lander à bord du brick. Le capitaine Lake reçut le voyageur avec assez de cordialité, mais il exprima aussitôt sa détermination bien arrêtée de congédier le roi sans lui donner une obole.

Celui-ci était plein de sombres pressentiments ; ses manières hautaines avaient fait place à un air humble et rampant. On lui servit un repas abondant, auquel il toucha à peine.

Richard Lander, désolé de la ladrerie et de la mauvaise foi de Lake, étant dans l'impossibilité de tenir ses promesses, retourna toutes ses affaires, trouva cinq bracelets d'argent et un sabre de fabrique indigène qu'il avait apporté du Yarriba, et il les offrit à Boy, qui les accepta.

Enfin, le roi se décida à exposer sa réclamation au capitaine. Celui-ci, avec une voix de tonnerre, qu'on n'aurait jamais supposé sortir d'un corps aussi débile, lui répondit nettement :

« Je ne veux pas ! »

Et il assaisonna ce refus d'un déluge de jurons et de menaces tel, que le pauvre Boy battit en retraite, et, voyant le navire prêt à mettre à la voile, regagna précipitamment son canot.

Ainsi se terminèrent les péripéties du voyage des deux frères Lander. Ils coururent bien encore risque de périr en franchissant la barre, mais c'était là leur dernière épreuve. Ils gagnèrent Fernando-Po, puis la rivière Calabar; là, ils s'embarquèrent sur le *Carnarvon* pour Rio-Janeiro, où l'amiral Baker, commandant de la station, leur procura passage sur un transport.

Le 9 juin, ils débarquaient à Portsmouth. Leur premier soin, après avoir remis la relation de leur voyage à lord Goderich, secrétaire d'État au département des colonies, fut de l'informer de la conduite du capitaine Lake, — conduite de nature à compromettre et à faire révoquer en doute la bonne foi du gouvernement anglais. Des ordres furent aussitôt donnés par ce ministre pour solder les sommes convenues, dont la demande était juste et motivée.

« Ainsi donc, et nous ne pouvons mieux faire que de reproduire l'appréciation de cet excellent juge, Desborough Cooley, ainsi donc le problème géographique qui, pendant tant de siècles, avait si vivement préoccupé l'attention du monde savant et donné lieu à tant de conjectures différentes, se trouvait définitivement et complètement résolu. Le Niger, ou, comme l'appellent les naturels, le Djoliba ou le Korra, ne se réunit pas au Nil, ne se perd ni dans les sables du désert ni dans les eaux du lac Tchad; il se jette dans l'Océan par une grande quantité de bras, sur la côte du golfe de Guinée, à l'endroit même de cette côte connu sous le nom de cap Formose. La gloire de cette découverte, prévue, il est vrai, par la science, appartient tout entière aux frères Lander. La vaste étendue de pays qu'ils avaient traversée depuis Yaourie jusqu'à la mer, était complètement inconnue avant leur voyage. »

Dès que la découverte de Lander fut connue dans tous ses détails en Angleterre, plusieurs négociants s'associèrent pour tirer parti des richesses naturelles du pays. Ils équipèrent, en juillet 1832, deux bâtiments à vapeur, le *Korra* et l'*Alburka*, qui, sous la conduite de MM. Laird, Oldfield et Richard Lander, remontèrent le Niger jusqu'à Bocqua. Les résultats de cette expédition commerciale furent déplorables. Non seulement le trafic avec les naturels fut absolument nul, mais encore les équipages se virent décimés par la fièvre. Enfin, Richard Lander, qui plusieurs fois avait monté ou descendu le fleuve, fut blessé mortellement, par des naturels, le 27 janvier 1834, et il mourut, le 5 février suivant, à Fernando-Po.

Il nous reste à parler, pour terminer ce qui est relatif à l'Afrique, des nombreuses reconnaissances accomplies dans la vallée du Nil, et dont les plus importantes sont celles de Cailliaud, de Russegger et de Rüppel.

Vue du temple principal de Sekkeh. (*Fac-simile. Gravure ancienne.*)

Frédéric Cailliaud, né à Nantes en 1787, après avoir visité la Hollande, l'Italie, la Sicile, une partie de la Grèce, de la Turquie européenne ou asiatique, lorsqu'il faisait le commerce des pierres précieuses, était arrivé en Égypte au mois de mai 1815. Ses connaissances géologiques et minéralogiques lui procurèrent un excellent accueil de la part de Méhémet-Ali, qui le chargea aussitôt d'un voyage d'exploration le long du Nil et dans le désert.

Cette première excursion fut marquée par la découverte, à Labarah, de mines d'émeraudes, mentionnées par les auteurs arabes et abandonnées depuis de longs siècles. Cailliaud retrouva, dans les excavations de la montagne, les lampes, les leviers, les cordages et les instruments qui avaient servi à l'ex-

Les explorateurs levèrent le plan du monument. (Page 170.)

ploitation de ces mines par les ouvriers de Ptolémée. Près de ces carrières, le voyageur découvrit les ruines d'une petite ville, qui, selon toute vraisemblance, avait dû être habitée par les anciens mineurs. Pour donner toute sanction à sa précieuse découverte, Cailliaud se chargea de dix livres d'émeraudes qu'il rapporta à Méhémet-Ali.

Un autre résultat de ce voyage fut la découverte par l'explorateur français de l'ancienne route de Coptos à Bérénice pour le commerce de l'Inde.

· Du mois de septembre 1819 à la fin de 1822, Cailliaud, accompagné de l'ancien aspirant de marine Letorzec, parcourut toutes les oasis connues à l'es de l'Égypte, et suivit le Nil jusqu'au dixième degré. Parvenu dans son pre

22

mier voyage à Ouadi-Oulfa, Cailliaud choisit, au second, cette localité comme point de départ.

Une circonstance heureuse allait singulièrement faciliter ses recherches. Ismaïl-Pacha, fils de Méhémet-Ali, venait de recevoir le commandement d'une expédition en Nubie, et il l'accompagna.

Parti de Daraou en novembre 1820, Cailliaud arrivait, le 5 janvier suivant, à Dongola, et il gagnait le mont Barka dans le pays de Chaguy, où l'on remarque une multitude de ruines, de temples, de pyramides et d'autres monuments.

Le nom de Mérawé, que porte cet endroit, avait fait supposer que là se trouvait l'ancienne capitale de l'Éthiopie; Cailliaud devait dissiper cette erreur.

Accompagnant Ismaïl-Pacha comme minéralogiste, au delà de Berber, pour la recherche des mines d'or, l'explorateur français parvint à Chendy. Il alla ensuite, avec Letorzec, fixer la position géographique du confluent de l'Atbara, et, à Assour, non loin du dix-septième degré de latitude, il découvrit les ruines considérables d'une ville antique. C'était Méroé.

Continuant sa route au sud, entre les quinzième et seizième degrés, Cailliaud reconnut ensuite l'embouchure du Bahr-el-Abiad ou Nil Blanc, visita les ruines de Saba, le confluent du Rahad, l'ancien Astosaba, vit Sennaar, le cours du Gologo, le pays du Fazoele et le Toumat, affluent du Nil; enfin il atteignit, avec Ismaïl, le pays de Singué, entre les deux branches du fleuve.

Aucun voyageur n'était encore parvenu, de ce côté, aussi près de l'équateur. Browne s'était arrêté à 16°10', Bruce à 11°.

On doit à Cailliaud et à Letorzec de nombreuses observations de latitude et de longitude, de précieuses études sur les variations de l'aiguille aimantée, d'inestimables renseignements sur le climat, la température et la nature du sol, en même temps qu'une collection fort intéressante d'animaux et de productions végétales. Enfin, les explorateurs levèrent le plan de tous les monuments situés au delà de la deuxième cataracte.

Les deux Français avaient préludé à ces découvertes par une excursion à l'oasis de Siouah. A la fin de 1819, ils étaient partis de Fayoum avec un petit nombre de compagnons et s'étaient engagés dans le désert de Libye. En quinze jours de marche, après un engagement avec les Arabes, ils étaient parvenus à Siouah, avaient pris toutes les mesures du temple de Jupiter Ammon, et avaient déterminé, comme Browne, sa position astronomique. Cette oasis allait être, quelque temps après, l'objet d'une expédition militaire, pendant laquelle Drovetti devait recueillir de nouveaux documents, très précieux, pour compléter ceux qu'avaient récoltés Cailliaud et Letorzec.

Ils avaient ensuite visité successivement l'oasis de Falafré, qu'aucun voyageur européen n'avait encore explorée, celle de Dakel et Khargh, chef-lieu de l'oasis de Thèbes. Les documents recueillis dans cette course furent expédiés en France à M. Jomard, qui les mit à profit pour la rédaction de l'ouvrage intitulé *Voyage à l'oasis de Siouah*.

Quelques années plus tard, Édouard Rüppell consacrait sept ou huit années à l'exploration de la Nubie, du Sennaar, du Kordofan et de l'Abyssinie, et il remontait le Nil Blanc, en 1824, jusqu'à plus de soixante lieues au-dessus de son embouchure.

Enfin, un naturaliste allemand, conseiller des mines d'Autriche, Joseph Russegger, visitant également, de 1836 à 1838, la partie inférieure du cours du Bahr-el-Abiad, préludait par ce voyage officiel aux grandes et fécondes reconnaissances que Méhémet-Ali allait envoyer dans les mêmes régions.

CHAPITRE III

LE MOUVEMENT SCIENTIFIQUE ORIENTAL ET LES EXPLORATIONS AMÉRICAINES

Le déchiffrement des inscriptions cunéiformes et les études assyriologiques jusqu'en 1840. — L'ancien Iran et l'Avesta. — La triangulation de l'Inde et les études indoustaniques. — L'exploration et la mesure de l'Himalaya. — La presqu'île Arabique. — La Syrie et la Palestine. — L'Asie centrale et Alexandre de Humboldt. — Pike aux sources du Mississipi, de l'Arkansas et de la rivière Rouge. — Les deux expéditions du major Long. — Le général Cass. — Schoolcraft aux sources du Mississipi. — L'exploration du Nouveau-Mexique. — Voyages archéologiques dans l'Amérique centrale. — Les recherches d'histoire naturelle au Brésil. — Spix et Martius, le prince Maximilien de Wied-Neuwied. — D'Orbigny et l'homme américain.

Bien que les découvertes, dont nous allons tout d'abord parler, ne soient plus à proprement parler géographiques, elles ont, cependant, jeté un jour si nouveau sur plusieurs civilisations anciennes, elles ont tellement étendu le domaine de l'histoire et des idées, que nous ne pouvons nous dispenser d'en dire quelques mots.

La lecture des inscriptions cunéiformes et le déchiffrement des hiéroglyphes sont des événements si importants en leurs résultats, ils nous révèlent une telle multitude de faits jusqu'alors ignorés ou travestis dans les récits plus ou moins merveilleux des anciens historiens Diodore, Ctésias et Hérodote, qu'il est impossible de passer sous silence des découvertes scientifiques si capitales.

Grâce à elles, nous pénétrons dans l'intimité d'un monde, d'une civilisation extrêmement avancée, aux mœurs, aux habitudes, aux coutumes absolument différentes des nôtres. Qu'il est curieux de tenir entre ses mains les comptes de l'intendant d'un grand seigneur ou d'un gouverneur de province, de lire des romans comme ceux de *Setna* et des *Deux Frères*, des contes comme celui du *Prince prédestiné!*

Si les édifices aux vastes proportions, les temples superbes, les hypogées magnifiques, les obélisques sculptés n'étaient jusqu'alors, pour nous, que des monuments somptueux, ils nous racontent maintenant, grâce à la lecture des inscriptions qui les recouvrent, la vie des souverains qui les ont élevés et les circonstances de leur érection.

Combien de noms de peuples dont les historiens grecs ne faisaient pas mention, que de villes disparues, que de particularités relatives au culte, à l'art, à l'industrie, à la vie de chaque jour, que d'événements politiques ou militaires nous révèlent maintenant dans leurs minutieux détails les hiéroglyphes et les inscriptions cunéiformes!

Et ces peuples, que nous ne connaissions qu'imparfaitement et pour ainsi dire de surface, nous pénétrons dans leur existence quotidienne, nous avons maintenant une idée de leur littérature. Le jour n'est peut-être pas éloigné où nous saurons aussi bien la vie des Égyptiens du xviii⁰ siècle avant notre ère, que celle de nos pères du xvii⁰ et du xviii⁰ siècle après Jésus-Christ.

Carsten Niebuhr avait rapporté de Persépolis des inscriptions en caractères inconnus dont, le premier, il avait relevé une copie exacte et complète. Bien des tentatives avaient été faites pour les expliquer; toutes avaient été vaines, lorsque, par une inspiration de génie, avec une intuition lumineuse, le savant philologue hanovrien Grotefend parvint, en 1802, à percer le mystère qui les recouvrait.

C'est qu'elles étaient vraiment singulières et difficiles à interpréter, ces inscriptions cunéiformes! Que l'on se figure une suite de clous (*cuneus*) rangés de diverses façons, formant des groupes alignés horizontalement. Qu'exprimaient ces groupes? Représentaient-ils des sons et des articulations, ou des mots entiers, comme les lettres de nos alphabets? Avaient-ils cette valeur idéographique que possèdent les caractères de l'écriture chinoise? Quelle était la langue qui s'y trouvait cachée? Autant de problèmes qu'il s'agissait de résoudre. Il y avait lieu de penser que des inscriptions rapportées de Persépolis devaient être écrites dans la langue des anciens Perses ; mais Rask, Bopp et Lassen n'avaient pas encore étudié les idiomes iraniens et démontré leur affinité avec le sanscrit.

Raconter par suite de quelles déductions ingénieuses, de quelles suppositions, de quels tâtonnements, Grotefend arriva à reconnaître une écriture alphabétique, à dégager de certains groupes des noms qu'il supposa être ceux de Darius et de Xerxès, — ce qui le rendit maître de la connaissance de plusieurs lettres qu'il appliqua à la lecture de nouveaux mots, — ce serait sortir de notre cadre. La méthode était désormais trouvée. A d'autres revenait le soin de la compléter et de la perfectionner.

Plus de trente ans s'écoulèrent, cependant, avant que ces études eusssent accompli des progrès notables. C'est notre savant compatriote Eugène Burnouf, qui leur fit faire un pas considérable. Mettant à profit sa connaissance du sanscrit et du zend, il prouva que la langue des inscriptions persépolitaines n'était qu'un dialecte zend employé dans la Bactriane, qu'on parlait encore au VIe siècle avant notre ère, et dans lequel avaient été écrits les livres de Zoroastre. Son mémoire est de 1836. A la même époque, un savant allemand, Lassen, de Bonn, qui s'était livré de son côté aux mêmes recherches, arrivait à des conclusions identiques.

Bientôt, les inscriptions que l'on possédait étaient toutes lues, l'alphabet se dégageait de l'inconnu, sauf pour un petit nombre de signes, sur lesquels on n'était pas absolument d'accord.

Cependant, on n'avait encore qu'une base, et l'édifice était loin d'être achevé. En effet, on avait remarqué que les inscriptions persépolitaines semblaient répétées en trois colonnes parallèles. N'y avait-il pas là une triple version de la même inscription dans les trois langues principales de l'empire akhéménide, le perse, le mède et l'assyrien ou babylonien ? L'hypothèse était exacte ; mais, grâce au déchiffrement de l'une de ces inscriptions, on avait un point de comparaison, et l'on put procéder comme Champollion l'avait fait pour la pierre de Rosette, qui, en regard d'une traduction grecque, portait deux versions en écritures démotique et hiéroglyphique.

Dans ces deux autres inscriptions, on reconnut l'assyro-chaldéen, qui appartient, comme l'hébreu, l'himyarite et l'arabe, à la famille sémitique, et un troisième idiome, qui reçut le nom de médique, et qu'on a rapproché du turc et du tartare. Mais ce serait empiéter que de nous étendre sur ces recherches. Ce devait être la tâche des savants danois Westergaard, des Français de Saulcy et Oppert, des Anglais Norris et Rawlinson, pour ne citer que les plus célèbres. Nous aurons plus tard à y revenir.

La connaissance du sanscrit, les recherches sur la littérature brahmanique, dont il sera parlé plus loin, avaient inauguré un mouvement scientifique qui devait aller en augmentant, grâce à des études plus approfondies ou plus compréhensives. Une immense contrée, désignée par les orientalistes sous le nom d'Iran, qui comprend la Perse, l'Afghanistan et le Beloutchistan, avait été, bien avant que Ninive et Babylone fissent leur apparition dans l'histoire, le siège d'une civilisation avancée, à laquelle se rattache le nom de Zoroastre, à la fois conquérant, législateur et fondateur d'une religion. Ses disciples, persécutés à l'époque de la conquête musulmane, chassés de leur antique patrie, où leur culte s'était conservé, se réfugièrent, sous le nom de Parsis, dans le nord-ouest de l'Inde.

A la fin du dernier siècle, le français Anquetil-Duperron avait rapporté en Europe une copie exacte des livres religieux des Parsis, écrits dans la langue même de Zoroastre. Il les avait traduits, et, pendant soixante ans, tous les savants y avaient trouvé la source des notions religieuses et philologiques qu'ils possédaient sur l'Iran. Ces livres sont connus sous le nom de Zend-Avesta, mot qui renferme le nom de la langue, Zend, et le titre de l'ouvrage, Avesta.

Mais cette branche de la science, depuis les progrès des études sanscrites, avait besoin d'être renouvelée et traitée avec la rigueur des méthodes nouvelles. Le philologue danois Rask, en 1826, puis Eugène Burnouf, avec sa connaissance approfondie du sanscrit et à l'aide d'une traduction sanscrite, récemment découverte dans l'Inde, avaient repris l'étude du zend. Burnouf avait même publié, en 1834, une étude magistrale sur le Yaçna, qui a fait époque. De ce rapprochement du sanscrit archaïque et du zend est née l'admission de la même origine pour ces deux langues, et la preuve de la parenté, pour mieux dire, de l'unité des peuples qui les parlaient. A l'origine, mêmes noms de divinités, mêmes traditions, sans compter la similitude des mœurs, même appellation générique pour ces deux peuples qui, dans leurs plus anciens écrits, s'appellent Aryas. Il est, croyons-nous, inutile d'appuyer sur l'importance de cette découverte, qui est venue éclairer d'un jour tout nouveau les commencements si longtemps ignorés de notre histoire.

Depuis la fin du xviiiᵉ siècle, c'est-à-dire depuis l'époque où les Anglais s'étaient solidement établis dans l'Inde, l'étude physique du pays, avec toutes les données qui s'y rattachent, avait été poussée activement. Elle avait naturellement devancé l'ethnologie et les sciences voisines, qui demandent pour fleurir un terrain plus sûr et des temps plus tranquilles. Il faut avouer, en même temps, que cette connaissance est nécessaire au gouvernement, à l'administration ainsi qu'à l'exploitation commerciale. Aussi, le marquis de Wellesley, alors gouverneur pour la Compagnie, comprenant de quelle importance était l'établissement d'une carte des possessions anglaises, avait-il chargé, en 1801, le brigadier d'infanterie Guillaume Lambton de relier par un réseau trigonométrique les deux rives orientale et occidentale de l'Inde à l'observatoire de Madras. Mais Lambton ne se contenta pas de cette tâche. Il détermina avec précision un arc du méridien depuis le cap Comorin jusqu'au village de Takoor-Kera, à quinze milles au sud-est d'Ellichpoor. L'amplitude de cet arc dépassait donc douze degrés. Avec l'aide d'officiers instruits, parmi lesquels il convient de citer le colonel Everest, le gouvernement de l'Inde aurait vu, bien avant 1840, l'accomplissement de la tâche de ses ingénieurs, si les annexions successives de nouveaux territoires n'étaient continuellement venues en reculer le terme.

Presque en même temps, naissait un mouvement considérable pour la connaissance de la littérature de l'Inde.

C'est à Londres, en 1776, qu'avait paru, traduit pour la première fois, un extrait des codes indigènes les plus importants, sous le nom de *Code des Gentoux*.

Neuf ans plus tard était fondée à Calcutta la Société asiatique, par sir William Jones, le premier qui sût véritablement le sanscrit, Société dont la publication, *Asiatic Researches*, accueillit toutes les investigations scientifiques relatives à l'Inde.

Bientôt après, en 1789, Jones publiait sa traduction du drame de *Çakuntala*, ce charmant spécimen de la littérature hindoue, si plein de sentiment et de délicatesse. Les grammaires, les dictionnaires sanscrits, se publiaient à l'envi. Une véritable émulation se produisait dans l'Inde britannique. Elle n'aurait pas tardé à rayonner en Europe, si le blocus continental n'eût empêché l'introduction des livres publiés à l'étranger. A cette époque, un Anglais, Hamilton, prisonnier à Paris, étudiait les manuscrits orientaux de notre Bibliothèque et initiait Frédéric Schlegel à la connaissance du sanscrit, qu'il n'était plus, dès lors, nécessaire d'aller étudier sur place.

Schlegel eut Lassen pour élève; il se livra avec lui à l'étude de la littérature et des antiquités de l'Inde, à la discussion, à la publication et à la traduction des textes. Pendant ce temps, Franz Bopp s'acharnait à l'étude de la langue, rendait ses grammaires accessibles à tous, et arrivait à cette conclusion, alors surprenante, aujourd'hui unanimement acceptée : la parenté des langues indo-européennes.

On constatait bientôt que les Vedas, — ce recueil entouré d'un respect général qui avait empêché les interpolations, — étaient, par cela même, écrites dans un

La deuxième cataracte du Nil. (Page 170.)

idiome très ancien, très pur, qui n'avait pas été rajeuni, et dont l'étroite ressemblance avec le zend reculait la composition de ces livres sacrés au delà
de la séparation en deux rameaux de la famille aryenne.

Puis, on étudiait les deux épopées de l'époque brahmanique, qui succède aux
temps védiques, le Mahabharata et le Ramayana, ainsi que les Paranas. Les savants parvenaient, grâce à une connaissance plus approfondie de la langue et à
une initiation plus intime aux mythes, à fixer, approximativement, l'époque de
la composition de ces poèmes, à en relever les innombrables interpolations, à
démêler ce qui avait trait à l'histoire et à la géographie dans ces allégories merveilleuses.

Des villages perchés pittoresquement. (Page 180.)

Par ces patientes et minutieuses investigations, on arrivait à cette conclusion, que les langues celtique, grecque, latine, germanique, slave et persique, ont toutes une même origine, et que la langue mère n'est autre que le sanscrit. Si la langue est la même, il faut donc que le peuple ait été le même. On explique les différences, qui existent aujourd'hui entre ces diverses idiomes, par des fractionnements successifs du peuple primitif, — dates approximatives que permettent d'apprécier le plus ou moins d'affinité de ces langues avec le sanscrit et la nature des mots qu'elles lui ont empruntés, mots correspondant par leur nature aux différents degrés d'avancement de la civilisation.

En même temps, on se faisait une idée nette et précise de l'existence qu'avalent menée les pères de la race indo-européenne et des transformations que la civilisation lui a fait subir. Les Vedas nous la montrent alors qu'elle n'a pas encore envahi l'Inde et qu'elle occupe le Pendjab et le Caboulistan. Ces poèmes nous font assister aux luttes contre les populations primitives de l'Hindoustan, dont la résistance fut d'autant plus acharnée, que les vainqueurs ne leur laissaient, dans leur division en castes, que la plus infime et la plus déshonorée. On pénètre, grâce aux Vedas, dans tous les détails de la vie pastorale et patriarcale des Aryas, on s'initie à cette existence peu mouvementée de famille, et l'on se demande si la lutte acharnée des modernes vaut les paisibles jouissances que le manque de besoins réservait à leurs pères.

On comprend que nous ne puissions nous arrêter plus longtemps sur ce sujet; mais le lecteur aura pu saisir, par le peu que nous en avons dit, l'importance de ces études au point de vue de l'histoire, de l'ethnographie et de la linguistique. Nous renverrons pour plus de détails aux ouvrages spéciaux des orientalistes et aux excellents manuels d'histoire ancienne de MM. Robiou, Lenormant et Maspero. Tous les résultats, obtenus jusqu'en 1820 dans les différents ordres de recherches scientifiques, avaient été enregistrés, avec compétence et impartialité, dans le grand travail de Walter Hamilton, qui a pour titre: *Description géographique, statistique et historique de l'Hindoustan et des pays voisins.* C'est un de ces ouvrages qui, marquant les étapes de la science, établissent avec précision son degré d'avancement à une époque donnée.

Après ce rapide aperçu des travaux relatifs à la vie intellectuelle et sociale des Hindous, il convient d'enregistrer les études qui ont pour but la connaissance physique de la contrée.

Un des résultats qui avaient le plus surpris dans les voyages de Webb et de Moorcroft, c'était la hauteur extraordinaire que ces explorateurs prêtaient aux montagnes de l'Himalaya. Leur élévation, d'après l'estime de ces voyageurs, devait être, au moins, égale aux plus hautes cimes des Andes. Les observations du colonel Colebrook donnaient à cette chaîne vingt-deux mille pieds, et encore ces calculs semblaient-ils être au-dessous de la réalité. De son côté, Webb avait mesuré un des pics les plus remarquables de la chaîne, le Jamunavatari, et il lui attribuait vingt mille pieds au-dessus du plateau sur lequel il reposait et qui lui-même s'élevait à cinq mille pieds environ au-dessus de la plaine. Peu satisfait d'une mesure qui lui paraissait trop approximative, Webb avait alors mesuré, avec toute la rigueur mathématique possible, le Dewalagiri, ou « montagne blanche », et il avait reconnu que le sommet de cette cime atteignait vingt-sept mille cinq cents pieds.

Ce qui frappe surtout dans la chaîne de l'Himalaya, c'est la succession de ces montagnes, ces rangées de projections, qui grimpent au-dessus les unes des autres. Cela donne une impression beaucoup plus vive de leur hauteur que ne le ferait le spectacle d'un pic isolé surgissant de la plaine pour perdre sa cime sourcilleuse dans les nuages.

Les calculs de Webb et de Colebrook s'étaient trouvés bientôt vérifiés par les observations mathématiques du colonel Crawford, qui avait mesuré huit des plus hauts sommets de l'Himalaya. Le plus élevé de tous était, suivant l'observateur, le Chumulari, situé près des frontières du Bouthan et du Thibet, dont le sommet devait être de trente mille pieds au-dessus de l'Océan.

Ces résultats, bien qu'ils concordassent ensemble et qu'il fût difficile d'admettre que tous ces observateurs s'étaient uniformément trompés, avaient grandement surpris le monde savant. L'objection capitale, c'était que, dans ces contrées, la limite des neiges devait être à peu près à treize mille pieds au-dessus de la mer. Il semblait donc impossible que les montagnes de l'Himalaya fussent couvertes de forêts de pins gigantesques, comme se plaisaient à les représenter tous les explorateurs.

Et, cependant, l'observation donnait tort à la théorie. Dans un second voyage, Webb monta jusqu'au Niti-Gaut, le col le plus élevé de l'univers, dont il fixa l'altitude à seize mille huit cent quatorze pieds. Non seulement Webb n'y trouva pas de neige, mais les rochers, qui le dominent de trois cents pieds, n'en conservent pas non plus pendant l'été. Là, aussi, sur ces pentes rapides, où la respiration devient si difficile, s'étageaient des forêts magnifiques de pins, de cyprès, de cèdres et de sapins.

« M. Webb, dit Desborough Cooley, attribue la hauteur des limites de la neige perpétuelle dans les montagnes de l'Himalaya à la grande élévation du plateau d'où s'élancent vers le ciel leurs derniers sommets. Comme la chaleur de notre atmosphère a pour cause principale la radiation de la surface de la terre, il s'ensuit que la proximité et l'étendue des plaines environnantes doivent faire subir des modifications importantes à la température d'un lieu élevé. Ces observations nous semblent réfuter d'une manière satisfaisante les objections soulevées par quelques savants au sujet de la grande élévation des montagnes de l'Himalaya, qui peuvent, en conséquence, être regardées avec certitude comme la plus haute chaîne du monde entier. »

Il faut dire maintenant quelques mots d'une excursion entreprise dans les parages déjà visités par Webb et par Moorcroft. Le voyageur Fraser n'avait ni les instruments ni l'instruction nécessaires pour mesurer les hautes cimes à travers lesquelles il allait s'engager, mais il sentait vivement, et sa relation pleine d'intérêt, est parfois très amusante. Il visita la source de la Jumna, et bien qu'il fût à plus de vingt-cinq mille pieds, il rencontrait, à chaque instant, des villages perchés pittoresquement sur les pentes tapissées de neige. Fraser visita ensuite Gangoutri, malgré l'opposition de ses guides, qui lui représentaient la route comme extrêmement dangereuse, disant qu'un vent pestilentiel privait de ses sens tout voyageur qui osait s'y risquer. L'explorateur fut émerveillé de la grandeur et de la magnificence des paysages qu'il découvrit et se vit payé par ces jouissances d'artiste des fatigues qu'il avait endurées.

« La chaîne de l'Himalaya, dit Fraser, offre un caractère tout particulier. Les voyageurs qui l'ont vue seront forcés d'en convenir. Elle ne ressemble, en effet, à aucune autre chaîne de montagnes, car, vues d'un point élevé, leurs sommités aux formes fantastiques, leurs aiguilles d'une hauteur si prodigieuse, causent un tel étonnement à l'étranger dont elles attirent les regards, qu'il se croit parfois la victime et le jouet d'un mirage trompeur. »

Nous devons quitter maintenant la péninsule gangétique pour la presqu'île arabique, où nous allons enregistrer le résultat de quelques courses intéressantes. Au premier rang, il faut placer le voyage du capitaine Sadlier, de l'armée de l'Inde. Chargé, au mois d'août 1819, d'une mission par le gouverneur de Bombay auprès d'Ibrahim-Pacha en lutte contre les Wahabites, cet officier traversa la péninsule entière depuis le port d'El-Katif, sur le golfe Persique, jusqu'à Yambo sur la mer Rouge.

Cette relation très curieuse d'une traversée de l'Arabie, que jusqu'alors aucun Européen n'avait encore accomplie, n'a, par malheur, jamais été publiée à part, et est demeurée ensevelie dans un ouvrage presque introuvable : *Transactions of the Literary Society of Bombay.*

A peu près en même temps, de 1821 à 1826, le gouvernement anglais faisait procéder par les capitaines de vaisseau Moresby et Haines à des travaux hydrographiques, qui avaient pour but le relèvement complet des côtes de l'Arabie. Ils devaient servir à l'établissement de la première carte sérieuse que l'on possédât de cette péninsule.

Nous aurons tout dit, quand nous aurons cité les deux excursions des naturalistes français, Aucher Eloy dans le pays d'Oman, et Émile Botta dans le Yemen, lorsque nous aurons parlé des travaux d'un consul de France à Djedda, Fulgence Fresnel, à propos des idiomes et des antiquités de l'Arabie. Ce dernier, dans ses lettres sur l'histoire des Arabes avant l'islamisme, publiées en 1836, fut un des premiers à étudier la langue himyarite ou homérite, et à reconnaître qu'elle se rapproche plus des anciens dialectes hébraïque et syriaque que de l'arabe actuel.

Au commencement de ce volume, il a été parlé des explorations et des recherches archéologiques et historiques de Seetzen et de Burckhardt en Syrie et en Palestine. Il reste à dire quelques mots d'une excursion dont les résultats intéressent tout particulièrement la géographie physique. Il s'agit du voyage d'un naturaliste bavarois, Heinrich Schubert.

Catholique ardent, savant enthousiaste, Schubert se sentait attiré par les paysages mélancoliques de la Terre Sainte, aux légendes merveilleuses, par les rives ensoleillées du Nil mystérieux, aux souvenirs historiques. Aussi, retrouve-t-on dans sa relation les impressions profondes du croyant et les préoccupations scientifiques du naturaliste.

C'est en 1837 que Schubert, après avoir parcouru l'Égypte inférieure et la presqu'île du Sinaï, pénétra dans la Terre Sainte. Deux de ses amis, un médecin, le docteur Erdl, un peintre, Martin Bernatz, accompagnaient le savant pèlerin bavarois.

Les voyageurs, débarqués à El-Akabah, sur la mer Rouge, se rendirent avec une petite caravane arabe à El-Khalil, l'ancien Hébron. La route qu'ils suivirent n'avait pas encore été foulée par le pied d'un Européen C'était une large et plate vallée, qui finissait à la mer Morte et semblait lui avoir autrefois servi d'écoulement vers la mer Rouge. Burckhardt et bien d'autres, qui n'avaient fait que l'apercevoir, avaient éprouvé la même impression, et ils attribuaient à un soulèvement du sol l'interruption de cet écoulement. Les hauteurs, relevées par les voyageurs, allaient démontrer la fausseté de cette hypothèse.

En effet, à partir du fond du golfe Ælanitique, la route monte pendant deux ou trois jours de marche, jusqu'à un point que les Arabes appellent la Selle, puis elle redescend et s'enfonce vers la mer Morte. Ce point de partage est à sept cents mètres au-dessus de la mer. C'est du moins ce que constata, l'année suivante, un voyageur français, le comte de Bertou, qui explora les mêmes localités.

En descendant vers le lac Asphaltite, Schubert et ses compagons se livrèrent à d'autres observations barométriques, et ils furent très surpris de voir accuser par leur instrument quatre-vingt-onze pieds « au-dessous » de la mer Rouge et des niveaux de moins en moins élevés.

Tout d'abord, ils avaient cru à quelque erreur, mais ils durent se rendre à l'évidence et reconnaître que jamais le lac Asphaltite n'avait pu se déverser dans la mer Rouge, par cette excellente raison que son niveau lui est très inférieur.

Or, cet enfoncement de la mer Morte est encore bien plus sensible lorsque, venant de Jérusalem, on se rend à Jéricho. On parcourt alors une longue vallée à pente très rapide, et qui le paraît même d'autant plus que les plaines montueuses de la Judée, de la Perée et du Haouran sont très hautes, — ces dernières même s'élevant à près de trois mille pieds au-dessus de la mer.

Cependant, l'aspect des lieux et le témoignage des instruments étaient en contradiction si formelle avec les idées jusqu'alors reçues, que MM. Erdl et Schubert n'accueillirent qu'avec doute ces résultats, qu'ils attribuèrent au dérangement de leur baromètre et à une perturbation subite de l'atmosphère. Mais, pendant leur retour à Jérusalem, le baromètre revint à la hauteur moyenne qu'il avait accusée avant leur départ pour Jéricho. Il fallut donc, bon gré mal gré, admettre que la mer Morte est de six cents pieds au moins au-dessous de la Méditerranée, — chiffre que les explorations postérieures allaient encore montrer de moitié trop faible.

C'était là, on en conviendra, une heureuse rectification, qui devait avoir une influence considérable, en appelant l'attention des savants sur un phénomène que d'autres explorateurs allaient bientôt vérifier.

En même temps, l'étude physique du bassin de la mer Morte se complétait et se rectifiait. Deux missionnaires américains, Edward Robinson et Eli Smith, donnaient, en 1838, une impulsion toute nouvelle à la géographie biblique. C'étaient les précurseurs de cette phalange de voyageurs naturalistes, d'historiens, d'archéologues, d'ingénieurs, qui allaient bientôt, sous les auspices de l'Association anglaise ou à côté de cette société, explorer, en tous sens, la terre des patriarches, en dresser la carte dans tous ses détails, procéder enfin à des découvertes multiples qui devaient jeter un jour nouveau sur les peuples antiques, possesseurs tour à tour de ce coin du bassin méditerranéen.

Mais ce n'est pas seulement cette contrée, si intéressante par les souvenirs qu'elle évoque en toute âme chrétienne, qui se voyait l'objet des études des érudits et des voyageurs. L'Asie Mineure tout entière allait bientôt livrer à la curiosité du monde savant les trésors qu'elle renfermait dans son sol. Les voyageurs la traversaient en tous sens. Parrot visitait l'Arménie; Dubois de Montpéreux parcourait le Caucase en 1839 ; Eichwald, en 1825 et 1826, explorait les rives de la mer Caspienne; enfin, Alexandre de Humboldt, grâce à la générosité de l'empereur de Russie Nicolas, complétait, dans la partie asiatique de l'Asie et dans l'Oural, les observations de physique générale et de géographie qu'il avait si courageusement recueillies dans le Nouveau-Monde. Avec le minéralogiste Gustave Rose, le naturaliste Ehrenberg, bien connu par ses voyages dans la

Haute-Égypte et la Nubie, avec le baron de Helmersen, officier du génie, Humboldt parcourait la Sibérie, visitait les mines d'or et de platine de l'Oural, explorait les steppes de la Caspienne et la chaîne de l'Altaï jusqu'à la frontière de Chine. Ces savants s'étaient partagé le travail : Humboldt s'était chargé des observations astronomiques, magnétiques, physiques et d'histoire naturelle; Rose tenait le journal du voyage, qu'il a publié en allemand, de 1837 à 1842.

Les résultats scientifiques de cette exploration, pourtant si rapide, — en neuf mois seulement, les voyageurs n'avaient pas parcouru moins de 11,500 milles, — furent considérables.

Dans une première publication, parue à Paris en 1838, Humboldt ne s'occupait que de la climatologie et de la géologie de l'Asie; mais, à ce travail fragmentaire, succédait, en 1843, un ouvrage magistral, l'*Asie centrale*.

« Il y a consigné, dit La Roquette, et systématisé les principaux résultats scientifiques de son excursion en Asie et s'est livré à des considérations ingénieuses sur la forme des continents, sur la configuration des montagnes de la Tartarie ; il y étudie surtout cette vaste dépression qui s'étend de l'Europe boréale jusqu'au centre de l'Asie, par delà les mers Caspienne et d'Aral. »

Il nous faut quitter maintenant l'Asie et passer en revue les différentes expéditions, qui s'étaient succédé dans le Nouveau-Monde, depuis le commencement du siècle. A l'époque où Lewis et Clarke traversaient l'Amérique du Nord, depuis les États-Unis jusqu'à l'océan Pacifique, un jeune officier, le lieutenant Zabulon Montgomery Pike était chargé par le gouvernement, en 1807, de reconnaître les sources du Mississipi. Il devait essayer en même temps de se concilier l'amitié des Indiens qu'il rencontrerait.

Bien reçu par le chef de la puissante confédération des Sioux, gratifié d'une pipe sacrée, — talisman qui lui assurerait la protection des tribus alliées, — Pike remonta le Mississipi, passa devant le Chippeway et la rivière Saint-Pierre, affluents considérables de cet immense cours d'eau. Mais, au delà du confluent de cette rivière jusqu'aux cataractes de Saint-Antoine, le cours du Mississipi est barré par une suite ininterrompue de chutes et de rapides. Arrivé sous le 45e degré de latitude, Pike et ses compagnons durent quitter leurs canots et continuer leur voyage en traîneau. Aux rigueurs d'un hiver épouvantable se joignirent bientôt les tortures de la faim. Rien n'arrêta les intrépides explorateurs, qui, continuant à suivre le Mississipi, réduit à trois cents verges de largeur, arrivèrent au mois de février au lac des Sangsues, où ils furent accueillis avec empressement dans un cantonnement de trappeurs et de chasseurs de fourrures de Montréal.

Circassiens. (*Fac-simile. Gravure ancienne.*)

Après avoir visité le lac du Cèdre-Rouge, Pike revint à Port-Louis. Ce voyage pénible et dangereux n'avait pas duré moins de neuf mois, et, bien que son but ne fût pas atteint, il n'avait pas été sans résultat pour la science.

L'habileté, le sang-froid et le courage de Pike ne passèrent point inaperçus, et le gouvernement, en l'élevant peu de temps après au grade de major, lui confia le commandement d'une nouvelle expédition.

Il s'agissait cette fois d'explorer la vaste étendue de pays comprise entre le Mississipi et les montagnes Rocheuses, de découvrir les sources de l'Arkansas et de la rivière Rouge. Avec vingt-trois personnes, Pike remonta l'Arkansas, belle rivière, qui est navigable jusqu'aux montagnes où elle prend sa source, c'est-

Ils excellaient à capturer ces sauvages « mustangs. » (Page 188.)

à-dire pendant plus de deux mille milles, excepté pendant l'été, où des bancs de sable en obstruent le cours.

Mais, pendant cette longue navigation, l'hiver était venu ; les souffrances, qui avaient si durement éprouvé Pike pendant sa première expédition, se renouvelèrent avec un redoublement de rigueur. Le gibier était si rare, que, pendant quatre jours, le détachement dut se priver de nourriture. Plusieurs hommes eurent les pieds gelés, et ce malheur vint augmenter les fatigues de ceux qui étaient demeurés valides. Après avoir atteint la source de l'Arkansas, le major descendant au sud, ne tarda pas à rencontrer un beau cours d'eau qu'il prit pour la rivière Rouge.

24

C'était le Rio-del-Norte, fleuve qui prend sa source dans le Colorado, province alors espagnole, et débouche dans le golfe du Mexique.

On a pu juger, d'après ce qui a été dit des difficultés que Humboldt avait rencontrées pour obtenir la permission de visiter les possessions espagnoles, si ce peuple était jaloux de voir des étrangers pénétrer sur son territoire. Bientôt entouré par un détachement de soldats espagnols, le major Pike fut fait prisonnier avec tous ses hommes et conduit à Santa-Fé. La vue de leurs vêtements en lambeaux et de leurs visages émaciés, leur aspect misérable, ne témoignaient pas en faveur des Américains, que les Espagnols prirent tout d'abord pour des sauvages. Cependant, l'erreur une fois reconnue, Pike et son détachement furent conduits à travers les provinces intérieures jusqu'à la Louisiane, et ils arrivèrent, le 1ᵉʳ juillet 1807, à Nachitoches.

La fin malheureuse de cette expédition ralentit pendant quelque temps le zèle du gouvernement, mais non pas celui des simples particuliers, négociants ou chasseurs, tous les jours plus nombreux dans le pays. Plusieurs même traversèrent l'Amérique de part en part, du Canada au Pacifique. Parmi ces voyageurs isolés, il convient de citer plus particulièrement Daniel Williams Harmon, associé de la Compagnie du Nord-Ouest, qui, voyageant entre les 47ᵉ et 58ᵉ degrés de latitude nord, vit les lacs Huron, Supérieur, des Pluies, des Bois, Manitoba, Winnipeg, Athabasca, du Grand-Ours, et arriva jusqu'à l'océan Pacifique.

La Compagnie de fourrures d'Astoria, établissement situé à l'embouchure de la Colombia, fit aussi beaucoup pour l'exploration et la traversée des montagnes Rocheuses.

Quatre associés de cette Compagnie, partis d'Astoria au mois de juin 1812, avaient remonté la Colombia, traversé les montagnes Rocheuses, et, prenant leur route à l'est-sud-est, après avoir atteint à l'une des sources de la Platte, sur laquelle ils étaient descendus jusqu'au Missouri à travers un pays que personne n'avait exploré avant eux, ils étaient arrivés à Saint-Louis, le 30 mai 1813.

En 1811, une autre expédition, composée de soixante hommes, quittant Saint-Louis, avait remonté le Missouri jusqu'aux villages des Ricaras; après avoir éprouvé de grandes privations et perdu plusieurs hommes par le manque de nourriture et par suite de fatigues, elle était parvenue à Astoria au commencement de 1812.

Ces voyages n'avaient pas eu seulement pour résultat la reconnaissance topographique du terrain, ils avaient amené des découvertes bien singulières et tout à fait imprévues. C'est ainsi que dans la vallée de l'Ohio, depuis le pays des Illinois jusqu'au Mexique, on avait rencontré des ruines et des fortifications ou retranchements garnis de fossés et d'espèces de bastions, dont plusieurs cou-vraient cinq ou six acres de terrain. A quelle nation attribuer ces travaux, qui dénotaient une civilisation bien supérieure à celle des Indiens? Problème diffi-cile, dont la solution n'est pas encore trouvée.

Déjà des philologues et des historiens s'inquiétaient de la disparition des tribus indiennes, qui n'avaient jusqu'alors été observées que superficiellement, et ils regrettaient qu'elles se fussent éteintes, sans qu'on eût étudié les langues qu'elles parlaient. La connaissance de ces langues, comparées avec celles de l'ancien monde, aurait peut-être fourni quelque indice inattendu sur l'origine de ces tribus errantes. En même temps, on commençait à étudier la flore et la géologie du pays, science qui réservait aux futurs explorateurs de si merveil-leuses surprises.

Il était trop important pour le gouvernement des États-Unis de procéder rapidement à la reconnaissance des vastes territoires qui le séparaient du Paci-fique, pour qu'il s'abstînt longtemps d'organiser une nouvelle expédition.

Le secrétaire d'État de la guerre chargea, en 1809, le major Long d'explorer la contrée située entre le Mississipi et les montagnes Rocheuses, de reconnaître le cours du Missouri et de ses principaux affluents, de fixer par des observations astronomiques les points les plus remarquables, d'étudier les tribus indiennes, de décrire enfin tout ce que l'aspect du pays et les productions des trois règnes y présenteraient d'intéressant.

Partie de Pittsburg, le 5 mai 1819, sur le bateau à vapeur l'Ingénieur Occi-dental, l'expédition arriva, le 30 mai suivant, au confluent de l'Ohio avec le Mississipi, qu'elle remonta jusqu'à Saint-Louis.

Le 29 juin était reconnue l'embouchure du Missouri. Pendant le mois de juillet, M. Say, chargé des observations zoologiques, parcourut le pays jusqu'au fort Osage, où il fut rejoint par le bateau. Le major Long profita de son séjour en cet endroit pour envoyer un parti reconnaître la contrée entre le Kansas et la Platte; mais ce détachement, attaqué et pillé, dut rebrousser chemin, après s'être vu enlever ses chevaux.

Lorsqu'elle eut reçu, à l'île aux Vaches, un renfort de quinze hommes de troupe, l'expédition gagna, le 19 septembre, le fort Lisa, près de Council-Bluff, où elle prit ses quartiers d'hiver. Violemment attaqués du scorbut, les Améri-cains, qui ne possédaient aucun remède contre cette terrible maladie, per-dirent cent hommes, c'est-à-dire à peu près le tiers de leur effectif.

Le major Long, qui, pendant ce temps, avait gagné Washington avec un canot, rapportait l'ordre de discontinuer le voyage le long du Missouri et de passer

aux sources de la Platte, pour, de là, gagner le Mississipi par l'Arkansas et la
rivière Rouge.

Le 6 juin, les explorateurs quittèrent donc le cantonnement des Ingénieurs,
ainsi qu'ils avaient appelé leurs quartiers d'hiver, et ils remontèrent pendant
plus de cent milles la vallée de la Platte, aux prairies herbeuses, peuplées d'immenses troupeaux de bisons et de daims, qui leur fournirent des vivres en
abondance

A ces prairies sans limites, dont pas un coteau ne vient rompre la monotonie,
succède un désert de sable, qui s'élève en pente douce, sur un espace de près de
quatre cents milles, jusqu'aux montagnes Rocheuses. Coupé de barrancas à pic,
de cañons et de gorges au fond desquelles murmure, sous une végétation rabou-
grie et rare, quelque maigre ruisseau, ce désert n'a d'autres végétaux que les
cactus aux dards pointus et redoutables.

Le 6 juillet, l'expédition avait atteint le pied des montagnes Rocheuses. Le
docteur James en escalada l'un des pics, auquel il donna son nom, et qui s'élève
à 11,500 pieds au-dessus de la mer.

« Du sommet de ce pic, dit le botaniste, le regard embrasse, au nord-ouest
et au sud-ouest, d'innombrables montagnes toutes blanchies de neige : les plus
éloignées en sont revêtues jusqu'à leur base. Immédiatement sous nos pieds,
à l'ouest, gisait l'étroite vallée de l'Arkansas, dont nous pouvions suivre le cours
vers le nord-ouest à plus de soixante milles. Sur le versant nord de la montagne
était une masse énorme de neige et de glace ; à l'est s'étendait la grande plaine,
s'élevant à mesure qu'elle s'éloignait, jusqu'à ce que, à l'extrémité de l'horizon,
elle semblât se confondre avec le ciel. »

En cet endroit, l'expédition se divisa en deux partis. L'un, aux ordres du major
Long, devait se diriger vers les sources de la rivière Rouge ; l'autre, commandé
par le capitaine Bell, allait descendre l'Arkansas jusqu'au port Smith. Les
deux détachements se séparèrent le 24 juillet. Le premier, trompé par les renseignements que lui donnèrent les Indiens Kaskaias et par l'inexactitude des
cartes, prit la Canadienne pour la rivière Rouge, et ne s'aperçut de son erreur
qu'en arrivant au confluent de cette rivière avec l'Arkansas. Ces Kaskaias étaient
bien les plus misérables des sauvages ; mais, intrépides cavaliers, ils excellaient à capturer avec le lacet ces sauvages « mustangs », descendants des chevaux importés au Mexique par les conquérants espagnols.

Le second détachement s'était vu abandonné par quatre soldats, qui avaient
emporté, avec quantité d'effets précieux, les journaux de voyage de Say et du
lieutenant Swift.

Les deux partis avaient eu, d'ailleurs, à souffrir du manque de provisions dans ces déserts recouverts d'une couche de sable, dont les fleuves ne charrient qu'une eau saumâtre ou bourbeuse.

L'expédition rapportait à Washington une soixantaine de peaux d'animaux sauvages, plusieurs milliers d'insectes, dont cinq cents nouveaux, un herbier de quatre ou cinq cents plantes inconnues, de nombreuses vues du pays et les matériaux d'une carte des contrées parcourues.

Le commandement d'une nouvelle expédition fut donné, en 1828, au même major Long, dont les services avaient été vivement appréciés. Quittant Philadelphie au mois d'avril, il se rendit sur l'Ohio, traversa l'État qui porte ce nom, les États d'Indiana et des Illinois. Après avoir atteint le Mississipi, il le remonta jusqu'à l'embouchure de la rivière Saint-Pierre, autrefois visitée par Carver, et, depuis, par le baron La Hontan. Long la suivit jusqu'à sa source, rencontra le lac Travers, gagna le lac Winnipeg, explora la rivière du même nom vit le lac des Bois, celui des Pluies, et arriva au plateau qui sépare le bassin de la baie d'Hudson de celui du Saint-Laurent. Il avait enfin, par le lac d'Eau froide et la rivière du Chien, atteint le lac Supérieur.

Bien que toutes ces localités fussent, depuis de longues années, parcourues par les coureurs des bois canadiens, par les trappeurs et les chasseurs, c'était la première fois qu'une expédition officielle les visitait avec la mission d'en établir la carte. Les voyageurs furent frappés par la beauté des contrées arrosées par Winnipeg. Le cours de ce fleuve, fréquemment interrompu par des rapides et des cascades de l'effet le plus pittoresque, coule entre deux murailles à pic de roches de granit, coiffées de verdure. La beauté de ces paysages, succédant à la monotonie des plaines et des savanes qu'ils avaient traversées jusqu'alors, remplirent les voyageurs d'admiration.

L'exploration du Mississipi, abandonnée depuis l'exploration de Montgomery Pike, fut reprise en 1820 par le général Cass, gouverneur du Michigan. Parti de Détroit, à la fin de mai, avec une suite de vingt hommes rompus au métier de coureur des bois, il gagna le haut Mississipi, après avoir visité les lacs Huron, Supérieur et Sandy. Son escorte, épuisée, dut camper en cet endroit, tandis qu'il reprenait en canot l'exploration du fleuve. Pendant cent cinquante milles, le Mississipi coulait avec rapidité et sans obstacles; mais, à cette distance, son lit était coupé de rapides, pendant une douzaine de milles, jusqu'à la chute de Peckgama.

Au-dessus de cette cataracte, le courant, beaucoup moins rapide, serpentait à travers d'immenses savanes jusqu'au lac des Sangsues. Après avoir gagné le lac Winnipeg, Cass arriva, le 21 juillet, à un nouveau lac, qui reçut son nom ; mais il ne voulut pas pousser plus loin avec les faibles ressources qu'il possédait en munitions, en vivres et en hommes.

On s'était rapproché de la source du Mississipi, on ne l'avait cependant pas atteinte. L'opinion générale était que le fleuve sortait d'un petit lac, situé à soixante milles de celui de Cass, qui portait le nom de lac de la Biche. Cependant, ce fut seulement en 1832, tandis que le général Cass était secrétaire d'État de la guerre, qu'on songea à résoudre cet important problème.

Le commandement d'une expédition de trente personnes, dont dix soldats, un officier chargé de travaux hydrographiques, un chirurgien, un géologue, un interprète et un missionnaire, fut donné à un voyageur nommé Schoolcraft, qui, l'année précédente, avait exploré le pays des Chippeways, au nord-ouest du lac Supérieur.

Schoolcraft, parti de Sainte-Marie le 7 juin 1832, visita les tribus du lac Supérieur et entra bientôt dans la rivière Saint-Louis. Cent cinquante milles séparaient alors Schoolcraft du Mississipi. Il ne lui fallut pas moins de dix jours pour faire ce trajet, à cause des rapides et des fondrières. Le 3 juillet, l'expédition atteignait la factorerie d'un commerçant nommé Aitkin, sur le bord du fleuve, et y célébrait, le lendemain, l'anniversaire de l'indépendance des États-Unis.

Deux jours plus tard, Schoolcraft se trouvait en face de la chute de Peckgama et campait à la pointe des Chênes. En cet endroit le fleuve faisait beaucoup de détours au milieu des savanes ; mais les guides conduisirent l'expédition par des sentiers qui abrégèrent considérablement la distance. Le lac à la Crosse et le lac Winnipeg furent ensuite traversés, et Schoolcraft arriva, le 10 juillet, au lac Cass, point qui n'avait pas encore été dépassé par les explorateurs précédents.

Un parti de Chippeways conduisit les voyageurs au camp qu'ils occupaient dans une île du lac. Le commandant, sûr des dispositions amicales de ces sauvages, laissa en cet endroit une partie de son escorte, et, accompagné du lieutenant Allen, du chirurgien Houghton, d'un missionnaire et de plusieurs sauvages, il partit en pirogue.

Les lacs Tascodiac, Travers, furent successivement visités. Un peu au delà de ce dernier, le Mississipi se partage en deux branches ou fourches. Le guide conduisit Schoolcraft par celle de l'est, et, lui faisant franchir les lacs Marquette, Lasalle et Kubbakunna, il l'amena au confluent de la Naiwa, principal tributaire de cette fourche, qui sort d'un lac infesté de serpents à tête cuivrée. Enfin, après avoir passé par le petit lac Usawa, l'expédition atteignit le lac Itasca, d'où s'échappe la branche itascane ou occidentale du Mississipi.

Le lac Itasca, ou de la Biche, — comme l'appelaient les Français, — n'a pas plus de sept à huit milles d'étendue, et il est entouré de collines, que vient assombrir le feuillage foncé des pins. Il serait à 1,500 pieds au-dessus de l'Océan, selon Schoolcraft, mais il ne faut pas attacher grande importance à ces mesures, car le commandant n'avait pas d'instruments à sa disposition.

L'expédition suivit, pour regagner le lac de Cass, la fourche occidentale et reconnut les principaux affluents de cette branche. Schoolcraft explora ensuite les Indiens qui fréquentaient ces contrées, et il conclut des traités avec eux.

En résumé, le but que le gouvernement se proposait était atteint, et le Mississipi était dès lors exploré depuis son embouchure jusqu'à sa source. L'expédition rapportait une foule de détails intéressants sur les mœurs, les usages, l'histoire et la langue des indigènes ; enfin, l'histoire naturelle avait fourni un ample contingent d'espèces nouvelles et peu connues.

Mais l'activité des peuples des États-Unis ne se bornait pas à ces explorations officielles. Nombre de trappeurs se lançaient à travers des contrées nouvelles. Pour la plupart absolument illettrés, ils ne purent faire profiter la science de leurs découvertes. Il n'en est pas de même de Jacques Pattie, qui a publié le récit de ses aventures romanesques et de ses courses périlleuses dans la région qui s'étend entre le Nouveau-Mexique et la Nouvelle-Californie. En descendant le rio Gila jusqu'à son embouchure, Pattie a visité des peuples presque ignorés, les Jotans, les Eiotaros, les Papawars, les Mokees, les Yumas, les Mohawas, les Nababos, etc., avec lesquels les relations avaient toujours été des plus rares. Il découvrit, sur les bords du rio Eiotario, des ruines d'anciens monuments, des murs de pierre, des fossés et des poteries, et, dans les montagnes voisines, des mines de cuivre, de plomb et d'argent.

On doit également un curieux journal de voyage au docteur Willard, qui, dans un séjour de trois ans dans le Nouveau-Mexique, visita le Rio-del-Norte de sa source à son embouchure.

Enfin, en 1831, le capitaine Wyeth et son frère explorèrent l'Orégon et la partie voisine des montagnes Rocheuses.

Depuis le voyage de Humboldt au Mexique, les explorateurs se succèdent dans l'Amérique centrale. Bernasconi, en 1787, avait découvert les ruines de Palenqué, aujourd'hui fameuses ; Antonio Del-Rio en avait donné, en 1822 une description détaillée, qu'il avait même accompagnée de quelques dessins, dus au crayon de Frédéric Waldeck, futur explorateur de cette ville morte.

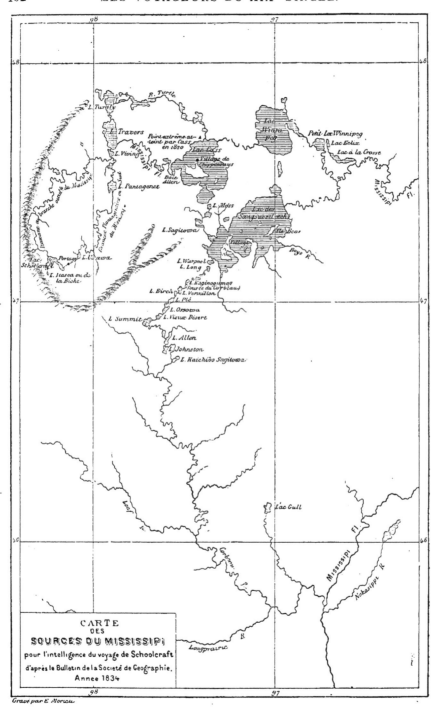

CARTE
DES
SOURCES DU MISSISSIPI
pour l'intelligence du voyage de Schoolcraft
d'après le Bulletin de la Société de Géographie,
Année 1834

Gravé par E. Morieu.

Vue de la pyramide de Xochicaleo. (*Fac-simile. Gravure ancienne.*)

Le capitaine Guillaume Dupaix et le dessinateur Castañeda, de 1805 à 1807 avaient fait trois voyages successifs dans l'État de Chiapa et à Palenqué, et le résultat de leurs recherches parut, en 1830, dans un magnifique ouvrage, dont les dessins, dus à Augustine Aglio, ont été exécutés aux frais de lord Kings. borough.

Enfin, en 1832, Waldeck séjournait deux ans entiers à Palenqué, y faisait des fouilles, y levait les plans, coupes et élévations des monuments, s'appliquait à reproduire les hiéroglyphes encore inexpliqués qui les recouvrent, et il réunissait, aussi bien sur l'histoire naturelle que sur les mœurs des habitants, une foule de renseignements absolument nouveaux.

Il faut également citer le colonel don Juan Galindo, l'explorateur de Palenqué, d'Utatlan, de Copan, et d'autres cités enfouies au fond des forêts tropicales.

Après le long 'séjour que Humboldt avait fait dans l'Amérique équinoxiale, l'essor que ses explorations semblaient devoir donner aux études géographiques se trouva singulièrement entravé par les luttes des colonies espagnoles contre leur métropole. Cependant, aussitôt que les gouvernements indigènes eurent acquis un semblant de stabilité, des explorateurs intrépides s'élancèrent à travers ce monde qui était alors véritablement nouveau, car la jalousie ombrageuse des Espagnols l'avait fermé jusqu'alors aux investigations des savants.

Des naturalistes, des ingénieurs parcourent l'Amérique méridionale ou vont s'y établir. Bientôt même, 1817-1820, les gouvernements d'Autriche et de Bavière s'entendent pour envoyer au Brésil une expédition scientifique, à la tête de laquelle ils placent les docteurs Spix et de Martius, qui recueillent de nombreuses informations sur la botanique, l'ethnographie, la statistique et la géographie de ces contrées si peu connues, et Martius écrit sur la flore du pays un monumental ouvrage. Cette publication, faite aux frais des gouvernements d'Autriche et de Bavière, semble un des modèles du genre.

A] la même époque, les recueils spéciaux : les *Annales des voyages* de Malte-Brun et le *Bulletin de la Société de Géographie,* pour ne citer que des ouvrages français, accueillent avec empressement et publient toutes les communications qu'on leur adresse, principalement sur le Brésil et la province de Minas Geraës

En même temps, un général prussien, le major général prince de Wied-Neuwied, à qui la paix de 1815 avait créé des loisirs, s'adonnait à l'étude des sciences naturelles, de la géographie et de l'histoire. De plus, en compagnie des naturalistes Freirciss et Sellow, il exécutait un voyage d'exploration dans les provinces intérieures du Brésil, et s'occupait tout spécialement de l'histoire naturelle et de la zoologie.

Quelques années plus tard, en 1836, c'était le naturaliste français Alcide d'Orbigny, déjà célèbre quoique encore bien jeune, qui recevait de l'administration du Muséum une mission relative à l'histoire naturelle de l'Amérique méridionale. Pendant huit années consécutives d'Orbigny parcourut le Brésil, l'Uruguay, la République Argentine, la Patagonie, le Chili, la Bolivie et le Pérou.

« Un tel voyage, dit Damour dans le discours qu'il prononça aux funérailles de d'Orbigny, un tel voyage, poursuivi dans des contrées si diverses par leurs productions, par leur climat, par la nature de leur sol et par les mœurs de leurs habitants, présente à chaque pas de nouveaux périls. D'Orbigny, doué d'une forte constitution et d'une ardeur infatigable, surmonta des obstacles qui eussent rebuté bien des voyageurs. Arrivé dans les froides régions de la Patagonie, au milieu de sauvages peuplades constamment en guerre, il se vit contraint de prendre parti et de combattre dans les rangs d'une des tribus qui lui avaient donné l'hospitalité. Heureusement pour l'intrépide savant, la victoire s'étant déclarée de son côté, lui rendit le loisir de continuer sa route. »

Les résultats de si longues recherches exigèrent, pour être mis en œuvre, treize années d'un travail acharné. Cet ouvrage, qui touche à presque toutes les sciences, laisse bien loin derrière lui ce qui avait été publié sur l'Amérique méridionale. L'histoire, l'archéologie, la zoologie, la botanique y tiennent une place d'honneur; mais la plus importante division de cet ouvrage encyclopédique est celle qui est consacrée à l'*Homme américain*. Là, l'auteur a rassemblé tous les documents qu'il avait recueillis par lui-même, analysé et critiqué ceux qui lui venaient de seconde main, sur les caractères physiologiques, sur les mœurs, les langues et les religions de l'Amérique du Sud. Un ouvrage de cette valeur devrait suffire à immortaliser le nom du savant français, et fait le plus grand honneur à la nation qui le compte au nombre de ses enfants.

FIN DE LA PREMIÈRE PARTIE

DEUXIÈME PARTIE

CHAPITRE I

LES CIRCUMNAVIGATEURS ÉTRANGERS

Le commerce des fourrures en Russie. — Krusenstern reçoit le commandement d'une expédition. — Nouka-Hiva. — Nangasaki. — Reconnaissance de la côte du Japon. — Iéso. — Les Aïnos. — Saghalien. — Retour en Europe. — Otto de Kotzebue. — Relâche à l'île de Pâques. — Penrhyn. — L'archipel Radak. — Retour en Russie. — Second voyage. — Changements arrivés à Taïti et aux Sandwich. — Voyage de Beechey. — L'île de Pâques. — Pitcairn et les révoltés de la *Bounty*. — Les Pomotou. — Taïti et les Sandwich. — Les îles Bonin-Sima. — Lütke. — Les Quebradas de Valparaiso. — La semaine sainte au Chili. — La Nouvelle-Arkhangel. — Les Kaloches. — Ouna-Lachka. — L'archipel des Carolines. — Les pirogues des Carolins. — Guaham, île déserte. — Beauté et utilité des îles Bonin-Sima. — Les Tchouktchis, leurs mœurs et leurs jongleurs. — Retour en Russie.

Avec le xix⁰ siècle, les Russes commencent à se joindre aux voyages qui s'accomplissent autour du monde. Jusqu'alors, le champ de leurs explorations s'est presque entièrement concentré dans l'Asie, et l'on ne compte guère parmi leurs marins que Behring, Tchirikoff, Spangberg, Laxman, Krenitzin et Sarytcheff. Ce dernier prit une part considérable au voyage de l'anglais Billings, voyage qui fut loin de produire les résultats qu'on était en droit d'attendre des dix années qui y furent consacrées et des dépenses considérables dont il avait été l'objet.

C'est à Adam Jean de Krusenstern que revient l'honneur d'avoir, le premier de tous les Russes, fait le tour du monde dans un but scientifique et avec une mission du gouvernement.

Né en 1770, Krusenstern entrait, en 1793, dans la marine anglaise. Soumis, pendant six ans, à cette rude école qui comptait alors les plus habiles marins du globe, il revenait dans sa patrie avec une parfaite connaissance du métier, et des idées singulièrement développées sur le rôle que la Russie pouvait jouer dans l'Asie orientale.

Pendant un séjour de deux ans à Canton, en 1798 et 1799, Krusenstern avait été témoin des résultats merveilleux qu'avaient obtenus quelques négociants anglais dans la vente des fourrures qu'ils allaient chercher sur les côtes nord-ouest de l'Amérique russe.

Ce commerce n'avait pris naissance que depuis le troisième voyage de Cook, et les Anglais y avaient déjà réalisé d'immenses bénéfices au détriment des Russes, qui, jusqu'alors, avaient alimenté par terre les marchés de la Chine.

Cependant, un Russe, nommé Chelikoff, avait formé, en 1785, une compagnie qui, s'établissant sur l'ile Kodiak, à égale distance de l'Amérique, du Kamtchatka et des îles Aléoutiennes, ne tarda pas à prendre un développement considérable. Le gouvernement comprit alors tout le parti qu'il pouvait tirer de contrées jusque-là considérées comme déshéritées, et il dirigea vers le Kamtchatka, à travers la Sibérie, des renforts, des provisions et des matériaux.

Krusenstern n'avait pas tardé à se rendre compte de l'insuffisance de ces secours, de l'inhabileté des pilotes, et de l'insécurité des cartes dont les erreurs amenaient tous les ans la perte de plusieurs navires, sans parler du préjudice qu'un voyage de deux ans apportait au transport des fourrures jusqu'à Okotsk et, de là, à Kiakhta.

Les idées les meilleures étant toujours les plus simples, c'est à celles-là qu'on songe en dernier lieu. Krusenstern fut donc le premier à démontrer l'impérieuse nécessité d'aller, directement et par mer, des îles Aléoutiennes, lieu de production, à Canton, marché le plus suivi.

A son retour en Russie, Krusenstern avait essayé de faire partager ses vues par le comte Koucheleff, ministre de la marine, mais la réponse qu'il reçut lui ôta toute espérance. Ce ne fut que lors de l'avènement d'Alexandre Ier, quand l'amiral Mordvinoff prit le portefeuille de la marine, qu'il se vit encouragé.

Bientôt même, sur les conseils du comte Romanof, Krusenstern fut chargé par l'empereur d'exécuter lui-même les plans qu'il avait proposés. Le 7 août 1802, il reçut le commandement de deux vaisseaux destinés, à explorer la côte nord-ouest de l'Amérique.

Mais si le chef de l'expédition était nommé, les officiers et les matelots qui devaient le suivre n'étaient pas choisis, et quant aux vaisseaux, il fallait renoncer à les trouver dans l'empire russe. On n'en rencontra pas davantage à Hambourg. Ce fut seulement à Londres que le capitaine Lisianskoï, futur second de Krusenstern, et le constucteur Kasoumoff, réussirent à se procurer deux bâtiments, qui leur parurent à peu près propres au but qu'on se proposait. Ils reçurent les noms de *Nadiejeda* et de *Neva*.

Sur ces entrefaites, le gouvernement résolut de profiter de cette expédition pour envoyer au Japon un ambassadeur, M. de Besanoff, avec une nombreuse suite et de magnifiques présents destinés au souverain du pays.

Le 4 août 1803, les deux bâtiments, complètement arrimés et portant cent trente-quatre personnes, quittèrent la rade de Cronstadt. Ils firent à Copenhague et à Falmouth des stations rapides, afin de remplacer une partie des salaisons achetées à Hambourg et de calfater la *Nadiejeda*, dont les coutures s'étaient ouvertes pendant un gros temps qui assaillit l'expédition dans la mer du Nord.

Après une courte relâche aux Canaries, Krusenstern chercha vainement, comme l'avait fait La Pérouse, l'île Ascençao, sur l'existence de laquelle le sopinions étaient partagées depuis trois cents ans. Puis, il rallia le cap Frio, dont il ne put fixer exactement la position, malgré le vif désir qu'il en avait, car les relations et les cartes les plus récentes variaient entre 23° 06' et 22° 34'. Après avoir eu connaissance de la côte du Brésil, il donna entre les îles de Gal et d'Alvarado passage à tort signalé comme dangereux par La Pérouse, et entra, le 21 décembre 1803, à Sainte-Catherine.

La nécessité de remplacer le grand mât et le mât de misaine de la *Neva* arrêta, pendant cinq semaines, Krusenstern dans cette île, où il reçut des autorités portugaises l'accueil le plus empressé.

Le 4 février, les deux bâtiments purent reprendre leur voyage. Ils étaient préparés à affronter les dangers de la mer du Sud et à doubler le cap Horn, cet effroi des navigateurs.

Si le temps fut constamment beau jusqu'à la hauteur de la Terre des États, par contre, à des coups de vent d'une violence extrême, à des rafales de grêle et de neige, succédèrent des brouillards épais avec des lames extrêmement hautes et une grosse houle qui fatiguait les bâtiments. Le 24 mars, pendant une brume opaque, un peu au-dessus de l'embouchure occidentale du détroit de Magellan, les deux navires se perdirent de vue. Ils ne devaient plus se retrouver qu'à Nouka-Hiva.

Krusenstern, après avoir renoncé à toucher à l'île de Pâques, gagna l'archipel des Marquises ou Mendocines, et détermina la position des îles Fatougou et Ouahouga, nommées Washington par Ingraham, capitaine américain, et découvertes en 1791, peu de semaines avant le capitaine Marchand, qui les appela îles de la Révolution. Il vit Hiva-Hoa, la Dominica de Mendana, et rencontra à Nouka-Hiva un Anglais du nom de Roberts et un Français appelé Cabri, qui, par leur connaissance de la langue, lui rendirent d'importants services.

Les événements que relatent cette relâche n'offrent pas grand intérêt. Le récit de ceux que relatent les voyages de Cook peut s'appliquer à celui de Krusenstern. Mêmes détails sur l'incontinence aussi absolue qu'inconsciente des femmes, sur l'étendue des connaissances agricoles des naturels, sur leur avidité pour les instruments de fer.

On n'y rencontre aucune observation qui n'ait été faite par les voyageurs précédents, sinon l'existence de plusieurs sociétés dont le roi ou ses parents, des prêtres ou des guerriers distingués sont les chefs, à condition de nourrir leurs sujets en temps de disette. A notre avis, cette institution rappellerait celle des clans de l'Écosse, ou des tribus indiennes de l'Amérique. Telle n'est pas l'opinion de Krusenstern, qui s'exprime ainsi :

« Les membres de ce club se reconnaissent à différentes marques tatouées sur leur corps. Ceux du club du roi, par exemple, au nombre de vingt-six, ont sur la poitrine un carré long de six pouces, et large de quatre. Roberts en faisait partie. Celui-ci m'assura qu'il ne serait jamais entré dans cette société, si la faim ne l'y eût forcé. Sa répugnance me paraissait cependant impliquer contra-diction, puisque, non seulement tous ceux qui composent une pareille société sont libres de toute inquiétude pour leur nourriture, mais que, de son aveu même, les insulaires regardent comme un honneur d'y être admis. Je soupçonnai donc que cette distinction entraîne la perte d'une partie de la liberté. »

Une reconnaissance des environs d'Anna-Maria fit découvrir le port de Tchitchagoff, dont l'entrée est difficile, il est vrai, mais dont le bassin est si bien enfermé dans les terres que la tempête la plus violente ne pourrait agiter ses eaux.

L'anthropophagie était encore florissante à Nouka-Hiva, au moment de la visite de Krusenstern. Cependant, cet explorateur ne raconte pas avoir été témoin de scènes de ce genre.

En somme, Krusenstern fut accueilli avec affabilité par un roi qui paraissait n'avoir pas grande autorité sur ce peuple de cannibales, adonnés aux vices les plus révoltants.

Il avoue qu'il aurait emporté de ces insulaires l'opinion la plus favorable, s'il n'eût rencontré les deux Européens en question, dont les témoignages éclairés et désintéressés furent en complet accord.

« Nous n'avons éprouvé de la part des Noukahiviens, dit le navigateur russe, que d'excellents procédés; ils se sont toujours conduits avec la plus grande honnêteté dans leur commerce d'échange avec nous; ils commençaient toujours par livrer leurs cocos avant de recevoir notre fer. Si nous avions besoin de bois ou d'eau, ils étaient toujours prêts à nous aider. Nous n'avons eu que très rarement à nous plaindre du vol, vice si commun et si répandu dans toutes les îles de cet océan. Toujours gais et contents, la bonté paraissait peinte sur leur

Néo-Zélandais. (*Fac-simile. Gravure ancienne.*)

gure... Les deux Européens que nous avons trouvés à Nouka-Hiva, et qui avaient vécu plusieurs années dans cette île, se sont accordés à dire que les habitants sont dépravés, barbares, et, sans excepter même les femmes, cannibales dans toute l'étendue du terme ; que leur air de gaieté et de bonté, qui nous a si fort trompés, ne leur est pas naturel ; que la crainte de nos armes et l'espérance du gain, les avaient seules empêchés de donner un libre cours à leurs passions féroces. Ces Européens décrivirent, comme témoins oculaires, avec les plus grands détails, des scènes affreuses qui avaient lieu presque tous les jours chez ce peuple, surtout en temps de guerre. Ils nous racontèrent avec quelle rage ces barbares tombent sur leur proie, lui coupent la tête, sucent, avec une

Type Aïnos. (*Fac-simile. Gravure ancienne.*)

horrible avidité, le sang par une ouverture qu'ils font au crâne et achèvent
ensuite leur détestable repas. J'ai d'abord refusé de croire à ces horreurs, et
regardé ces rapports comme fort exagérés. Mais ces récits reposent sur la dépo-
sition de deux hommes qui ont été, pendant plusieurs années, non seulement
témoins, mais encore acteurs dans ces scènes abominables. Ces deux hommes
étaient ennemis jurés, et cherchaient, en se calomniant mutuellement, à se
mettre plus en crédit dans notre esprit. Jamais, cependant, ils ne se sont con-
tredits sur ce point. D'ailleurs, les récits de ces deux Européens s'accordent
parfaitement avec les divers indices qui nous ont frappés pendant notre court
séjour. Chaque jour, les Noukahiviens nous apportaient une quantité de crânes

à vendre; leurs armes étaient toutes ornées de cheveux. Des ossements humains décoraient, à leur manière, une grande partie de leurs meubles. Ils nous faisaient connaître aussi, par leurs pantomimes, leur goût pour la chair humaine. »

Il y a lieu de regarder le tableau comme chargé. Entre l'optimisme de Cook et de Forster et les déclarations des deux Européens, dont l'un au moins était fort peu estimable, puisqu'il avait déserté, doit se trouver la vérité.

Et nous-mêmes, avant d'avoir atteint la civilisation très raffinée dont nous jouissons aujourd'hui, n'avons-nous pas parcouru tous les degrés de l'échelle? A l'époque de l'âge de pierre, nos mœurs étaient-elles supérieures à celles des sauvages de l'Océanie?

Ne reprochons donc pas à ces représentants de l'humanité de n'avoir pu s'élever plus haut qu'ils ne l'ont fait. Ils n'ont jamais constitué un corps de nation. Épars sur l'immense océan, divisés en petites peuplades, sans ressources agricoles ou minérales, sans relations, sans besoins, en raison du climat sous lequel ils vivent, ils ont été forcés de rester stationnaires ou de ne développer que certains petits côtés des arts ou de l'industrie. Et cependant, combien de fois leurs étoffes, leurs instruments, leurs canots, leurs filets, n'ont-ils pas fait l'admiration des voyageurs!

Le 18 mai 1804, la *Nadiejeda* et la *Neva* quittèrent Nouka-Hiva et firent voile pour les îles Sandwich, où Krusenstern avait résolu de s'arrêter, afin de s'approvisionner de vivres frais, ce qu'il n'avait pu faire à Nouka-Hiva, où il n'avait trouvé que sept cochons.

Mais ses projets furent trompés. Les naturels d'Owyhee ou Havaï n'apportèrent, aux navires en panne devant la côte sud-ouest, que très peu de provisions. Encore ne voulaient-ils les céder que contre du drap, que Krusenstern se vit dans l'impossibilité de leur fournir. Il fit aussitôt route pour le Kamtchatka et le Japon, laissant la *Neva* devant le village de Karakakoua, où le capitaine Lisianskoï comptait se ravitailler.

Le 14 juillet, la *Nadiejeda* entrait à Saint-Pierre-Saint-Paul, capitale du Kamtchakta, où l'équipage trouva, avec des vivres frais, un repos qu'il avait bien gagné. Le 30 août, les Russes reprenaient la mer.

Accueilli par des brumes épaisses et des temps orageux, Krusenstern rechercha, sans les rencontrer, quelques iles tracées sur une carte trouvée à bord du galion espagnol capturé par Anson, et dont l'existence avait été tour à tour accueillie ou rejetée par différents cartographes, mais qui figurent sur la carte de l'atlas du voyage de La Billardière.

Le navigateur passa ensuite par le détroit de Van-Diémen, entre la grande île Kinsiu et Tanega-Sima, détroit jusqu'alors mal indiqué, et, rectifiant la position de l'archipel Liou-Kieou, que les Anglais plaçaient au nord du détroit de Van-Diémen et les Français trop au sud, il rangea, releva et nomma le littoral de la province de Satsuma.

« Le coup d'œil de cette partie de Satsuma est charmant, dit Krusenstern. Comme nous en prolongions la côte à une petite distance, nous pouvions voir distinctement tous les sites pittoresques qu'elle nous offrait. Ils variaient et se succédaient rapidement à mesure que le vaisseau avançait. L'île n'est qu'un assemblage de sommets pointus, les uns terminés en pyramide, d'autres en coupole ou en cône, tous abrités par les hautes montagnes qui les environnent. Si la nature a été prodigue d'ornements pour cette île, l'industrie des Japonais a su y en ajouter d'autres. Rien n'égale la richesse de culture que l'on admire en tous lieux. Elle ne nous eût peut-être pas frappés, si elle se fût bornée aux vallées voisines des côtes, — ces terrains ne sont pas non plus négligés en Europe, — mais ici, non seulement les montagnes sont cultivées jusqu'à leurs sommets, mais ceux des rochers mêmes qui bordent le rivage sont couverts de champs et de plantations qui forment avec la couleur brune et sombre de leur base un contraste singulier et nouveau pour les yeux. Nous fûmes également bien étonnés à la vue d'une allée de grands arbres qui se prolongeait le long de la côte à perte de vue à travers monts et vallées. On y distinguait, à certaines distances, des bosquets destinés, sans doute, au repos des voyageurs à pied, pour qui cette route a probablement été faite. Il est difficile de porter aussi loin qu'au Japon l'attention pour les voyageurs ; car nous vîmes une allée semblable près de Nangasaki et une autre encore dans l'île de Meac-Sima. »

A peine la *Nàdiejeda* avait-elle mouillé à l'entrée du port de Nangasaki, que Krusenstern vit monter à son bord plusieurs « daïmios », qui lui apportaient la défense de pénétrer plus loin.

Bien que les Russes fussent au courant de la politique d'isolement que pratiquait le gouvernement japonais, ils espéraient qu'ayant à leur bord un ambassadeur de Russie, nation voisine et puissante, ils recevraient un accueil moins offensant. Ils comptaient aussi jouir d'une liberté relative, dont ils auraient profité pour recueillir des renseignements sur ce pays alors si peu connu, et sur lequel le seul peuple qui y eût accès s'était fait une loi de se taire.

Mais il furent déçus dans leurs espérances. Loin de jouir de la même latitude que les Hollandais, ils furent, durant tout leur séjour, entourés d'une surveillance aussi minutieuse que blessante et même retenus prisonniers.

Si l'ambassadeur obtint de descendre à terre avec sa garde « en armes »,
faveur inouïe dont il n'y avait pas d'exemple, les matelots ne purent s'écarter
en canot. Lorsqu'on leur permit de débarquer, on entoura de hautes palissades
et l'on munit de deux corps de garde cet étroit lieu de promenade.

Défense d'écrire en Europe par voie de Batavia, défense de s'entretenir avec
les capitaines hollandais, défense à l'ambassadeur de quitter sa maison, défense... Ce mot résume laconiquement l'accueil peu cordial des Japonais.

Krusenstern profita de son long séjour en cet endroit pour dégréer complètement et radouber son navire. Cette opération tirait à sa fin, lorsque fut annon-
cée la venue d'un envoyé de l'empereur, d'une dignité si haute, que, selon l'expression des interprètes, « il osait regarder les pieds de Sa Majesté impériale. »

Ce personnage commença par refuser les présents du czar, sous prétexte que
l'empereur serait obligé d'en renvoyer d'autres avec une ambassade, ce qui
était contraire aux coutumes du pays; puis il signifia la défense expresse à tout
vaisseau de se présenter dans les ports du Japon, et la prohibition absolue aux
Russes de rien acheter; mais il déclarait en même temps que les provisions
fournies pour le radoub du vaisseau et les vivres délivrés jusqu'à ce jour seraient
payés aux frais de l'empereur du Japon. En même temps, il s'informa si les
réparations de la *Nadiejeda* étaient bientôt achevées. Krusenstern comprit à
demi-mot et fit hâter les préparatifs du départ.

En vérité, il n'y avait pas lieu de se féliciter d'avoir attendu depuis le mois
d'octobre jusqu'au mois d'avril une pareille réponse! L'un des résultats que
s'était proposés le gouvernement était si peu atteint qu'aucun navire russe ne
pouvait plus aborder dans un port japonais. Politique étroite et jalouse, qui
allait retarder d'un demi-siècle la prospérité du Japon!

Le 17 avril, la *Nadiejeda* levait l'ancre et commençait une campagne hydrographique très fructueuse. Seul, La Pérouse avait précédé Krusenstern dans les
mers qui s'étendent entre le Japon et le continent. Aussi, le navigateur russe
désirait-il lier ses recherches à celles de son prédécesseur et combler les lacunes
que celui-ci avait été forcé de laisser, faute de temps, dans la géographie de ces
mers.

« Mon plan, dit Krusenstern, était d'explorer les côtes sud-ouest et nord-ouest
du Japon, de déterminer la position du détroit de Sangar, auquel les cartes d'Arrowsmith, dans le *Pilote de la mer du Sud*, et celles de l'atlas du voyage de La Pérouse attribuent cent milles de largeur, tandis que les Japonais ne lui donnent
qu'un mille hollandais; de relever la côte occidentale d'Ieso, de tâcher de
découvrir l'île Karafouto, indiquée, d'après une carte japonaise, sur quelques

cartes modernes entre Ieso et Saghalien et dont l'existence me paraissait très probable ; d'examiner ce nouveau détroit et de relever entièrement l'île Saghalien depuis le cap Crillon jusqu'à la côte nord-ouest, d'où, si j'y trouvais un bon port, j'enverrais ma chaloupe pour vérifier le passage encore problématique qui sépare la Tartarie de Saghalien ; enfin, d'essayer de passer par un autre canal au nord du détroit de la Boussole, entre les Kouriles. »

Ce plan si détaillé, Krusenstern allait le réaliser en grande partie. Seules les reconnaissances de la côte occidentale du Japon et du détroit de Sangar, ainsi que celles du détroit qui ferme au nord la Manche de Tarakaï, ne purent être faites par le navigateur russe, qui laissa, malgré lui, à ses successeurs, le soin de terminer cette importante opération.

Krusenstern embouqua donc le détroit de Corée, constata pour la longitude de l'île de Tsus une différence de trente-six minutes entre son estime et celle de La Pérouse, — différence qui se trouve rectifiée, chez celui-ci, par les tables de correction de Dagelet, qu'il faut absolument consulter.

L'explorateur russe se trouva également d'accord avec le marin français pour remarquer que la déclinaison de l'aiguille aimantée est très peu sensible dans ces parages.

La position du détroit de Sangar entre Ieso et Niphon étant très incertaine, Krusenstern tenait à la préciser. La bouche située entre le cap Sangar, par 41° 16′ 30″ de latitude et 219° 46′ de longitude, et le cap de la Nadiejeda au nord, par 41° 25′ 10″ de latitude et 219° 50′ 30″ de longitude, n'a pas plus de neuf milles de large. Or, La Pérouse, qui, ne l'ayant pas reconnue, se fiait à la carte du voyageur hollandais Vries, lui donnait cent dix milles. C'était une importante rectification.

Krusenstern n'embouqua pas ce détroit. Il voulait vérifier l'existence d'une certaine île, Karafouto, Tchoka ou Chicha, placée entre Ieso et Saghalien sur une carte parue à Saint-Pétersbourg en 1802, et basée sur celle qu'avait apportée en Russie le japonais Koday. Il remonta donc, à petite distance, la côte de Ieso, en nomma les principales indentations, et s'arrêta quelque peu à la pointe septentrionale de cette île, à l'entrée du détroit de La-Pérouse.

Là, il apprit des Japonais que Saghalien et Karafouto ne font qu'une seule et même île.

Le 10 mai 1805, en débarquant à Ieso, Krusenstern fut étonné de trouver la saison aussi peu avancée. Les arbres n'avaient pas de feuilles, il y avait encore par places une couche épaisse de neige, et l'impression du voyageur fut qu'il faudrait remonter jusqu'à Arkhangel pour éprouver à cette époque une température aussi rigoureuse. L'explication de ce phénomène devait être donnée plus tard, lorsqu'on connaîtrait mieux la direction du courant glacé qui, sortant du détroit de Behring, longe le Kamtchatka, les Kouriles et Ieso.

Durant cette courte relâche et pendant celle que Krusenstern fit à Saghalien, il put observer les Aïnos, peuple qui ne ressemblait en rien aux Japonais, — du moins à ceux que les relations avec la Chine avaient modifiés, — et qui devaient posséder Ieso tout entière, avant que ceux-ci s'y établissent.

« Leur taille, leur physionomie, leur langue, leur manière de s'habiller, raconte le voyageur, tout prouve qu'ils ont une origine commune (avec ceux de Saghalien) et qu'ils ne forment qu'une seule nation. C'est ce qui explique comment le capitaine du vaisseau *le Castricum*, ayant manqué le détroit de La-Pérouse, put croire, à Aniva et à Atkis, qu'il était toujours sur la même île. Les Aïnos ont presque généralement la même taille, qui est depuis cinq pieds deux pouces jusqu'à cinq pieds quatre pouces au plus. Ils ont le teint brun foncé et presque noir, la barbe épaisse et touffue, les cheveux noirs et hérissés, plats et pendants en arrière. Les femmes sont laides ; leur teint aussi foncé que celui des hommes, leurs cheveux noirs peignés sur le visage, leurs lèvres peintes en bleu et leurs mains tatouées, cet ensemble, joint à un habillement sale, ne contribue pas à les rendre agréables. Je dois leur rendre la justice d'ajouter qu'elles sont très sages et très modestes. Le trait principal du caractère d'un Aïno est la bonté : elle brille dans tous ses traits et se manifeste dans toutes ses actions.... L'habillement des Aïnos consiste en général en peaux de chien et de phoque. J'en ai cependant vu plusieurs qui portaient une autre sorte d'habit, tout à fait semblable au *parkis* des Kamtchadales, qui n'est proprement qu'une chemise large, mise par-dessus les autres vêtements. Les habitants d'Aniva portaient tous des pelisses ; leurs bottes mêmes étaient de peaux de phoque. Les femmes étaient vêtues des mêmes espèces de peaux. »

Après avoir franchi le détroit de La-Pérouse, Krusenstern s'arrêta à la baie d'Aniva, dans l'île Saghalien. Le poisson y était si commun, que deux comptoirs japonais employaient plus de quatre cents Aïnos à le nettoyer et à le sécher. On ne le pêchait pas avec des filets, on le puisait avec des seaux pendant le reflux.

Après avoir relevé le golfe Patience, qui n'avait été examiné qu'en partie par le Hollandais Vriès, et au fond duquel se jette un cours d'eau, qui reçut le nom de Neva, Krusenstern interrompit la reconnaissance de Saghalien pour relever les Kouriles, dont la position n'avait été qu'incomplètement déterminée ; puis, le 5 juin 1805, il rentra à Pétropaulowsky, où il débarqua l'ambassadeur et sa suite.

Au mois de juillet, après avoir franchi le détroit de la Nadiejeda entre Matoua et Rachona, deux des Kouriles, Krusenstern reprit le relèvement de la côte orientale de Saghalien, dans les environs du cap Patience. Les alentours en étaient assez pittoresques, avec leurs collines tapissées de verdure et d'arbres peu élevés, leur rivage bordé de buissons. L'intérieur offrait à la vue une ligne uniforme et monotone de hautes montagnes.

Le navigateur suivit cette côte déserte et sans ports dans toute sa longueur, jusqu'aux caps Maria et Élisabeth. Entre eux s'enfonce une grande baie, au fond de laquelle est assis un petit village de trente-sept maisons, le seul que les Russes eussent aperçu depuis leur départ de la baie Providence. Il n'était pas habité par des Aïnos, mais bien par des Tartares, comme on en eut la preuve quelques jours après.

Krusenstern pénétra ensuite dans le canal qui sépare Saghalien de la Tartarie; mais à peine était-il à cinq milles du milieu de l'ouverture, que la sonde accusa six brasses seulement. Il ne fallait pas songer à s'avancer plus loin. Ordre fut donné de mettre en travers, tandis qu'une embarcation s'éloignait avec la mission de suivre tour à tour les deux rives, et d'explorer le milieu du canal jusqu'à ce qu'elle ne trouvât plus que trois brasses. Elle dut lutter contre un courant très violent, qui rendit cette navigation extrêmement pénible, courant qu'on attribua, non sans raison, au fleuve Amour, dont l'embouchure n'était pas éloignée.

Mais la recommandation qui avait été faite à Krusenstern, par le gouverneur du Kamtchatka, de ne pas s'approcher de la côte de la Tartarie soumise à la Chine, afin de ne pas éveiller la défiance soupçonneuse de cette puissance, l'empêcha de pousser plus loin son travail de relèvement. Passant encore une fois à travers la chaine des Kouriles, la *Nadiejeda* rentra à Pétropawlosky.

Le commandant profita de son séjour en ce port pour faire quelques réparations indispensables à son bâtiment, et pour rétablir les monuments du capitaine Clerke, qui avait succédé à Cook dans le commandement de sa dernière expédition, et de Delisle de La Croyère, l'astronome français, compagnon de Behring en 1741.

Krusenstern reçut, pendant cette dernière station, une lettre autographe de l'empereur de Russie, qui, en témoignage de satisfaction de ses travaux, lui envoyait la décoration de Sainte-Anne.

Le 4 octobre 1805, la *Nadiejeda* reprit enfin la route de l'Europe, explorant les parages où étaient indiquées, sur les cartes, les îles douteuses de Rica-de-Plata, Guadalupas, Malabrigos, Saint-Sébastien de Lobos et San-Juan.

Carte de Tartarie et des Kouriles.

Krusenstern reconnut les îles Farellon de la carte d'Anson, qui portent aujour-d'hui les noms de Saint-Alexandre, Saint-Augustin et Volcanos, groupe qui sc trouve au sud des Bonin-Sima. Puis, après avoir franchi le canal de Formose, il entra, le 21 novembre, à Macao.

Il fut très étonné de n'y pas trouver la *Neva*, qui, d'après ses instructions, devait apporter de Kodiak un chargement de fourrures, dont le produit serait employé à l'achat de marchandises chinoises. Krusenstern résolut donc de l'attendre.

Macao offrit aux explorateurs l'emblème de la grandeur déchue.

« On y voit, dit la relation, de grandes places bordées de superbes maisons qui

Au bruit de la détonation.... (Page 212.)

sont entourées de cours et de beaux jardins, et la plupart vides, le nombre
d'habitants portugais étant très diminué. Les principaux bâtiments sont occupés
par les membres des *Loges* hollandaise et anglaise.... Macao contient à peu près
quinze mille habitants. Les Chinois en forment le plus grand nombre, car il est
rare de voir un Européen dans les rues, excepté les prêtres et les religieuses.
« Nous avons plus de prêtres que de soldats ! » me disait un bourgeois de Macao.
Cette plaisanterie était vraie à la lettre. Le nombre de soldats n'est que de cent
cinquante, parmi lesquels on ne compte pas un seul Européen ; ce sont tous des
métis de Macao et de Goa ; tous les officiers ne sont pas non plus Européens.
Il serait bien difficile de défendre quatre gros forts avec une si petite garnison.

Sa faiblesse donne lieu aux Chinois, naturellement insolents, d'accumuler insulte sur insulte. »

Au moment où la *Nadiejeda* allait lever l'ancre, la *Neva* parut enfin. On était au 3 novembre. Krusenstern remonta, avec elle, jusqu'à Whampoa, où il vendit avantageusement son chargement de pelleteries, après de nombreuses et de longues entraves que son attitude ferme, mais conciliante, ainsi que l'entremise des négociants anglais, contribuèrent à écarter.

Le 9 février 1806, les deux bâtiments, de nouveau réunis, levèrent l'ancre et firent route de conserve par le détroit de la Sonde. Au delà de l'île de Noël, par un temps sombre, ils furent encore une fois séparés, et ne devaient plus se rejoindre jusqu'à la fin de la campagne. Le 4 mai, la *Nadiejeda* mouillait dans la baie de Sainte-Hélène, après cinquante-six jours de navigation depuis le détroit de la Sonde et soixante-dix-neuf depuis Macao.

« Je ne connais pas de relâche plus convenable que Sainte-Hélène, dit Krusenstern, pour se rafaîchir après un long voyage. La rade est très sûre et beaucoup plus commode en tout temps que les baies de la Table et de Simon, au Cap. L'entrée en est facile, pourvu que l'on se tienne près de la terre ; pour en sortir, il ne faut que lever l'ancre, on est bientôt au large. On y trouve toute sorte de vivres, surtout des herbes potagères excellentes. En moins de trois jours, on est abondamment fourni de tout. »

Parti le 21 avril, Krusenstern passa entre les Shetland et les Orcades, afin d'éviter la Manche, où il aurait pu rencontrer quelques corsaires français, et, après une heureuse navigation, il rentra à Cronstadt le 7 août 1806.

Sans être un voyage de premier ordre, comme ceux de Cook et de La Pérouse, celui de Krusenstern ne manque pas d'intérêt. On ne doit à cet explorateur aucune grande découverte, mais il a vérifié et rectifié celles de ses prédécesseurs. Au reste, ce doit être le plus souvent le rôle des voyageurs du xixᵉ siècle, qui s'appliquèrent, grâce aux progrès des sciences, à compléter les travaux de leurs devanciers.

Krusenstern avait emmené, dans son voyage autour du monde, le fils de l'auteur dramatique bien connu, Kotzebue. Le jeune Othon Kotzebue, qui était garde-marine à cette époque, n'avait pas tardé à recevoir de l'avancement. Il était lieutenant de vaisseau lorsque lui fut confié, en 1815, le commandement d'un brick tout neuf, le *Rurik*, monté par vingt-sept hommes d'équipage seulement et armé de deux canons, équipé aux frais du comte de Romantzoff. Il avait pour mission d'explorer les parties les moins connues de l'Océanie et de se frayer un passage à travers l'océan Glacial.

Kotzebue quitta le port de Cronstadt le 15 juillet 1815, fit relâche à Copenhague, puis à Plymouth, et, après une navigation très pénible, entra, le 22 janvier 1816. dans l'océan Pacifique, en doublant le cap Horn. Après une relâche à Talcahuano sur la côte chilienne, il reprit sa route, vit, le 26 mars, l'îlot désert de Salas-y-Gomez, et se dirigea vers l'île de Pâques, où il comptait recevoir le même accueil amical que ses prédécesseurs Cook et La Pérouse.

Mais à peine les Russes étaient-ils débarqués au milieu d'une foule empressée à leur offrir des fruits et des racines, qu'ils se virent entourés et volés avec une impudence telle, qu'ils durent, pour se défendre, faire usage de leurs armes et se rembarquer au plus vite, afin d'échapper à la grêle de pierres dont les naturels les accablaient.

La seule remarque qu'on eut le temps de faire, pendant cette courte visite, fut que nombre des statues de pierre gigantesques, que Cook et La Pérouse avaient vues, dessinées et mesurées, avaient été renversée

Le 16 avril, le capitaine russe parvint à l'île des Chiens, de Schouten, qu'il nomma île Douteuse, afin de bien marquer la différence qu'il constatait entre la latitude qui lui était attribuée par les anciens navigateurs et celle qui résultait de ses propres observations. Suivant Kotzebue, elle serait située par 14° 50' de latitude australe et 138° 47' de longitude ouest.

Les jours suivants furent découvertes l'île déserte de Romantzoff, — ainsi appelée en l'honneur du promoteur de l'expédition, — celle de Spiridoff, avec un lagon au milieu, qui est l'île Oura des Pomotou; puis, ce furent la chaîne des îlots Vliegen et celle non moins longue des îles Krusenstern.

Le 28 avril, le *Rurik* se trouvait par le travers de la position assignée aux îles Bauman. Ce fut en vain qu'on les chercha. Vraisemblablement, ce groupe était un de ceux qu'on avait déjà visités.

Dès qu'il fut sorti de l'archipel dangereux des Pomotou, Kotzebue se dirigea vers le groupe d'îles aperçu, en 1788, par Sever, qui, sans les accoster, leur avait donné le nom de Penrhyn. Le navigateur détermina par 9° 1' 35" de latitude sud et par 157° 44' 32", la position centrale de groupes d'îlots semblables aux Pomotou, très bas et cependant habités.

A la vue du bâtiment, une flottille considérable s'était détachée du rivage, et les naturels, une branche de palmier à la main, s'avançaient au bruit cadencé des pagaies qu'accompagnaient sur un mode grave et mélancolique de nombreux chanteurs. Pour éviter toute surprise, Kotzebue fit ranger toutes ces pirogues d'un même côté du bâtiment, et les échanges commencèrent aussitôt, au moyen d'une corde. Ces indigènes n'eurent à troquer que des morceaux de fer contre des hameçons en nacre de perle. Ils étaient entièrement nus, sauf un tablier, mais bien faits et avaient l'air martial.

Tout d'abord bruyants et très animés, les sauvages devinrent bientôt menaçants. Ils ne déguisèrent plus leurs larcins et répondirent aux réclamations par les provocations les moins dissimulées. Agitant leurs lances au-dessus de leurs têtes, ils poussaient des clameurs terribles et semblaient mutuellement s'exciter à l'attaque.

Lorsque Kotzebue jugea le moment arrivé de mettre un terme à ces démonstrations hostiles, il fit tirer à poudre un coup de fusil. En un clin d'œil, les canots furent vides. Au bruit de la détonation, leurs équipages effrayés s'étaient lancés à l'eau d'un mouvement unanime quoique non concerté. Bientôt on vit émerger les têtes des plongeurs, qui, rendus plus calmes par cet avertissement, reprirent les échanges. Les clous et les morceaux de fer obtenaient le plus vif succès auprès de cette population, que Kotzebue compare à celle de Nouka-Hiva. S'ils ne se tatouent pas, ces naturels se sillonnent du moins tout le corps de larges cicatrices.

Mode remarquable, qui n'avait pas encore été constatée dans les îles océaniennes, ils avaient pour la plupart des ongles fort longs, et ceux des chefs de pirogues dépassaient l'extrémité du doigt de trois pouces.

Trente-six embarcations, montées par trois cent soixante hommes, entouraient alors le bâtiment. Kotzebue, jugeant qu'avec les faibles ressources dont il disposait, avec l'équipage si peu nombreux du *Rurik*, toute tentative de descente serait imprudente, remit à la voile, sans avoir pu réunir plus de documents sur ces sauvages et belliqueux insulaires.

Continuant sa route vers le Kamtchatka, le navigateur eut connaissance, le 21 mai, de deux groupes d'îles réunis par une chaîne de récifs de corail. Il leur donna le nom de Koutousoff et de Souwarow, détermina leur position et se promit de revenir les visiter. Les naturels, montés sur des pirogues rapides, s'approchèrent du *Rurik*, et, malgré les invitations pressantes des Russes, n'osèrent venir à bord. Ils contemplaient le navire avec étonnement, s'entretenaient non sans une vivacité singulière qui dénonçait leur intelligence, et jetaient sur le pont des fruits de pandanus ou de cocotier.

Leurs cheveux noirs et lisses, au milieu desquels étaient piquées quelques fleurs, les ornements suspendus à leur cou, les vêtements de nattes qui leur descendaient de la ceinture à mi-jambe, et par-dessus tout leur air ouvert et affable, distinguaient des habitants des Penrhyn ces indigènes qui appartenaient à l'archipel des Marshall.

Le 19 juin, le *Rurik* entrait à la Nouvelle-Arkhangel, et, pendant vingt-huit jours, son équipage s'occupait à le radouber.

Le 15 juillet, Kotzebue remettait à la voile et débarquait cinq jours plus tard à l'île Behring, dont l'extrémité septentrionale fut fixée à 55° 17′ 18″ de latitude nord et 194° 6′ 37″ de longitude ouest.

Les naturels que Kotzebue rencontra dans cette île portaient, comme ceux de la côte américaine, des vêtements de peau de phoque et d'intestins de morse. Les lances dont ils se servaient étaient armées de dents de ces amphibies. Leurs provisions consistaient en chair de baleine et de phoque enfermée dans des trous creusés en terre. Leurs cabanes en cuir, très malpropres, exhalaient une épouvantable odeur d'huile rance. Leurs bateaux étaient en cuir, et ils possédaient des traîneaux tirés par des chiens.

Leur mode de salutation est assez singulier : on se frotte mutuellement le nez, puis chacun se passe la main sur le ventre, comme s'il se félicitait d'avoir avalé quelque bon morceau ; enfin, lorsqu'on veut donner une grande preuve d'affection à quelqu'un, on crache dans ses mains et l'on en frotte le visage de son ami.

Le capitaine, continuant à suivre la côte américaine vers le nord, découvrit la baie Chichmareff, l'île Saritcheff, et enfin un golfe profond, dont l'existence n'avait pas encore été reconnue. A son extrémité, Kotzebue espérait trouver un canal qui lui permettrait de gagner les mers polaires, mais cette attente fut trompée. Le navigateur donna son propre nom à ce golfe, et celui de Krusenstern au cap placé à l'entrée.

Chassé par la mauvaise saison, le *Rurik* dut gagner Ounalachka le 6 septembre, faire une station de quelques jours à San-Francisco, et atteindre l'archipel Sandwich, où furent faits des levés importants et où l'on recueillit des détails très curieux.

En quittant cet archipel, Kotzebue se dirigea vers les îles Souwaroff et Koutousoff, qu'il avait découvertes quelques mois auparavant. Le 1er janvier 1817, il aperçut l'île Miadi, à laquelle il donna le nom d'île du Nouvel-An. Quatre jours plus tard, il découvrait une chaîne de petites îles, basses et boisées, entourées d'une barrière de récifs, à travers laquelle le navire eut de la peine à se frayer un passage.

Tout d'abord, les naturels s'enfuirent à la vue du lieutenant Schischmareff, mais ils revinrent bientôt, une branche d'arbre à la main, criant le mot « aïdara » (ami). L'officier répéta le même mot, leur fit don de quelques clous, en échange desquels les Russes reçurent les colliers et les fleurs qui ornaient le cou et la tête des indigènes.

Cet échange de bons procédés détermina le reste des insulaires à se faire voir. Aussi les démonstrations les plus amicales, les réceptions aussi enthousiastes que frugales, se continuèrent-elles durant tout le séjour des Russes dans cet archipel. Un des indigènes, nommé Rarik, accueillit avec une affabilité toute particulière les Russes, auxquels il apprit que son île portait le nom d'Otdia, ainsi que toute la chaine d îlots et d'attolls qui s'y rattachent.

Kotzebue, pour reconnaître l'accueil cordial des naturels, leur laissa un coq et une poule, et planta dans un jardin, qu'il fit préparer, quantité de graines, espérant qu'elles arriveraient à maturité; mais il comptait sans les rats, qui pullulaient dans cette île et qui ravagèrent ses plantations.

Le 6 février, après avoir reçu, d'un chef nommé Languediak, des renseignements circonstanciés qui lui démontrèrent que ce groupe, à la population clairsemée, était de formation récente, Kotzebue reprit la mer, laissant à cet archipel le nom de Romantzoff.

Le lendemain, un groupe de quinze îlots, sur lequel ne furent rencontrées que trois personnes, dut changer son nom de Eregup pour celui de Tchitschakoff. Puis ce fut la chaîne des îles Kawen, où Kotzebue reçut du « tamon », ou chef, un accueil enthousiaste. Chacun faisait fête aux nouveaux venus, les uns par leur silence, — comme cette reine à qui l'étiquette défendait de répondre aux discours qu'on lui adressait, — les autres par leurs danses, leurs cris et leurs chants, dans lesquels le nom de « Totabou » (Kotzebue) était souvent répété. Le chef lui-même, en venant chercher Kotzebue dans un canot, le portait sur ses épaules jusqu'à la terre que l'embarcation ne pouvait accoster.

Au groupe d'Aur, le navigateur remarqua, parmi la foule des indigènes qui étaient montés sur le bâtiment, deux naturels dont le tatouage et la physionomie semblaient désigner des étrangers. L'un d'eux, qu'on appelait Kadou, plut particulièrement au commandant, qui lui donna quelques morceaux de fer. Kotzebue fut surpris de ne pas lui voir témoigner la même joie que ses compagnons. Cela lui fut expliqué le soir même.

Alors que tous les naturels quittaient le vaisseau, Kadou lui demanda avec instance la permission de rester sur le *Rurik* et de ne plus le quitter. Le commandant ne se rendit à ces instances qu'avec peine.

« Kadou, dit Kotzebue, retourna vers ses camarades, qui l'attendaient dans leurs pirogues, et leur déclara son intention de rester à bord du vaisseau. Les naturels, étonnés de cette résolution, s'efforcèrent en vain de la combattre. A la fin, son compatriote Edok vint à lui, lui parla longtemps d'un ton sérieux, et, ne pouvant le convaincre, essaya de l'emmener de force ; mais Kadou repoussa son ami vigoureusement, et les pirogues s'éloignèrent. Il passa la nuit à côté de moi, fort honoré d'être couché près du tamon du navire, et se montra enchanté du parti qu'il avait pris. »

Né à Iouli, l'une des Carolines, à plus de trois cents lieues du groupe qu'il habitait alors, Kadou avait été surpris à la pêche, avec Edok et deux autres de ses compatriotes, par une violente tempête. Pendant « huit » mois, ces malheureux avaient été, sur une mer tantôt calme, tantôt furieuse, le jouet des vents et des courants. Jamais, pendant ce temps, ils n'avaient manqué de poisson, mais la soif les avait cruellement torturés. Quand leur provision d'eau de pluie, dont ils étaient cependant bien avares, était épuisée, ils n'avaient d'autre ressource que de se jeter à la mer pour aller chercher, au fond, une eau moins salée, qu'ils rapportaient à la surface dans une noix de coco munie d'une étroite ouverture. Lorsqu'ils étaient arrivés en face des îles d'Aur, la vue de la terre, l'imminence de leur délivrance, n'avaient pu les arracher à la prostration dans laquelle ils étaient plongés.

En apercevant les instruments de fer que contenait la pirogue de ces étrangers, les insulaires d'Aur s'apprêtaient à les massacrer pour s'emparer de ces trésors, lorsque le tamon les prit sous sa protection.

Trois années s'étaient écoulées depuis cet événement, et les Carolins n'avaient pas tardé, grâce à leurs connaissances plus étendues, à prendre un certain ascendant sur leurs nouveaux hôtes.

Lorsque parut le *Rurik*, Kadou était loin de la côte, dans les bois. On l'envoya aussitôt chercher, car il passait pour un grand voyageur, et peut-être pourrait-il dire quel était le monstre qui s'approchait de l'île. Kadou, qui n'était pas sans avoir vu des bâtiments européens, avait persuadé à ses amis de venir au devant des étrangers et de les recevoir amicalement.

Telles avaient été les aventures de Kadou. Resté sur le *Rurik*, il avait reconnu les autres îles de l'archipel et n'avait pas tardé à faciliter aux Russes les communications avec les indigènes. Drapé dans un manteau jaune, coiffé, comme un forçat, d'un bonnet rouge, Kadou regardait maintenant de haut ses anciens amis et semblait ne plus les reconnaître. Lors de la visite d'un superbe vieillard appelé Tigedien, à la barbe fleurie, Kadou se chargea d'expliquer à ses compatriotes l'usage des manœuvres et de tout ce qui se trouvait sur le bâtiment. Comme tant d'Européens, il remplaçait le savoir par un aplomb imperturbable et trouvait réponse à toutes les questions.

Interrogé au sujet d'une petite boîte dans laquelle un matelot puisait une poudre noire qu'il s'introduisait dans les narines, Kadou débita les fables les

Intérieur d'une maison à Radak. (*Fac-simile. Gravure ancienne.*)

plus extravagantes, et, pour terminer par une démonstration irréfutable, il approcha la boîte de son nez. La jetant aussitôt loin de lui, il se mit à éternuer et à crier si fort, que ses amis, épouvantés, s'enfuirent de tous côtés ; mais, lorsque la crise fut passée, il sut encore faire tourner l'incident à son avantage.

Kadou fournit encore à Kotzebue quelques informations générales sur le groupe que, pendant un mois entier, les Russes venaient de visiter et de relever. Toutes ces îles étaient sous la domination d'un seul et même tamon, appelé Lamary, et leur nom indigène était Radak. Dumont d'Urville, quelques années plus tard, devait les appeler îles Marshall. Au dire de Kadou, plus loin dans

Vue de Taïti. (Page 219.)

l'ouest et parallèlement s'alignait une chaîne d'îlots, d'attolls et de récifs, nommée Ralik.

Kotzebue n'avait pas le temps de les reconnaître, et, se dirigeant vers le nord, il atteignit le 24 avril Ounalachka, où il dut réparer les avaries très graves que venait d'éprouver le *Rurik* pendant deux violentes tempêtes. Dès qu'il eut embarqué des « baïdares, » bateaux garnis de peaux, et quinze Aléoutes, habitués à la navigation de ces mers polaires, le commandant reprit l'exploration du détroit de Behring.

Kotzebue souffrait d'une violente douleur à la poitrine, depuis qu'en doublant le cap Horn, il avait été renversé par une vague monstrueuse et lancé par-dessus bord, ce qui lui aurait coûté la vie, s'il ne se fût raccroché à quelque cordage. Son état prit alors une telle gravité, que, le 10 juillet, en abordant à l'île Saint-Laurent, il dut se résigner à ne pas pousser plus loin sa reconnaissance.

Le 1er octobre, le *Rurik* faisait une nouvelle et courte station aux îles Sandwich, y prenait des semences et des animaux, et, à la fin du mois, débarquait à Otdia, au milieu des démonstrations enthousiastes des naturels. Ceux-ci voyaient arriver avec bonheur plusieurs chats dont la présence les aiderait sans doute à se débarrasser des innombrables bandes de rats qui infestaient l'île et ravageaient les plantations. En même temps, on fêtait le retour de Kadou, auquel les Russes laissèrent un assortiment d'outils et d'armes qui en fit l'habitant le plus riche de l'archipel.

Le 4 novembre, le *Rurik* quitta les îles Radak, après avoir reconnu le groupe de Legiep, et relâcha à Guaham, l'une des Mariannes, jusqu'à la fin du même mois. Une station de quelques semaines à Manille permit au commandant de rassembler sur les Philippines des renseignements curieux, sur lesquels il y aura lieu de revenir.

Après avoir échappé aux tempêtes violentes qui l'assaillirent lorsqu'il doubla le cap de Bonne-Espérance, le *Rurik* jeta l'ancre, le 3 août 1818, dans la Neva, en face du palais du comte Romantzoff.

Ces trois années de voyage n'avaient pas été perdues par les hardis navigateurs. Ils n'avaient pas craint, malgré leur petit nombre et la faiblesse d'échantillon de leur navire, d'affronter des mers redoutables et des archipels encore peu connus, les glaces du pôle et les ardeurs de la zone torride. Si leurs découvertes géographiques étaient importantes, leurs rectifications l'étaient plus encore. Deux mille cinq cents espèces de plantes, dont plus d'un tiers étaient nouvelles, de nombreux matériaux pour la connaissance de la langue, de l'ethnographie, de la religion et des mœurs des peuplades visitées, c'était là une riche moisson, qui prouvait le zèle, l'habileté et la science du capitaine, ainsi que l'intrépidité et la force de l'équipage.

Aussi, lorsque, en 1823, le gouvernement russe se détermina à envoyer au Kamtchatka des renforts pour mettre fin au commerce de contrebande qui se faisait dans ses possessions de la côte nord-ouest de l'Amérique, le commandement de cette expédition fut-il confié à Kotzebue. La frégate *la Predpriatie* fut mise sous ses ordres, et on le laissa libre de choisir, à l'aller comme au retour, la route qui lui conviendrait pour accomplir sa mission.

Si Kotzebue avait fait, comme garde-marine, le tour du monde avec Krusenstern, celui-ci lui donnait alors pour compagnon son fils aîné, et Möller, le ministre de la marine, en faisait autant. C'est dire quelle confiance on avait en lui.

L'expédition quitta Cronstadt le 15 août 1823, gagna Rio-de-Janeiro, doubla le cap Horn le 15 janvier 1824, se dirigea vers l'archipel des Pomotou, où fut découverte l'île Predpriatie, reconnut les îles Araktschejef, Romantzoff, Carlshoff et Palliser, et jeta l'ancre, le 14 mars, dans la rade de Matavaï, à Taïti.

Depuis le séjour de Cook au milieu de cet archipel, une transformation complète s'était produite dans les mœurs et la manière de vivre des habitants.

En 1799, des missionnaires s'étaient établis à Taïti et y avaient fait un séjour de dix ans sans opérer une seule conversion, et, il faut le dire à regret, sans s'attirer l'estime et le respect de la population. Forcés, par suite des révolutions qui bouleversèrent Taïti à cette époque, de chercher un refuge à Eiméo et dans les autres îles de l'archipel, leurs efforts obtinrent plus de succès. En 1817, le roi de Taïti, Pomaré, rappela les missionnaires, leur concéda un terrain à Matavaï, se convertit, et son exemple fut bientôt suivi par une notable partie des indigènes.

Kotzebue était au courant de cette transformation, mais il ne croyait pas, cependant, trouver en pleine prospérité les usages européens.

Au coup de canon qui annonçait l'arrivée des Russes, une embarcation, portant le pavillon taïtien, se détacha du rivage, et un pilote vint conduire fort habilement la *Predpriatie* au mouillage.

Le lendemain, qui était un dimanche, les Russes furent surpris, en débarquant, du silence religieux qui régnait dans l'île tout entière. Ce silence n'était interrompu que par les cantiques et les psaumes que chantaient des insulaires enfermés dans leurs cabanes.

L'église, bâtiment simple et propre, de forme rectangulaire, couverte de roseaux, que précédait une large et longue avenue de cocotiers, était remplie d'une foule attentive et recueillie, les hommes d'un côté, les femmes de l'autre, tous un livre de prières à la main. La voix de ces néophytes se mêlait souvent au chant des missionnaires, hélas! avec plus de bonne volonté que d'harmonie et d'à propos.

Si la piété des insulaires était vraiment édifiante, le costume que portaient ces singuliers fidèles était bien fait pour donner quelques distractions aux visiteurs. Un habit noir ou une veste d'uniforme anglais composait tout le vêtement des uns, tandis que les autres ne portaient qu'un gilet, une chemise ou un pantalon. Les plus fortunés s'enveloppaient dans des manteaux de drap, mais tous, riches ou pauvres, avaient rejeté comme inutile l'usage des bas et des souliers.

Quant aux femmes, elles n'étaient pas moins grotesquement accoutrées : à celles-ci une chemise d'homme, blanche ou rayée, à celles-là une simple pièce de toile, mais des chapeaux européens à toutes. Si les femmes des ariis portaient des robes de couleur, luxe suprême, la robe alors remplaçait tout autre vêtement.

Le lundi, eut lieu une cérémonie imposante. Ce fut la visite de la régente et de la famille royale à Kotzebue. Ces hauts personnages étaient précédés d'un maître des cérémonies. C'était une sorte de fou, vêtu seulement d'une veste rouge; mais ses jambes portaient un tatouage figurant un pantalon rayé; au bas de son dos était dessiné un quart de cercle aux divisions minutieusement exactes, et il mettait un sérieux des plus comiques à exécuter ses cabrioles, ses contorsions, ses grimaces et ses gambades.

Sur les bras de la régente reposait le petit Pomaré III. A côté d'elle s'avançait la sœur du roi, gentille fillette d'une dizaine d'années. Si le bébé royal était vêtu à l'européenne, comme ses compatriotes, il ne portait pas plus de chaussures que le plus pauvre de ses sujets. Sur les instances des ministres et des grands taïtiens, Kotzebue lui fit fabriquer une paire de bottes qui devaient lui servir le jour de son couronnement.

Que de cris de joie, que de témoignages de plaisir, que de regards d'envie, pour toutes les bagatelles distribuées aux dames de la cour! Que de pugilats, pour ce galon d'or faux dont elles s'arrachèrent les moindres bouts!

Etait-ce donc une affaire d'importance que celle qui amenait tant d'hommes sur le pont de la frégate, apportant des fruits et des cochons en abondance? Non, ces solliciteurs étaient les maris des infortunées Taïtiennes, qui n'assistaient pas à la distribution de ce galon, plus précieux pour elles que les rivières de diamants pour des Européennes.

Au bout de dix jours, Kotzebue se décida à quitter ce singulier pays, où la civilisation et la barbarie se côtoyaient si fraternellement, et il gagna l'archipel des Samoa, fameux par le massacre des compagnons de La Pérouse.

Quelle différence avec les naturels de Taïti! Sauvages et farouches, défiants et menaçants, les indigènes de l'île Rose eurent peine à s'enhardir jusqu'à monter sur le pont de la *Predpriatie*. L'un d'eux, à la vue du bras nu d'un matelot, ne put même retenir un geste aussi éloquent que féroce, indiquant tout le plaisir qu'il aurait à dévorer cette chair ferme et, sans doute, savoureuse.

Bientôt, avec le nombre des pirogues augmenta l'insolence de ces indigènes. Il fallut les frapper à coups de croc pour les repousser, et la frégate, reprenant sa route, laissa derrière elle les frêles embarcations de ces féroces insulaires.

Oïolava, l'île Plate et Pola, qui font, comme l'île Rose, partie de l'archipel des Navigateurs, furent dépassées presque aussitôt qu'entrevues, et Kotzebue se dirigea vers les Radak, où il avait reçu un si amical accueil à son premier voyage.

Mais, à la vue de ce grand bâtiment, les habitants prirent peur, s'empilèrent dans les canots ou s'enfuirent dans l'intérieur, tandis que, sur la grève, une procession d'insulaires se formait et s'avançait, une branche de palmier à la main, au devant des étrangers dont ils venaient implorer la paix.

A cette vue, Kotzebue se jeta avec le chirurgien Eschscholtz dans une embarcation, fit force de rames vers le rivage en criant : « Totabou aïdara! » (Kotzebue, ami). Ce fut un changement complet. Les supplications que les naturels allaient adresser aux Russes se changèrent en cris d'allégresse, en démonstrations enthousiastes de joie ; les uns se précipitèrent au devant de leurs amis, les autres coururent annoncer à leurs compatriotes l'arrivée de Kotzebue.

Le commandant apprit avec plaisir que Kadou vivait toujours à Aur, sous la protection de Lamary, dont il avait acheté la bienveillance au prix de la moitié de ses richesses.

De tous les animaux que Kotzebue avait déposés à Otdia, seuls les chats, devenus sauvages, étaient encore vivants, mais ils n'avaient pu exterminer jusqu'alors les légions de rats qui infestaient le pays.

Le commandant resta quelques jours avec ses amis, qui le régalèrent de représentations dramatiques, et, le 6 mai, il fit route pour le groupe Legiep, incomplètement reconnu par lui pendant son premier voyage. Après avoir procédé à ce relèvement, Kotzebue se proposait de continuer l'exploration des Radak, mais le mauvais temps l'en empêcha, et il dut faire voile pour le Kamtchatka.

Du 7 juin au 20 juillet, l'équipage y jouit d'un repos qu'il avait bien gagné. Alors il reprit la mer, et, le 7 août, laissa tomber l'ancre à la Nouvelle-Arkhangel, sur la côte d'Amérique.

Mais la frégate, que la *Predpriatie* venait remplacer dans cette station, s'y trouvait encore et y devait rester jusqu'au 1er mars de l'année suivante. Kotzebue mit donc à profit cet intervalle, en visitant l'archipel Sandwich, où il jeta l'ancre devant Waihou, en décembre 1824.

Le havre de Rono-Rourou, ou Honolulu, est le plus sûr de l'archipel. Aussi recevait-il déjà de nombreux navires, et l'île de Waihou était-elle en passe de devenir la plus importante du groupe et de détrôner Hawai ou Owyhee. Déjà l'aspect de la ville était à demi européen; les maisons de pierre avaient remplacé les cabanes primitives; des rues régulièrement percées, avec des boutiques, des cafés, des marchands de liqueurs fort achalandés par les matelots baleiniers et les marchands de fourrures, ainsi qu'une forteresse, munie de canons, étaient les signes les plus apparents de la transformation rapide des habitudes et des mœurs des indigènes.

Cinquante années s'étaient écoulées depuis la découverte de la plupart des îles océaniennes, et partout s'étaient produits des changements aussi brusques qu'aux Sandwich.

« Le commerce des fourrures, dit Desborough Cooley, commerce qui se fait sur la côte nord-ouest de l'Amérique, a opéré une étonnante révolution dans les îles Sandwich, dont la situation offre un abri avantageux aux bâtiments engagés dans ce commerce. Les marchands avaient l'habitude d'hiverner, de réparer et de ravitailler leurs vaisseaux dans ces îles; l'été venu, ils retournaient sur la côte d'Amérique pour compléter leurs cargaisons. Les outils de fer, mais par-dessus tout les fusils, étaient demandés par les insulaires en échange de leurs provisions, et, sans songer aux conséquences de leur conduite, les trafiquants mercenaires s'empressaient de satisfaire à ces désirs. Les armes à feu et les munitions, étant le meilleur moyen d'échange, furent transportées en abondance dans les îles Sandwich. Aussi les insulaires devinrent-ils bientôt formidables à leurs hôtes; ils s'emparèrent de plusieurs petits navires et déployèrent une énergie mêlée d'abord de férocité, mais qui indiquait chez eux une propension puissante vers les améliorations sociales. A cette époque, un de ces hommes extraordinaires, qui manquent rarement à se produire lorsqu'il se prépare de grands événements, compléta la révolution commencée par les Européens. Kamea-Mea, chef qui s'était déjà fait remarquer dans ces îles durant la dernière et fatale visite de Cook, usurpa l'autorité royale, soumit les îles voisines, à la tête d'une armée de seize mille hommes, et voulut faire servir ses conquêtes aux vastes plans de progrès qu'il avait conçus. Il connaissait la supériorité des Européens et mettait tout son orgueil à les imiter. Déjà, en 1796, lorsque le capitaine Broughton visita ces îles, l'usurpateur lui envoya demander s'il lui devait les saluts de son artillerie. Dès l'année 1817, on a dit qu'il possédait une armée de sept mille hommes munis de fusils, et parmi lesquels se trouvaient au moins cinquante Européens. Kamea-Mea, après avoir commencé sa carrière par le massacre et l'usurpation, a fini par mériter l'amour sincère et l'admiration de ses sujets, qui le regardèrent comme un être surhumain et qui pleurèrent sa mort avec des larmes plus vraies que celles que l'on verse ordinairement sur les cendres d'un monarque. »

Tel était l'état des choses lorsque l'expédition russe s'arrêta à Waihou. Le jeune roi Rio-Rio était en Angleterre, avec sa femme, et le gouvernement de l'archipel se trouvait entre les mains de la reine mère Kaahou-Manou.

Kotzebue profita de l'absence de cette dernière et du premier ministre, tous deux alors en visite sur une île voisine, pour aller voir une autre épouse de Kamea-Mea.

« L'appartement, dit le navigateur, était meublé à la mode européenne, de chaises, de tables et de glaces. Le plancher était recouvert de belles nattes, sur lesquelles était étendue Nomo-Hana, qui ne paraissait pas avoir plus de quarante ans ; elle était haute de cinq pieds huit pouces et avait, à coup sur, plus de quatre pieds de circonférence. Ses cheveux, noirs comme le jais, étaient soigneusement relevés sur le sommet d'une tête aussi ronde qu'un ballon. Son nez aplati et ses lèvres saillantes n'avaient rien de beau ; cependant, dans sa physionomie, régnait un air avenant et agréable. »

La « bonne dame » se rappelait avoir vu Kotzebue dix ans avant. Aussi lui fit-elle fort bon accueil, mais elle ne put parler de son mari, sans que les larmes lui vinssent aussitôt aux yeux, et son chagrin ne paraissait pas affecté. Afin que la date de la mort de ce prince fût toujours présente sous ses yeux, elle avait fait tatouer sur son bras cette simple inscription : 6 mai 1819.

Chrétienne et pratiquante, comme la plus grande partie de la population, la reine entraîna Kotzebue à l'église, bâtiment simple et vaste, mais qui ne contenait pas une foule aussi pressée qu'à Taïti. Nomo-Hana paraissait fort intelligente, savait lire, et se montrait particulièrement enthousiaste de l'écriture, cette science qui rapproche les absents. Voulant donner au commandant, en même temps qu'une preuve de son affection, un témoignage de ses connaissances, elle lui expédia, par un ambassadeur, une épître qu'elle avait mis plusieurs semaines à rédiger.

Les autres dames voulurent aussitôt en faire autant, et Kotzebue se vit à la veille de succomber sous le poids des missives qui allaient lui être adressées. Le seul moyen de mettre fin à cette épidémie épistolaire, c'était de lever l'ancre, et c'est ce que fit Kotzebue sans attendre plus longtemps.

Toutefois, avant son départ, il reçut à son bord la reine Noma-Hana, qui vint revêtue de son costume de cérémonie. Qu'on se figure une magnifique robe en soie, de couleur pêche, garnie d'une large broderie noire, robe faite pour une

Un officier du roi des îles Sandwich. (*Fac-simile. Gravure ancienne.*)

taille européenne, par conséquent trop courte et trop étroite. Aussi apercevait-
on, non seulement des pieds auprès desquels ceux de Charlemagne auraient
semblé les pieds d'une chinoise, emprisonnés dans une grossière chaussure
d'homme, mais des jambes brunes, grosses et nues, qui rappelaient des ba-
lustres de terrasses. Un collier de plumes rouges et jaunes, une guirlande de
fleurs naturelles, qui jouait le hausse-col, un chapeau de paille d'Italie, orné de
fleurs artificielles, complétaient cette toilette luxueuse et ridicule.

Noma-Hana visita le bâtiment, se fit rendre compte de tout, et enfin, lasse de
tant de merveilles, elle pénétra dans les appartements du commandant, où l'attendait une copieuse collation. La reine se laissa tomber sur un canapé, mais ce

Le village était composé de huttes. (Page 229.)

meuble fragile ne put résister à tant de majesté et s'affaissa sous le poids d'une princesse, dont l'embonpoint avait sans doute grandement contribué à l'élévation.

A la suite de cette station, Kotzebue retourna à la Nouvelle-Arkhangel, où il demeura jusqu'au 30 juillet 1825. Puis, il fit un nouveau séjour aux îles Sandwich, quelque temps après que l'amiral Byron y eut rapporté les restes du roi et de la reine. L'archipel était tranquille ; sa prospérité allait toujours grandissant ; l'influence des missionnaires s'était consolidée, et l'éducation du nouveau petit roi était confiée au missionnaire Bingham. Les habitants avaient été profondément touchés des honneurs que l'Angleterre avait rendus aux dépouilles de leurs sou-

29

verains, et le jour ne semblait pas éloigné où les mœurs indigènes auraient complètement fait place aux habitudes des Européens.

Quelques rafraîchissements ayant été embarqués à Waihou, le voyageur gagna les îles Radak, reconnut les Pescadores, qui forment l'extrémité septentrionale de cette chaîne, découvrit, non loin de là, le groupe Escheholtz, et toucha, le 15 octobre, à Guaham. Le 23 janvier 1826, il quittait Manille, après une relâche de plusieurs mois, pendant lesquels des rapports fréquents avec les naturels lui avaient permis d'améliorer infiniment la géographie et l'histoire naturelle des Philippines. Un nouveau gouverneur espagnol était arrivé avec un renfort assez considérable de troupes, et avait si bien mis fin à l'agitation, que les colons avaient entièrement renoncé au projet de se séparer de l'Espagne.

Le 10 juillet 1826, la *Predpriatie* rentrait à Cronstadt, après un voyage de trois années, pendant lesquelles elle avait visité les côtes nord-ouest de l'Amérique, les îles Aléoutiennes, le Kamtchatka et la mer d'Okhotsk, reconnu en détail une grande partie des îles Radak, et fourni de nouveaux renseignements sur les transformations par lesquelles passaient plusieurs peuplades océaniennes. Grâce au dévouement de Chamisso et du professeur Escheholtz, de nombreux échantillons d'histoire naturelle avaient été recueillis, et celui-ci allait publier la description de plus de deux mille animaux; enfin, il rapportait de très curieuses observations sur la formation des îles de corail de la mer du Sud.

Le gouvernement anglais avait repris avec acharnement l'étude de ce problème irritant, dont la solution avait été si longtemps cherchée : le passage du nord-ouest. Tandis que Parry par mer et Franklin par terre, allaient essayer de gagner le détroit de Behring, le capitaine Frédéric William Beechey recevait pour instructions de pénétrer aussi avant qu'il lui serait possible, par ce même détroit, le long de la côte septentrionale d'Amérique, afin de recueillir les voyageurs, qui lui arriveraient sans doute exténués par les fatigues et les privations.

Avec le navire *the Blossom*, qui appareilla de Spithead, le 19 mai 1825, Beechey s'était ravitaillé à Rio-de-Janeiro, et, après avoir doublé le cap Horn, le 26 septembre, il avait pénétré dans l'océan Pacifique. A la suite d'une courte relâche sur la côte du Chili, il avait visité l'île de Pâques, où les incidents qui avaient marqué la station de Kotzebue, à son premier voyage, s'étaient renouvelés avec fidélité. Tout d'abord, même accueil empressé de la part des indigènes, qui gagnent à la nage le *Blossom* ou apportent, dans des pirogues, les chétives productions de leur île ; puis, lorsque les Anglais débarquent, mêmes attaques à coups de pierres et de bâton, qu'il faut réprimer énergiquement à coups de fusil.

Le 4 décembre, le capitaine Beechey aperçut une île, entièrement couverte de végétation. C'était une île fameuse alors, parce qu'on y avait retrouvé les descendants des révoltés de la *Bounty*, débarqués à la suite d'un drame qui, à la fin du siècle dernier, passionna vivement l'opinion publique en Angleterre.

En 1781, le lieutenant Bligh, un des officiers qui s'étaient signalés sous les ordres de Cook, avait été nommé au commandement de la *Bounty* et chargé d'aller prendre à Taïti des arbres à pain et d'autres productions végétales, afin de les transporter aux Antilles, que les Anglais désignent communément sous le nom d'Indes occidentales. Après avoir doublé le cap Horn, Bligh s'était arrêté sur les côtes de la Tasmanie et avait gagné la baie de Matavaï, où il avait pris un chargement d'arbres à pain, de même qu'à Namouka, l'une des îles Tonga. Jusqu'alors, aucun incident particulier n'avait marqué le cours de ce voyage, qui promettait de se terminer heureusement. Mais le caractère altier, les formes rudes et despotiques du commandant, lui avaient aliéné son équipage presque tout entier. Un complot fut tramé contre lui, — complot qui éclata dans les parages de Tofoua, le 28 avril, avant le lever du soleil.

Surpris au lit par les révoltés, lié et garrotté avant d'avoir pu se défendre, Bligh fut conduit en chemise sur le pont, et, après un semblant de jugement auquel présida le lieutenant Fletcher Christian, il fut descendu, avec dix-huit personnes qui lui étaient demeurées fidèles, dans une chaloupe où l'on mit quelques provisions, puis abandonné en pleine mer.

Bligh, après avoir enduré les tortures de la soif et de la faim, après avoir échappé à d'horribles tempêtes et à la dent des sauvages indigènes de Tofoua, était parvenu à gagner l'île de Timor, où il reçut un chaleureux accueil.

« Je fis débarquer notre monde, dit Bligh. Quelques-uns pouvaient à peine mettre un pied devant l'autre. Nous n'avions plus que la peau sur les os, nous étions couverts de plaies et nos habits étaient tout en lambeaux. Dans cet état, la joie et la reconnaissance nous arrachaient des larmes, et le peuple de Timor nous observait en silence avec des regards qui exprimaient à la fois l'horreur, l'étonnement et la pitié. C'est ainsi que, par le secours de la Providence, nous avons surmonté les infortunes et les difficultés d'un aussi périlleux voyage! »

Périlleux en effet, car il n'avait pas duré moins de quarante et un jours, sur des mers imparfaitement connues, dans une embarcation qui n'était même pas pontée, avec des vivres plus qu'insuffisants, au prix de souffrances inouïes, pendant un parcours de plus de quinze cents lieues, et sans avoir eu à déplorer d'autre perte que celle d'un matelot, tué au début du voyage par les naturels de Tofoua!

Quant aux révoltés, leur histoire est singulière, et l'on peut en tirer plus d'un enseignement.

Ils avaient fait voile pour Taïti, où les attiraient les facilités de la vie et où furent abandonnés ceux qui avaient pris la part la moins active à la révolte. Christian avait alors remis à la voile avec huit matelots décidés à le suivre, dix insulaires de Taïti et de Toubouai et une douzaine de Taïtiennes.

On n'avait plus entendu parler d'eux.

Quant à ceux qui étaient restés à Taïti, ils avaient été capturés, en 1791, par le capitaine Edwards de la *Pandora*, que le gouvernement anglais avait envoyé à la recherche des mutinés avec mission de les ramener en Angleterre. Mais la *Pandora* ayant échoué sur un écueil, dans le détroit de l'Entreprise, quatre des mutins et trente-cinq matelots avaient péri dans cette catastrophe. Sur les dix qui arrivèrent en Angleterre avec les naufragés de la *Pandora*, trois seulement furent condamnés à mort.

Vingt années se passèrent avant qu'on pût obtenir le moindre éclaircissement sur le sort de Christian et de ceux qu'il avait emmenés avec lui.

En 1808, un bâtiment de commerce américain toucha à Pitcairn, pour y compléter sa cargaison de peaux de phoques. Le commandant croyait l'île inhabitée ; mais, à sa très vive surprise, il s'était vu accoster par une pirogue montée par trois jeunes gens de couleur, qui parlaient fort bien l'anglais. Étonné, le capitaine les avait questionnés, et il apprit d'eux que leur père avait servi sous les ordres du lieutenant Bligh.

L'odyssée de ce dernier était alors connue du monde entier, et avait dé-frayé les veillées du gaillard d'avant des bâtiments de toutes les nations. Aussi le capitaine américain voulut-il obtenir plus de détails sur ce fait singulier, qui venait de réveiller dans son esprit le souvenir de la disparition des révoltés de la *Bounty*.

Descendu à terre, la capitaine, ayant rencontré un Anglais du nom de Smith, appartenant à l'ancien équipage de la *Bounty*, en avait reçu la confession qui va suivre.

Lorsqu'il eut quitté Taïti, Christian fit directement voile pour Pitcairn dont la situation isolée, au sud des Pomotou, hors de toute route fréquentée, l'avait vivement frappé. Après avoir débarqué les provisions que renfermait la *Bounty* et l'avoir dépouillée des agrès qui pouvaient être utiles, on brûla le bâtiment, non seulement pour en faire disparaître toute trace, mais aussi afin d'ôter à tout rebelle la tentation de s'enfuir.

Tout d'abord, on avait craint, en voyant des moraïs, que l'île ne fût peuplée.

On fut bien vite convaincu qu'il n'en était rien. On bâtit donc des cabanes, on défricha des terrains. Mais les Anglais réservèrent charitablement aux sauvages qu'ils avaient enlevés ou qui les avaient librement accompagnés, les fonctions d'esclaves. Quoi qu'il en soit, deux ans se passèrent sans querelles trop violentes. A ce moment, les naturels avaient tramé contre les blancs un complot, dont ceux-ci furent avertis par une Taïtienne, et les deux chefs payèrent de la vie leur tentative avortée.

Deux ans encore de paix et de tranquillité, puis nouveau complot, à la suite duquel cinq Anglais, dont Christian, furent massacrés. A leur tour, les femmes, qui regrettaient les Anglais, avaient immolé les Taïtiens survivants.

La découverte d'une plante, de laquelle on pouvait tirer une sorte d'eau-de-vie, causa un peu plus tard la mort d'un des quatre Anglais qui restaient; un autre fut massacré par ses compagnons; un troisième mourut à la suite d'une maladie, et un certain Smith, qui prit le nom d'Adams, demeura seul à la tête d'une population de dix femmes et de dix-neuf enfants, dont les plus âgés n'avaient pas plus de sept à huit ans.

Cet homme, qui avait réfléchi sur ses désordres et dont le repentir allait transformer l'existence, dut remplir les devoirs et les fonctions de père, de prêtre, d'officier de l'état civil et de roi. Par sa justice et sa fermeté, il sut acquérir une influence toute puissante sur cette bizarre population.

Ce singulier professeur de morale, qui, dans sa jeunesse, avait violé toutes les lois, pour qui nul engagement n'avait été sacré, enseigna alors la pitié, l'amour, l'union, institua des mariages réguliers entre les enfants de familles différentes, et la petite colonie prospéra sous le commandement à la fois doux et ferme de cet homme devenu vertueux sur le tard.

Tel était, au moment où Beechey y débarqua, l'état moral de la colonie de Pitcairn. Le navigateur, bien reçu d'une population dont les vertus rappelaient celles de l'âge d'or, y fit un séjour de dix-huit jours. Le village était composé de huttes propres et nettes, entourées de pandanus et de cocotiers; les champs étaient bien cultivés, et, sous la direction d'Adams, cette peuplade s'était fabriqué les instruments les plus utiles avec une habileté véritablement étonnante. De figure agréable et douce pour la plupart, ces métis avaient des membres bien proportionnés, qui annonçaient une vigueur peu commune.

Après Pitcairn, les îles Crescent, Gambier, Hood, Clermont-Tonnerre, Serles, Whitsunday, Queen Charlotte, Tehaï, des Lanciers, qui font partie des Pomotou, furent visitées par Beechey, ainsi qu'un îlot auquel il donna le nom de Byam-Martin.

Le navigateur y rencontra un sauvage, du nom de Tou-Wari, qui y avait été jeté par la tempête. Parti d'Anaa, avec cent cinquante de ses compatriotes, dans trois pirogues, pour aller rendre hommages à Pomaré III, qui venait de monter sur le trône, Tou-Wari avait été jeté loin de sa route par les vents d'ouest. A ceux-ci avaient succédé des brises variables, et bientôt les provisions furent si complètement épuisées que l'on dut manger les cadavres de ceux qui avaient succombé. Enfin, Tou-Wari était arrivé à l'île Barrow, au milieu de l'archipel Dangereux, où il s'était un peu ravitaillé; il avait ensuite repris la mer, mais ce n'avait pas été pour longtemps, car sa pirogue s'étant défoncée près de Byam-Martin, il avait dû rester sur cet îlot.

Beechey finit par céder aux prières de Tou-Wari en le prenant à son bord, avec sa femme et ses enfants, pour les ramener à Taïti. Le lendemain, par un de ces hasards qu'on ne voit d'ordinaire que dans les romans, Beechey s'étant arrêté à Heïou, Tou-Wari y avait rencontré son frère, qui le croyait mort depuis longtemps. Après les premiers élans d'effusion, les deux naturels gravement assis l'un à côté de l'autre, les mains serrés avec tendresse, s'étaient raconté leurs aventures réciproques.

Beechey quitta Heïou le 10 février, reconnut les îles Melville et Croker, et jeta l'ancre, le 18, à Taïti, où il eut de la peine à se procurer des rafraîchissements. Les naturels exigeaient maintenant de bons dollars chiliens et des vêtements européens, articles qui faisaient complètement défaut sur le *Blossom*.

Le capitaine, après avoir reçu la visite de la régente, fut invité à une soirée qui devait être donnée en son honneur dans la demeure royale, à Papeïti. Mais, lorsque les Anglais se présentèrent, ils trouvèrent que tout le monde dormait au palais. La régente avait oublié son invitation et s'était couchée plus tôt que d'habitude. Elle n'en reçut pas moins gracieusement ses hôtes, et organisa une petite sauterie, malgré la rigoureuse défense des missionnaires. Seulement, la fête dut se passer pour ainsi dire en silence, afin que le bruit n'en parvînt pas aux oreilles de l'agent de police qui se promenait sur la plage. On jugera par ce seul détail de la liberté que le missionnaire Pritchard laissait aux premiers personnages de Taïti. Que devait-ce être pour la tourbe des naturels?

Le 3 avril, le jeune roi rendit sa visite à Beechey, qui lui fit présent, de la part de l'Amirauté, d'un superbe fusil de chasse. Les relations furent très amicales, et l'influence que les missionnaires anglais avaient su prendre se trouva encore consolidée par la cordialité et les prévenances dont l'état-major du *Blossom* leur donna des preuves réitérées.

Parti de Taïti, le 26 avril, Beechy gagna les îles Sandwich, où il fit une station d'une dizaine de jours, et mit à la voile pour le détroit de Behring et la mer polaire. Ses instructions lui prescrivaient de s'enfoncer au long de la côte d'Amérique, aussi loin que l'état des glaces le lui permettrait. Le *Blossom* s'arrêta dans la baie Kotzebue, séjour aussi inhospitalier que repoussant, où les Anglais eurent plusieurs entrevues avec les indigènes, sans pouvoir se procurer le moindre renseignement sur Franklin et sa troupe. Puis, Beechey expédia au-devant de cet intrépide explorateur une chaloupe pontée, sous le commandement du lieutenant Elson. Celui-ci ne put dépasser la pointe Barrow, par 71° 23' de latitude nord, et fut obligé de regagner le *Blossom*, que les glaces forcèrent à repasser le détroit, le 13 octobre, par un temps clair et une forte gelée.

Afin d'utiliser la saison d'hiver, Beechy visita le port de San-Francisco, et relâcha encore une fois, le 25 janvier 1837, à Honolulu, dans les îles Sandwich. Grâce à la politique habile et libérale de son gouvernement, cet état s'avançait, à grands pas, dans la voie du progrès et de la prospérité.

Le nombre des maisons s'était augmenté; la ville prenait, de plus en plus, un caractère civilisé ; le port était fréquenté par un grand nombre de navires anglais et américains; enfin, la marine nationale était créée et comptait cinq briks et huit schooners. L'agriculture était dans un état florissant; le café, le thé, les épices, occupaient de vastes plantations, et l'on cherchait à utiliser les forêts de cannes à sucre qui prospéraient dans l'archipel.

Après une relâche, en avril, à l'embouchure de la rivière de Canton, le *Blossom* procéda à la reconnaissance de l'archipel Liou-Kieou, chaîne d'îles qui relie le Japon à Formose, et du groupe Bonin-Sima, terres sur lesquelles l'explorateur ne rencontra d'autres animaux que de grosses tortues vertes.

A la suite de cette exploration, le *Blossom* reprit la route du nord; mais, les circonstances atmosphériques étant moins favorables, il ne put pénétrer cette fois que jusqu'à 70° 40'. Il laissait en cet endroit de la côte des vivres, des vêtements et des instructions, pour le cas où Parry ou Franklin aurait réussi à percer jusque-là. Après avoir croisé jusqu'au 6 octobre, Beechey se détermina, à regret, à rentrer en Angleterre. Il fit escale à Monterey, à San-Francisco, à San-Blas, à Valparaiso, doubla le cap Horn, mouilla à Rio-de-Janeiro et jeta l'ancre à Spithead, le 21 octobre.

Il faut, maintenant, raconter l'expédition du capitaine russe Lütké, expédition qui produisit des résultats assez importants. La relation, très amusante, est spirituellement écrite. Aussi lui ferons-nous quelques emprunts.

Le *Séniavine* et le *Möller* étaient deux gabares construites en Russie, qui

Un moraï à Kayakakowa. (*Fac-simile. Gravure ancienne.*)

tenaient toutes deux très bien la mer, mais dont la seconde était assez mauvaise marcheuse, inconvénient qui, pendant presque tout le voyage, tint les deux bâtiments séparés. Le *Séniavine* avait Lütké pour commandant, et le *Möller*, Stanioukowitch.

Les deux bâtiments appareillèrent de Cronstadt, le 1er septembre 1828, firent escale à Copenhague et à Portsmouth, où l'on acheta des instruments de physique et d'astronomie. A peine sortaient-ils de la Manche, qu'ils furent séparés. Le *Séniavine*, que nous suivrons particulièrement, fit relâche à Ténériffe, où Lütké espérait trouver sa conserve.

Cette île venait d'être, du 4 au 8 novembre, ravagée par un ouragan terrible,

De hautes montagnes recouvertes d'un sombre manteau de forêts. (Page 236.)

tel qu'on n'en avait jamais vu de semblable depuis la conquête. Trois navires avaient péri dans la rade même de Sainte-Croix ; deux autres, jetés à la côte, avaient été mis en pièces. Les torrents, grossis par une pluie épouvantable, avaient renversé jardins, murailles, édifices, dévasté plusieurs plantations considérables, démoli presque entièrement l'un des forts, détruit quantité de maisons dans la ville et rendu plusieurs rues impraticables. Trois ou quatre cents individus avaient trouvé la mort dans ce cataclysme, dont les dommages étaient évalués à plusieurs millions de piastres.

Au mois de janvier, les deux bâtiments s'étaient retrouvés à Rio-de-Janeiro, et, jusqu'au cap Horn, ils avaient fait la route de conserve. Là, les tempêtes ordinaires, les brouillards habituels les avaient assaillis et séparés encore une fois. Le *Séniavine* avait alors fait route pour Concepcion.

« Le 15 mars, dit Lütké, nous n'étions, par estime, qu'à huit milles de la côte la plus voisine, mais un brouillard épais nous en dérobait la vue. Dans la nuit, le brouillard se dissipa, et le point du jour offrit à nos regards un spectacle d'une grandeur et d'une magnificence indescriptibles. La chaîne dentelée des Andes, avec ses pics aigus, se dessinait sur un ciel d'azur, éclairé des premiers rayons du soleil. Je ne veux point augmenter le nombre de ceux qui se sont perdus en vains efforts pour transmettre aux autres les sensations qu'ils éprouvèrent au premier aspect de pareils tableaux de la nature. Elles sont aussi inexprimables que la majesté du spectacle lui-même. La variété des couleurs, la lumière que le lever du soleil répandait graduellement sur le ciel et sur les nuages, étaient d'une inimitable beauté. A notre vif regret, ce spectacle, ainsi que tout ce qui est sublime dans la nature, ne fut pas de longue durée. A mesure que la masse de lumière envahissait l'atmosphère. l'énorme géant semblait s'enfoncer dans l'abîme, et le soleil, paraissant sur l'horizon, en effaça même les traces. »

Le sentiment de Lütké sur l'aspect de la Concepcion n'était pas d'accord avec celui de quelques-uns de ses prédécesseurs. Il n'avait pas encore oublié les richesses exubérantes de la végétation de la baie de Rio-de-Janeiro. Aussi trouvat-il cette côte assez pauvre. Les habitants, autant qu'il put en juger pendant une relâche très courte, lui parurent doués du caractère le plus affable et plus civilisés que les gens de la même classe dans bien d'autres pays.

En entrant à Valparaiso, Lütké aperçut le *Möller* qui mettait à la voile pour le Kamtchatka. Les équipages se dirent adieu, et chacun suivit dès lors une direction séparée.

La première course des officiers et des naturalistes, fut pour les célèbres « quebradas ».

« Ce sont, dit le voyageur, des ravins dans les montagnes, comblés pour ainsi dire par de petites cabanes qui renferment la plus grande partie de la population de Valparaiso. La plus peuplée de ces quebradas est celle qui s'élève à l'angle S.-O. de la ville. Le granit, qui, là, se montre à découvert, sert de fondement solide aux constructions, et les met à l'abri de l'effet destructeur des tremblements de terre. La communication de ces habitations, entre elles et avec la ville, s'effectue par d'étroits sentiers sans points d'appui ni degrés, qui se prolongent sur la pente des rochers, et sur lesquels les enfants, en jouant, couraient en tous sens, comme des chamois. Il n'y a là que quelques maisons, et encore appartiennent-elles à des étrangers, auxquelles aboutissent des sentiers où l'on ait pratiqué des marches; les Chiliens regardent cette précaution comme un luxe superflu et tout à fait inutile. C'est un spectacle étrange que de voir, suos ses pieds, un escalier de toits en tuiles ou en branches de palmiers, et au-dessus de sa tête un amphithéâtre de portes et de jardins. J'avais d'abord suivi messieurs les naturalistes; mais ils m'entraînèrent bientôt dans un endroit où je ne pouvais plus faire un pas ni en avant ni en arrière, ce qui me décida à m'en retourner avec un de mes officiers, et à les laisser là, en leur souhaitant de rapporter leurs têtes sauves au logis; quant à moi, je crus mille fois perdre la mienne avant d'arriver en bas. »

Au retour d'une pénible excursion que les marins avaient faite à quelques lieues de Valparaiso, ils furent tout étonnés, en rentrant à cheval dans la ville, d'être arrêtés par une patrouille, qui les força, malgré leurs protestations, à mettre pied à terre.

« C'était le jeudi saint, dit Lütké; de ce jour jusqu'au samedi saint, il n'est permis ici, sous peine d'une forte amende, ni de monter à cheval, ni de chanter, ni de danser, ni de jouer d'aucun instrument, ni même d'aller le chapeau sur la tête. Toute affaire, tout travail, tout amusement, sont sévèrement défendus pendant ces jours. La colline au milieu de la ville, sur laquelle est le théâtre, est transformée pendant ce temps en Golgotha. Au milieu d'un espace entouré de grilles, s'élève une croix avec l'image du Christ; on voit, près de lui, une multitude de fleurs et de cierges, et, de chaque côté, des figures de femmes à genoux, représentant les témoins de la Passion de notre Sauveur. Les âmes pieuses s'approchaient de ce lieu pour laver leurs péchés par une prière à haute voix. Je ne remarquai que des pécheresses et pas un seul pécheur. La plupart d'entre elles étaient, sans doute, fermement assurées d'obtenir la grâce divine, car, en venant, elles jouaient, riaient, prenaient un air contrit en approchant de là, se mettaient à genoux pour quelques instants et continuaient ensuite leur chemin, en reprenant leurs jeux et leurs rires. »

L'intolérance et les superstitions, dont les étrangers rencontrèrent des preuves à chaque pas, font naître, chez le voyageur, des réflexions judicieuses. Il regrette de voir se perdre dans des révolutions continuelles tant d'énergie et de ressources, qui pourraient être bien mieux employées pour le développement moral et la prospérité matérielle de la nation.

Pour Lütké, rien ne ressemble moins à une vallée du paradis que Valparaiso et ses environs. Des montagnes pelées, coupées de profondes quebradas, une plaine sablonneuse, au milieu de laquelle se dresse la ville, les hautes montagnes des Andes à l'arrière-plan, tout cela ne constitue pas, à proprement parler, un Éden

Les traces de l'affreux tremblement de terre de 1823 n'étaient pas alors entièrement effacées, et l'on voyait encore de grands espaces couverts de débris.

Le 15 avril, le *Séniavine* reprit la mer et fit voile pour la Nouvelle-Arkhangel, où il entra le 24 juin, après une navigation qui n'avait été marquée par aucun incident. La nécessité de procéder à des réparations que rendait indispensables une campagne de dix mois, et le débarquement des provisions dont le *Séniavine* était chargé pour la Compagnie, retinrent cinq semaines le capitaine Lütké dans la baie de Sitkha.

Cette partie de la côte nord-ouest de l'Amérique offre un aspect sauvage mais pittoresque. De hautes montagnes, recouvertes jusqu'à leur cime d'un épais et sombre manteau de forêts, forment le dernier plan du tableau. A l'entrée de la baie, c'est le mont Edgecumbe, volcan éteint aujourd'hui, qui s'élève à 2,800 pieds au-dessus de la mer. Lorsqu'on pénètre dans la baie, on rencontre un labyrinthe d'îles derrière lesquelles se dresse, avec sa forteresse, ses tours et son église, la ville de la Nouvelle-Arkhangel, qui ne se compose que d'une rangée de maisons avec jardin, d'un hôpital, d'un chantier, et, hors des palissages, d'un grand village d'Indiens Kaloches. La population était alors mélangée de Russes, de créoles et d'Aléoutes au nombre de huit cents, dont les trois huitièmes étaient au service de la Compagnie. Mais cette population diminue sensiblement avec les saisons. L'été, presque tout le monde est à la chasse, et l'on n'est pas plus tôt rentré à l'automne, qu'on part pour la pêche.

La Nouvelle-Arkhangel ne présente pas précisément beaucoup de distractions. A vrai dire, ce séjour, l'un les plus maussades qu'on puisse imaginer, est une terre déshéritée, triste au delà de toute expression, où l'année entière, sauf les trois mois de neige, ressemble plus à l'automne qu'à toute autre saison. Tout cela n'est rien encore pour le voyageur qui ne fait que passer ; mais il faut, à celui qui y réside, un grand fonds de philosophie ou une bien grande envie de ne pas mourir de faim. Le commerce, assez important, se fait avec la Californie, avec les naturels et avec les bâtiments étrangers.

Les fourrures que se procurent les Aléoutes, chasseurs de la Compagnie, sont la loutre, le castor, le renard et le « souslic ». Ils pêchent le morse, le phoque et la baleine, sans compter, dans la saison, le hareng, la morue, le saumon, le turbot, la lotte, la perche et des « tsouklis », coquillages qu'on trouve aux îles de la Reine-Charlotte et dont la Compagnie a besoin pour ses échanges avec les Américains.

Quant à ceux-ci, du 46ᵉ au.60ᵉ degré, ils paraissent appartenir à la même race; c'est du moins à cette conclusion que semblent amener la ressemblance de leurs formes extérieures, de leurs usages, de leur vie, et la conformité de leur langue.

Les Kaloches de Sitkha reconnaissent pour fondateur de leur race un homme du nom d'Elkh, favorisé de la protection du corbeau, cause première de toutes choses. Remarque curieuse, chez les Kadiaques, qui sont Esquimaux, cet oiseau joue aussi un rôle important. On retrouve, chez les Kaloches, suivant Lütké, la tradition d'un déluge et quelques fables qu'il rapproche de la mythologie grecque.

Leur religion n'est autre chose que le chamanisme. Un Dieu suprême leur est inconnu, mais ils croient aux esprits malins et aux sorciers qui prédisent l'avenir, guérissent les maladies, et dont la profession est héréditaire.

Pour eux, l'âme est immortelle; toutefois, les âmes des chefs ne se mêlent pas avec celles des inférieurs, celles des esclaves restent esclaves après la mort. On voit combien cette conception est peu consolante.

Le gouvernement est patriarcal; les indigènes sont organisés en tribus, qui, comme dans le reste de l'Amérique, ont pour emblème, et, le plus souvent, pour nom, un animal : le loup, le corbeau, l'ours, l'aigle, etc.

Les esclaves des Kaloches sont les prisonniers qu'ils ont faits à la guerre. Le sort de ceux-ci est fort misérable. Leurs maitres ont sur eux droit de vie et de mort. Dans certaines cérémonies, à l'occasion de la perte des chefs, on sacrifie ceux qui ne sont plus bons à rien, à moins, au contraire, qu'on ne leur rende la liberté.

Soupçonneux et rusés, cruels et vindicatifs, les Kaloches ne valent ni plus ni moins que les autres sauvages, leurs voisins. Durs à la fatigue, braves, mais paresseux, ils laissent tous les travaux de l'intérieur aux soins de leurs femmes, car la polygamie est chez eux en usage.

En quittant Sitkha, Lütké se dirigea vers Ounalachka. L'établissement d'Ilou-louk est le principal de cette île, et, cependant, il n'est habité que par douze Russes et dix Aléoutes des deux sexes.

Sans l'entière privation de bois qui oblige les indigènes à ramasser celui que la mer jette sur les rivages voisins, parmi lesquels on trouve quelquefois des troncs entiers de cyprès, de camphrier et d'une espèce d'arbre qui répand une odeur de rose, cette île offrirait beaucoup de commodités et d'agréments pour la vie. Elle abonde en beaux pâturages. Aussi s'y livre-t-on avec succès à l'élève du bétail.

Les habitants des îles aux Renards avaient, à l'époque où Lütké les visita, adopté en grande partie les mœurs et les vêtements des Russes. Ils étaient tous chrétiens. Les Aléoutes sont bons, hardis, adroits, et la mer est leur véritable élément.

Depuis 1826, plusieurs éruptions de cendres avaient causé de grands ravages dans ces îles. En mai 1827, le volcan Chichaldinsk s'ouvrit un nouveau cratère et vomit des flammes.

Les instructions de Lütké lui prescrivaient de reconnaître l'île Saint-Mathieu, que Cook avait appelée île de Gore. Si le levé hydrographique de cette position réussit au delà de toute espérance, les Russes n'eurent pas le même succès, quand ils voulurent se procurer des notions sur ses productions naturelles, car ils n'y purent débarquer en aucun endroit.

Sur ces entrefaites, l'hiver arrivait avec son cortège ordinaire de brouillards et de tempêtes. Il ne fallait pas songer à se rendre au détroit de Behring. Lütké fit donc route pour le Kamtchatka, après avoir communiqué avec l'île Behring. Il séjourna trois semaines à Pétropaulowsky, temps qui fut employé au déchargement des objets qu'il apportait et aux préparatifs de sa campagne d'hiver.

Les instructions de Lütké lui prescrivaient d'employer cette saison à visiter les îles Carolines. Il résolut donc de se diriger tout d'abord sur l'île d'Ualan, que le navigateur français Duperrey avait fait connaître. Un port sûr permettrait de s'y livrer à des expériences sur le pendule.

En route, Lütké chercha, sans la trouver, l'île Colunas, par 26° 9′ de latitude et 128° de longitude ouest. Il en fut de même pour les îles Dexter et Saint-Barthélemy. Il reconnut le groupe de corail Brown, découvert en 1794 par l'Anglais Butler, et arriva le 4 décembre en vue d'Ualan.

Dès les premiers moments, l'excellence des relations avec les indigènes fit sur les Russes une excellente impression. Plusieurs d'entre les Ualanais, qui étaient venus en pirogues, montrèrent assez de confiance pour coucher à bord du bâtiment, alors qu'il était encore à la voile.

Ce ne fut pas sans peine que le *Séniavine* pénétra dans le havre de la Coquille. Débarqué sur l'îlot Matanial, où Duperrey avait dressé son observatoire, Lütké fit de même, tandis que les échanges commençaient avec les naturels. La bonhomie, le caractère pacifique de ceux-ci, ne se démentirent pas un instant. Il suffit de retenir deux jours un chef en otage et de brûler une pirogue pour mettre fin aux vols de quelques indigènes.

« Nous pouvons déclarer avec plaisir, dit Lütké, à la face du monde, que notre séjour de trois semaines à Ualan, non seulement ne coûta pas une goutte de sang humain, mais que nous pûmes quitter ces bons insulaires sans leur donner une idée plus complète que celle qu'ils avaient déjà de l'effet de nos armes à feu, qu'ils croient seulement destinées à tuer des oiseaux. Je ne sais s'il se trouve un pareil exemple dans les annales des premiers voyages dans les mers du Sud. »

Après avoir laissé Ualan, Lütké chercha vainement les îles Musgraves, marquées sur la carte de Krusenstern, et ne tarda pas à découvrir une grande île, entourée d'une ceinture de récifs, dont la connaissance avait échappé à Duperrey, et qui porte le nom de Painipète ou de Pouynipète. De grandes belles pirogues, avec un équipage de quatorze hommes, de petites où il n'y en avait que deux, entourèrent bientôt le bâtiment. Ces naturels, à la physionomie sauvage qui exprimait la défiance, aux yeux rouges de sang, turbulents et bruyants, chantaient, dansaient, gesticulaient sur leurs embarcations et ne se décidèrent qu'avec peine à monter sur le pont.

Le *Séniavine* se tint à quelque distance de la terre, qu'il n'aurait été possible d'accoster qu'en livrant combat, car, pendant une tentative de débarquement, les naturels entourèrent la chaloupe, et ne se retirèrent que devant la bonne contenance de l'équipage et les coups de canon du *Séniavine*.

Lütké disposait de trop peu de temps pour pousser à fond la reconnaissance de l'archipel Séniavine, comme il appela sa découverte. Aussi les renseignements qu'il put recueillir sur la population des Poüynipètes manquent-ils de précision. Ces indigènes n'appartiendraient pas, selon lui, à la même race que ceux d'Ualan, et se rapprocheraient plutôt des Papous, dont les plus voisins sont ceux de la Nouvelle-Irlande, c'est-à-dire à sept cents milles seulement.

Dès que Lütké eut cherché, sans la rencontrer, l'île Saint-Augustin, il reconnut les îles de corail de Los Valientes, appelées aussi Seven-Islands, découvertes, en 1773, par l'Espagnol Felipe Tompson.

Le navigateur vit ensuite l'archipel Mortlok, ancien groupe Lougoullos de Torrès, dont les habitants ressemblaient aux Ualanais. Il descendit sur la principale de ces îles, véritable jardin de cocotiers et d'arbres à pain.

Les indigènes jouissaient d'une sorte de civilisation. Ils savaient tisser et teindre les fibres du bananier et du cocotier, comme les naturels de Ualan et de Pouynipète. Leurs instruments de pêche faisaient honneur à leur esprit inventif, surtout une sorte de caisse, tressée en baguettes et en bambou, combinée pour laisser entrer le poisson sans lui permettre de ressortir ; ils possédaient aussi des filets en forme de grande besace, des lignes et des harpons.

Leurs pirogues, sur lesquelles ils passent les trois quarts de leur existence,

Habitant de Ualan. (*Fac-simile. Gravure ancienne.*)

semblent merveilleusement adaptées à leurs besoins. Les grandes, dont la construction leur coûte des peines infinies et qui sont conservées sous des hangars
spéciaux, ont vingt-six pieds de longueur, deux un quart de largeur et quatre de
profondeur. Elles sont munies d'un balancier, dont les traverses sont recouvertes
d'un plancher. De l'autre côté, existe une petite plate-forme de quatre pieds
carrés et munie d'un toit sous lequel on abrite les provisions. Ces pirogues portent
une voile triangulaire, en nattes tressées faites de feuilles de baquois, laquelle
est attachée à deux vergues. Pour changer de bord, on laisse tomber la voile,
on incline le mât vers l'autre bout de la pirogue, où l'on fait passer en même
temps l'amure de la voile, et la pirogue va de l'avant par son autre extrémité.

Les Tchouktchis sédentaires. (Page 241.)

Lütké reconnut ensuite le groupe Namolouk, dont les habitants ne diffèrent en rien des Longounoriens, et il démontra l'identité de l'île Hogole, déjà décrite par Duperrey, avec Quirosa. Puis, il visita le groupe Namonouïto, première assise d'un nombreux groupe d'îles ou même d'une seule grande île, qui doit, un jour, exister en cet endroit.

Le commandant Lütké, ayant besoin de biscuits et de divers autres articles qu'il espérait tirer de Guaham ou des navires qui seraient en relâche dans le port, fit alors voile pour les Mariannes, où il comptait en même temps répéter des expériences sur le pendule, auquel Freycinet avait trouvé une importante anomalie de gravitation.

Grande fut la surprise de Lütké, en arrivant, de n'apercevoir à terre aucun signe de vie. Les deux forts n'avaient pas de pavillon, un silence de mort régnait partout, et, sans la présence d'une goëlette mouillée dans le port intérieur, on aurait cru accoster quelque terre déserte. Il n'y avait que peu de monde à terre, et encore n'était-ce qu'une population à demi sauvage, dont il fut à peu près impossible de tirer le moindre renseignement. Par bonheur, un déserteur anglais vint se mettre à la disposition de Lütké et transmit au gouverneur une lettre du commandant, qui reçut presque aussitôt une réponse satisfaisante.

Le gouverneur était ce même Medinilla, dont Kotzebue et Freycinet avaient loué l'hospitalité. Aussi ne fut-il pas difficile d'obtenir la permission d'établir à terre un observatoire et d'y transporter les quelques provisions dont on avait besoin. Cette relâche fut attristée par un accident arrivé au commandant Lütké, qui, pendant une partie de chasse, se blessa assez gravement au poignet avec son fusil.

Les travaux de réparation et de radoub du bâtiment, la nécessité de faire de l'eau et du bois, retardèrent le départ du *Séniavine* jusqu'au 19 mars. Pendant ce temps, Lütké eut donc le loisir de reconnaître l'exactitude des renseignements qu'un séjour de deux mois dans la maison même du gouverneur avait permis à Freycinet de recueillir, il y avait une dizaine d'années. Depuis lors, les choses n'avaient guère changé.

Comme il n'était pas encore temps, pour Lütké, de remonter dans le nord, il reprit la reconnaissance des Carolines par les îles du Danois. Les habitants lui en parurent mieux faits que leurs voisins occidentaux, dont ils ne diffèrent, d'ailleurs, en aucune manière. Les Farröilep, Oullei, Ifelóuk, Fouripigze, furent successivement relevées; puis Lütké prit la route de Bouin-Sima

27 avril. Il y apprit qu'il avait été précédé, dans la reconnaissance de ce groupe, par le capitaine anglais Beechey. Aussi renonça-t-il aussitôt à tout travail hydrographique. Deux matelots appartenant à l'équipage d'un baleinier qui avait été jeté à la côte résidaient encore à Bonin-Sima.

Depuis le développement de la grande pêche, cet archipel était fréquenté par quantité de baleiniers, qui y trouvaient, en même temps qu'un port sûr en toute saison, de l'eau, du bois en abondance, des tortues pendant six mois, du poisson, et, avec une infinité d'herbes antiscorbutiques, le délicieux chou palmiste.

« La hauteur majestueuse et la vigueur des arbres, dit Lütké, la variété et le mélange des plantes tropicales avec celles des climats tempérés, attestent déjà la fertilité du terrain et la salubrité du climat. La plupart de nos productions de

jardin et de nos plantes potagères, et peut-être toutes, réussiraient ici à merveille, ainsi que le froment, le riz, le maïs ; on ne saurait désirer un meilleur
climat et de meilleure exposition pour la vigne. Les animaux domestiques de toute
espèce, les abeilles, s'y multiplieraient très promptement. En un mot, avec une
colonisation peu nombreuse, mais laborieuse, ce petit groupe pourrait devenir
en peu de temps un lieu d'abondantes ressources en toute sorte d'objets. »

Le 9 juin, le *Séniavine*, après avoir été retardé une semaine entière faute de
vent, entrait à Pétropaulowsky, où il était retenu jusqu'au 26 par la nécessité
de faire des vivres. Toute une série de reconnaissances furent alors opérées le
long des rivages du Kamtchatka, du pays des Koriaks et des Tchouktchis. Elles
furent interrompues par trois séjours sur les côtes de l'île de Karaghinsk, dans
la baie de Saint-Laurent et dans le golfe de Sainte-Croix.

Pendant une de ces relâches, il arriva au commandant une singulière aven-
ture. Il était depuis plusieurs jours en rapports amicaux avec des Tchouktchis,
auxquels il s'efforçait de donner une idée plus familière des êtres et de la manière de vivre des Russes.

« Ces naturels, dit-il, se montraient affables et complaisants et cherchaient à
payer de la même monnaie nos badinages et nos cajoleries. Je frappai doucement de la main, en signe d'amitié, sur la joue d'un vigoureux Tchouktchis,
et je reçus tout à coup, en réponse, un soufflet qui faillit me renverser. Revenu
de mon étonnement, je vis, devant moi, mon Tchouktchis, avec le visage riant,
exprimant la satisfaction d'un homme qui a su montrer son savoir-vivre et sa
politesse. Il avait aussi voulu me taper doucement, mais d'une main accoutu-
mée à ne taper que des rennes. »

Les voyageurs furent aussi témoins des preuves d'adresse d'un Tchouktchis,
qui faisait le chaman ou sorcier. Il passa derrière un rideau, d'où l'on entendit
bientôt sortir une voix semblable à un hurlement, tandis que des petits coups
étaient frappés sur un tambourin avec un fanon de baleine. Le rideau levé, on vit
le sorcier se balancer et renforcer sa voix et ses coups sur le tambour qu'il tenait
tout près de son oreille. Bientôt il jeta sa pelisse, se mit nu jusqu'à la ceinture,
prit une pierre polie qu'il donna à tenir à Lütké, la reprit, et, tandis qu'il faisait
passer une main par-dessus l'autre, la pierre disparut. Montrant une tumeur
qu'il avait au coude, il prétendit que la pierre était à cet endroit, puis il fit
voyager la tumeur sur le côté, et, après en avoir extrait la pierre, il affirma que
l'issue du voyage des Russes serait favorable.

On félicita le sorcier de son adresse et on lui fit présent d'un couteau, pour le
remercier. Le prenant d'une main, il tira sa langue et se mit à la couper... Sa

bouche s'emplit de sang... Enfin, après avoir tout à fait coupé sa langue, il en montra.le morceau dans sa main. Ici, le rideau tomba, l'adresse du prestidigitateur n'allant sans doute pas plus loin.

On désigne sous l'appellation générale de Tchouktchis le peuple qui habite l'extrémité N.-E. de l'Asie. Il comprend deux races : l'une, nomade comme les Samoyèdes, est appelée les Tchouktchis à rennes ; l'autre, à demeures fixes, se nomme les Tchoutktchis sédentaires. Le genre de vie, ainsi que les traits du visage et la langue même, diffèrent dans ces deux races. L'idiome, parlé par les Tchouktchis sédentaires, a de très grands rapports avec celui des Esquimaux, dont leurs « baïdarkes » ou bateaux de cuir, leurs instruments et les formes de leurs huttes tendent encore à les rapprocher.

Lütké ne vit pas un grand nombre de Tchouktchis à rennes ; aussi ne put-il presque rien ajouter à ce qu'avaient dit ses prédécesseurs. Il lui parut, cependant, qu'ils avaient été peints sous des couleurs trop défavorables, et que leur réputation de turbulence et de sauvagerie était singulièrement exagérée.

Les sédentaires, généralement connus sous le nom de Namollos, vivent l'hiver dans des baraques, et l'été dans des huttes couvertes de peaux. Celles-ci servent ordinairement de demeure à plusieurs familles.

« Les fils avec leurs femmes, les filles avec leurs maris, dit la relation, y vivent ensemble avec leurs parents. Chaque famille occupe, sous un rideau, une des séparations pratiquées sur le large côté de la hutte. Ces rideaux sont faits de peaux de rennes cousues en forme de cloche ; ils sont attachés aux barres du plafond et descendent jusqu'à terre. Deux, trois personnes et quelquefois davantage, à l'aide de la graisse qu'ils allument quand il fait froid, réchauffent tellement l'air sous ce rideau presque hermétiquement fermé, que, par les plus fortes gelées, tout vêtement devient superflu ; mais il n'appartient qu'à des poumons tchouktchis de pouvoir respirer dans cette atmosphère. Dans la moitié antérieure de la hutte sont tous les ustensiles, la vaisselle, les marmites, les corbeilles, les malles de peau de veau marin, etc. C'est là aussi qu'est le foyer, si l'on peut appeler ainsi l'endroit où fument quelques broussailles d'osier, ramassées avec peine dans les marais, et, à leur défaut, des os de baleine dans la graisse. Autour de la hutte, sur des séchoirs de bois ou d'os de baleine, est étendue de la chair de veau marin coupée par morceaux, noire et dégoûtante. »

La vie que mènent ces peuples est misérable. Ils se repaissent de la chair à moitié crue des phoques et des morses qu'ils chassent et de celle des baleines que la mer jette sur leurs côtes. Le chien est le seul animal domestique qu'ils possèdent ; ils le traitent assez mal, bien que ces pauvres animaux soient fort caressants et leur rendent de grands services, soit qu'ils traînent leurs baïdarkes à la cordelle, soit qu'ils tirent leurs traîneaux sur la neige.

Après un second séjour de cinq semaines à Pétropaulowsky, le *Séniavine* quitta le Kamtchatka, le 10 novembre, pour rentrer en Europe. Avant de gagner Manille, Lütké fit une croisière dans la partie septentrionale des Carolines, qu'il n'avait pas eu le temps de reconnaître l'hiver précédent. Il vit successivement les groupes de Mourileu, Fananou, Faïeou, Namonouïto, Maghyr, Farroïlep, Ear, Mogmog, et trouva à Manille la corvette le *Möller*, qui l'attendait.

L'archipel des Carolines embrasse un immense espace, et les Mariannes, ainsi que les Radak, pourraient sans inconvénient lui être attribuées, car on y trouve une population absolument identique. Les anciens géographes n'avaient eu longtemps d'autres guides que les cartes des missionnaires, qui, manquant de l'instruction et des instruments nécessaires pour apprécier avec exactitude la grandeur, l'emplacement et l'éloignement de tous ces archipels, leur avaient donné une importance considérable, et avaient souvent fixé à plusieurs degrés l'étendue d'un groupe qui n'avait que quelques milles.

Aussi, les navigateurs s'en tenaient-ils prudemment éloignés. Freycinet fut le premier à mettre un peu d'ordre dans ce chaos, et, grâce à la rencontre de Kadou et de don Louis Torrès, il put identifier les nouvelles découvertes avec les anciennes. Lütké apporta sa part, et non une des moindres, à l'établissement de la carte réelle et scientifique d'un archipel qui avait fait longtemps l'effroi des navigateurs.

Le savant explorateur russe n'est pas de l'avis de l'un de ses prédécesseurs, Lesson, qui rattachait à la race mongole, sous le nom de rameau mongolo-pélagien, tous les habitants des Carolines. Il y voit plutôt, avec Chamisso et Balbi, une branche de la famille malaise, qui a peuplé la Polynésie orientale.

Si Lesson rapproche les Carolins des Chinois et des Japonais, Lütké trouve, au contraire, à leurs grands yeux saillants, à leurs lèvres épaisses, à leur nez retroussé, un air de famille avec ceux des habitants des Sandwich et des Tonga. La langue n'offre pas non plus le moindre rapprochement avec le Japonais, tandis qu'elle présente une grande ressemblance avec celle des Tonga.

Lütké passa son temps de séjour à Manille à approvisionner, à réparer la corvette, et il quitta, le 30 janvier, cette possession espagnole, pour rentrer en Russie, où il jeta l'ancre, sur la rade de Cronstadt, le 6 septembre 1829.

Il reste maintenant à dire ce qu'il était advenu de la corvette le *Möller*, depuis sa séparation à Valparaiso. De Taïti, gagnant le Kamtchatka, elle y avait débarqué à Pétropaulowsky une partie de son chargement, puis avait fait voile, en août 1827, pour Ounalachka, où elle était restée un mois. Après une reconnaissance de la côte occidentale d'Amérique, abrégée par le mauvais temps, après un séjour à Honolulu jusqu'en février 1828, elle avait découvert l'île Möller, reconnu les îles Necker, Gardner, Lissiansky, et signalé, à six milles au sud de celle-ci, un récif très dangereux.

La corvette avait ensuite prolongé l'île de Kur, la Basse des frégates françaises, le récif Maras, celui de la Perle et de l'Hermès, et, après avoir cherché certaines îles marquées sur les cartes d'Arrowsmith, elle avait regagné le Kamtchatka. A la fin d'avril, elle avait appareillé pour Ounalachka et opéré la reconnaissance de la côte septentrionale de la presqu'île d'Alaska. C'est en septembre que le *Möller* s'était réuni au *Séniavine*, et, depuis cette époque, les deux bâtiments, jusqu'à leur retour en Russie, ne s'étaient plus séparés qu'à de courts intervalles.

Comme on a pu en juger par le récit assez détaillé qui vient d'en être fait, cette expédition n'avait pas été sans amener des résultats importants pour la géographie. Il faut ajouter que les différentes branches de l'histoire naturelle, la physique et l'astronomie lui durent également de nombreuses et importantes acquisitions.

CHAPITRE II

LES CIRCUMNAVIGATEURS FRANÇAIS

Voyage de Freycinet. — Rio-de-Janeiro et ses gitanos. — Le Cap et ses vins. — La baie des Chiens-Marins. — Séjour à Timor. — L'île d'Ombay et sa population anthropophage. — Les îles des Papous. — Habitations sur pilotis des Alfourous. — Un dîner chez le gouverneur de Guaham. — Description des Mariannes et de leurs habitants. — Quelques détails sur les Sandwich. — Port-Jackson et la Nouvelle-Galles du Sud. — Naufrage à la baie Française.— Les Malouines.— Retour en France.— Expédition de la *Coquille* sous les ordres de Duperrey. — Martin-Vaz et la Trinidad. — L'île Sainte-Catherine. — L'indépendance du Brésil. — La baie Française et les restes de l'*Uranie*.— Relâche à Concepcion.— La guerre civile au Chili. — Les Araucans. — Nouvelles découvertes dans l'archipel Dangereux. — Relâche à Taïti et à la Nouvelle-Irlande. — Les Papous. — Station à Ualan. — Les Carolins et les Carolines. — Résultats scientifiques de l'expédition.

L'expédition, commandée par Louis-Claude de Saulces de Freycinet, fut due aux loisirs que la paix de 1815 venait d'accorder à la marine française. Un de ses officiers les plus entreprenants, celui-là même qui avait accompagné Baudin dans la reconnaissance des côtes de l'Australie, en conçut le plan et fut chargé de l'exécuter. C'était le premier voyage maritime qui ne dût pas avoir exclusivement l'hydrographie pour objet. Son but principal était le relèvement de la forme de la Terre dans l'hémisphère sud et l'observation des phénomènes du magnétisme terrestre ; l'étude des trois règnes de la nature, des mœurs, des usages et des langues des peuples indigènes ne devait pas être oubliée ; enfin les recherches de géographie, sans être exclues, étaient cependant placées au dernier rang.

Freycinet trouva dans les officiers du corps de santé de la marine, MM. Quoy, Gaimard et Gaudichaud, d'utiles auxiliaires pour les questions d'histoire naturelle ; en même temps, il s'adjoignit un certain nombre d'officiers de marine très distingués, dont les plus connus sont Duperrey, Lamarche, Bérard et Odet-Pellion, qui devinrent, l'un membre de l'Institut, les autres officiers supérieurs ou généraux de la marine.

Freycinet eut également soin de choisir ses matelots parmi ceux qui se trouvaient en état d'exercer un métier, et, sur les cent vingt hommes qui composèrent l'équipage de la corvette l'*Uranie*, il n'y en avait pas moins de cinquante qui pouvaient être au besoin charpentiers, cordiers, voiliers, forgerons, etc.

Des rechanges pour deux ans, des approvisionnements de tout genre et tels que pouvaient les fournir les appareils perfectionnés dont on commençait à se servir, des caisses en fer pour garder l'eau douce, des alambics pour distiller l'eau de mer, des conserves et des antiscorbutiques, furent entassés sur l'*Uranie*. Elle quitta le port de Toulon, le 17 septembre 1817, emportant, déguisée en matelot, la femme du commandant, qui ne craignait pas d'affronter les périls et les fatigues de cette longue navigation.

Avec ces provisions toutes matérielles, Freycinet avait un assortiment des meilleurs instruments et appareils. Enfin, il avait reçu, de l'Institut, des instructions détaillées, destinées, soit à le guider dans ses recherches, soit à lui suggérer les expériences qui pouvaient le plus contribuer aux progrès des sciences.

Une relâche à Gibraltar, un arrêt à Sainte-Croix de Ténériffe, l'une des îles Canaries, qui, comme le dit spirituellement Freycinet, ne furent pas pour l'équipage les îles Fortunées, — toute communication avec la terre fut interdite par le gouverneur, — précédèrent l'entrée de l'*Uranie* à Rio-de-Janeiro, le 6 décembre.

Le commandant et ses officiers profitèrent de cette relâche pour procéder à un grand nombre d'observations magnétiques et d'expériences du pendule,

Guerriers des îles d'Ombay et de Guébé. (*Fac-simile. Gravure ancienne.*)

tandis que les naturalistes parcouraient le pays et faisaient de nombreuses col_
lections d'histoire naturelle.

La relation originale du voyage contient un très long historique de la décou_
verte et de la colonisation du Brésil, ainsi que les détails les plus circonstanciés
sur les usages et les mœurs des habitants, sur la température et le climat, de
même qu'une description minutieuse de Rio-de-Janeiro, de ses monuments et
de ses environs.

La partie la plus curieuse de la description a trait aux gitanos qu'on rencon_
trait à cette époque à Rio-de-Janeiro.

« Dignes descendants des Parias de l'Inde, d'où il ne paraît pas douteux

Maison de Rawak, sur pilotis. (*Fac-simile. Gravure ancienne.*)

qu'ils tirent leur origine, dit Freycinet, les *ciganos* de Rio-de-Janeiro, affec_
tent comme eux l'habitude de tous les vices, une propension à tous les crimes.
La plupart, possesseurs de grandes richesses, étalant un luxe considérable en
habillements et en chevaux, particulièrement à l'époque de leurs noces, qui
sont très somptueuses, se plaisent communément au milieu de la débauche
crapuleuse et de la fainéantise. Fourbes et menteurs, ils volent tant qu'ils peu_
vent dans le commerce; ils sont aussi de subtils contrebandiers. Ici, comme
partout où l'on rencontre cette abominable race d'hommes, leurs alliances n'ont
jamais lieu qu'entre eux. Ils ont un accent et même un jargon particuliers. Par
une bizarrerie tout à fait inconcevable, le gouvernement tolère cette peste

publique : deux rues particulières leur sont même affectées dans le voisinage de Campo de Santa-Anna. »

« Qui ne verrait Rio-de-Janeiro que de jour, dit un peu plus loin le voyageur, serait tenté de croire que la population n'y est composée que de nègres. Les gens comme il faut, à moins d'un motif extraordinaire ou de devoirs religieux, ne sortent guère que le soir, et c'est alors surtout aussi que les femmes se montrent ; pendant le jour, elles restent presque constamment chez elles, et partagent leur temps entre le sommeil et la toilette. Le théâtre et les églises sont les seuls endroits où un homme puisse jouir de leur présence. »

La navigation de l'*Uranie*, du Brésil au cap de Bonne-Espérance, ne fut accompagnée d'aucun événement nautique digne de fixer l'attention. Le 7 mars, l'ancre tombait dans la baie de la Table. Après une quarantaine de trois jours, on laissa aux navigateurs la faculté de descendre à terre, où les attendait le plus gracieux accueil de la part du gouverneur, Charles Sommerset. Les instruments furent débarqués aussitôt qu'on put se procurer un local convenable. Les expériences habituelles du pendule furent faites et les phénomènes de l'aiguille aimantée furent observés.

Les naturalistes Quoy et Gaimard, accompagnés de plusieurs personnes de l'état-major, firent une excursion d'histoire naturelle à la montagne de la Table et aux fameux vignobles de Constance.

« Les vignes que nous parcourûmes, dit Gaimard, sont entourées d'allées de chênes et de pins, et les ceps, plantés à quatre pieds de distance les uns des autres, sur des lignes droites, ne sont pas soutenus par des échalas. Toutes les années, on les taille et on pioche le terrain d'alentour, qui est de nature sablonneuse. Nous vîmes, çà et là, quantité de pêchers, d'abricotiers, de pommiers, de poiriers, de citronniers et de petits carrés où l'on cultivait des plantes potagères. A notre retour, M. Colyn voulut absolument nous faire goûter les diverses espèces de vins qu'il récolte, consistant en vin de Constance proprement dit, blanc et rouge, en vin de Pontac, de Pierre et de Frontignac. Le vin des autres localités, qui porte le nom particulier de *vin du Cap*, est fait avec un raisin muscat de couleur paille fumée qui m'a paru préférable, pour le goût, au muscat de Provence. Nous venons de dire qu'il y a deux qualités de vin de Constance, le blanc et le rouge ; elles proviennent l'une et l'autre de raisins muscats de couleur différente... Généralement on préfère, au Cap, le Frontignac à tous les autres vins qui se récoltent sur le coteau de Constance... »

Juste un mois après avoir quitté l'extrémité méridionale de l'Afrique, l'*Uranie* arrivait au mouillage de Port-Louis, à l'île de France, qui, depuis les traités de 1815, était entre les mains des Anglais.

Freycinet, obligé de faire abattre son bâtiment en carène pour le visiter complètement et pour réparer le doublage en cuivre, dut faire en cet endroit un séjour bien plus long qu'il ne comptait. Nos voyageurs n'eurent pas lieu de s'en plaindre, car les habitants de l'île de France ne mentirent pas à leur vieille réputation d'aimable hospitalité. Promenades, réceptions, bals, repas de corps, courses de chevaux, fêtes de toute sorte, firent passer le temps bien vite. Aussi ne fut-ce pas sans un serrement de cœur que les Français se dérobèrent à l'excellent accueil de leurs anciens compatriotes et de leurs ennemis acharnés de la veille.

Plusieurs habitants des plus distingués fournirent à Freycinet, avec le plus louable empressement, des notes intéressantes sur des faits que la brièveté de son séjour ne lui aurait pas permis d'étudier.

C'est ainsi qu'il put réunir des données précieuses touchant la situation de l'agriculture, le commerce, l'industrie, les finances, l'état moral des habitants, matières délicates et d'une appréciation subtile, qu'un voyageur qui passe ne peut approfondir. Depuis que l'île était sous l'administration anglaise, de nombreux chemins avaient été tracés, et l'esprit d'initiative commençait à se substituer à la routine, qui avait endormi la colonie et arrêté tout progrès.

L'*Uranie* gagna ensuite Bourbon, où elle devait trouver, dans les magasins du gouvernement, les vivres dont elle avait besoin. Elle monilla à Saint-Denis, le 19 juillet 1817, et elle resta sur la rade de Saint-Paul jusqu'au 2 août, jour où elle fit voile pour la baie des Chiens-Marins, à la côte occidentale de la Nouvelle-Hollande.

Avant de suivre Freycinet jusqu'en Australie, il sera bon de s'arrêter quelques moments avec lui à Bourbon.

En 1717, au dire de Le Gentil de la Barbinais, cette île ne possédait que neuf cents personnes libres, parmi lesquelles six familles blanches seulement, et onze cents esclaves. D'après la dernière statistique (1817), on y comptait 14,790 blancs, 4,342 noirs libres, 49,759 esclaves, soit un total de 68,891 habitants. Cet accroissement considérable et rapide peut être attribué à la salubrité du pays, mais surtout à la liberté du commerce, dont cette île a joui pendant un temps considérable.

Le 12 septembre, après une heureuse navigation, l'*Uranie* jetait l'ancre à l'entrée de la baie des Chiens-Marins. Un détachement fut aussitôt expédié sur Dirck-Hatichs, afin de fixer la position géographique du cap Levaillant et de rapporter à bord de la corvette la plaque en étain laissée par les Hollandais à une époque reculée, et que Freycinet avait vue en 1801.

Pendant ce temps, les deux alambics étaient mis en fonction et distillaient l'eau de mer. Durant tout le séjour, on ne consomma pas d'autre boisson, et personne à bord n'eut lieu de s'en plaindre.

Le détachement, qui avait été débarqué, eut quelques relations avec les naturels. Armés de sagaies et de massues, sans le moindre vêtement, ceux-ci se refusèrent à entrer en relations directes avec les blancs et se tiurent à quelque distance des matelots, ne touchant qu'avec précaution aux objets qu'on leur donnait.

Bien que la baie des Chiens-Marins eût été explorée en détail, lors de l'expédition de Baudin, il restait, au point de vue hydrographique, une lacune à combler dans la partie orientale du havre Hamelin. Ce fut Duperrey qui procéda à ce relèvement.

Le naturaliste Gaimard, peu satisfait des rapports qu'on avait eus jusqu'alors avec les indigènes, que le bruit des détonations avait décidément chassés, et désireux de se procurer quelques détails sur leur genre de vie, résolut de s'enfoncer dans l'intérieur du pays. Son compagnon et lui s'égarèrent comme avait fait Riche, en 1792, sur la Terre de Nuyts; ils souffrirent horriblement de la soif, car ils ne rencontrèrent, pendant les trois jours qu'ils passèrent à terre, aucune source, aucun ruisseau.

Ce fut sans regret qu'on vit disparaitre les côtes inhospitalières de la terre d'Endracht. Le temps le plus beau, la mer la moins agitée, rendirent facile le voyage de l'*Uranie* jusqu'à Timor, où, le 9 octobre, elle laissa tomber l'ancre dans la rade de Coupang.

L'accueil des autorités portugaises fut on ne peut plus cordial.

La colonie ne jouissait plus de cette prospérité qui avait fait l'étonnement et l'admiration des Français, lors du voyage de Baudin. Le rajah d'Amanoubang, district où le bois de sandal croît avec le plus d'abondance, autrefois tributaire, luttait pour son indépendance. Cet état de guerre, on ne peut plus préjudiciable à la colonie, rendit en même temps fort difficile l'achat des marchandises dont Freycinet avait besoin.

Quelques personnes de l'état-major allèrent rendre visite au rajah Peters de Banacassi, dont l'habitation n'était qu'à trois quarts de lieue de Coupang. Vieillard de quatre-vingts ans, Peters avait dû être un fort bel homme; il était entouré de personnes de sa suite, qui lui témoignaient le plus grand respect, et parmi lesquelles on remarquait des guerriers d'une stature imposante.

Ce ne fut pas sans un assez vif étonnement que les Français virent, dans cette habitation grossière, un grand luxe de service et aperçurent des fusils européens très bien faits et de haut prix.

Malgré la température très élevée qu'il fallut supporter, — le thermomètre s'élevant au soleil et à l'air libre à 45° et à l'ombre à 33 et à 35°, — le commandant et ses officiers ne se livrèrent pas avec moins de zèle aux observations scientifiques et aux reconnaissances géographiques que nécessitait l'accomplissement de leur mission.

Cependant, malgré les avertissements énergiques de Freycinet, les jeunes officiers et les matelots avaient plusieurs fois commis l'imprudence de sortir au milieu du jour; puis, dans l'espoir de se prémunir contre les suites funestes de ce jeu mortel, ils s'étaient avidement repus de boissons froides et de fruits acides. Aussi, la dysenterie n'avait-elle pas tardé à jeter sur les cadres cinq des plus imprudents. Il fallait partir, et l'*Uranie* leva l'ancre le 23 octobre.

On commença par prolonger rapidement la côte septentrionale de Timor, pour en faire l'hydrographie; mais, lorsque la corvette fut parvenue à la partie la plus étroite du canal d'Ombay, elle rencontra des courants si violents, des brises si faibles ou si contraires qu'à peine parvenaient-elles à lui faire regagner le chemin qu'elle avait perdu pendant le calme. Cette situation ne dura pas moins de dix-neuf jours !

Quelques officiers profitèrent de ce que le bâtiment était retenu près des rivages d'Ombay pour faire une incursion sur la partie la plus voisine de cette île, dont l'aspect était fort gracieux. Ils abordèrent au village de Bitonka, et s'avancèrent vers une troupe de naturels, armés d'arcs, de flèches et de kris, portant des cuirasses et des boucliers en peau de buffle. Ces sauvages avaient l'air guerrier et ne paraissaient pas craindre les armes à feu; il leur était facile, prétendaient-ils, de tirer un grand nombre de flèches pendant le temps nécessaire pour charger les fusils.

« Les pointes des flèches, dit Gaimard, étaient ou en bois dur, ou en os, ou même en fer. Ces flèches, étalées en éventail, étaient assujetties, au côté gauche du guerrier, à la ceinture de son sabre ou de son kris. La plupart des habitants portaient, fixées à la cuisse droite et à la ceinture, une multitude de feuilles de latanier tailladées pour laisser passer des bandes des mêmes feuilles, teintes, soit en rouge, soit en noir. Le bruissement continuel produit par les mouvements de ceux qui étaient accoutrés de cette singulière parure, augmenté par le contact de la cuirasse et du bouclier; le tintement des petits grelots, qui sont aussi des accessoires de leur toilette guerrière, tout cela faisait un tel vacarme, que nous ne pouvions nous empêcher d'en rire. Loin de s'en offenser, nos Ombayens n'hésitaient pas à suivre notre exemple. M. Arago [1] fit devant eux quelques tours d'escamotage qui les étonnèrent beaucoup. Nous nous acheminâmes enfin directement vers le village de Boutika, situé sur une hauteur. Ayant aperçu, en passant devant une de leurs cases, une vingtaine de mâchoires d'hommes suspendues à la voûte, je témoignai le désir d'en avoir quelques-unes, offrant, en retour, mes plus précieux objets d'échange. Mais on me répondit : Palami (cela est sacré). Il paraîtrait, dès lors, que ces os étaient des trophées destinés à perpétuer le souvenir des victoires remportées sur les ennemis! »

Cette promenade était d'autant plus intéressante que l'île Ombay n'avait été jusqu'alors que rarement visitée par les Européens. Encore les quelques bâtiments qui y avaient abordé avaient-ils eu à se plaindre des tribus belliqueuses et féroces, quelques-unes même anthropophages, qui l'habitent.

C'est ainsi qu'en 1802, une embarcation du navire *la Rose* avait été enlevée et l'équipage retenu prisonnier. Dix ans plus tard, le capitaine de l'*Inacho*, descendu seul à terre, était blessé à coups de flèches. Enfin, en 1817, une frégate anglaise, ayant envoyé un canot faire du bois, tous les hommes de cette embarcation furent, à la suite d'une rixe, tués et mangés par les naturels. Le lendemain, une chaloupe armée, envoyée à la recherche des absents, n'avait trouvé que les débris sanglants, et les fragments du canot qui avait été mis en pièces.

Ces faits étant connus, les Français n'avaient qu'à se féliciter d'avoir échappé au guet-apens que leur auraient sans doute tendu ces sauvages cannibales, si le séjour de l'*Uranie* eût été plus long.

Le 17 novembre, l'ancre tombait devant Dillé. Après les compliments d'usage au gouverneur portugais, Freycinet exposa les besoins de son bâtiment et reçut une réponse empressée du gouverneur, qui lui promit de réunir rapidement les vivres nécessaires. L'accueil fait à tout l'équipage fut aussi somptueux que cordial, et, lorsque Freycinet prit congé, le gouverneur, voulant lui donner une marque de souvenir, lui envoya deux petits garçons et deux petites filles, âgés de six ou sept ans, nés au royaume de Failacor, dans l'intérieur de Timor. « Cette race est inconnue en Europe, » disait D. José Pinto Alcofarado d'Azevedo e Souza, pour faire accepter son présent. Freycinet eut beau donner les raisons

---

1. Jacques Arago, frère de l'illustre astronome.

les plus fortes et les plus concluantes pour motiver son refus, il fut obligé de garder un des deux petits garçons, qui fut baptisé, sous le nom de Joseph Antonio, et qui mourut à Paris, à l'âge de seize ans, d'une maladie scrofuleuse.

La population de Timor paraît, au premier examen, tout entière asiatique ; mais, pour peu que l'on se livre à des recherches un peu étendues, on ne tarde pas à apprendre qu'il existe, dans les montagnes les plus centrales et les moins fréquentées, une race de nègres à cheveux crépus, aux mœurs féroces, rappelant les indigènes de la Nouvelle-Guinée et de la Nouvelle-Irlande, et qui doit être la population primitive. Cet ordre de recherches, qui avait été inauguré à la fin du xviiie siècle par l'Anglais Crawfurd, a pris, de nos jours, grâce aux travaux des savants docteurs Broca et E. Hamy, un développement tout particulier. C'est au second de ces savants que l'on doit, sur ces populations primitives, de curieuses études que la *Nature* et le *Bulletin de la Société de Géographie* insèrent toujours pour le plaisir et l'instruction de leurs lecteurs.

Partie de Timor, l'*Uranie* s'achemina vers le détroit de Bourou, en passant entre les îles Wetter et Roma, aperçut l'île Gasses, à la forme pittoresque, revêtue du plus beau massif de verdure qu'il soit possible de voir ; puis, elle fut entraînée par les courants jusqu'à l'île Pisang, dans le voisinage de laquelle on rencontra trois « corocores » montés par les indigènes de l'île Guébé.

Ceux-ci ont le teint noir olivâtre, le nez épaté, les lèvres épaisses ; ils sont tantôt forts, robustes et d'apparence athlétique, tantôt grêles et d'une faible complexion, tantôt trapus et d'un aspect repoussant. La plupart n'avaient pour tout costume qu'un pantalon fixé par un mouchoir autour de la ceinture.

Une incursion fut faite sur la petite île Pisang, de formation volcanique, et dont les laves trachitiques se décomposent en une terre végétale dont tout annonçait la fertilité.

Puis on continua, dans le voisinage d'îles jusqu'alors peu connues, à faire route pour Rawak, où la corvette jeta l'ancre le 16 décembre à midi.

L'île Rawak est petite, inhabitée, et bien que nos marins reçussent fréquemment la visite d'habitants de Waigiou, les occasions d'étudier l'espèce humaine furent assez rares. Encore faut-il dire que l'ignorance de la langue de ces indigènes et la difficulté de se faire comprendre à l'aide du malais, dont ils ne savaient que peu de mots, ne les rendirent pas très profitables.

Dès qu'on eut trouvé un emplacement favorable, on installa les instruments, et l'on procéda aux observations de physique et d'astronomie, en même temps qu'aux travaux géographiques.

Rawak, Boni, Waigiou et Manouaroa, que Freycinet appelle îles des Papous,

Personnage des danses de Montezuma, île Guani. (*Fac-smile. Gravure ancienne.*)

sont situées presque exactement sous l'équateur. Waigiou, la plus grande, n'a
pas moins de soixante-douze milles de diamètre. Les terres basses qui en forment le littoral sont couvertes de marécages ; le rivage abrupt est lui-même
entouré de madrépores et troué de grottes creusées par les eaux.

La végétation qui recouvre tous ces îlots est vraiment surprenante. Ce sont des
arbres magnifiques, parmi lesquels on rencontre le « barringtonia », dont le
tronc volumineux est toujours incliné vers la mer, au point d'y baigner l'extrémité de ses branches, le « scœvola lobelia », des figuiers, des palétuviers, des
casuarinas à la tige droite et élancée qui s'élèvent jusqu'à quarante pieds, le
« rima », le « takamahaka », avec son tronc de plus de vingt pieds de circon-

La flore a pris là un développement exceptionnel. (Page 257.)

férence, le cynomètre, de la famille des légumineuses, garni, du sommet à la base, de fleurs rosées et de fruits dorés ; en outre, les palmiers, le muscadier, le jambosier et les bananiers se plaisent dans les lieux bas et humides.

Si la flore a pris là un développement exceptionnel, il n'en est pas de même de la faune. On ne rencontre à Rawak aucun autre quadrupède que le pha-langer et le chien de berger, qui vit à l'état sauvage. Waigiou posséderait cependant aussi le babi-roussa et une petite espèce de sanglier. Quant à la gent emplumée, elle n'est pas aussi nombreuse qu'on pourrait le supposer, les plantes à graines qui lui servent de nourriture ne pouvant se multiplier sous l'ombre épaisse des forêts. Ce sont les « calaos », dont les ailes garnies de grandes

plumes séparées aux extrémités font, lorsqu'ils volent, entendre un bruit très
fort, les perroquets, dont la famille est fort nombreuse, les martins-pêcheurs,
les tourterelles, des cassicans, des éperviers fauves, des pigeons couronnés et
peut-être, bien que les voyageurs n'en aient pas vu, des oiseaux de paradis.

Quant aux êtres humains, les Papouas, ils sont laids, hideux et effrayants.

« Le front aplati, dit Odet-Pellion, le crâne peu proéminent, l'angle facial
de 75°, la bouche grande, les yeux petits et enfoncés, les pommettes saillantes,
le nez gros, écrasé du bout et se rabattant sur la lèvre supérieure, la barbe rare,
particularité déjà remarquée chez d'autres habitants de ces régions, les épaules
d'une largeur moyenne, le ventre très gros et les membres inférieurs grêles, tels
sont les caractères distinctifs de ce peuple. Leur chevelure est de nature et de
forme très variées; le plus communément, c'est une volumineuse crinière composée d'une couche de cheveux lanugineux ou lisses, frisant naturellement et
n'ayant pas moins de huit pouces d'épaisseur; peignée avec soin, crépée,
hérisée en tous sens, elle décrit, à l'aide d'un enduit graisseux qui la soutient,
une circonférence à peu près sphérique autour de la tête. Souvent ils y joignent,
plutôt pour l'orner que pour ajouter à sa consistance, un fort long peigne en
bois de cinq ou six dents. »

Ces malheureux indigènes sont en proie à un fléau terrible; la lèpre sévit
parmi eux avec une telle intensité, qu'on peut dire que le dixième de la population en est infecté. Il faut attribuer cette horrible maladie à l'insalubrité du
climat, aux effluves délétères des marais, dans lesquels pénètre la mer à la
marée montante, à l'humidité qu'occasionnent des bois épais, au voisinage et
au mauvais entretien des tombeaux, — peut-être aussi à la consommation
prodigieuse de coquillages dont ces naturels se repaissent avidement.

Toutes les habitations sont construites sur pilotis, soit à terre, soit en mer,
très du rivage. Ces maisons, en plus grand nombre dans les lieux d'un abord
très difficile ou impraticable, se composent de pieux enfoncés dans le sol auxquels
sont fixées, par des cordes d'écorce, des traverses sur lesquelles repose un
plancher fait des côtes de feuilles de palmier, taillées et serrées les unes contre
les autres. Ces feuilles, artistement imbriquées, forment le toit de l'habitation,
qui n'a qu'une seule porte. Si ces cases sont bâties au-dessus de l'eau, elles
communiquent avec la terre par une sorte de pont de chevalets, dont le tablier
mobile peut être enlevé rapidement. Une sorte de balcon, garni d'une rampe,
entoure la maison de tous côtés.

Les voyageurs ne purent se procurer aucun renseignement sur la sociabilité
de ces naturels. Qu'ils vivent réunis en grandes peuplades sous l'autorité d'un

ou de plusieurs chefs, que chaque communauté n'obéisse qu'à son propre chef, que la population soit nombreuse ou non, ce sont là des données qui ne peuvent être recueillies. Ces naturels se donnent le nom d'Alfourous. Ils paraissent parler plusieurs idiomes particuliers, qui diffèrent singulièrement du papou et du malais.

Les indigènes de ce groupe semblent fort industrieux; ils exécutent de très ingénieux instruments de pêche; ils savent très bien travailler le bois, préparer la moelle du sagoutier, tourner des poteries et faire des fours à cuire le sagou; ils tissent des nattes, des tapis, des paniers; ils sculptent des statues et des idoles. MM. Quoy et Gaimard ont observé sur la côte de Waigiou, dans le havre Boni, une statue en argile blanche, remisée sous un hangar, près d'un tombeau. Elle représentait un homme debout, de grandeur naturelle, les mains levées vers le ciel; la tête était en bois et avait les joues et les yeux incrustés de coquillages blancs.

Le 6 janvier 1819, l'*Uranie*, après avoir appareillé de Rawak, aperçut bientôt les îles Ayou, basses et entourées de récifs, qui étaient fort peu connues et dont la géographie laissait considérablement à désirer. Les travaux d'hydrographie furent contrariés par les fièvres contractées à Rawak et qui attaquèrent plus de quarante personnes.

Le 12 février, furent aperçues les îles des Anachorètes, et, le lendemain, celles de l'Amirauté, sans que l'*Uranie* cherchât à les rallier.

Bientôt la corvette fut en vue de San-Bartholomé, que ses habitants nomment Poulousouk et qui appartient à l'archipel des Carolines. Un commerce actif, mais surtout fort bruyant, ne tarda pas à s'établir avec ces indigènes, qu'il fut impossible de décider à monter à bord. Les échanges se firent avec une bonne foi touchante, et l'on ne s'aperçut pas du moindre larcin.

Poulouhat, Alet, Tamatam, Allap, Fanadik, et bien d'autres îles de cet archipel, défilèrent tour à tour devant les yeux émerveillés des Français.

Enfin, le 17 mars 1819, c'est-à-dire dix-huit mois après son départ de France, Freycinet aperçut les îles Mariannes, et fit jeter l'ancre dans la rade d'Umata, sur la côte de Guaham.

Au moment où les Français se disposaient à se rendre à terre, ils reçurent la visite du gouverneur D. Médinilla y Pineda, accompagné du major D. Luis de Torrès, seconde autorité de la colonie. Ces officiers s'informèrent des besoins des explorateurs avec la plus grande sollicitude et promirent de satisfaire à toutes leurs demandes dans le plus bref délai.

Sans tarder, Freycinet s'occupa de chercher un local propre à l'établissement d'un hôpital provisoire, et, l'ayant trouvé, dès le lendemain, il y fit installer ses malades, au nombre de vingt.

Tout l'état-major avait été invité à dîner par le gouverneur. On se rendit chez lui à l'heure convenue. Là se trouvait une table chargée de pâtisseries légères et de fruits, au milieu desquels fumaient deux bols de punch. Les convives firent aussitôt en aparté leurs réflexions sur cette singulière mode. Était-ce jour de maigre? Pourquoi ne s'asseyait-on pas? Mais comme il n'y avait personne pour répondre à ces questions, qui auraient été indiscrètes, ils les gardèrent pour eux, tout en faisant honneur au repas.

Nouveau sujet d'étonnement : la table fut débarrassée et chargée de viandes préparées de diverses manières, en un mot, d'un véritable et somptueux dîner. La collation, qu'on avait prise tout d'abord, qui porte dans le pays le nom de « refresco », n'était destinée qu'à mettre les convives en appétit.

A cette époque, le luxe de la table paraissait faire fureur à Guaham. Deux jours plus tard, les officiers assistaient à un nouveau repas de cinquante convives, où ne parurent pas moins de quarante-quatre plats de viande à chaque service, et il n'y en eut pas moins de trois.

« Le même observateur, raconte Freycinet, dit que ce dîner coûta la vie à deux bœufs et à trois gros porcs, sans parler du menu peuple des forêts, de la basse-cour et de la mer. Depuis les noces de Gamache, il ne s'était pas vu, je pense, une telle tuerie. Notre hôte crut, sans doute, que des gens qui avaient souffert longtemps les privations d'un voyage maritime devaient être traités avec profusion. Le dessert n'offrit ni moins d'abondance, ni moins de variété, et fit bientôt place au thé, au café, à la crème, aux liqueurs de toute sorte; comme le *refresco* n'avait pas manqué d'être servi une heure auparavant, suivant l'usage, on conviendra sans peine que, là, le plus intrépide gastronome eût eu seulement à regretter l'insuffisante capacité de son estomac. »

Mais ces repas et ces fêtes ne portèrent point préjudice à l'objet de la mission. Des excursions qui avaient pour but des recherches d'histoire naturelle, les observations de l'aiguille aimantée, la géographie du littoral de Guaham, confiée à Duperrey, s'opéraient en même temps.

Cependant, la corvette était venue s'amarrer au fond du port San-Luis, et l'état-major, ainsi que les malades, s'étaient installés à Agagna, capitale de l'île et siège du gouvernement. Là se donnèrent, en l'honneur des étrangers, des combats de coqs, jeu très en honneur dans toutes les possessions espagnoles de l'Océanie, et des danses, dont toutes les figures font, dit-on, allusion à des événements de l'histoire du Mexique. Les danseurs, écoliers du collège d'Agagna, étaient revêtus de riches costumes de soie, jadis importés de la Nouvelle-Espagne par les Jésuites. Puis vinrent des passes aux bâtons, exécutées par des Carolins, et d'autres divertissements qui se succédaient presque sans interruption. Mais ce qui eut le plus de prix aux yeux de Freycinet, ce furent les très nombreux renseignements relatifs aux usages et aux mœurs des anciens habitants qu'il recueillit auprès du major D. Luis Torrès, lequel, né dans le pays, avait fait de ces choses le sujet de ses constantes études.

Nous utiliserons et nous résumerons tout à l'heure ces très intéressantes informations, mais il faut parler d'abord d'une excursion aux îles Rota et Tinian, dont la seconde nous est déjà connue par les récits des anciens voyageurs.

Le 22 avril, une petite escadre, composée de huit pros, transporta MM. Bérard, Gaudichaud et Jacques Arago à Rota, où leur arrivée causa une surprise et une frayeur qui s'expliquent. Le bruit courait que la corvette était montée par des insurgés de l'Amérique.

De Rota, les pros gagnèrent Tinian, dont les plaines arides rappelèrent aux voyageurs les rivages désolés de la Terre d'Endracht, et qui doivent être bien changées depuis l'époque où le lord Anson s'y trouvait comme dans un paradis terrestre.

Découvert, le 6 mars 1521, par Magellan, l'archipel des Mariannes reçut d'abord les noms de *Islas de las Velas latinas* (des voiles latines), puis de *los Ladrones* (des larrons). A en croire Pigafetta, l'illustre amiral n'aurait vu que Tinian, Saypan et Agoignan. Visitées, cinq ans plus tard, par l'Espagnol Loyasa, qui, au contraire de Magellan, y trouva un très bon accueil, ces îles furent déclarées possession espagnole par Miguel Lopez de Legaspi, en 1565. Elles ne furent cependant colonisées et évangélisées qu'en 1669, par le père Sanvitores. On comprend que nous ne suivions pas Freycinet dans les récits des événements qui marquent l'histoire de cet archipel, bien que les manuscrits et les ouvrages de toute sorte qu'il eut entre les mains, lui aient permis de renouveler complètement ce sujet et de l'éclairer des lumières de la véritable science.

L'admiration qu'avait laissée dans tous les esprits l'incroyable fertilité des îles des Papous et des Moluques, dut sans doute affaiblir l'impression produite par la richesse de quelques-unes des îles Mariannes. Les forêts de Guaham, quoique bien fournies, n'offrent pas cet aspect gigantesque des pays tropicaux; elles couvrent la plus grande partie de l'île, où l'on trouve cependant d'immenses pâturages qui ne produisent ni arbres à pain ni cocotiers.

Dans l'intérieur des forêts, des savanes factices furent créées par les con-

quérants pour que les nombreuses bêtes à cornes, dont on leur doit l'introduction, pussent y trouver leur nourriture à l'abri du soleil.

Agoigan, île aux flancs rocailleux, paraît de loin sèche et stérile, tandis qu'elle
est en réalité recouverte de bois épais, qui grimpent jusqu'à ses sommets les
plus élevés.

Quant à Rota, c'est un véritable hallier, un fouillis presque impénétrable de
broussailles que dominent les bouquets des rimas, des tamariniers, des figuiers
et des cocotiers.

Enfin Tinian offre un aspect qui n'est rien moins qu'agréable. Bien que les
Français n'aient nulle part rencontré les sites dépeints avec une si grande
richesse de tons par leurs prédécesseurs, l'aspect du sol, la grande quantité
d'arbres morts, leur donnèrent à penser que les anciens récits n'avaient pas
tout à fait exagéré, d'autant plus que toute la partie sud-est de cette île est
rendue inaccessible par des forêts épaisses.

Quant à la population, elle était, à l'époque du voyage de Freycinet, excessivement mêlée, et la race aborigène n'en formait déjà plus la moitié.

Les Mariannais de la classe noble étaient tous autrefois plus grands, plus forts
et plus gros que les Européens; mais la race dégénère, et ce n'est plus guère
qu'à Rota qu'on retrouve le type primitif dans toute sa pureté.

Nageurs infatigables, plongeurs habiles, marcheurs intrépides, chacun devait faire preuve de son adresse dans ces divers exercices au moment de son
mariage. Les Mariannais ont en partie conservé ces qualités, bien que la paresse, ou plutôt la nonchalance, soit le fond de leur caractère.

Les unions, qui se font de bonne heure, entre quinze et dix-huit ans pour les
garçons, et douze à quinze pour les filles, sont généralement fécondes, et l'on
cite des exemples de familles de vingt-deux enfants nés de la même mère.

Si l'on rencontre à Guaham bien des maladies apportées par les Européens,
telles que les maladies de poitrine, la variole, etc., il en est beaucoup d'autres
qui paraissent indigènes, ou qui ont pris, du moins, un développement tout particulier et complètement anormal. Parmi ces dernières, on cite l'éléphantiasis
et la lèpre, dont on rencontre à Guaham trois variétés aussi différentes par leurs
symptômes que par leurs effets.

Avant la conquête, les Mariannais vivaient de poissons, des fruits de l'arbre à
pain ou rima, de riz, de sagou et d'autres plantes féculentes. Si leur cuisine
était simple, leurs vêtements l'étaient plus encore; ces indigènes allaient complètement nus. Même encore aujourd'hui, les enfants vont nus jusqu'à l'âge de
dix ans

Un voyageur de la fin du xviii° siècle, le capitaine de vaisseau Pagès, raconte, à ce propos, que le hasard le fit un jour approcher d'une maison « devant laquelle se trouvait une Indienne d'environ dix à onze ans, assise au grand soleil. Elle était nue et accroupie, ayant sa chemise pliée auprès d'elle. Dès qu'elle me vit, ajoute le voyageur, elle se leva promptement et la remit. Quoi qu'elle ne fût pas vêtue décemment, elle croyait être bien mise, parce qu'elle avait les épaules couvertes ; elle n'était plus embarrassée de paraître devant moi. »

La population devait être autrefois considérable, ainsi qu'en témoignent les ruines qu'on rencontre un peu partout, ruines d'habitations qui étaient supportées par des piliers en maçonnerie. Le premier voyageur qui en fasse mention est le lord Anson. Il en a même donné une vue un peu fantaisiste, que les explorateurs de l'*Uranie* purent cependant reconnaître, ainsi qu'en témoigne le passage suivant :

« La description qu'on en trouve dans le voyage d'Anson est exacte ; mais les ruines et les branches d'arbres qui sont aujourd'hui incorporées en quelque sorte avec la maçonnerie, donnent à ces monuments un aspect tout autre que celui qu'ils avaient alors ; les angles des piliers se sont aussi émoussés et les demi-sphères qui les couronnent n'ont plus la même rondeur. »

Quant aux habitations modernes, un sixième seulement est en pierre , et l'on compte à Agagna des monuments qui sont relativement très intéressants par leur grandeur, sinon par l'élégance, la majesté ou la finesse de leurs proportions ; ce sont le collège Saint-Jean-de-Latran, l'église, le presbytère, le palais du gouverneur, les casernes.

Avant leur assujettissement aux Espagnols, les Mariannais étaient partagés en trois classes, les nobles, les demi-nobles et les plébéiens. Ces derniers, les parias du pays, avaient, dit Freycinet, sans citer l'autorité sur laquelle il s'appuie, une taille moins élevée que celle des autres habitants. Ce seul fait suffirait-il à indiquer une différence de race, ou ne faudrait-il voir dans cette exiguïté de taille que le résultat de l'état d'abaissement auquel était soumise toute cette caste ?

Ces plébéiens ne pouvaient jamais s'élever à la caste supérieure, et la navigation leur était interdite. On trouvait encore, dans chacune de ces castes bien définies, les sorcières, prêtresses ou « guérisseuses », qui ne se livraient à la cure que d'une seule maladie, — ce qui n'était pas une raison absolue de la mieux connaître.

La profession de constructeur des pirogues appartenait aux nobles ; ils permettaient seulement aux demi-nobles de les seconder dans ce travail, qui était

Ruines de piliers antiques à Tinian. (*Fac-simile. Gravure ancienne.*)

pour eux d'une grande importance et l'une de leurs prérogatives les plus chères. Quant au langage, bien qu'il ressemble au malais et au tagal que l'on parle aux Philippines, il possède cependant son caractère propre. La relation de Freycinet renferme encore un grand nombre de remarques sur les très singuliers usages des anciens Mariannais, mais ce serait s'engager trop loin que de reproduire ces passages, si curieux qu'ils soient pour le philosophe et l'historien.

Il y avait déjà deux mois que l'*Uranie* était à l'ancre. Il était temps de reprendre le cours des travaux et des explorations. Freycinet et son état-major passèrent donc leurs dernières journées en visites de remerciement pour l'accueil cordial qui leur avait été prodigué.

Ferme australienne près des Montagnes Bleues. (*Fac-simile. Gravure ancienne.*)

Non seulement le gouverneur ne voulut pas agréer de remerciements pour les attentions dont il n'avait cessé de combler les Français depuis deux mois, mais il refusa de recevoir le payement de toutes les fournitures qui avaient été faites pour le ravitaillement de la corvette. Bien plus, par une lettre tou‑chante, il s'excusa de la rareté des denrées, causée par une sécheresse qui désolait Guaham depuis six mois, et qui l'empêchait de faire les choses comme il l'eût désiré.

Les adieux se firent devant Agagna.

« Ce n'est pas sans un profond attendrissement, dit Freycinet, que nous prîmes congé de l'homme aimable qui nous avait comblés de tant de marques de bienveillance. J'étais trop ému pour lui exprimer tous les sentiments dont mon âme était remplie ; mais les larmes qui roulaient dans mes yeux ont dû être, pour lui, un témoignage plus certain que des paroles, de mon émotion et de mes regrets. »

Du 5 au 16 juin, l'*Uranie* procéda à l'exploration de la partie nord des Mariannes et donna lieu aux différentes observations qui ont été résumées plus haut.

Puis, désirant accélérer sa navigation vers les Sandwich, le commandant mit à profit une brise qui lui permit de s'élever en latitude et de chercher les vents favorables. A mesure que les explorateurs avançaient dans cette partie de l'océan Pacifique, ils rencontraient des brumes épaisses et froides, qui pénétraient le navire entier d'une humidité aussi désagréable que nuisible à la santé. Cependant, sauf des rhumes, l'équipage n'en ressentit aucune inconvénient. Ce fut même, au contraire, une sorte de détente pour ces constitutions exposées, depuis si longtemps déjà, aux chaleurs absorbantes du tropique.

Le 6 août, fut doublée la pointe méridionale d'Hawaï, afin de gagner la côte occidentale, où Freycinet espérait trouver un mouillage commode et sûr. Cette journée et la suivante furent consacrées, le calme étant complet, à entamer des relations avec les indigènes, dont les femmes, venues en grand nombre, espéraient prendre le bâtiment à l'abordage et se livrer à leur commerce habituel ; mais le commandant leur interdit l'accès de son bord.

Le roi Kamehameha était mort, et son jeune fils Riorio lui avait succédé ; telle fut la nouvelle qu'un des « arii » s'empressa d'apprendre au capitaine.

Dès que la brise fut revenue, l'*Uranie* s'avança vers la baie de Karakakoua, et Freycinet allait envoyer un officier pour sonder ce mouillage, lorsqu'une pirogue, se détachant du rivage, amena à bord le gouverneur de l'île. Ce prince Kouakini, surnommé John Adams, promit au commandant qu'il trouverait des bateaux propres à assurer le ravitaillement de son navire.

Ce jeune homme, qui pouvait avoir vingt-neuf ans et dont la taille bien proportionnée était gigantesque, surprit le commandant par l'étendue de son instruction. Ayant entendu dire que l'*Uranie* faisait un voyage de découvertes :

« Avez-vous doublé le cap Horn, ou êtes-vous venu par le sud du cap de Bonne-Espérance ? » demanda-t-il.

Puis il s'informa des nouvelles de Napoléon et voulut savoir s'il était vrai que l'île de Sainte-Hélène se fût engloutie avec toute sa population. Plaisanterie de quelque baleinier en goguette, qui n'avait obtenu créance qu'à demi !

Kouakini apprit encore à Freycinet que, si la paix n'avait pas été troublée à la mort de Kamehameha, cependant plusieurs chefs ayant élevé des prétentions d'indépendance, l'unité de la monarchie était menacée. De là certain trouble dans les relations politiques et une indécision dans le gouvernement qu'on avait tout lieu de voir bientôt cesser, surtout si le commandant consentait à faire quelque déclaration d'amitié en faveur du jeune souverain.

Freycinet descendit à terre avec le prince pour lui rendre sa visite, et pénétra dans sa demeure, où la princesse, grande femme surchargée d'obésité, était étendue sur un bois de lit européen recouvert de nattes. Puis, tous deux allèrent voir les sœurs de Kouakini, veuves de Kamehameha, qu'ils ne rencontrèrent pas, et ils se dirigèrent vers les chantiers et les principaux ateliers du roi défunt.

Quatre hangars étaient destinés à la construction de grandes pirogues de guerre; d'autres abritaient des embarcations européennes; plus loin, on rencontrait des bois de construction, des lingots de cuivre, quantité de filets de pêche, puis une forge, un atelier de tonnellerie, et enfin, dans des cases appartenant au premier ministre Kraïmokou, des instruments de navigation, boussoles, sextants, thermomètres, montres et jusqu'à un chronomètre.

On refusa aux étrangers l'entrée de deux autres magasins où étaient renfermés la poudre, les munitions de guerre, les liqueurs fortes, le fer et les étoffes.

Mais ces lieux étaient maintenant abandonnés par le nouveau souverain, qui tenait sa cour dans la baie de Koaïhaï.

Freycinet, sur l'invitation du roi, appareilla pour cet endroit, et fut guidé par un pilote, qui se montra attentif et particulièrement habile à prévoir les changements de temps.

« Le monarque m'attendait sur la plage, dit le commandant, vêtu d'un grand costume de capitaine de vaisseau anglais et entouré de toute sa cour. Malgré l'aridité épouvantable de cette partie de l'île, le spectacle qu'offrit cette réunion bizarre d'hommes et de femmes nous parut majestueux et vraiment pittoresque. Le roi, posté en avant, avait ses principaux officiers à quelque distance derrière lui; les uns portaient de magnifiques manteaux de plumes rouges et jaunes ou bien en drap écarlate, d'autres de simples pèlerines dans le même genre, mais où les deux couleurs tranchantes étaient parfois nuancées de noir; quelques-uns étaient coiffés de casques.

« Un nombre assez considérable de soldats, çà et là dispersés, répandaient, par la bizarrerie et l'irrégularité de leur costume, une grande diversité sur cet étrange tableau. »

C'est ce même souverain qui devait plus tard venir avec sa jeune et charmante femme en Angleterre où ils moururent, et d'où leurs dépouilles furent ramenées à Hawaï, par le capitaine Byron, sur la frégate *la Blonde*.

Freycinet lui renouvela ses demandes de ravitaillement, et le roi lui promit que deux jours ne se passeraient pas avant que satisfaction ne fût accordée à ses désirs. Mais, si la bonne volonté de ce jeune souverain ne pouvait être suspectée, le commandant allait bientôt juger par lui-même que la plupart des principaux chefs n'étaient pas résolus à lui montrer une extrême obéissance.

Quelque temps après, les principaux officiers de l'état-major allèrent faire visite aux veuves de Kamehameha. Voici, d'après M. Quoy, le piquant tableau de cette réjouissante réception.

« C'était, dit-il, un spectacle vraiment étrange que de voir, dans un appartement resserré, huit ou dix masses de chair à forme humaine, demi-nues, dont la moindre pesait au moins trois cents livres, couchées par terre sur le ventre. Ce ne fut pas sans peine que nous parvînmes à trouver une place où nous nous étendîmes aussi pour nous conformer à l'usage. Des serviteurs avaient continuellement en main, soit des émouchoirs en plumes, soit une pipe allumée, qu'ils faisaient circuler de bouche en bouche et dont chacun prenait quelques bouffées ; d'autres massaient les princesses.... Il est facile d'imaginer que notre conversation ne fut pas très soutenue, mais d'excellentes pastèques qu'on nous servit nous fournirent le moyen d'en dissimuler la langueur.... »

Freycinet alla ensuite voir le fameux John Young, qui avait été si longtemps l'ami fidèle et le sage conseiller du roi Kamehameha. Bien qu'il fût alors malade et vieux, il n'en donna pas moins à Freycinet de précieux renseignements sur cet archipel, où il résidait depuis trente ans, et à l'histoire duquel il avait été profondément mêlé.

Le ministre Kraïmokou, durant une visite qu'il avait faite à l'*Uranie*, avait aperçu l'aumônier, l'abbé de Quelen, dont le costume l'avait fort intrigué. Aussitôt qu'il eut appris que c'était un prêtre, il manifesta au commandant le désir d'être baptisé. Sa mère, dit-il, avait reçu ce sacrement à son lit de mort et lui avait fait promettre de se soumettre lui-même à cette cérémonie, aussitôt qu'il en trouverait l'occasion.

Freycinet y consentit et voulut donner à cet acte une certaine solennité, d'autant plus que Riorio demandait à y assister avec toute sa cour.

Tout ce monde se tint avec beaucoup de respect et de déférence pendant la cérémonie ; mais, aussitôt qu'elle fut achevée, la cour se rua sur la collation que le commandant avait fait préparer.

C'était merveille de voir se vider les bouteilles de vin et les flacons de rhum et d'eau-de-vie, de voir disparaître les provisions de toute sorte dont la table était couverte. Par bonheur, la nuit approchait, sans quoi Riorio aurait été hors d'état de regagner la terre, ainsi que la plupart de ses courtisans et de ses officiers. Il fallut cependant lui donner encore deux bouteilles d'eau-de-vie pour boire, disait-il, à la santé du commandant et à son heureux voyage, et tous les assistants se crurent obligés d'en demander autant.

« Ce n'est pas trop avancer de dire, raconte Freycinet, que cette royale compagnie but ou emporta, dans l'espace de deux heures, ce qui aurait suffi à l'approvisionnement d'une table de dix personnes pendant trois mois. »

Divers cadeaux avaient été échangés entre le couple royal et le commandant. Parmi les objets qui avaient été offerts à ce dernier par la jeune reine, se trouvait un manteau de plumes, vêtement devenu fort rare aux Sandwich.

Freycinet allait remettre à la voile, lorsqu'il apprit, par un capitaine américain, la présence à l'île Mowi d'un bâtiment marchand qui avait une assez grande quantité de biscuit et de riz, et qui consentirait sans doute à lui en céder. Il se détermina d'abord à mouiller devant Raheina. D'ailleurs, c'était là que Kraïmokou devait livrer le nombre de cochons nécessaire au ravitaillement de l'équipage. Mais le ministre fit preuve d'une si insigne mauvaise foi, il exigea des prix si élevés, il offrit des cochons si maigres, qu'il fallut en venir aux menaces pour conclure. Kraïmokou était, en cette circonstance, circonvenu par un Anglais, qui n'était autre qu'un convict échappé de Port-Jackson, et très vraisemblablement, si l'indigène eût été livré à lui-même et aux impulsions de son cœur, il se serait comporté, en cette occasion, avec la noblesse et la bonne foi qui lui étaient habituelles.

A Waihou, Freycinet mouilla à Honolulu. L'accueil empressé qu'il y reçut de plusieurs Européens lui fit regretter de n'y être pas venu directement. Il s'y serait immédiatement procuré toutes les ressources qu'il avait eu tant de difficulté à réunir dans les deux autres îles.

Le gouverneur de cette île, Boki, se fit baptiser par l'aumônier de l'*Uranie;* il ne parut d'ailleurs désirer ce sacrement que parce que son frère l'avait reçu. Il s'en fallait de beaucoup qu'il eût l'air intelligent des Sandwichiens qu'on avait fréquentés jusqu'alors.

Quelques observations sur les naturels sont assez intéressantes pour qu'elles soient sommairement rapportées.

Tous les navigateurs sont d'accord pour reconnaître que la classe des chefs forme une race supérieure aux autres habitants par la taille et l'intelligence. Il n'est pas rare d'en voir qui atteignent six pieds de hauteur. L'obésité est chez eux fréquente, mais surtout chez les femmes qui, très jeunes, parviennent, le plus souvent, à un embonpoint véritablement monstrueux.

Le type est remarquable, et les femmes sont souvent assez jolies. La durée de la vie n'est pas très longue, et il est rare de rencontrer un vieillard de soixante-dix ans. Il faut attribuer la rapide décrépitude et la fin prématurée des · habitants à leurs habitudes invétérées de libertinage.

En quittant l'archipel des Sandwich, · Freycinet avait à étudier dans cette partie du grand Océan les principales inflexions de l'équateur magnétique par de petites latitudes. Aussi fit-il force de voiles dans l'est.

Le 7 octobre, l'*Uranie* entrait dans l'hémisphère sud et, le 19 du même mois, se trouvait en vue des îles du Danger. A l'est de l'archipel des Navigateurs, on découvrit un îlot, non marqué sur les cartes, qui fut appelé île Rose, du nom de madame Freycinet. Ce fut, d'ailleurs, la seule découverte du voyage.

La position des îles Pylstaart et Howe fut rectifiée, et enfin, le 13 novembre, on aperçut les feux de l'entrée de Port-Jackson ou Sydney.

Freycinet s'attendait bien à trouver cette ville agrandie, depuis seize ans qu'il ne l'avait vue, mais il fut profondément étonné à l'aspect d'une cité européenne, prospérant au milieu d'une nature presque sauvage.

Plusieurs excursions dans les environs firent éclater aux yeux des Français tous les progrès accomplis par la colonie. De belles routes soigneusement entretenues, bordées de ces eucalyptus que Pérou qualifie de « géants des forêts australes », des ponts bien construits, des bornes en pierre indiquant les distances, tout annonçait une voirie bien organisée. De jolis cottages, de nombreux troupeaux de bœufs, des champs soigneusement tenus, attestaient l'industrie et la persévérance des nouveaux colons.

Le gouverneur Macquarie et les principales autorités du pays luttèrent de prévenances envers les officiers, qui durent refuser plus d'une invitation pour ne pas négliger leurs travaux. C'est ainsi qu'ils se rendirent par mer à Paramatta, maison de campagne du gouverneur, aux accents de la musique militaire. Plusieurs officiers allèrent aussi visiter la petite ville de Liverpool, bâtie dans une situation agréable, sur les bords de la rivière George, ainsi que les bourgades de Windsor et de Richmond, qui s'élèvent près de la rivière Hawkesbury. Pendant ce temps, une partie de l'état-major assistait à une chasse au kanguroo et, franchissant les montagnes Bleues, s'avançait au delà de l'établissement de Bathurst.

Grâce aux excellentes relations qu'il s'était créées pendant ses deux séjours, Freycinet fut à même de recueillir nombre de données intéressantes sur la colonie australienne. Aussi le chapitre qu'il consacre à la Nouvelle-Galles du Sud, enregistrant les progrès merveilleux et rapides de la colonisation, excita-t-il un vif intérêt en France, où l'on ne connaissait que trop imparfaitement le développement et la prospérité croissante de l'Australie. C'étaient là des documents nouveaux, bien faits pour intéresser, et qui ont l'avantage de donner l'état précis de la colonie en 1825.

La chaîne de montagnes, connue sous le nom d'Alpes australiennes, sépare, à quelque distance de la côte, la Nouvelle-Galles du Sud de l'intérieur du continent australien. Pendant vingt-cinq ans, ce fut un obstacle aux communications avec l'intérieur, qui, grâce au gouverneur Macquarie, disparut. Un chemin formé de rampes multipliées, avait été taillé dans le roc, et permettait de coloniser d'immenses plaines fertiles, arrosées par des rivières importantes.

Les plus hauts sommets de cette chaîne, couverts de neige au milieu de l'été, n'ont pas moins de trois mille mètres de hauteur.

En même temps qu'on en mesurait les principaux pics, les monts Exmouth, Cunningham, etc., on découvrait que l'Australie, loin de n'avoir qu'un seul grand cours d'eau, la rivière des Cygnes, en possédait au contraire un certain nombre, au premier rang desquels il convient de citer la rivière Hawkesbury, formée des eaux réunies de la Népean et de la Grose, et la Brisbane, le Murray n'étant pas encore reconnu.

A cette époque, on avait déjà commencé à exploiter des mines de houille, des couches d'ardoise, des gisements de fer carbonaté compact, de grès, de pierre calcaire, de porphyre, de jaspe, mais on n'avait pas encore constaté la présence de l'or, ce métal qui devait transformer si rapidement la jeune colonie.

Quant au sol, sur les bords de la mer, il est stérile et ne nourrit que quelques arbustes rabougris. Mais, si l'on s'enfonce dans l'intérieur, on découvre des champs revêtus d'une riche parure, d'immenses pâturages à peine dominés par quelques grands végétaux, ou des forêts dont les arbres gigantesques, enlacés par un fouillis inextricable de lianes, forment des massifs impénétrables.

Une des choses qui surprirent le plus vivement les explorateurs, c'est l'identité de la race sur cet immense continent. En effet, que l'on observe les aborigènes à la baie des Chiens-Marins, à la Terre d'Endracht, à la rivière des Cygnes ou à Port-Jackson, la couleur de la peau, les cheveux, les traits du visage, tout le physique, ne laissent aucun doute sur leur communauté d'origine.

Le poisson et les coquillages forment la base de l'alimentation des populations maritimes ou fluviatiles. Celles de l'intérieur vivent du produit de leur chasse

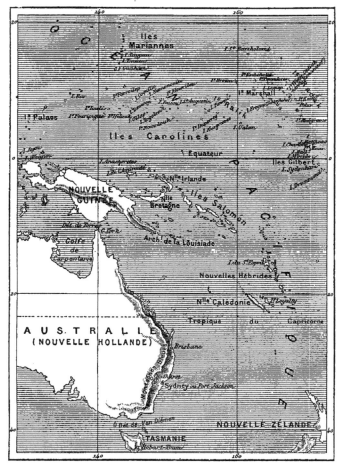

Carte des Carolines.

et se nourrissent de l'opossum, du kanguroo, des lézards, des serpents, des vers, des fourmis, qu'ils mélangent avec leurs œufs dans une pâte de racines de fougère.

Partout, l'habitude des naturels est d'aller absolument nus ; ils ne dédaignent cependant pas de se couvrir des quelques vêtements européens qu'ils peuvent se procurer. En 1820, on voyait à Port-Jackson, parait-il, une vieille négresse enveloppée dans les fragments d'une couverture de laine et coiffée d'un petit chapeau de femme en soie verte. Il était impossible d'imaginer une plus grotesque caricature.

Il est quelques-uns de ces indigènes, cependant, qui se fabriquent des man-

Naturels australiens. (Page 273)

teaux de peaux d'opossum ou de kanguroo, dont ils cousent les pièces avec des nerfs de casoar, mais ce genre de vêtement est rare.

Leurs cheveux lisses sont tressés en mèches, après avoir été barbouillés de graisse. En mettant au milieu une touffe d'herbe, ils élèvent un édifice singulier et bizarre, d'où partent quelques plumes de kakatoès, à moins qu'ils n'y collent, avec de la résine, des dents humaines, des morceaux de bois, des queues de chien ou des os de poisson.

Bien que le tatouage ne soit pas en honneur à la Nouvelle-Hollande, on rencontre cependant assez souvent des naturels qui se sont fait, avec des co-quilles tranchantes, des incisions assez symétriques. Un usage non moins

35

général est celui de se barioler le corps de raies rouges ou blanches et de
figures singulières, qui donnent à ces peaux noires une apparence diabolique.

Ces sauvages étaient autrefois persuadés qu'après leur mort, ils étaient transportés dans les nuages ou au sommet des plus grands arbres, sous la forme
de petits enfants, et qu'ils jouissaient dans ces paradis aériens d'une grande
abondance de nourriture. Mais, depuis l'arrivée des Européens, leurs croyances
se sont modifiées, et ils pensent maintenant qu'ils deviendront blancs et iront
habiter des pays éloignés. Aussi, à les en croire, tous les blancs sont-ils autant
d'ancêtres qui, morts dans les combats, ont pris cette forme nouvelle.

Le recensement de 1819, — l'un des plus détaillés qui aient été constitués pour
cette période, — accuse une population coloniale de 25,425 habitants, non compris, bien entendu, les militaires. Le nombre des femmes étant sensiblement inférieur à celui des hommes, il en était résulté des inconvénients, auxquels la métropole avait essayé de remédier par l'envoi de jeunes filles, qui avaient trouvé
très rapidement, à se marier, formant ainsi des familles dont le niveau moral
n'avait par tardé à dépasser celui des convicts.

Un fort long chapitre est consacré, dans la relation de Freycinet, à tout ce
qui touche l'économie politique. Les différentes espèces de terre et les semences
qui leur conviennent, l'industrie, l'élève des bestiaux, l'économie rurale, les manufactures, le commerce, les moyens de communication, l'administration,
toutes ces questions sont traitées, en grand détail, sur des documents alors
récents, et avec une compétence qu'on est loin d'attendre d'un homme qui n'en
a pas fait l'objet de ses recherches habituelles. Enfin, on y trouve une étude très
approfondie sur le régime auquel étaient soumis les convicts dès leur arrivée
dans la colonie, sur les châtiments qui les attendaient, ainsi que sur les encouragements et les récompenses qu'on leur accordait avec une certaine facilité,
aussitôt que leur conduite devenait régulière. En même temps, on y remarque
des considérations aussi sages que judicieuses sur l'avenir de la colonie australienne et sa prospérité future.

Le 25 décembre 1819, après cette longue et fructueuse relâche, l'*Uranie* reprenait la mer et se dirigeait de manière à passer au sud de la Nouvelle-Zélande
et de l'île Campbell pour gagner le cap Horn. Quelques jours plus tard, une
dizaine de déportés fugitifs étaient découverts à bord, mais on était déjà trop
éloigné de la Nouvelle-Hollande pour les y réintégrer.

Les côtes de la Terre de Feu furent atteintes, sans qu'aucun fait saillant soit
à noter dans cette navigation constamment favorisée par le vent d'ouest. Le 5 février, fut aperçu le cap de la Désolation. Le cap Horn doublé sans entrave

l'*Uranie* jeta l'ancre dans la baie de Bon-Succès, dont les bords, garnis d'arbres de haute futaie, arrosés de cascades, n'offraient pas cette aridité et cette désolation qui marquent en général ces tristes parages.

D'ailleurs, la station ne fut pas longue, et la corvette, reprenant sa route, ne tarda pas à emboquer le détroit de Lemaire au milieu d'une brume épaisse. Là elle fut accueillie par une grosse houle, un vent violent et une brume opaque qui confondait dans une même teinte la terre, la mer et le ciel.

La pluie et les embruns soulevés par le vent, la nuit qui tomba sur ces entrefaites, forcèrent l'*Uranie* à tenir la cape avec le grand hunier au bas ris et le petit foc, voilure sous laquelle elle se comporta fort bien.

Il fallut courir vent arrière, et déjà l'on se félicitait d'être entraîné par l'ouragan loin des côtes, lorsque retentit ce cri : « Terre devant nous et fort près! »

Une terrible angoisse étreignit alors tous les cœurs. Le naufrage était inévitable.

Seul, Freycinet, après un moment d'hésitation, redevint maître de lui-même. La terre ne pouvait être devant; il fit continuer à courir au nord en tirant un peu vers l'est, et l'expérience ne tarda pas à prouver l'exactitude de ses calculs.

Le surlendemain, le temps s'étant rasséréné, le point fut fait, et comme on était trop éloigné de la baie de Bon-Succès, le commandant avait à choisir entre une relâche sur la côte d'Amérique et une aux îles Malouines. Il se décida pour la dernière.

L'île Conti, la baie Marville et le cap Duras furent tour à tour relevés à travers la brume, tandis qu'une brise favorable poussait le navire vers la baie Française, lieu fixé de la prochaine relâche. Déjà on se félicitait d'avoir accompli tant de travaux périlleux, d'avoir mené une si rude campagne sans accident grave. Pour les matelots, comme dit Byron :

The worst was over, and the rest seemed sure [1].

Mais une rude épreuve attendait encore les navigateurs.

En entrant dans la baie Française, tout le monde était à son poste pour le mouillage. Des vigies veillaient, on sondait de dessus les grands porte-haubans, lorsqu'à vingt brasses, puis à dix-huit, des roches furent signalées. On était à une demi-lieue de terre.

Par prudence, Freycinet laissa porter de deux quarts, et c'est cette précaution qui lui devint funeste. La corvette donna tout à coup avec violence contre

1. Le plus fort était fait et le reste semblait sûr.

une roche sous-marine. La sonde accusait à cet instant même, de chaque bord, quinze et douze brasses. L'écueil contre lequel le navire venait de toucher était donc moins large que la corvette elle-même. En effet, c'était la pointe aiguë d'un roc.

Des fragments de bois qui remontèrent à la surface firent aussitôt craindre que l'accident ne fût grave. On se jeta aux pompes. L'eau pénétrait avec violence dans la cale. Freycinet fit aussitôt « larder une bonnette », opération qui consiste à passer une voile sous la quille de manière qu'en s'introduisant dans l'avarie, elle diminue l'ouverture par laquelle l'eau se précipite. Rien n'y fit. Bien que tout le monde, officiers et matelots, fût aux pompes, on ne parvenait qu'à « étaler », c'est-à-dire à ne pas être gagné par la mer. Il fallait mettre le navire à la côte.

Mais ce n'était pas tout que prendre cette résolution, si pénible qu'elle fût, il fallait l'exécuter. Or, partout la terre était bordée de roches, et ce n'est qu'au fond de la baie qu'on pouvait trouver une plage de sable propice à un échouage. La brise était devenue contraire, la nuit arrivait, et le navire était à moitié plein d'eau. On peut juger des angoisses du commandant! L'échouage se fit cependant sur la côte de l'île aux Pingouins.

« A cet instant, dit Freycinet, la fatigue de nos hommes était telle, qu'il fallut discontinuer toute espèce de travaux et donner à l'équipage un repos d'autant plus indispensable que notre situation allait nous obliger à une foule d'opérations très pénibles. Mais pouvais-je moi-même me livrer au repos! Agité de mille pensées pénibles, mon existence me paraissait un songe! Ce passage subit d'une position où tout paraissait me sourire, à celle où je me trouvais en ce moment, m'oppressait comme un affreux cauchemar; mes idées étaient bouleversées, et il m'était difficile de retrouver le calme dont j'avais besoin et qui devait être mis à une si pénible épreuve! Tous mes compagnons de voyage avaient fait leur devoir dans l'affreux sinistre dont nous avions failli devenir les victimes, et je me plais à rendre justice à tous. »

Lorsque le jour vint éclairer le paysage, une morne tristesse s'empara de tous les hommes. Pas un arbre, pas un brin d'herbe, sur ces plages désolées. Rien qu'une solitude silencieuse, de tout point semblable à celle de la baie des Chiens-Marins.

Mais ce n'était pas le moment de s'attendrir. D'ailleurs on n'en avait pas le emps. Les journaux, les observations et tous ces documents précieux, recueillis au milieu de tant de fatigues et de dangers, fallait-il les laisser s'engloutir?

Tous furent sauvés. Par malheur, il n'en fut pas de même des collections.

Plusieurs caisses d'échantillons, qui étaient à fond de cale, furent entièrement perdues, d'autres avariées par l'eau de mer. Les collections qui eurent le plus à souffrir du désastre furent celles d'histoire naturelle et l'herbier que Gaudichaud s'était donné tant de mal à réunir. Les béliers mérinos, qu'on devait à la générosité de M. Mac-Arthur de Sidney et qu'on espérait acclimater en France, furent débarqués, ainsi que les bestiaux, encore vivants.

Des tentes furent dressées, en premier lieu pour les quelques malades du bord, puis pour les officiers et pour l'équipage. Les vivres, les munitions, extraits du bâtiment, furent mis avec soin à l'abri des intempéries de la saison. On réserva les liqueurs fortes pour l'époque où l'on quitterait le lieu du naufrage, et, pendant les trois mois que les Français durent rester en cet endroit, il n'y eut pas un seul vol de rhum ou d'eau-de-vie à constater, bien que tout le monde fût réduit à l'eau pure.

Tandis qu'on essayait, non sans peine, de réparer les avaries majeures de l'*Uranie*, quelques matelots étaient chargés de pourvoir à la subsistance commune par la chasse et la pêche. Lions marins, oies, canards, sarcelles, bécassines, étaient en grand nombre sur les étangs, mais il était difficile de s'en procurer à la fois un assez grand nombre pour nourrir tout l'équipage, et la dépense de poudre eût été trop considérable. Heureusement on rencontra des manchots assez stupides pour se laisser assommer au bâton, et leur nombre était si considérable, qu'ils auraient suffi pour alimenter cent vingt hommes pendant quatre ou cinq mois. On parvint également à tuer quelques chevaux, qui étaient redevenus sauvages depuis le départ de la colonie fondée par Bougainville.

Le 28 février, on dut reconnaître qu'avec les faibles moyens dont on disposait, il était impossible de réparer les avaries de la corvette, d'autant plus que les chocs répétés du bâtiment sur le sol avaient considérablement aggravé l'état des choses.

Que faire cependant?

Devait-on attendre qu'un bâtiment vînt relâcher à la baie Française?

C'était laisser les matelots dans l'oisiveté, et, par conséquent, ouvrir la porte au désordre.

Ne valait-il pas mieux, avec les débris de l'*Uranie*, essayer de construire un bâtiment plus petit?

Justement, on possédait une grande chaloupe. Une fois pontée et exhaussée, ne pourrait-elle pas gagner Montevideo et en ramener un bâtiment capable de sauver le matériel et le personnel de l'expédition?

C'est à ce dernier parti que Freycinet s'arrêta, et dès ce moment on ne perdit pas une minute. Une énergie toute nouvelle sembla s'être emparée des matelots, et les travaux furent menés rapidement. C'est alors que le commandant dut s'applaudir d'avoir embarqué à Toulon des marins appartenant à divers corps de métier. Forgerons, voiliers, cordiers, scieurs de long, tous s'occupèrent avec activité de la tâche qui leur incombait.

Quant au voyage à entreprendre, personne ne doutait de sa réussite. Trois cent cinquante lieues seulement séparent les Malouines de Montevideo, et les vents qui règnent dans ces parages, à cette époque de l'année, permettraient à l'*Espérance* — ainsi se nommait la chaloupe transformée — de faire ce trajet en quelques jours.

Il fallait cependant prévoir le cas où cette frêle embarcation ne pourrait atteindre la Plata. Aussi Freycinet était-il décidé à mettre sur chantier, immédiatement après son départ, une goëlette de cent tonneaux.

Bien que l'on fût très absorbé par ces travaux si variés et si multiples, on n'en procédait pas moins aux observations ordinaires d'astronomie, de physique, d'histoire naturelle et d'hydrographie. Il semblait qu'on fût seulement en relâche.

Enfin le bâtiment fut achevé et mis à l'eau. Les instructions pour son commandant, le capitaine Duperrey, étaient rédigées, son équipage était choisi, on embarquait ses provisions, le départ était fixé au surlendemain, lorsque, le 19 mars 1820, des cris se font entendre : « Un navire ! un navire ! » Un sloop sous voiles était à l'entrée de la baie.

Plusieurs coups de canon furent tirés pour attirer son attention, et le patron s'empressa de venir à terre.

En peu de mots, Freycinet eut exposé à ce dernier par suite de quelles circonstances il se trouvait établi sur cette côte.

Le patron répondit qu'il était aux ordres d'un bâtiment américain, le *Général-Knox*, employé à la pêche aux phoques, à l'île West, pointe la plus occidentale des Malouines.

Un officier fut aussitôt chargé d'aller s'entendre avec le capitaine de ce navire, sur la nature des secours qu'il pourrait donner aux Français. Mais celui-ci demanda 135,750 francs pour conduire les naufragés à Rio. C'était étrangement abuser des circonstances. Aussi l'officier français ne voulut-il rien conclure sans l'assentiment de son commandant et pria-t-il l'Américain de se rendre à la baie des Français.

Pendant ces négociations, un nouveau navire, le *Mercury*, capitaine Galvin, était entré dans la baie. Parti de Buenos-Ayres pour porter des canons à Valparaiso, le *Mercury*, sur le point de doubler le cap Horn, avait fait une voie d'eau considérable qui le forçait à se radouber aux Malouines. Ce fut un heureux événement pour les Français, et la concurrence qui allait en résulter ne pouvait tourner qu'à leur avantage.

Freycinet offrit immédiatement au capitaine Galvin, pour réparer ses avaries, les secours en matériaux et en hommes dont il disposait, ajoutant que si ses charpentiers pouvaient radouber le navire, il lui demanderait de le transporter avec ses compagnons à Rio-de-Janeiro.

Au bout de quinze jours, les réparations étaient terminées. Pendant ce temps, la négociation avec le *Général Knox* s'était terminée par un refus absolu, de la part de Freycinet, d'en passer par les exigences du capitaine américain. Quant au capitaine Galvin, il fallut plusieurs jours pour arriver à une solution avec lui et l'amener au traité que voici :

1° Le capitaine Galvin s'engageait à conduire à Rio les naufragés, leurs papiers, collections et instruments, ainsi que tout ce que l'on pourrait embarquer des objets sauvés de l'*Uranie*.

2° Les naufragés devaient se nourrir pendant la traversée avec les vivres mis en réserve pour eux.

3° Arrivés à destination, les Français devaient lui payer, dans les dix jours, une somme de 97,740 francs.

Ainsi se termina cette laborieuse négociation par l'acceptation de conditions vraiment léonines.

Avant de quitter les Malouines, le naturaliste Gaudichaud enrichit cette terre misérable de plusieurs sortes de plantes, qui lui parurent pouvoir être utiles aux navigateurs en relâche.

Quelques détails sur cet archipel ne seront pas sans intérêt. Composé d'un grand nombre d'îlots et de deux îles principales, Conti et Maidenland, ce groupe est compris entre 50° 57' et 52° 45' sud et 60° 4' et 63° 48' à l'ouest du méridien de Paris. La baie Française, située à l'extrémité orientale de l'île Conti, est une vaste ouverture, plus profonde que large, aux côtes accores et rocheuses.

La température est douce, malgré la latitude élevée de ces îles. La neige n'est pas abondante et ne persiste pas plus de deux mois au sommet des plus hautes montagnes. Les ruisseaux ne gèlent point, et jamais lac ou marais glacé n'a pu porter un homme plus de vingt-quatre heures de suite. D'après les observations de Weddell, qui a fréquenté ces parages de 1822 à 1824, la température s'y serait considérablement relevée depuis une quarantaine d'années, par suite

La baie Française aux îles Malouines. (*Fac-simile. Gravure ancienne.*)

du changement de direction des grands bancs de glace, qui vont se perdre au milieu de l'Atlantique.

Au dire du naturaliste Quoy, il semblerait que les Malouines, à considérer le peu de profondeur de la mer qui les sépare de l'Amérique et la ressemblance qui existe entre leurs plaines herbeuses et les pampas de Buenos-Ayres, aient fait partie autrefois du continent.

Ces plaines sont basses, marécageuses, couvertes de hautes herbes et noyées l'hiver. On y rencontre de larges espaces d'une tourbe noire, qui forme un excellent combustible.

Cette nature particulière du sol a empêché la végétation des arbres que Bou-

Le *Mercury* au mouillage dans la baie Française. . Page 287.)

ǵainville avait voulu y acclimater et dont il ne restait plus trace à l'époque du séjour de Freycinet. La plante la plus grande et la plus commune est une sorte de glaïeul, — excellente pour la nourriture des bestiaux, — qui sert de refuge à un grand nombre de phoques ét à des légions de manchots. C'est elle que de loin les premiers voyageurs avaient prise pour des buissons élevés.

Le céleri, le cochléaria, le cresson, le pissenlit, le framboisier, l'oseille, la pimprenelle, sont les seules plantes utiles à l'homme qu'on rencontre sur cet archipel.

Quant aux animaux, les bœufs, les porcs et les chevaux, importés par les colons français et espagnols, s'étaient singulièrement multipliés sur l'ile Conti;

mais la chasse que les baleiniers leur faisaient devait bientôt en diminuer sensiblement le nombre.

Le seul quadrupède qui soit véritablement indigène aux Malouines est le chien antarctique, dont le museau rappelle tout à fait celui du renard. Aussi est-il appelé chien-renard ou loup-renard par quelques baleiniers. Ces animaux féroces se jetèrent à l'eau pour attaquer les marins de Byron. Ils se contentent maintenant des lapins, — qui n'ont pas tardé à pulluler, — quand les phoques, qu'ils ne craignent pas de combattre, parviennent à leur échapper.

Le 28 avril 1820, le *Mercury* prenait la mer, emportant vers Rio-de-Janeiro Freycinet et son équipage. Mais le capitaine Calvin n'avait pas réfléchi à ceci : c'est que, armé sous le pavillon des indépendants de Buenos-Ayres, alors en guerre avec les Portugais, son navire serait saisi en entrant à Rio, que ses matelots et lui-même seraient faits prisonniers. Il essaya donc de faire revenir Freycinet sur ses engagements, espérant le décider à débarquer à Montevideo. Mais, celui-ci ne voulut y consentir sous aucun prétexte, et un nouveau contrat fut substitué au premier.

Par ce dernier acte, Freycinet devenait, pour le compte de la marine française, propriétaire du *Mercury*, moyennant la somme stipulée au premier contrat.

Le 8 mai, on arrivait devant Montevideo, où Freycinet prit le commandement du navire, auquel il donna le nom de la *Physicienne*. On profita de cette relâche pour procéder à l'armement, à l'arrimage, à la révision du gréement, à l'embarquement de l'eau et des provisions nécessaires pour gagner Rio-de-Janeiro, que la *Physicienne* n'atteignit pas sans avoir éprouvé des avaries assez importantes.

La *Physicienne* avait l'air si peu belliqueux, que, malgré la flamme de bâtiment de guerre qui flottait en tête du grand mât, les douaniers y furent trompés et voulurent la visiter comme un navire de commerce.

Des réparations très sérieuses étaient indispensables. Elles forcèrent Freycinet à rester à Rio jusqu'au 18 septembre. Il prit alors définitivement la route de France, et mouilla, le 13 novembre 1820, au Havre, après une navigation de trois ans et deux mois, pendant laquelle il avait parcouru 18,862 lieues marines ou 23,577 lieues moyennes de France.

Quelques jours plus tard, Freycinet rentrait à Paris assez gravement malade, et remettait au secrétariat de l'Académie des Sciences les manuscrits scientifiques du voyage, qui ne formaient pas moins de trente et un volumes in-4°. En même temps, les naturalistes de l'expédition, Quoy, Gaimard et Gaudichaud déposaient les échantillons qu'ils avaient réunis. On y comptait quatre espèces nouvelles de mammifères, quarante-cinq de poissons, trente de reptiles, des mollusques, des annélides, des polypes, etc., etc.

Traduit, suivant les lois militaires, devant un conseil de guerre, pour y répondre de la perte de son bâtiment, Freycinet fut non seulement acquitté à l'unanimité, mais encore chaudement félicité pour son énergie, sa capacité et les mesures habiles et vigilantes qu'il avait prises dans cette triste circonstance. Reçu quelque temps après par le roi Louis XVIII, celui-ci le reconduisit en lui disant : « Vous êtes entré ici capitaine de frégate, vous en sortirez capitaine de vaisseau. Ne m'en remerciez pas et dites-moi seulement ce que Jean Bart répondit à Louis XIV : « Sire, vous avez bien fait! »

Depuis ce moment, Freycinet consacra tout son temps à la publication des résultats de son expédition. Le peu que nous en avons dit fait comprendre qu'ils étaient immenses. Mais, consciencieux à l'excès, l'explorateur ne voulait rien laisser paraître qui ne fût parfait, et il tenait à mettre ses travaux à la hauteur des connaissances acquises. On peut juger combien de temps il dut dépenser à classer les nombreux matériaux qu'il avait rapportés. Aussi, lorsque la mort vint le surprendre, le 18 août 1842, il n'avait pas encore mis la dernière main à l'une des parties les plus curieuses et des plus neuves de son travail, celle qui était relative aux langues de l'Océanie et à celle des Mariannes en particulier.

A la fin de l'année 1821, le ministre de la marine, le marquis de Clermont-Tonnerre, recevait un nouveau plan de voyage que lui présentaient deux jeunes officiers, MM. Duperrey et Dumont d'Urville. Le premier était à peine rentré en France depuis un an; second de Freycinet sur l'*Uranie*, il avait, par ses connaissances scientifiques et hydrographiques, rendu des services importants à l'expédition. Le second, collaborateur du capitaine Gauttier, s'était fait remarquer pendant les campagne hydrographiques que ce dernier venait de terminer dans la Méditerranée et la mer Noire. Il avait le goût de la botanique et des arts, et il avait été l'un des premiers à signaler la valeur artistique de la *Vénus de Milo*, que l'on venait de découvrir.

Les objectifs que ces jeunes savants se proposaient étaient l'étude des trois règnes de la nature, le magnétisme, la météorologie et la détermination de la figure de la Terre.

« Quant à la géographie, dit Duperrey, nous nous proposions de constater ou de rectifier, soit par des observations directes, soit par le transport du temps, la position d'un grand nombre de points dans différentes parties du globe, notamment dans les nombreux archipels du Grand Océan, si féconds en naufrages et si remarquables par la nature et la forme des îles basses, des bancs et des récifs qui les composent; de tracer de nouvelles routes dans l'archipel Dangereux et dans les îles de la Société, à côté des routes de Quiros, de Wallis, de Bougainville et de Cook; de lier nos travaux hydrographiques à ceux des voyages de d'Entrecasteaux et de M. de Freycinet dans la Polynésie, à la Nouvelle-Hollande et dans les îles Moluques, et de visiter particulièrement ces îles Carolines, découvertes par Magellan, sur lesquelles, à l'exception de la partie orientale, examinée de nos jours par le capitaine Kotzebue, nous n'avions que des descriptions bien vagues, transmises par les missionnaires d'après le récit de quelques sauvages égarés dans leurs pirogues et jetés par le vent sur les îles Mariannes. Le langage, le caractère, les mœurs et la physionomie des insulaires devaient être aussi l'objet d'observations particulières et non moins curieuses. »

Les médecins de la marine Carnot et Lesson furent chargés des observations d'histoire naturelle, tandis que l'état-major était recruté parmi les officiers les plus instruits. On comptait, parmi ces derniers, MM. Lesage, Jacquinot, Bérard, Lottin, de Blois et de Blosseville.

L'Académie des sciences, très enthousiaste du plan de recherches présenté par les promoteurs de cette campagne, mit à leur disposition des instructions détaillées, dans lesquelles étaient exposés avec soin les *desiderata* de la science. En même temps, les instruments les plus perfectionnés étaient remis aux explorateurs.

Le bâtiment choisi fut un petit trois-mâts, ne tirant que douze à treize pieds d'eau, *la Coquille*, qui était en réserve dans le port de Toulon.

Le temps du radoub, de l'arrimage, de l'armement, ne permit pas à l'expédition de partir avant le 11 août 1822. Elle arriva le 28 du même mois à Ténériffe, où les officiers espéraient encore glaner quelques épis, après les riches moissons d'observations que leurs devanciers y avaient recueillies; mais le Conseil sanitaire, informé de l'apparition de la fièvre jaune sur les bords de la Méditerranée, soumit la *Coquille* à une quarantaine de quinze jours.

A cette époque, les opinions politiques étaient si surexcitées, une telle fermentation régnait à Ténériffe, que les habitants étaient chaque jour sur le point d'en venir aux mains. On comprend que, dans ces circonstances, les regrets que durent éprouver les Français aient été modérés. Aussi, les huit jours qu'ils passèrent à cette relâche furent-ils entièrement consacrés au ravitaillement de la corvette ainsi qu'à des observations astronomiques et magnétiques.

Le 1ᵉʳ septembre, l'ancre fut levée, et, le 6 octobre, on procéda à la reconnaiscance des îlots de Martin-Vaz et de la Trinidad. Les premiers sont des rochers élevés, d'une nudité repoussante. La Trinidad est une terre haute, rocailleuse, stérile, dont quelques arbres couronnent la partie méridionale. Cette île n'est autre que la fameuse Ascençao, qui, pendant trois siècles, a été le but des recherches des explorateurs.

Le célèbre Halley, en 1700, avait pris possession de cet îlot au nom de son gouvernement, qui dut le céder aux Portugais lorsque ceux-ci s'y établirent à l'endroit où La Pérouse les trouva encore en 1785. Cet établissement, inutile et coûteux, fut abandonné peu après, et l'île n'a plus d'autres habitants fixes que des chiens, des cochons et des chèvres, descendants des animaux autrefois importés.

En s'éloignant de la Trinidad, Duperrey avait le projet de se rendre directement aux Malouines; mais une avarie, qu'il s'agissait de réparer au plus tôt, lui fit prendre la résolution de s'arrêter à l'île Sainte-Catherine. Là seulement il pouvait trouver à la fois le bois nécessaire à la réparation de sa mâture et les rafraîchissements qui, en raison de leur abondance, devaient être à bon marché.

Lorsqu'on approche de cette île, on est agréablement frappé de l'aspect imposant et pittoresque de ses forêts épaisses, où les sassafras, les lauriers, les cèdres, les orangers, les palétuviers se mêlent aux bananiers et aux palmiers, dont les panaches élégants se balancent au gré de la brise.

Au moment où la corvette jetait l'ancre, quatre jours seulement s'étaient écoulés depuis que le Brésil, secouant le joug de la métropole, avait déclaré son indépendance et proclamé comme empereur le prince DomPedro d'Alcantara. Aussi le commandant, désirant obtenir quelques renseignements sur ce changement politique et s'assurer des dispositions des nouvelles autorités, envoya-t-il à Nossa-Senhora-del-Desterro, capitale de l'île, une mission composée de MM. d'Urville, de Blosseville, Gabert et Garnot.

Le gouvernement de la province était entre les mains d'une junte, qui autorisa immédiatement les Français à couper les bois dont ils auraient besoin, et invita le gouverneur du fort de Santa-Cruz à faciliter de tous ses moyens leurs travaux scientifiques.

Quant aux vivres, on eut assez de peine à s'en procurer, les négociants ayant fait passer leurs fonds à Rio dans la crainte des événements. C'est vraisemblablement ce qui explique les difficultés que rencontra le commandant de la *Coquille* dans un port qui avait été chaudement recommandé par les capitaines Krusenstern et Kotzebue.

« Les habitants, dit la relation, étaient dans la persuasion de voir bientôt des troupes ennemies descendre sur cette terre pour les recoloniser, c'est-à-dire, selon eux, pour les rendre esclaves. Le décret lancé le 1er août 1822, qui appelait tous les Brésiliens aux armes pour la défense des côtes, et leur commandait de faire, dans tout état de choses, une guerre de partisans, avait donné lieu à ces craintes. Les résolutions, à la fois généreuses et pleines de vigueur, qu'y déployait le prince DomPedro, avaient donné une haute idée de son caractère et de ses projets d'émancipation. Pleins de confiance en ses desseins, les partisans nombreux de l'indépendance étaient inspirés d'un enthousiasme dont l'expansion était d'autant plus bruyante, que leur esprit ardent avait été depuis longtemps comprimé. Dans l'excès de leur joie, ils avaient couvert d'illuminations les villes de Nossa-Senhora-del-Desterro, de Laguna, de San-Francisco, dont ils avaient parcouru les rues en chantant des couplets en l'honneur de DomPedro. »

Mais cet enthousiasme, dont toutes les villes faisaient preuve, n'était pas partagé par les habitants de la campagne, gens paisibles, étrangers aux émotions de la politique. Et si le Portugal avait été en état d'appuyer ses décrets par l'envoi d'une escadre, nul doute que cette province n'eût été facilement reconquise.

Ce fut le 30 octobre que la *Coquille* remit à la voile. Éprouvée dans l'est du Rio-de-la-Plata par un de ces coups de vent redoutables, connus sous le nom de « pampero », elle eut la fortune de s'en tirer sans avarie.

Duperrey fit en cet endroit de très curieuses observations sur le courant de la Plata. Déjà, Freycinet avait constaté que le cours de ce fleuve, à cent lieues dans l'est de Montevideo, a encore une vitesse de deux milles et demi à l'heure. Mais le commandant de la *Coquille* reconnut que ce courant se fait sentir beaucoup plus loin; il établit encore que, pressées par l'Océan, ces eaux sont contraintes de se diviser en deux branches dans la direction prolongée des rives à son embouchure; enfin, il attribue aux immenses résidus terreux, tenus en suspension dans les eaux de la Plata, et qui, grâce au ralentissement de la vitesse, se précipitent journellement au long des côtes de l'Amérique, le peu de profondeur de la mer jusqu'aux terres magellaniques.

Avant d'entrer dans la baie Française, la *Coquille*, poussée par un vent favorable, avait croisé d'immenses troupeaux de baleines et de dauphins, de manchots et de gorfous sauteurs, habitants ordinaires de ces régions tempétueuses.

Ce ne fut pas sans un sentiment de plaisir bien naturel que Duperrey et quelques-uns de ses compagnons revirent les Malouines, cette terre qui, pendant trois mois, leur avait servi de refuge après le naufrage de l'*Uranie*. Ils visitèrent la plage où leur camp avait été dressé ; les restes de la corvette étaient presque entièrement ensevelis dans le sable, et ce qu'on en apercevait portait la trace des mutilations faites par les avides baleiniers qui s'étaient succédé en cet endroit. Partout, ce n'étaient que débris de toutes sortes, caronades aux boutons de culasse fracassés, fragments de manœuvres, lambeaux de vêtements, morceaux de voiles, loques informes et méconnaissables, auxquelles se mêlaient les ossements des animaux qui avaient servi à la nourriture des naufragés.

« Ce théâtre d'une infortune récente, dit la relation, avait une teinte de désolation que rembrunissaient, à nos yeux, l'aridité du site et l'état du ciel, qui était sombre et pluvieux au moment où nous le visitâmes. Toutefois, il avait pour nous un attrait indéfinissable, et il laissa dans notre âme une impression de vague mélancolie que nous conservâmes longtemps après notre départ des Malouines. »

Le séjour de Duperrey aux Malouines se prolongea jusqu'au 17 décembre. On s'était installé au milieu des ruines de l'établissement fondé par Bougainville, pour exécuter les diverses réparations que nécessitait l'état de la corvette. La chasse et la pêche avaient abondamment fourni aux besoins des équipages ; sauf les fruits et les légumes, tout se trouvait en quantité, et c'est au sein de l'abondance que l'équipage se préparait à affronter les dangers des mers du cap Horn.

Il fallut tout d'abord lutter contre des vents du sud-ouest et des courants assez forts ; puis les rafales et les brumes se succédèrent jusqu'à ce que les navigateurs eussent atteint, le 19 janvier 1823, l'île de la Mocha, dont nous avons eu déjà l'occasion de parler brièvement.

Duperrey la place par 38° 20′ 30″ de latitude sud et 76° 21′ 55″ de longitude ouest, et lui donne vingt-quatre milles de circonférence. Formée d'une chaîne de montagnes d'une hauteur médiocre, qui s'abaissent jusqu'à la mer, cette île fut le rendez-vous des premiers explorateurs de l'océan Pacifique. Là, les boucaniers et les navires marchands trouvaient des chevaux et des cochons sauvages, dont la viande était d'une délicatesse proverbiale. On y rencontrait aussi une eau pure et limpide, ainsi que quelques fruits européens, pommes, pêches et cerises, provenant des arbres importés par les conquérants. Mais, en 1823, toutes ces ressources avaient presque disparu, gaspillées par les imprévoyants baleiniers.

Un peu plus loin, apparurent les deux « mamelles », qui marquent l'embouchure du Bio-Bio, l'îlot de Quebra-Ollas, l'île Quiriquina ; puis, se déroula la baie

Partout ce n'étaient que débris. (Page 287.)

de la Concepcion, où il ne se trouvait qu'un seul baleinier anglais, qui allait doubler le cap Horn et auquel on remit la correspondance et le résultat des travaux exécutés jusqu'à cette époque.

Le lendemain de l'arrivée, dès que le soleil vint éclairer la baie, l'aspect de tristesse et de désolation qui, la veille, avait surpris nos marins, leur parut encore plus frappant. Les maisons en ruines et les rues silencieuses de la ville, sur la plage, quelques misérables pirogues à demi défoncées, près desquelles errait un petit nombre de pêcheurs aux vêtements sordides, des masures et des huttes béantes devant lesquelles des femmes en haillons se peignaient mutuellement, tel est le tableau lamentable qu'offrait le bourg de Talcahuano.

Cascade de Port-Praslin. (*Fac-simile. Gravure ancienne.*)

Pour contraster plus amèrement avec la misère des habitants, la nature avait revêtu de ses plus opulentes parures les collines et les bois, les jardins et les vergers; partout des fleurs éclatantes et des fruits, dont la brillante couleur annonçait la maturité. Un soleil implacable, un ciel sans nuage, ajoutaient encore à l'amertume de cette scène.

Ces ruines, cette désolation, cette misère, étaient les résultats les plus clairs des révolutions qui s'étaient succédé.

A Sainte-Catherine, les Français avaient été témoins de la déclaration d'indépendance du Brésil; ils assistèrent ici à la chute du directeur O'Higgins. Éludant la convocation d'un congrès, sacrifiant les agriculteurs aux commerçants par l'augmentation des impôts directs et la diminution des douanes, accusé de concussion ainsi que ses ministres, O'Higgins avait soulevé contre lui la plus grande partie de la population.

A la tête du mouvement qui se préparait contre lui était le général D. Ramon Freire y Serrano, qui donna aux explorateurs l'assurance la plus formelle que les événements n'entraveraient en rien l'approvisionnement de la *Coquille*.

Le 26 janvier, deux corvettes entraient à la Concepcion ; elles portaient un Français, le colonel Beauchef, qui venait se joindre au général Freire avec un régiment organisé par ses soins, et qui était, par sa tenue, sa discipline, son instruction, l'un des plus beaux de l'armée chilienne.

Le 2 février, les officiers de la *Coquille* allèrent visiter le général Freire à la Concepcion. Plus on approchait de la ville, plus étaient nombreux les champs dévastés, les maisons brûlées, plus rares les habitants, à peine couverts de haillons. A l'entrée de la Concepcion, sur un mât, était plantée la tête d'un bandit fameux, une véritable bête féroce, Benavidez, qui avait commis toutes les horreurs imaginables et dont le nom fut longtemps en exécration au Chili.

L'aspect de la ville était encore plus triste. Tour à tour brûlée par les partis victorieux, la Concepcion n'était plus qu'un amas de décombres, au milieu desquels erraient à demi nus quelques rares habitants, misérables restes d'une population opulente. L'herbe poussait dans les rues ; le palais de l'évêque, la cathédrale, seuls édifices encore debout, mais béants, éventrés, ne devaient pas résister longtemps aux intempéries des saisons.

Le général Freire, avant de se déclarer contre O'Higgins, avait imposé la paix aux Araucaniens, braves indigènes qui avaient su conserver leur indépendance et se montraient toujours prêts à envahir le territoire espagnol. Quelques-uns étaient même employés comme auxiliaires dans les troupes chiliennes. Duperrey, qui les vit et recueillit sur eux, du général Freire et du colonel Beauchef, des informations véridiques, en trace un portrait peu flatteur, dont voici le résumé :

Montés sur des chevaux rapides, les Araucaniens portent une longue lance, un long coutelas, en forme de sabre, appelé « machete », et le lasso, qu'ils sont si habiles à manier.

De taille ordinaire, de teint cuivré, leurs yeux sont petits, noirs et vifs, leur nez un peu aplati, leurs lèvres épaisses, ce qui leur donne une expression de férocité bestiale. Divisés en tribus jalouses les unes des autres, amateurs effrénés de pillage, remuants, ils sont entre eux en guerre perpétuelle.

« Si on les a vus quelquefois recevoir sous leurs *toldos* les vaincus et prendre leur défense, dit la relation, ils ont toujours été portés à cette action généreuse par un esprit de vengeance particulière ; c'est que, dans le parti opposé, se trouvait, comme alliée, une tribu qu'ils voulaient exterminer. Chez eux, la haine domine toutes les autres passions, et c'est elle seule qui est la garantie la plus durable de leur fidélité. Ils sont tous d'une bravoure éprouvée, ardents, impétueux, sans pitié pour leurs ennemis, qu'ils massacrent avec une horrible impassibilité. Impérieux et vindicatifs, ils sont d'une méfiance extrême à l'égard de tous ceux qu'ils ne connaissent point, mais hospitaliers et généreux envers ceux qu'ils ont pris pour amis. Véhéments dans toutes leurs passions, ils se montrent jaloux à l'excès de leur liberté et de leurs droits et sont toujours prêts à les maintenir les armes à la main. Ils gardent éternellement le souvenir de la moindre injure, ne pardonnent jamais et ont une soif inextinguible du sang de leurs ennemis. »

Tel est le portrait, ressemblance garantie, que Duperrey trace de ces sauvages enfants des Andes, qui ont eu, du moins, le mérite de résister, depuis le XVIᵉ siècle, à tous les efforts des envahisseurs et de conserver intacte leur indépendance.

Après le départ du général Freire et des troupes qu'il emmenait avec lui, Duperrey mit à profit les instants pour activer l'approvisionnement de son navire. L'eau et le biscuit furent bientôt embarqués, mais il fallut un peu plus de temps pour le charbon de terre, qu'on se procura sans dépense, en allant le ramasser dans une mine à fleur de terre ; on n'eut à payer que les muletiers, dont les mules le transportèrent au bord de la mer.

Bien que les circonstances au milieu desquelles la *Coquille* relâchait à la Concepcion fussent loin d'être gaies, la tristesse générale ne put tenir contre les joies traditionnelles du carnaval. Les dîners, les réceptions et les bals recommencèrent, et l'on ne s'aperçut du départ de l'armée que par l'absence des cavaliers. Les officiers français, pour reconnaître l'excellent accueil qui leur avait été fait, donnèrent deux bals à Talcahuano, et plusieurs familles de la Concepcion firent exprès le voyage pour y assister.

Par malheur, la relation de Duperrey s'interrompt au moment où il va quitter le Chili, et nous n'avons plus de document officiel pour raconter en détail cette intéressante et fructueuse campagne. Loin de pouvoir suivre pas à pas l'original comme nous l'avons fait pour les autres voyageurs, nous sommes obligés de faire à notre tour un résumé des résumés que nous avons sous les yeux. Tâche ingrate, peu agréable pour le lecteur, mais difficile pour l'écrivain, qui doit respecter les faits et ne peut égayer son récit par des observations personnelles et des anecdotes, parfois piquantes, de voyageurs.

Cependant, quelques-unes des lettres du navigateur au ministre de la marine ont été publiées, et nous pouvons en extraire les détails qui vont suivre.

Le 15 février 1823, la *Coquille* partit de la Concepcion pour Payta, où s'étaient embarqués, en 1595, Alvarez de Mendana et Fernandez de Quiros, pour le voyage de découvertes qui a illustré leurs noms; mais, une quinzaine plus tard, le calme ayant surpris la corvette dans les environs de l'île Laurenzo, Duperrey prit le parti de relâcher à Callao pour y prendre quelques vivres frais.

On sait que Callao est le port de Lima. Aussi les officiers ne pouvaient-ils se dispenser de faire une visite à la capitale du Pérou. Ils ne furent pas favorisés par les circonstances. Les dames étaient aux bains de mer de Miraflores, et les hommes les plus éminents du pays les y avaient accompagnées. Ils durent donc se contenter de visiter les habitations et les édifices les plus importants de la ville, et ils rentrèrent le 4 mars à Callao. Le 9 du même mois, la *Coquille* jetait l'ancre à Payta.

La position de cette place, entre l'équateur terrestre et l'équateur magnétique, permit de se livrer à des observations sur la variation diurne de l'aiguille aimantée. Les naturalistes y firent également quelques excursions dans le désert de Piura; ils y récoltèrent de très curieuses pétrifications coquillières dans un terrain tertiaire tout à fait analogue à celui des environs de Paris.

Aussitôt qu'on eut épuisé à Payta tout ce qui pouvait offrir quelque intérêt pour la science, la *Coquille* reprit sa route et fit voile pour Taïti.

La navigation fut marquée par un incident qui aurait pu, sinon amener la perte totale de l'expédition, du moins entraver sensiblement ses progrès. Dans la nuit du 22 avril, la *Coquille* se trouvait dans les parages de l'archipel Dangereux, lorsque l'officier de quart entendit tout à coup le bruit des vagues déferlant sur les récifs. Il fit aussitôt mettre en panne et, dès que le jour parut, on vit à quel danger on venait d'échapper.

Un mille et demi, à peine, séparait la corvette d'une île basse, bien boisée et bordée de rochers dans toute son étendue. Elle nourrissait quelques habitants, et une pirogue vint près du bâtiment; mais son équipage ne voulut jamais monter à bord. Duperrey dut renoncer à visiter cette terre, qui reçut le nom de Clermont-Tonnerre; partout la lame brisait avec violence sur les rochers, et il ne put que la prolonger de bout en bout à une très petite distance.

Le lendemain et les jours suivants furent reconnus quelques îlots sans grande importance, auxquels on imposa les noms d'Augier, de Freycinet et de Lostanges.

Au lever du soleil, le 3 mai, on découvrit enfin les plages verdoyantes et les montagnes boisées de Taïti. Comme ses prédécesseurs, Duperrey ne peut s'empêcher de noter le changement radical qui s'est opéré dans les mœurs et dans les habitudes des indigènes.

Pas une pirogue ne vint au-devant de la *Coquille*. C'était l'heure du sermon lorsqu'elle entra dans la baie de Matavaï, et les missionnaires avaient réuni la population entière de l'île, au nombre de sept mille individus, dans la principale église de Papahoa pour y discuter les articles d'un nouveau code de lois. Les orateurs taïtiens ne le cédaient pas aux nôtres, paraît-il. Un grand nombre d'entre eux possédaient le talent apprécié de parler pendant plusieurs heures pour ne rien dire et d'enterrer les plus beaux projets sous les fleurs de leur éloquence.

Voici comment d'Urville rend compte de l'une de ces séances :

« Le dessinateur de l'expédition, M. Lejeune, assistait seul à la séance du lendemain, où des questions politiques furent soumises à l'Assemblée populaire. Elle dura plusieurs heures, pendant lesquelles les chefs prirent tour à tour la parole. Le plus brillant orateur de cette foule était le chef Tati : la principale question agitée fut une capitation annuelle à établir, à raison de cinq bambous d'huile par homme. Ensuite on traita des impôts qui devaient être perçus, soit pour le compte du roi, soit pour le compte des missionnaires. Nous sûmes plus tard que la première question avait été résolue dans le sens affirmatif, mais que la seconde, celle qui concernait les missionnaires, avait été ajournée par eux, dans la prévision d'un échec. Quatre mille personnes environ assistaient à cette espèce de congrès national. »

Depuis deux mois, Taïti avait abandonné le pavillon anglais pour en adopter un qui lui fût personnel, et cette révolution pacifique n'avait en rien altéré la confiance que le peuple manifestait envers les missionnaires. Ceux-ci accueillirent parfaitement les Français et leur fournirent, à des prix ordinaires, les rafraîchissements dont ils avaient besoin.

Ce qu'il y avait de particulièrement curieux dans les réformes accomplies par ces hommes, c'était la transformation complète de la conduite des femmes. D'une facilité inouïe, au dire de Cook, de Bougainville et des autres explorateurs contemporains, elles étaient devenues d'une modestie, d'une retenue, d'une décence extrêmes, et l'île tout entière avait pris un air de couvent aussi réjouissant qu'invraisemblable.

De Taïti, la *Coquille* alla visiter l'île voisine, Borabora, qui fait partie du même groupe et qui avait également adopté les mœurs européennes.

Le 9 juin, la corvette, se dirigeant vers l'ouest, relevait tour à tour les îles Salvage, Eoa, Santa-Cruz, Bougainville et Bouka; puis, elle jetait enfin l'ancre, le 12 août, dans le port Praslin, fameux par sa belle cascade sur la côte de la Nouvelle-Irlande.

« Les relations amicales qui s'établirent avec les naturels permettront d'ajouter encore à l'histoire de l'homme quelques traits singuliers que les précédents voyageurs n'avaient point eu l'occasion de noter. »

C'est ici que nous regrettons que la relation originale du voyage n'ait pas été publiée en son entier, car la phrase précédente, qui se trouve dans la notice abrégée parue dans les *Annales des Voyages*, ne fait qu'exciter la curiosité sans la satisfaire.

L'élève Poret de Blosseville, — celui-là même qui devait se perdre avec la *Lilloise* dans les glaces du pôle, — fit, bien que les sauvages eussent tout mis en œuvre pour l'en dissuader, une course jusqu'à leur village. Là, ils lui montrèrent une sorte de temple où se dressaient plusieurs idoles informes et bizarres, placées sur une plate-forme entourée de murs.

La carte du canal Saint-Georges fut levée avec soin; puis, Duperrey alla visiter les îles autrefois reconnues par Schouten au N.-E. de la Nouvelle-Guinée. Les trois journées des 26, 27 et 28 août furent consacrées à leur relèvement. L'explorateur chercha ensuite sans les trouver les îles Stephens, de Carteret, et, comparant sa route avec celle qu'avait suivie d'Entrecasteaux, en 1792, il arriva à cette conclusion, que ce groupe ne pouvait être que celui de la Providence, anciennement découvert par Dampier.

Le 3 septembre fut reconnu le cap septentrional de la Nouvelle-Guinée. Trois jours plus tard, la *Coquille* pénétrait dans le havre étroit et rocailleux d'Offak, sur la côte nord-ouest de Waigiou, l'une des îles des Papous. Forest était le seul navigateur qui eût parlé de ce havre. Aussi Duperrey se montra-t-il particulièrement satisfait d'explorer ce coin de terre presque vierge des pas de l'Européen. Il était en même temps très intéressant pour la géographie de constater l'existence d'une baie méridionale que séparait d'Offak un isthme très étroit.

Deux officiers, MM. d'Urville et de Blosseville, se livrèrent à ce travail, que MM. Bérard, Lottin et de Blois de la Calande relièrent à celui que Duperrey avait eu l'occasion de faire sur la côte, pendant la campagne de l'*Uranie*. Cette terre se montra particulièrement riche en productions végétales, et d'Urville put y réunir les éléments d'une collection aussi précieuse par la nouveauté que par la beauté des types.

D'Urville et Lesson, curieux d'observer les habitants, qui appartiennent à la race papoua, s'étaient embarqués, aussitôt leur arrivée, sur un canot armé de sept hommes.

Par une pluie diluvienne, ils avaient déjà parcouru un long espace, lorsqu'ils se trouvèrent tout à coup en face d'une case élevée sur pilotis et recouverte de feuilles de latanier. A quelque distance se tenait, blotti dans les buissons, un jeune sauvage qui semblait les épier; un peu plus loin, un tas d'une douzaine de cocos fraîchement cueillis, placé bien en vue, semblait inviter les promeneurs à se rafraîchir. Les Français comprirent que c'était une offrande du jeune sauvage qu'ils avaient entrevu et firent fête à ce présent venu si à propos. Bientôt l'indigène, rassuré par le maintien paisible de nos compatriotes, s'avança en disant *Bongous!* « bon » et en indiquant que les cocos avaient été offerts par lui-même. Son attention délicate fut récompensée par le don d'un collier et de pendants d'oreilles.

Au moment où d'Urville rejoignait son embarcation, il y trouva une douzaine de Papous, qui jouaient, mangeaient et semblaient dans les meilleurs termes avec ses canotiers.

« Ils m'eurent bientôt environné, dit-il, en répétant : *Capitan, bongous!* et en me faisant toute sorte d'amitiés. Ces hommes sont en général de petite stature, d'une complexion grêle et débile, sujets à la lèpre; leurs traits ne sont pourtant point disgracieux; leur organe est doux, leur maintien grave, poli et même empreint d'une certaine mélancolie habituelle bien caractérisée. »

Parmi les statues antiques dont le Louvre est si riche, il en est une, la *Polymnie*, qui est célèbre entre toutes par une expression de rêverie mélancolique qu'on n'est pas habitué à rencontrer chez les anciens. Il est assez singulier que d'Urville ait trouvé chez les Papous, à l'état habituel, cet air de physionomie si bien caractérisé dans la statue antique.

A bord, une autre troupe de naturels s'était conduite avec calme et réserve, contrastant ainsi d'une façon bien marquée avec la plupart des indigènes de l'Océanie.

La même impression fut ressentie par les Français dans leur visite au rajah de l'île et dans celle qu'il leur rendit à bord de la *Coquille*. Dans un des villages de la baie du sud, on vit une sorte de temple où l'on remarqua plusieurs effigies grossières, peintes de diverses couleurs et ornées de plumes et de nattes. Il fut impossible de se procurer le moindre renseignement sur le culte que les naturels rendent à ces idoles.

Naturels de la Nouvelle-Guinée. (*Fac-simile. Gravure ancienne.*)

Le 16 septembre, la *Coquille* remit sous voile, prolongea la bande septentrionale des îles comprises entre Een et Yang, fit une courte station à Cayeli et
gagna Amboine, où l'accueil particulièrement gracieux du gouverneur des Moluques, M. Merkus, reposa l'état-major des nombreuses fatigues qu'il avait
essuyées pendant cette rude campagne.

Le 27 octobre, la corvette reprenait sa course, se dirigeant vers Timor en
passant à l'ouest des îles Turtle et Lucepara. Puis, Duperrey détermina la position de l'île du Volcan, reconnut les îles Wetter, Babé, Dog, Cambing, et, donnant dans le détroit d'Ombay, releva un grand nombre de points de cette chaîne
d'îles qui, de Panter et d'Ombay, se dirige vers Java.

Deux chefs vinrent prendre les voyageurs. (Page 299.)

Après avoir dressé la carte de Java et vainement cherché les Trial sur l'emplacement qu'on leur assigne, Duperrey se dirigea vers la Nouvelle-Hollande,
dont les vents contraires ne lui permirent pas de longer la côte occidentale. Le
10 janvier 1824, il doublait enfin l'île de Van-Diémen. Six jours plus tard, il
apercevait les feux de Port-Jackson et laissait tomber l'ancre le lendemain
devant la ville de Sydney.

Le gouverneur, sir Thomas Brisbane, qui avait été prévenu de l'arrivée de
l'expédition, lui fit un accueil empressé, aida de toutes ses forces au ravitaillement, facilita avec la plus grande amabilité toutes les réparations que nécessitait l'état de délabrement de la corvette, et procura à MM. d'Urville et Lesson

les moyens de faire une excursion fructueuse au delà des montagnes Bleues, dans la plaine de Bathurst, dont les Européens ne connaissaient encore que rop imparfaitement toutes les ressources.

Ce fut seulement le 20 mars que Duperrey quitta l'Australie. Cette fois, il dirigea sa course vers la Nouvelle-Zélande, qui avait été un peu laissée de côté par ses prédécesseurs, et s'arrêta dans la baie de Manawa, au fond de la vaste Baie des Îles. Des observations de physique, de géographie, des recherches d'histoire naturelle, occupèrent les loisirs des officiers. En même temps, les rapports fréquents de l'équipage avec les naturels jetaient un jour nouveau sur les mœurs, sur les idées religieuses, sur la langue, sur l'état d'hostilité d'un peuple jusqu'alors rebelle à l'enseignement des missionnaires. Ce que ces indigènes avaient apprécié dans la civilisation, c'étaient les armes perfectionnées, qui leur permettaient de donner plus facilement satisfaction à leurs goûts sanguinaires, et, à cette époque, ils en possédaient déjà une grande quantité.

Le 17 avril, la *Coquille* abandonnait cette relâche, remontait vers la ligne jusqu'à Rotuma, découverte, mais non visitée, par le capitaine Wilson, en 1797. Les habitants, doux et hospitaliers, s'empressèrent de fournir aux navigateurs tous les rafraîchissements dont ils avaient besoin. Mais on ne fut pas longtemps à s'apercevoir que ces naturels, profitant de la confiance qu'ils avaient su inspirer, dérobaient une quantité d'objets, qu'on avait ensuite toutes les peines du monde à leur faire restituer. Des ordres sévères furent donnés, et les voleurs, surpris en flagrant délit, furent fustigés en présence de leurs camarades, qui ne firent que rire plus franchement que les fustigés eux-mêmes.

Parmi ces sauvages se trouvaient quatre Européens, qui avaient, quelque temps auparavant, déserté le baleinier *le Rochester*. Aussi peu vêtus que les naturels, tatoués et couverts comme eux de poudre jaune, ils n'étaient reconnaissables qu'à leur peau plus blanche et à leur mine plus éveillée. Satisfaits de leur sort, ils s'étaient créé une famille à Rotouma, où ils comptaient bien finir leurs jours à l'abri des soucis, des inquiétudes et des difficultés de la vie civilisée. Un seul d'entre eux demanda à rester sur la *Coquille*, ce qui lui fut accordé sans difficulté par Freycinet, mais ce que le chef de l'île ne permit qu'en apprenant que deux convicts de Port-Jackson demandaient à débarquer.

Malgré tout l'intérêt qu'offrait aux naturalistes cette population peu connue, il fallait partir. La *Coquille* releva tout d'abord les îles Coral et Saint-Augustin, découvertes par Maurelle en 1781. Ensuite, ce furent l'île Drummond, dont les habitants, au teint très foncé, aux membres grêles, à la physionomie peu intelligente, vinrent échanger quelques coquilles tridacnes, vulgairement appelées

bénitiers, contre des couteaux et des hameçons, puis, les îles Sydenham et
Henderville, aux habitants entièrement nus; puis, Woolde, Hupper, Hall, Knox,
Charlotte, Matthews qui forment l'archipel Gilbert, enfin les groupes des Mul-
graves et de Marshall.

Le 3 juin, Duperrey reconnut l'île Ualan, qui avait été découverte en 1804 par
le capitaine américain Croser. Comme elle ne figurait pas sur les cartes, le commandant résolut d'en prendre une connaissance précise et détaillée. L'ancre
n'eut pas plus tôt mordu le fond, que Duperrey et quelques-uns de ses
officiers se faisaient descendre à terre. Ils y trouvèrent un peuple doux et bienveillant, qui, leur offrant des cocos et des fruits de l'arbre à pain, les conduisirent,
à travers les sites les plus pittoresques, jusqu'à la demeure de leur chef principal, leur « uross-tôn », comme ils l'appelaient.

Voici, d'après Dumont d'Urville, la peinture des sites qu'ils durent traverser
avant d'arriver en présence de ce haut personnage :

« Nous flottions paisiblement au milieu d'un spacieux bassin que ceignaient
les verdoyantes forêts du rivage. Derrière nous s'élevaient les hautes sommités de l'île, couvertes de tapis épais de verdure, au-dessus desquels s'élançaient les tiges élégantes et mobiles des cocotiers. Devant nous surgissait, au
milieu des flots, la petite île de Leilei, entourée des jolies cabanes des insulaires
et couronnée par un monticule de verdure... Qu'on joigne à cela une journée
magnifique, une température délicieuse, et l'on pourra se faire une idée des sentiments qui remplissaient nos âmes, dans cette sorte de marche triomphale,
au milieu d'un peuple simple, paisible et généreux. »

Une foule, que d'Urville évalue à huit cents personnes, attendait les embarcations devant un village propre et coquet, aux rues bien pavées. Tout ce
monde, les hommes d'un côté, les femmes de l'autre, gardait un silence vraiment imposant. Deux chefs vinrent prendre les voyageurs par la main et les
guidèrent vers la demeure de l'uross-tôn. La foule, toujours silencieuse, demeura dehors, tandis que les Français entraient dans la case.

Bientôt parut l'uross-tôn, vieillard hâve et défait, affaissé par les années, et
qui devait avoir quatre-vingts ans. Par politesse, les Français se levèrent à son
entrée dans la salle, mais un murmure des assistants leur apprit qu'ils venaient
de manquer aux usages.

Ils jetèrent un regard autour d'eux. Tout le monde était prosterné le front
dans la poussière. Les chefs eux-mêmes n'avaient pu se dérober à cette marque
de respect. Le vieillard, un moment interdit de l'audace des étrangers, imposa
cependant silence à ses sujets, et vint s'asseoir auprès d'eux. De petites tapes

sur les joues, les épaules et les cuisses, telles furent les marques d'amitié qu'il prodigua pour les petits présents qui lui avaient été faits ainsi qu'à sa femme. Mais la reconnaissance de ces souverains ne se traduisit que par le don de sept « tots », dont cinq étaient du tissu le plus fin.

A la sortie de cette audience, les Français visitèrent le village et furent tout étonnés d'y rencontrer deux colossales murailles de corail, dont certains blocs pesaient plusieurs milliers.

Malgré quelques vols commis par les chefs, les dix jours de relâche se passèrent paisiblement, et l'accord, qui avait si bien inauguré les rapports entre les Français et les Ualanais, ne fut pas un seul instant troublé.

« Il est facile, dit Duperrey, de se convaincre de quelle importance l'île d'Ualan peut devenir un jour. Placée au milieu des îles Carolines, sur la route des navires qui vont de la Nouvelle-Hollande en Chine, elle leur présente à la fois des ports de carénage, de l'eau en abondance et des rafraîchissements de différentes espèces. Ses peuples sont généreux et pacifiques, et ils seront bientôt en état d'offrir aux navigateurs un aliment indispensable à la mer, celui qui résultera, sans doute, de deux truies pleines que nous leur avons laissées et qu'ils ont reçues avec la plus vive reconnaissance. »

Les réflexions de Duperrey n'ont pas été justifiées par les événements, et l'île d'Ualan, bien qu'une route d'Europe en Chine, par le sud de Van-Diémen, passe dans ses parages, n'a guère plus d'importance aujourd'hui qu'il y a cinquante ans. La vapeur a tellement bouleversé les conditions de la navigation, elle a produit des changements si radicaux, que les navigateurs du commencement du siècle ne pouvaient les prévoir.

La *Coquille* n'avait quitté Ualan que depuis deux jours, lorsqu'elle découvrit, les 17, 18 et 23 juin, de nouveaux îlots, dont les noms, Pelelap, Takai, Aoura, Ongai, Mongoul, lui furent désignés par les indigènes. Ce sont les groupes Mac-Askyll et Duperrey, dont les habitants ressemblaient aux Ualanais, et qui, de même qu'aux îles Radak, désignaient leurs chefs sous le nom de « tamons ».

Le 24 du même mois, la *Coquille* donnait au milieu du groupe Hogoleu, que Kotzebue avait cherché sous une latitude trop élevée, et dont le commandant reconnut le gisement à quelques noms, donnés par les naturels, qui se trouvent inscrits sur la carte du père Cantova. La reconnaissance hydrographique de ce groupe, qui n'embrasse pas moins de trente lieues de circonférence, fut faite par M. de Blois du 24 au 27 juin.

Ces îles sont pour la plupart hautes et terminées par des pitons volcaniques ;

certaines autres accusent, par la disposition de leur lagon, une origine madréporique.

Quant aux habitants, ils sont petits, mal conformés, atteints d'infirmités répugnantes. Si jamais le dicton *mens sana in corpore sano* peut trouver son application par antiphrase, c'est bien ici, car ces naturels ne paraissent pas avoir une intelligence développée et sont bien au-dessous des Ualanais. Déjà les modes étrangères semblaient s'être implantées dans ces îles. Quelques-uns des indigènes portaient des chapeaux pointus, à l'instar des Chinois; d'autres étaient revêtus de nattes tressées, au milieu desquelles un trou permettait de passer la tête; on aurait dit le « poncho » de l'Amérique du Sud; mais tous méprisaient les miroirs, les colliers et les sonnettes; ils demandaient des haches et du fer, ce qui annonçait de fréquents rapports avec les Européens.

Après avoir reconnu les îles Tamatan, Fanendik et Ollap, les Martyres des anciennes cartes, après avoir vainement cherché les îles Namoureck et Ifelouk autour de la position que leur assignaient Arrowsmith et Malaspina, la *Coquille*, le 26 juillet, à la suite d'une exploration du nord de la Nouvelle-Guinée, s'arrêta au havre Doreï, sur la côte S.-E., et y resta jusqu'au 9 août.

Cette relâche fut on ne peut plus fructueuse au point de vue de l'histoire naturelle et de la géographie, de l'astronomie et de la physique. Les indigènes de cette île appartiennent à la race des Papous la plus pure. Leurs habitations sont des cases élevées sur des pieux, et on y monte au moyen d'une pièce de bois entaillée qu'on rentre tous les soirs à l'intérieur. Ces naturels des côtes sont, paraît-il, toujours en guerre avec ceux de l'intérieur, les nègres Harfous ou Arfakis. D'Urville, sous la conduite d'un jeune Papou, put pénétrer jusqu'aux habitations de ces derniers. C'étaient des êtres doux, hospitaliers et polis, qui ne ressemblaient guère au portrait que leurs ennemis en avaient tracé.

La *Coquille*, après cette station, traversa de nouveau les Moluques, stationna fort peu de temps à Sourabaya, sur la côte de Java, et, le 30 octobre, arriva aux îles de France et de Bourbon. Enfin, à la suite d'une station à Sainte-Hélène, où les officiers français allèrent visiter le tombeau de Napoléon, et à l'Ascension, où une colonie anglaise s'était établie depuis 1815, la corvette entrait à Marseille, le 24 avril 1825, après avoir fait trente et un mois et treize jours de campagne, et franchi 24,894 lieues, sans perte d'homme, sans malade, sans avarie.

Le succès tout à fait remarquable de cette expédition fit le plus grand honneur à son jeune commandant et à tous les officiers qui, avec un zèle infatigable, avaient procédé à toutes les observations scientifiques. Aussi la moisson était-elle des plus riches.

Cinquante-deux cartes et des plans avaient été dressés, des collections des trois règnes de la nature, aussi nombreuses que nouvelles, avaient été réunies. Vocabulaires très nombreux, à l'aide desquels on espérait reconstituer l'histoire des migrations des peuplades océaniennes, renseignements curieux sur les productions des endroits visités, sur l'état du commerce et de l'industrie des habitants, observations relatives à la figure de la terre, recherches de magnétisme, de météorologie et de botanique, tel était le bagage scientifique considérable que la *Coquille* rapportait et dont la publication était vivement attendue du monde savant.

II

L'expédition dont le commandement fut confié au baron de Bougainville n'était, à proprement parler, ni un voyage scientifique ni une campagne de découvertes. Son but principal était de montrer notre pavillon dans l'extrême Orient, et de faire sentir à ces gouvernements peu scrupuleux que la France entendait protéger ses nationaux et ses intérêts, partout et en tout temps. Les instructions données à ce capitaine de vaisseau portaient, en outre, qu'il aurait à remettre au souverain de la Cochinchine une lettre du roi, ainsi que des présents qui devaient être embarqués sur la frégate *là Thétis*.

M. de Bougainville devait aussi se livrer à des recherches hydrographiques partout où il le pourrait, sans s'exposer à des retards nuisibles à sa navigation, et réunir les notions les plus étendues sur le commerce, les productions et les moyens d'échange des pays où il s'arrêterait.

Deux bâtiments étaient placés sous les ordres de M. de Bougainville. L'un, la *Thétis*, était une frégate toute neuve, portant quarante-quatre canons et trois cents matelots;—aucun bâtiment français de cette force, sauf la *Boudeuse*, n'avait encore accompli le tour du monde ; — l'autre était la corvette rasée *l'Espérance*, ayant vingt caronades sur le pont et cent vingt hommes d'équipage.

Le premier de ces bâtiments était sous les ordres directs du baron de Bougainville, et son état-major se composait d'officiers de choix, parmi lesquels on remarque les noms de Longueville, Lapierre et Baudin, qui devinrent capitaine de vaisseau, vice-amiral et contre-amiral. *L'Espérance* était commandée par le capitaine de frégate de Nourquer du Camper, qui, comme second de la frégate *la Cléopâtre*, avait déjà exploré une grande partie du parcours de la nouvelle expédition. Elle comptait, parmi ses officiers, Turpin, futur contre-amiral, député et aide de camp de Louis-Philippe, Eugène Penaud, plus tard officier général, et Médéric Malavois, qui devait être gouverneur du Sénégal.

Pas un de ces savants spéciaux, que l'on avait vus répartis avec tant de prodigalité sur le *Naturaliste* ou sur tel autre bâtiment circumnavigateur, n'était embarqué sur les navires du baron de Bougainville, et ce fut pour celui-ci, durant toute la campagne, un regret d'autant plus vif que les officiers de santé, retenus par les soins à donner à un nombreux équipage, ne pouvaient s'absenter longtemps du bord pendant les relâches.

Le journal du voyage de M. de Bougainville s'ouvre par cette remarque judicieuse :

« C'était, il n'y a pas encore bien des années, une entreprise hasardeuse qu'un voyage autour du monde, et moins d'un demi-siècle s'est écoulé depuis l'époque à laquelle une expédition de cette nature suffisait pour répandre une certaine illustration sur l'homme qui la dirigeait... C'était alors le bon temps, l'âge d'or du circumnavigateur, et les dangers et les privations contre lesquels il avait à lutter étaient payés au centuple, lorsque, riche de précieuses découvertes, il saluait au retour les rivages de la patrie.... Il n'en est plus ainsi ; le prestige a disparu ; on fait à présent le tour de la terre comme on faisait son tour de France !.... »

Que dirait donc aujourd'hui le baron Yves-Hyacinthe Potentien de Bougainville, le fils du vice-amiral, sénateur et membre de l'Institut, maintenant que nous possédons ces admirables navires à vapeur si perfectionnés, et ces cartes si exactes qui semblent faire un jeu des lointaines navigations !

Le 2 mars 1824, la *Thétis* quittait seule la rade de Brest ; elle devait retrouver à Bourbon sa conserve *l'Espérance*, qui, partie depuis quelque temps, avait fait voile pour Rio-de-Janeiro. Une courte relâche à Ténériffe, où la *Thétis* ne put acheter que du vin de mauvaise qualité et fort peu des rafraîchissements dont elle avait besoin, la vue, à distance, des îles du cap Vert et du cap de Bonne-Espérance, la recherche de l'île fabuleuse de Saxembourg et de quelques vigies non moins

Idoles indiennes près de Pondichéry. (*Fac-simile. Gravure ancienne.*)

fantastiques, furent les seuls événements de la traversée jusqu'à l'île Bourbon, où l'*Espérance* avait devancé sa conserve.

Bourbon était à cette époque un point si connu des navigateurs, qu'il n'y avait pas grand'chose à en dire, quand on avait parlé de ses deux rades foraines de Saint-Denis et de Saint-Paul.

Saint-Denis, la capitale, située au nord de Bourbon et à l'extrémité d'un plateau incliné, n'était, à proprement parler, qu'un gros bourg, sans enceinte ni murailles, dont chaque maison était entourée d'un jardin. Pas de monuments publics à citer, si ce n'est le palais du gouverneur, situé dans une position qui domine toute la rade, le jardin botanique et le jardin de naturalisation, qui

Indiens de Pondichéry. (Page 306.)

date de 1817. Le premier, placé au centre de la ville, renfermait de belles promenades, par malheur peu fréquentées, et était admirablement entretenu. L'eucalyptus, le géant des forêts australiennes, le phormium tenax, ce chanvre néo-
zélandais, le casuarina, ce pin de Madagascar, le baobab au tronc d'une gros-
scur prodigieuse, le carambollier, le sapotillier, la vanille, faisaient l'ornement
de ce jardin, qu'arrosaient des canaux d'eau vive. Le second, sur la croupe d'un
coteau, formé de terrasses échelonnées, sur lesquelles des ruisseaux portaient
la vie et la fécondité, était consacré à l'acclimatation des arbres et des plantes
des contrées européennes. Les pommiers, les pêchers, les abricotiers, les ce-
risiers et les poiriers, ayant parfaitement réussi, avaient déjà fourni à la colo-

nie des plants précieux. On cultivait aussi, dans ce jardin, la vigne, l'arbuste à thé et nombre d'essences étrangères, parmi lesquelles Bougainville se plaît à citer le « laurea argentea », à la feuille brillante.

Le 9 juin, les deux bâtiments quittèrent la rade de Saint-Denis. Après avoir doublé les bancs de la Fortune et de Saya de Malha, passé au large des Séchelles, puis entre les attolls sud des Maldives, îles à fleur d'eau couvertes d'arbres tonffus que couronnent des bouquets de cocotiers, ils reconnurent l'île de Ceylan et la côte de Coromandel, et jetèrent l'ancre devant Pondichéry.

Cette partie de l'Inde est loin de répondre à l'idée enchanteresse que les Européens ont pu s'en former d'après les descriptions dithyrambiques des écrivains qui ont célébré ses merveilles.

Peu considérable est le nombre des édifices et des monuments à Pondichéry, et, lorsqu'on a visité les pagodes, — ce qu'il y a de plus curieux, — et les « chaudières », dont l'utilité est l'unique recommandation, on n'a plus à s'intéresser qu'à la nouveauté des scènes qui se renouvellent à chaque pas dans cette ville séparée en deux quartiers bien distincts. A l'un, la ville « blanche », aux édifices coquets, mais si triste et si solitaire, ne doit-on pas préférer l'autre, la ville « noire », avec ses bazars, ses jongleurs, ses pagodes massives et les danses attrayantes de ses bayadères?

« La population indienne, à la côte de Coromandel, dit la relation, se divise en deux classes : la *main droite* et la *main gauche*. Cette division tire son origine du gouvernement d'un nàbab sous lequel le peuple se révolta : tous ceux qui restèrent fidèles au prince furent distingués sous la qualification de main droite, et les autres sous celle de main gauche. Ces deux grandes tribus, qui partagent presque en égale portion toute la population, sont constamment en état d'hostilité pour ce qui tient aux rangs et aux prérogatives que les amis du prince avaient obtenus. Ceux-ci sont cependant restés en possession des emplois qui tiennent au gouvernement, tandis que les autres s'occupent de commerce et de métiers. Mais, pour maintenir entre eux la paix, il a fallu défendre leurs anciennes processions et cérémonies... La *main droite* et la *main gauche* se subdivisent en dix-huit castes ou métiers, pétries de prétentions et de préjugés que la fréquentation des Européens depuis des siècles n'a pas diminués. De là des sentiments de rivalité et de mépris qui seraient la source de guerres sanglantes, si les Hindous n'avaient horreur du sang et si leur caractère ne les éloignait de tous les partis violents. Cette douceur de mœurs et ce principe toujours actif de dissension servent à expliquer le phénomène politique de plus de cinquante millions d'hommes subissant le joug de vingt-cinq à trente mille étrangers. »

La *Thétis* et l'*Espérance* quittèrent, le 30 juillet, la rade de Pondichéry, traversèrent le golfe du Bengale, reconnurent les Nicobar et Poulo-Penang, port franc où se voyaient à la fois trois cents navires. Puis, elles embouquèrent le détroit de Malacca et s'arrêtèrent dans ce port hollandais, du 24 au 26 juillet, pour réparer quelques avaries survenues à l'*Espérance,* de manière qu'elle pût tenir la mer jusqu'à Manille Les rapports avec le résident et les habitants furent d'autant meilleurs qu'ils se trouvèrent scellés par des repas donnés à terre et sur la *Thétis* en l'honneur des rois de France et des Pays-Bas.

Au reste, les Hollandais s'attendaient à céder bientôt cet établissement aux Anglais, comme cela se fit en effet quelque temps après. Et cependant, au point de vue de la fertilité du sol, de l'agrément de la situation de la facilité de se procurer les objets de première nécessité, Malacca l'emportait de beaucoup sur ses rivales.

Bougainville quitta cette rade le 26 août, et fut contrarié par des vents debout, des calmes et des orages pendant le reste de la traversée du détroit. C'étaient les parages le plus particulièrement fréquentés par les pirates malais. Aussi, bien que la division fût de force à ne redouter aucun ennemi, le commandant fit placer des factionnaires et prit les précautions nécessaires pour éviter toute surprise. Il n'était pas rare de voir quelques-uns de ces pros montés par cent hommes d'équipage, et plus d'un navire marchand avait été récemment la proie de ces incorrigés et incorrigibles forbans.

Mais la division n'aperçut rien de suspect et continua sa route jusqu'à Singapour.

C'était un singulier mélange de races que la population de cette ville. On y rencontrait l'Européen, adonné aux principales branches du commerce ; des marchands, Arméniens et Arabes; des Chinois, les uns cultivateurs, les autres exerçant différents métiers qui fournissent aux besoins de la population. Pour les Malais, déplacés au milieu de cette civilisation naissante, ou ils vivaient dans la domesticité, ou ils s'endormaient dans leur indolence et leur misère. Quant aux Hindous, chassés et bannis de leur patrie pour crimes, ils ne pratiquaient que ces métiers inavouables qui empêchent de mourir de faim la lie de toutes les grandes villes.

C'était en 1819 seulement que les Anglais avaient acheté du sultan malais de Djohor le droit de s'établir dans la ville de Singapour. La petite bourgade où ils s'établirent ne comptait à ce moment que cent cinquante habitants ; mais, grâce à sir Stamfard Raffles, une ville n'avait pas tardé à s'élever sur l'emplacement des modestes cabanes des habitants ; par une sage mesure administrative, tout droit de douane avait été supprimé, et ce que la nouvelle cité devait à la nature, c'est-à-dire un port vaste et sûr, avait été habilement complété par la main de l'homme.

La garnison ne comptait que trois cents cipayes et trente canonniers; les fortifications n'existaient pas encore, et le matériel d'artillerie comprenait seulement une batterie de vingt canons et autant de pièces de campagne en bronze.

A vrai dire, Singapour n'était qu'un entrepôt de commerce. De Madras lui venaient les toiles de coton; de Calcutta, l'opium; de Sumatra, le poivre; de Java, l'arack et les épiceries; de Manille, le sucre et l'arack, et toutes ces marchandises étaient ensuite envoyées en Europe, en Chine, à Siam, etc.

D'édifices publics, nulle trace. Il n'y avait ni magasins publics, ni bassins de carénage, ni chantiers de construction, ni casernes; mais on remarquait une petite église à l'usage des indigènes convertis.

Le 2 septembre, la division reprit sa route et atteignit sans incident le port de Cavite. Le commandant de l'*Espérance*, M. Du Camper, qu'un séjour de plusieurs années à Luçon avait mis en relations avec les principaux habitants, reçut l'ordre de gagner Manille, où il devait prévenir le gouverneur général des Philippines de l'arrivée des frégates, des motifs de leur relâche, puis sonder ses dispositions et pressentir l'accueil qui serait fait aux Français.

L'intervention récente de ceux-ci en Espagne les plaçait, en effet, dans une situation assez délicate vis-à-vis du gouverneur, don Juan-Antonio Martinez, nommé à ce poste par le gouvernement des Cortès que ceux-ci venaient de renverser. Les appréhensions du commandant ne se trouvèrent pas confirmées, et il trouva auprès des autorités espagnoles, avec le concours le plus empressé, la bonne volonté la plus active.

La baie de Cavite, où les bâtiments avaient jeté l'ancre, s'encombrait tous les jours par les vases. C'était, pourtant, le principal port des Philippines. Les Espagnols y possédaient un arsenal fort bien muni, dans lequel travaillaient des Indiens des environs, ouvriers adroits et intelligents, mais paresseux à l'excès.

Tandis qu'on procédait au doublage de la *Thétis* et aux travaux importants que nécessitait l'état de l'*Espérance*, les commis et les officiers surveillaient à Manille la confection des vivres et des cordages. Ces derniers, faits en « abaca », fibres d'un bananier qu'on appelle vulgairement « chanvre de Manille », bien que cités pour leur grande élasticité, ne firent pas un bon usage à bord des bâtiments.

Le temps de la relâche fut douloureusement troublé par des tremblements de terre et des typhons qui sont périodiques à Manille. Le 24 octobre, le tremblement de terre fut si violent, que le gouverneur, les troupes et une partie des habitants durent abandonner la ville à la hâte. Le dommage fut estimé à trois millions de francs; quantité de maisons s'écroulèrent, huit personnes furent ensevelies sous les ruines et un grand nombre furent blessées.

A peine la population commençait-elle à se rassurer, qu'un épouvantable typhon vint mettre le comble à la calamité publique. Il ne dura qu'une partie de la nuit du 31 octobre, et le lendemain, lorsque le soleil se leva, on aurait pu croire n'avoir fait qu'un mauvais rêve, si la vue des campagnes ravagées, l'aspect lamentable de la rade avec six navires à la côte et les autres presque entièrement désemparés, n'eussent témoigné de la réalité du phénomène. Tout autour de la ville, le pays était dévasté, les récoltes perdues, les arbres, même les plus gros, violemment arrachés, les villages détruits. C'était un spectacle navrant !

L'*Espérance* avait son grand mât et le mât d'artimon rasés à quelques pieds au-dessus du pont, ses bastingages emportés. La *Thétis*, plus heureuse, était sortie presque sauve de cette épouvantable tempête. La paresse des ouvriers, le grand nombre de fêtes qu'ils chôment, eurent bientôt décidé Bougainville à se séparer momentanément de sa conserve, et, le 12 décembre, il faisait mettre à la voile pour la Cochinchine.

Mais, avant de suivre les Français aux bords peu fréquentés de ce pays, il convient de parcourir avec eux Manille et ses environs.

La baie de Manille est sans contredit l'une des plus vastes et des plus belles du monde; des flottes nombreuses y pourraient trouver place; ses deux passes n'étaient pas encore défendues, ce qui avait permis, en 1798, à deux frégates anglaises de pénétrer dans le port et d'enlever plusieurs bâtiments sous le canon même de la ville.

L'horizon est fermé par une barrière de montagnes, qui finit au sud par le Taal, volcan presque éteint aujourd'hui, mais dont les éruptions ont causé plusieurs fois des malheurs effroyables. Dans la plaine, au milieu des champs de riz, des hameaux ou des maisons isolées animent le paysage.

En face de l'entrée de la baie s'élève la ville, qui compte cent soixante mille habitants, avec son phare et ses longs faubourgs. Elle est arrosée par le Passig, rivière sortie du lac de Bay, et cette situation exceptionnelle lui assure des avantages que plus d'une capitale envierait.

La garnison, sans y comprendre la milice, se composait à cette époque de deux mille deux cents hommes de troupes. A côté de la marine militaire, tou-

jours représentée par quelque bâtiment en station, était organisée une marine
propre à la colonie, qui avait reçu le nom de « sutil », soit à cause de la petitesse
des bâtiments employés, soit à cause de leur rapidité. Cette marine, dont tous
les grades sont à la nomination du gouverneur général, se composait de goë-
lettes et de chaloupes canonnières, destinées à protéger les côtes et les bâtiments de commerce contre les pirates des îles Soulou. On ne peut pas dire que
cette organisation, qui coûte beaucoup, ait produit de grands résultats. Bougainville en donne un singulier exemple : les Soulouans ayant, en 1828, enlevé
sur les côtes de Luçon trois mille habitants, une expédition dirigée contre eux
avait coûté cent quarante mille piastres pour leur tuer six hommes!

Une assez grande fermentation régnait aux Philippines à l'époque du séjour
de la *Thétis* et de l'*Espérance*, et le contre-coup des événements qui avaient ensanglanté la métropole s'y faisait douloureusement sentir. En 1820, le 20 décembre, massacre des blancs par les Indiens, en 1824, révolte d'un régiment et
assassinat d'un ancien gouverneur, M. de Folgueras, tels avaient été les premières secousses qui avaient ébranlé la domination espagnole. Les métis, qui
formaient, avec les Tagals, la classe la plus riche et la plus industrieuse en
même temps que la véritable population indigène, donnaient à cette époque
des craintes légitimes à l'autorité, car on savait qu'ils voulaient l'expulsion de
tout ce qui n'avait pas pris naissance aux Philippines. C'étaient eux qui com-
mandaient les régiments indigènes, c'étaient eux qui possédaient la plupart des
cures ; on voit qu'ils jouissaient d'une influence considérable, et l'on pouvait se
demander si l'on n'était pas à la veille d'une de ces révolutions qui ont privé
l'Espagne de ses plus belles colonies.

La navigation de la *Thétis* jusqu'à Macao fut contrariée par des grains, des
rafales, des averses et un froid qui furent d'autant plus sensibles que, pendant plusieurs mois, les navigateurs avaient éprouvé une température de
vingt-sept degrés. A peine l'ancre fut-elle tombée dans la rivière de Canton,
qu'un grand nombre de bateaux du pays vinrent entourer la frégate, offrant en
vente des légumes, des poissons, des oranges et une foule de bagatelles,
autrefois si rares, aujourd'hui plus communes, mais toujours coûteuses.

« La ville de Macao, encaissée entre des collines arides, dit la relation, se
laisse apercevoir de loin par la blancheur éclatante de ses édifices. Son exposition fait face au levant, et les maisons qui bordent la plage, élégamment construites et bien alignées, dessinent les contours du rivage. C'est le beau quartier de la ville, celui que les étrangers habitent ; au delà, le terrain s'élève
brusquement ; d'autres façades, celles de plusieurs couvents, que leur masse et

leur architecture font remarquer, se montrent au second plan, et l'ensemble est couronné par les murailles crénelées des forts sur lesquels flottait le pavillon blanc aux armes de Portugal. Aux extrémités nord et sud de la ville, les batteries descendent par trois étages jusqu'à la mer, et, près de la première, un peu en dedans, se trouve placée une église dont le portique et les décorations extérieures sont de l'effet le plus gracieux. Plusieurs sampangs, des jonques et des bateaux de pêche, mouillés près de terre, animent ce tableau, dont le cadre paraîtrait moins sombre, si la végétation déployait quelque peu de ses richesses sur les hauteurs qui environnent la ville. »

Par sa position d'intermédiaire du commerce entre la Chine et le monde entier, Macao, un des débris de la fortune coloniale du Portugal, avait longtemps joui d'une prospérité brillante. En 1825, il n'en était plus ainsi, et cette ville ne se soutenait plus guère que par la contrebande de l'opium.

La relâche de la *Thétis* à Macao n'avait pour but que d'y déposer des missionnaires et d'y montrer le pavillon français. Aussi Bougainville quitta-t-il cette ville dès le 8 janvier 1825.

Aucun événement digne de remarque ne vint donner de l'intérêt à la navigation jusqu'à la baie de Tourane. Mais en y arrivant, Bougainville apprit que l'agent français, M. Chaigneau, avait quitté Hué pour Saïgon, avec l'intention d'y fréter une barque à destination de Singapour. Le commandant ne savait plus à qui s'adresser, et, privé de la seule personne qui pût faire réussir ses projets, il en augura tout de suite le plus triste succès. Il envoya cependant aussitôt à Hué une lettre exposant l'objet de sa mission, et dans laquelle il demandait à se rendre en personne, accompagné de quelques officiers, dans cette capitale.

Le temps qui s'écoula jusqu'à la réception de la réponse fut mis à profit par les Français, qui visitèrent en détail la baie et ses environs, ainsi que les fameux rochers de marbre, objets de la curiosité de tous les voyageurs.

Certains auteurs, et notamment Horsburgh, appellent la baie de Tourane l'une des plus belles et des plus vastes de l'univers. Telle n'est pas l'opinion de Bougainville, qui n'en considère comme sûre qu'une très petite partie. Le village de Tourane est situé sur le bord de la mer, à l'entrée du canal de Fay-Foë, sur la rive droite duquel s'élève un fort bâti par des ingénieurs français, avec glacis, bastions et fossé sec.

Les Français, considérés comme d'anciens alliés, étaient toujours accueillis avec bienveillance et sans défiance. Il n'en était pas de même, paraît-il, des Anglais, à qui l'on ne permettait pas de descendre à terre, tandis que les marins

Rivière San Matheo, îles Luçon. (*Fac-simile. Gravure ancienne.*)

de la *Thétis* obtinrent aussitôt droit de pêche et de chasse, liberté entière d'aller et de venir, et toute facilité pour faire des vivres frais.

Grâce à la latitude qui leur était laissée, les officiers purent donc parcourir le pays et faire des observations intéressantes. L'un d'eux, M. de la Touanne, trace le portrait suivant des indigènes :

« Leur taille est plutôt au-dessous qu'au-dessus de la moyenne, et, à cet égard, ils sont, à peu près, ce que sont les Chinois de Macao. Leur peau est d'un brun jaunâtre, leur masque est plat et arrondi. Leur physionomie sans expression et leurs yeux mornes ne sont cependant pas bridés comme ceux des Chinois. Ils ont le nez épaté, la bouche grande, et leurs lèvres sont renflées

Femmes dé la baie de Tourane. (Page 313.)

d'une manière d'autant plus désagréable, qu'avec l'habitude qu'ils ont tous, hommes et femmes, de mâcher l'arec mêlé à du bêtel et de la chaux, elles sont constamment souillées et noircies. Les femmes, presque aussi grandes que les hommes, n'ont pas un extérieur plus agréable, et la malpropreté repoussante commune aux deux sexes achève de les priver de toute espèce d'attrait. »

Ce qui frappe le plus, c'est la misère de ces habitants comparée à la fertilité des campagnes, et ce contraste choquant dévoile l'égoïsme et l'incurie du gouvernement non moins que l'insatiable avidité des mandarins.

Si les plaines portent du maïs, des patates douces, du manioc, du tabac et du riz, dont la belle apparence accuse les soins qui leur sont donnés, la mer nourrit quantité de poissons exquis, et les forêts recèlent nombre d'oiseaux, des tigres et des rhinocéros, des buffles et des éléphants, ainsi que des singes, que l'on rencontre partout en grand nombre. Hauts de quatre pieds, le teint coloré, le corps d'un gris perle, les cuisses noires et les jambes rouges, ces derniers portent un collier rouge et une ceinture blanche, ce qui leur donne tout à fait l'air d'être habillés. Leur force musculaire est prodigieuse, et ils franchissent, en sautant de branche en branche, des distances énormes. Rien de curieux comme de voir une grappe d'une douzaine de ces animaux se livrer sur le même arbre aux grimaces et aux contorsions les plus étranges.

« Un jour que j'étais seul à la lisière du bois, dit Bougainville, j'en blessai un qui vint montrer son nez aux rayons du soleil. Il se prit la face à deux mains et se mit à pousser de tels gémissements, que, dans un instant, plus d'une trentaine des siens l'entourèrent. Je me hâtai de recharger mon fusil, ne sachant à quoi je devais m'attendre, car il y a tels de ces animaux qui ne craignent pas de s'attaquer à l'homme ; mais la bande, s'emparant du blessé, s'enfonça de nouveau dans l'épaisseur du bois. »

Une autre excursion eut pour but les rochers de marbre de la rivière Fay-Foë. Il y a là des cavernes bien curieuses ; dans l'une d'elles, on remarque une énorme colonne suspendue à la voûte et dont la base est absolument détachée du sol. On ne voyait pas de stalactites dans cette caverne, mais au fond on entendait le bruit d'une chute d'eau.

Un peu plus loin, à l'air libre, les Français visitèrent les ruines d'un ancien édifice, près d'une grotte où se trouve une idole. Dans un coin existait un conduit latéral que Bougainville suivit, et qui le conduisit dans une « immense rotonde éclairée par en haut et terminée par une voûte cintrée de soixante pieds d'élévation pour le moins. Qu'on se représente des colonnes de marbre de couleurs variées, dont quelques-unes paraissent être taillées dans le bronze par suite de l'enduit verdâtre que le temps et l'humidité y avaient imprimé ; des lianes traversant la pierre du faîte, et tendant vers le sol, les unes en faisceaux, les autres en cordons, comme pour recevoir des lustres ; des groupes de stalactites suspendues sur nos têtes, semblables à d'énormes jeux d'orgues ; des autels, des statues mutilées, des monstres hideux taillés dans la pierre ; enfin toute une pagode, qui n'occupait cependant qu'une très petite partie de ce vaste emplacement. Qu'on rassemble maintenant ces objets dans un même cadre, et qu'on les éclaire d'une lumière confuse, incertaine, et l'on aura peut-être quelque idée de ce qui frappa tout à coup mes regards. »

Le 20 janvier 1825, l'*Espérance* ralliait enfin la frégate. Deux jours plus tard arrivaient deux envoyés de la cour de Hué, qui venaient demander à Bougainville la lettre dont il était porteur. Mais, comme celui-ci avait ordre de ne la remettre qu'à l'empereur lui-même, ces exigences amenèrent des négociations aussi longues que puériles.

Les formes cérémonieuses dont s'entouraient les envoyés cochinchinois rappelèrent à Bougainville l'anecdote de cet envoyé et de ce gouverneur de Java qui, faisant assaut de gravité et de prudence diplomatique, restèrent vingt-quatre heures en présence et se quittèrent sans s'être adressé la parole. Le commandant n'était pas homme à faire preuve de tant de longanimité, mais il ne put obtenir l'autorisation qu'il sollicitait, et la négociation se termina par un échange de présents qui n'engageait à rien.

En somme, le résultat le plus clair de toutes ces entrevues était l'assurance donnée par l'empereur qu'il verrait avec plaisir les navires français visiter ses ports, à condition de se conformer aux lois de l'empire.

Depuis 1817, les Français avaient à peu près été les seuls qui eussent fait des affaires passables avec la Cochinchine, grâce à la présence de leurs résidents à la cour de Hué, et il dépendait d'eux seuls de conserver une situation exceptionnelle que les anciennes relations amicales avec le gouvernement cochinchinois leur avaient procurée.

Les deux bâtiments quittèrent la baie de Tourane, le 17 février, avec le projet de visiter le groupe des Anambas, îles qui n'avaient pas encore été explorées. Le 3 mars, on eut connaissance de cet archipel, qu'on trouva ne ressembler en aucune façon aux Anambas indiquées sur la carte anglaise de la mer de Chine. Bougainville fut agréablement surpris de voir se dérouler sous ses yeux une foule d'îles et d'îlots, qui devaient présenter d'excellents mouillages pendant les moussons.

Les deux navires pénétrèrent au milieu de cet archipel, dont ils firent le lever hydrographique. Tandis que les embarcations étaient employées à ce travail, deux pirogues d'une jolie construction s'approchèrent. L'une d'elles accosta la *Thétis*, et un homme d'une cinquantaine d'années, la poitrine couturée de cicatrices, la main droite privée de deux doigts, monta à bord. Il était déjà descendu dans l'entre-pont, lorsque la vue des rateliers d'armes et des canons le décida à regagner sa pirogue.

Le lendemain, deux autres canots montés par des Malais, à la physionomie farouche, accostèrent. Ceux-ci apportaient des bananes, des cocos et des ananas qu'ils troquèrent contre du biscuit, un mouchoir et deux petites haches. Quelques autres entrevues eurent lieu avec ces insulaires, armés de kriss et de demi-piques au fer tranchant des deux côtés. On ne dut voir en eux que de forcenés pirates.

Bien que les Français n'aient exploré qu'une partie de ces îles, les informations qu'ils recueillirent n'en sont pas moins intéressantes par leur nouveauté.

La première condition qu'exige une nombreuse population, c'est l'abondance de l'eau. Or, celle-ci paraît fort rare. De plus, la terre végétale est loin d'être épaisse, et les montagnes n'étant séparées que par des ravins étroits et non par des plaines, il s'ensuit que la culture est presque impossible. Les arbres eux-mêmes n'atteignent, à l'exception des cocotiers, qu'une hauteur médiocre. Aussi la population, au dire d'un indigène, ne s'élèverait-elle pas à plus de deux mille habitants, — chiffre qui parut encore exagéré à Bougainville.

L'heureuse situation de ces îles sur les deux routes des bâtiments qui font le commerce de la Chine, aurait dû les désigner, depuis longtemps, à l'attention des navigateurs. Il faut sans doute attribuer à leur défaut de ressources l'abandon dans lequel elles ont été laissées.

Le peu d'empressement et de confiance que Bougainville rencontra chez ces insulaires, le haut prix des denrées, puis le renversement de la mousson dans les mers de la Sonde, déterminèrent le commandant à suspendre la reconnaissance de cet archipel pour gagner au plus tôt Java, où ses instructions lui prescrivaient de toucher.

Le 8 mars fut signalé par le départ des deux bâtiments, qui reconnurent d'abord les îles Victory, Barren, Saddle et Camel, passèrent par le détroit de Gaspar, dont la traversée ne dura pas plus de deux heures, bien qu'elle se prolonge souvent plusieurs jours lorsqu'elle n'est pas favorisée par le vent, et ils jetèrent l'ancre à Sourabaya, où l'on apprit la mort de Louis XVIII et .l'avènement de Charles X.

Comme le choléra, qui avait fait, en 1822, trois cent mille victimes à Java, sévissait encore, Bougainville eut la précaution de conserver à bord ses équipages à l'abri du soleil, et défendit expressément toute communication avec les bateaux chargés de fruits, dont l'usage est si dangereux pour l'Européen, particulièrement durant la saison des pluies, dans laquelle on allait entrer. Malgré ces ordres si sages, la dysenterie allait s'abattre sur la *Thétis*, et y faire de trop nombreuses victimes.

La ville de Sourabaya est située à une lieue de l'embouchure de la rivière, et l'on n'y peut parvenir qu'en remontant ce cours d'eau à la cordelle. Ses abords sont animés, et tout annonce une population active et commerçante. Une expédition dans l'île de Célèbes ayant absorbé toutes les ressources du gouvernement, et les magasins étant vides, les Français durent avoir recours aux négociants chinois, les plus effrontés voleurs qu'il soit possible de rencontrer. Il n'est pas de ruse qu'ils n'aient employée, pas de friponnerie qu'ils n'aient tentée. Aussi la relâche à Sourabaya laissa-t-elle dans tous les esprits un souvenir désagréable.

Par contre, il n'en fut pas de même de la réception que les Français reçurent des notables de la colonie, et ils n'eurent qu'à se louer de l'affabilité de tous ceux qui appartenaient à l'administration.

Venir à Sourabaya sans rendre visite au sultan de Madura, dont la réputation d'hospitalité avait passé les mers, ce serait aussi impossible que de visiter Paris sans aller voir Versailles et Trianon.

Après un lunch réconfortant pris à terre, l'état-major des bâtiments monta dans des calèches à quatre chevaux. Mais les routes étaient si mauvaises, les chevaux si épuisés, qu'on serait maintes fois resté embourbé, si des hommes, placés en sentinelle dans les endroits difficiles, n'avaient énergiquement poussé à la roue. Enfin l'on arriva à Bacalan, et les calèches s'arrêtèrent dans la troisième cour du palais, au pied d'un escalier en haut duquel le prince héréditaire et le premier ministre attendaient les voyageurs.

Le prince Adden Engrate appartenait à la plus illustre famille de l'archipel indien. Son costume était celui des chefs javanais en tenue civile. Une longue jupe d'indienne à fleurs laissant à peine voir deux pantoufles chinoises, un gilet blanc à boutons d'or sous une petite veste à basques, de drap brun, avec boutons de diamant, un mouchoir noué sur la tête, que surmonte une casquette à visière, eussent donné à ce grand personnage l'apparence grotesque d'une amazone de carnaval, si l'aisance des manières et la dignité du maintien n'avaient corrigé l'excentricité de son costume.

Le palais ou « kraton » était constitué par une série de bâtiments ornés de galeries, dans lesquelles des auvents et des rideaux maintenaient une température d'une fraîcheur délicieuse. Des lustres, des meubles européens de bon goût, de belles tentures, des glaces et des cristaux contribuaient à la décoration des vastes salles et des appartements. Un corps de logis sans ouverture sur la cour et donnant sur des jardins, est réservé à la « Ratou » (souveraine) et aux odalisques.

La réception fut cordiale, et le déjeuner, servi à l'européenne, fut exquis.

« La conversation, dit Bougainville, se faisait en anglais, et les toasts ne furent pas épargnés, le prince nous portant les santés avec du thé mis en bouteille qu'il se versait en guise de madère. Chef de la religion dans ses États, il suit rigoureusement les principes du Koran, ne boit jamais de vin et passe une grande partie de son temps à la mosquée; mais il n'en est pas moins bon convive, et sa conversation ne se ressent nullement de l'austérité qu'on pourrait supposer d'après une vie aussi régulière. Il est vrai qu'elle ne se passe pas toute en prières, et les scènes dont nous fûmes témoins donneraient une idée bien différente de ses mœurs, si la religion du Prophète n'accordait sur ce point une grande latitude à ses sectateurs. »

Dans l'après-midi, on visita des remises contenant de très belles voitures, dont quelques-unes, construites dans l'île, étaient si bien travaillées, qu'il était absolument impossible de les distinguer de celles qui avaient été importées. Puis on s'exerça au tir à l'arc. En rentrant au palais, on fut accueilli au son d'une musique mélancolique qu'interrompit bientôt, par ses aboiements et sa danse bizarre, le bouffon du prince, qui fit preuve d'une agilité et d'une souplesse merveilleuses. A la danse, ou plutôt aux poses d'une bayadère, succédèrent les émotions du vingt-et-un ; après quoi, chacun alla chercher un repos qu'il avait bien gagné. Le lendemain, nouveaux jeux, nouveaux exercices. Ce furent d'abord des luttes entre hommes faits et entre enfants ; puis ce furent des combats de cailles, et enfin des exercices exécutés par un chameau et un éléphant. Au déjeuner succédèrent une promenade en calèche, le tire à l'arc, la course en sac, l'équilibre du panier, etc., et toutes les journées du sultan se passaient de la sorte.

Les marques de respect et de soumission qu'on donne à ce souverain sont vraiment étonnantes. Il n'est personne qui se tienne debout devant lui et qui ne se prosterne avant de lui parler. On ne le sert qu'à genoux et « il n'est pas jusqu'à son petit enfant de quatre ans qui ne joigne ses menottes en s'adressant à lui. »

Bougainville profita de son séjour à Sourabaya pour aller visiter, aux montagnes de Tengger, le volcan de Broumo. Cette excursion, dans laquelle il parcourut l'île sur une étendue de près de cent milles, de l'est à l'ouest, fut des plus intéressantes.

Sourabaya renferme des monuments curieux, qui sont pour la plupart l'œuvre d'un ancien gouverneur, le général Daendels : c'est l'atelier des constructions, l'hôtel de la Monnaie, le seul établissement de ce genre à Java, l'hôpital, dont l'emplacement est bien choisi et où l'on compte quatre cents lits.

L'île de Madura, en face de Sourabaya, qui n'a pas moins de cent milles de longueur sur quinze ou vingt de largeur, ne produit pas assez pour nourrir sa population, bien que celle-ci soit clair-semée. La souveraineté de cette île est partagée entre le sultan de Bacalan et celui de Sumanap, qui fournissent annuellement six cents hommes de recrue aux Hollandais, sans compter les levées extraordinaires.

Dès le 20 avril, des symptômes de dysenterie avaient fait leur apparition. Aussi, deux jours plus tard, les deux bâtiments mirent-ils à la voile. Il ne leur fallut pas moins de sept grands jours pour franchir le détroit de Madura. Ils remontèrent la côte septentrionale de Lombock, et passèrent par le détroit d'Allass, entre Lombock et Sumbava.

La première de ces îles présente, du pied des montages à la mer, un riant tapis de verdure, piqué de bouquets d'arbres au port élégant. Sur cette côte, on ne manque pas de bons mouillages et on s'y procure facilement l'eau et le bois dont on a besoin.

Mais de l'autre côté, ce sont de nombreux mamelons à l'aspect aride, une terre haute dont une chaîne d'îles escarpées et inaccessibles défend l'approche; c'est Lombock, dont il faut fuir le fond de corail et les courants trompeurs.

Deux relâches aux villages de Baly et de Peejow, pour se procurer des vivres frais, permirent aux officiers de procéder au lever hydrographique de cette partie de la côte de Lombock.

En sortant du détroit, Bougainville chercha l'île Cloates, sans la trouver, cela va sans dire, puisque de nombreux navires, depuis quatre-vingts ans, avaient passé sur la position que lui donnaient les cartes. Quant aux Tryals, ces rochers, vus en 1777 par le *Fredensberg-Castle*, ne seraient, au dire du capitaine King, que les îles Montebello, qui répondent parfaitement à la description des Danois.

Bougainville avait pour instructions de reconnaître les environs de la rivière des Cygnes, où le gouvernement français espérait trouver un lieu convenable pour y déporter les malheureux entassées dans ses bagnes. Mais l'Angleterre venait d'arborer son pavillon aux terres de Nuyts et de Leuwin, dans le port du Roi-Georges, la baie du Géographe, le petit port Leschenaut et la rivière des Cygnes. Cette reconnaissance devenait donc sans objet. En tout état de cause, il eût été impossible d'y procéder, en raison des retards qu'avait subis l'expédition, qui, au lieu d'arriver dans ces parages au mois d'avril, y parvenait seulement au milieu de mai, c'est-à-dire au cœur de l'hiver de cette contrée. En effet, cette côte n'offre aucun abri; dès que le vent se met à souffler, la houle devient énorme, et le souvenir des épreuves qu'avait essuyées le *Géographe*, à la même époque de l'année, était encore vivant dans l'esprit des Français.

Le gros temps accompagna la *Thétis* et l'*Espérance* jusqu'à Hobart-Town, le

Entrée de la baie de Sidney. (Page 320.)

plus considérable des établissements anglais sur la terre de Van-Diémen. Malgré le vif désir qu'avait le commandant de s'arrêter en cet endroit, il dut fuir devant la tempête et remonter jusqu'à Port-Jackson.

Un fort beau phare en indiquait l'entrée : c'était une tour en granit, de soixante-seize pieds anglais de hauteur, dont la lanterne, éclairée au gaz, pouvait s'apercevoir par un beau temps à huit ou neuf lieues de distance.

Le gouverneur, sir Thomas Brisbane, fit un accueil cordial à l'expédition, et prit aussitôt les mesures nécessaires pour la fourniture des vivres. Elle eut lieu par adjudication au rabais, et la bonne foi la plus grande présida à l'exécution du marché.

C'est la cataracte connue sous le nom « d'Aspley's water-fall. » (Page 323.)

La corvette dut être échouée pour qu'il fût possible de rétablir son doublage ; mais cette réparation, ainsi que celles, moins importantes, qui furent faites à la *Thétis*, n'exigèrent que peu de temps.

D'ailleurs, cette relâche fut mise à profit par' tout l'état-major, qu'intéressaient profondément les progrès merveilleux de cette colonie pénitentiaire. Tandis que Bougainville dévorait tous les ouvrages jusqu'à ce jour parus sur la Nouvelle-Galles du Sud, les officiers parcouraient la ville et s'arrêtaient émerveillés à l'aspect des innombrables monuments élevés par le gouverneur Macquarie : casernes, hôpital général, marché, hospices des orphelins, des vieillards et des infirmes, prison, fort, églises, hôtel du gouvernement; fontaines,

41

portes de la ville, enfin « les écuries du gouvernement, que l'on prendra toujours au premier abord pour le palais lui-même. »

Mais il y avait quelques ombres au tableau : les rues larges et bien alignées n'étaient ni pavées ni éclairées; elles étaient même si peu sûres la nuit, que plusieurs personnes furent assommées et dévalisées au beau milieu de Georges Street, la mieux habitée de Sydney. Si les rues de la ville étaient peu sûres, les environs l'étaient moins encore. Des convicts vagabonds parcouraient la campagne par bandes de « bush-rangers¹ », et ils s'étaient à ce point rendus redoutables que le gouvernement venait d'organiser une compagnie de cinquante dragons dans l'unique but de les poursuivre.

Les officiers français n'en firent pas moins plusieurs excursions intéressantes à Parramatta, sur les bords de la Nepean, rivière très encaissée, où ils visitèrent le domaine de Regent-ville, puis aux « plaines d'Emu », établissement agricole du gouvernement et sorte de ferme-modèle; enfin ils assistèrent au théâtre, à une grande représentation qui fut donnée en leur honneur.

On sait le plaisir qu'éprouvent tous les marins à monter à cheval. Ce fut donc de cette manière que les Français parcoururent les plaines de l'Emu. Les nobles animaux, importés d'Angleterre, n'avaient pas dégénéré à la Nouvelle-Galles; ils étaient toujours aussi vifs, comme put s'en apercevoir l'un des jeunes officiers. Celui-ci s'adressant à leur cicerone, M. Cox, lui disait en anglais : « J'aime beaucoup cet exercice de l'équitation, » lorsqu'il fut lancé brusquement par dessus son cheval et se retrouva sur l'herbe, avant d'avoir pu se rendre compte de ce qui était arrivé. On rit d'autant plus que l'habile cavalier ne s'était fait aucun mal.

Au delà des cultures de M. Cox s'étend la forêt, « la forêt ouverte », comme disent les Anglais, qu'on peut parcourir à cheval, où rien n'entrave la marche, forêt d'eucalyptus et d'acacias d'espèces différentes, ainsi que de casuarinas au sombre feuillage.

Le lendemain, on fit en canot une promenade sur la rivière Nepean, affluent de l'Hawkesbury. Cette course fut fructueuse pour l'histoire naturelle. Bougainville y enrichit sa collection de canards, de poules d'eau, d'une très jolie espèce de martin-pêcheur « King's fisher » et de cacatoës. Dans les bois, on entendait le cri désagréable du faisan-lyre et de deux autres oiseaux, qui imitent à s'y méprendre le tintement d'une clochette et le bruit strident de la scie.

Ce ne sont pas les seuls oiseaux qui soient remarquables par la singularité

---

1. *Bush,* buisson; *ranger,* rôdeur.

de leur chant ; il faut citer aussi le « siffleur », le « rémouleur », le « moqueur », le « cocher », qui imite le claquement du fouet, et le « laughing-jackass », aux continuels éclats de rire, qui finissent par singulièrement porter sur les nerfs.

Sir John Cox fit également cadeau au commandant de deux taupes d'eau, autrement dites ornithorynques. Les mœurs de ce curieux animal amphibie étaient encore mal connues des naturalistes européens, et bien des musées n'en possédaient pas un seul échantillon.

Une autre course fut faite dans les montagnes Bleues, où l'on visita le fameux Plateau du Roi « King's table-land », d'où l'on jouit d'une vue magnifique. A grand'peine on arrive sur un coteau, et tout à coup un abîme de seize cents pieds de profondeur s'ouvre sous les pieds ; c'est un immense tapis de verdure qui se déroule sur une étendue de vingt milles ; à droite et à gauche, ce sont les flancs déchirés de la montagne, violemment écartés par quelque tremblement de terre et dont les assises se correspondent exactement ; plus près, un torrent bondit en grondant et se précipite par cascades au fond de la vallée ; c'est la cataracte connue sous le nom « d'Aspley's water-fall ». Puis, ce fut une chasse au kanguroo dans les Cow-Pastures avec M. Mac-Arthur, l'un des hommes qui avaient le plus fait pour la prospérité de la Nouvelle-Galles.

Bougainville mit encore à profit son séjour à Sydney pour poser la première pierre d'un monument à la mémoire de La Pérouse. Ce cénotaphe fut élevé dans la baie Botanique, sur l'emplacement même où le navigateur avait établi son camp.

Le 21 septembre, la *Thétis* et l'*Espérance* mirent enfin à la voile. Elles passèrent au large de Pitcairn, de l'île de Pâques et de Juan-Fernandez, devenue lieu de déportation pour les criminels du Chili, après avoir été occupée, durant un demi-siècle, par des Espagnols qui y cultivaient la vigne. Le 23 novembre, la *Thétis*, qui pendant une brume épaisse s'était séparée de l'*Espérance*, mouillait à Valparaiso où elle trouvait la division de l'amiral de Rosamel.

Grande animation régnait dans la rade ; une expédition se préparait contre l'île Chiloé, qui appartenait encore à l'Espagne, par le directeur suprême, le général Ramon Freire y Serrano, dont il a été déjà parlé.

Bougainville, comme le voyageur russe Lütké, est d'avis que la position de Valparaiso ne justifie pas son nom. Les rues sont sales, étroites et tellement escarpées qu'il est très fatigant de les parcourir. La seule partie agréable est le faubourg de l'Almendral qui, adossé à des jardins et à des vergers, le serait encore davantage sans les tourbillons de sable que soulève le vent pendant presque toute l'année. En 1811, Valparaiso ne comptait que quatre ou cinq mille âmes; cette population avait déjà triplé en 1825, et cette marche ascendante n'était pas près de s'arrêter.

Au moment de la relâche de la *Thétis*, se trouvait également à Valparaiso la frégate anglaise *la Blonde*, commandée par lord Byron, le petit-fils de l'explorateur dont nous avons raconté les découvertes. Par une coïncidence pour le moins singulière, il venait d'élever dans l'île Havaï un monument à la mémoire de Cook, alors que Bougainville, le fils du circumnavigateur rencontré par Byron dans le détroit de Magellan, venait de poser à la Nouvelle-Galles du Sud la première pierre du monument à la mémoire de La Pérouse.

Bougainville profita du long espace de temps que nécessita le ravitaillement de sa division pour faire une excursion jusqu'à Santiago, capitale du Chili, à trente-trois lieues dans l'intérieur.

Les environs de cette ville sont d'une nudité désespérante, sans habitation ni culture. On n'est averti de l'approche de la cité que par la vue de ses clochers, et l'on se croit encore dans les faubourgs qu'on est au centre de Santiago. Ce n'est pas, cependant, que les monuments fassent défaut; on peut citer l'hôtel de la Monnaie, l'université, l'archevêché, la cathédrale, l'église des Jésuites, le palais et la salle de spectacle, cette dernière si mal éclairée qu'on ne peut y distinguer le visage des spectateurs. La Cañada avait remplacé l'Alameda, promenade où l'on se réunissait le soir sur les bords du rio Mapocho. Puis, dès qu'on eut épuisé les curiosités de la ville, on se rejeta sur celles des environs, et l'on alla visiter le Salto de agua, cascade de deux cents toises de haut, à laquelle il est assez difficile d'accéder, et le Cerito de Santa-Lucia, sur lequel est un fortin, seule défense de la ville.

La saison avançait, et il importait de se presser si l'on voulait ne pas manquer l'époque la plus favorable pour le passage du cap Horn. Aussi, le 8 janvier 1826, les deux bâtiments reprenaient-ils la mer. Ils doublèrent le cap sans avarie, ne purent, à cause des brumes et des vents contraires, atterrir aux Malouines, et, le 28 mars, ils jetèrent l'ancre dans la rade de Rio-de-Janeiro.

Les circonstances de cette relâche furent assez heureuses pour permettre aux Français de prendre une idée exacte de l'ensemble de la ville et de la cour.

« L'empereur, dit Bougainville, était en voyage lors de notre arrivée, et son retour donna lieu à des fêtes, à des réceptions qui mirent la population en mouvement, faisant trêve, pour un temps, à l'uniformité de la vie que l'on mène en cette ville, la plus triste et la plus maussade du monde pour les étrangers. Les environs en sont cependant charmants, la nature y a prodigué ses richesses, et son havre immense, rendez-vous des nations commerçantes de l'Atlantique, présente le tableau le plus animé : c'est un innombrable concours de navires entrants et sortants, d'embarcations qui se croisent ; un tapage, à ne pas s'entendre, de canonnades tirées par les forts et les bâtiments de guerre faisant et rendant des saluts, célébrant un anniversaire ou la fête de quelque saint ; enfin c'est un échange continuel de politesses entre les officiers des marines étrangères se visitant mutuellement, et les agents diplomatiques de ces puissances près de la cour de Rio. »

Le 11 avril, la division reprenait la mer et rentrait à Brest le 24 juin 1826, sans avoir fait escale depuis son départ de Rio-de-Janeiro.

Si Bougainville n'avait accompli aucune découverte dans ce voyage, il est bon de rappeler que ses instructions étaient formelles à cet égard : il n'avait qu'à montrer le pavillon français dans des localités où il ne se faisait que rarement voir.

On doit, cependant, à cet officier général des détails très intéressants et parfois nouveaux sur les pays qu'il visita. Quelques relèvements, opérés par cette division, devaient rendre service aux navigateurs, et il faut avouer que la partie hydrographique, la seule des sciences que le manque de savants spéciaux sur ses bâtiments lui permît d'étudier, est soignée et comporte des observations aussi nombreuses qu'exactes. On ne peut que se joindre au commandant de la *Thétis*, lorsqu'il regrette dans sa préface que le gouvernement ou l'Académie des Sciences n'ait pas jugé à propos d'utiliser cet armement pour recueillir quelques nouveaux documents, qui seraient venus augmenter les séries déjà si riches des prédécesseurs du baron de Bougainville.

L'expédition dont allait être chargé le capitaine Dumont d'Urville n'était, dans la pensée du ministre, qu'un moyen d'augmenter et de compléter la masse considérable de documents scientifiques, recueillis par le capitaine Duperrey, pendant sa campagne de 1822 à 1824.

Nul officier n'offrait autant de titres que Dumont d'Urville, puisqu'il avait été le second de Duperrey, et d'ailleurs, c'était lui qui avait conçu le plan et avait arrêté tous les détails de cette nouvelle exploration. Les parties de l'Océanie qu'il se proposait de reconnaître, parce qu'elles lui semblaient réclamer le plus impérieusement l'attention du géographe et du voyageur, c'étaient la Nouvelle-Zélande, l'archipel Viti, les Loyalty, la Nouvelle-Bretagne et la Nouvelle-Guinée.

On verra, en suivant pas à pas le voyageur, ce qu'il lui fut possible d'exécuter.

Un intérêt d'une autre sorte devait se rattacher à cette expédition, mais il est bon de laisser ici parler l'instruction qui fut remise au navigateur :

« Un capitaine américain, dit-elle, a dit avoir vu entre les mains des naturels d'une île située dans l'intervalle de la Nouvelle-Calédonie à la Louisiade, une croix de Saint-Louis et des médailles qui lui ont paru provenir du naufrage du célèbre navigateur (La Pérouse), dont la perte cause de si justes regrets. Sans doute, ce n'est là qu'un bien faible motif d'espérer que des victimes de ce désastre existent encore; cependant, monsieur, vous donneriez à Sa Majesté une satisfaction bien vive si, après tant d'années de misère et d'exil, quelqu'un des malheureux naufragés était rendu par vous à sa patrie ! »

Le but que devait s'efforcer d'atteindre l'expédition était donc multiple, et, par le plus grand des hasards, elle obtint presque tous les résultats qu'on en attendait.

Dumont d'Urville reçut, dès le mois de décembre 1825, sa lettre de commandement, et fut autorisé à choisir toutes les personnes qui l'accompagneraient. Il s'attacha pour second le lieutenant Jacquinot, et pour collaborateurs scientifiques, Quoy et Gaimard, qui avaient fait la campagne de l'*Uranie*, et le chirurgien Primevère Lesson.

Le bâtiment choisi fut la *Coquille*, dont d'Urville avait pu apprécier les excellentes qualités; il lui donna seulement, en mémoire de La Pérouse, le nom d'*Astrolabe* et y embarqua un équipage de quatre-vingts hommes. L'ancre fut levée le 25 avril 1826, et l'on eut bientôt perdu de vue les montagnes de Toulon et les côtes de France.

Après une relâche à Gibraltar, l'*Astrolabe* s'arrêta à Ténériffe pour y prendre quelques vivres frais avant de traverser l'Atlantique. Le commandant mit à profit cette station pour gravir le pic de Teyde. D'Urville, avec MM. Quoy, Gaimard et plusieurs officiers, suivit d'abord un chemin assez mauvais au travers de campagnes couvertes de scories.

Mais, à mesure qu'on approche de la Laguna, la scène s'embellit. Cette ville, assez grande, ne renferme qu'une population peu considérable, indolente et misérable.

Depuis Matanza jusqu'à Orotava, la végétation est magnifique, et la vigne, avec ses pampres verdoyants, vient ajouter à la richesse du tableau.

Orotava est une petite ville maritime dont le port n'offre qu'un mauvais abri; bien bâtie et bien percée, elle serait agréable, n'étaient ses pentes rapides qui y rendent la circulation presque impossible.

Après trois quarts d'heure d'escalade au milieu de campagnes bien cultivées, on atteint la région des châtaigniers. Au delà commencent les nuages, et le voyageur n'avance plus que baigné d'une brume humide excessivement désagréable. Plus loin c'est la région des bruyères, au delà de laquelle l'atmosphère s'éclaircit, les plantes disparaissent, et le sol devient plus maigre et plus stérile. On rencontre alors des laves décomposées, des scories et des pierres ponces en quantité, tandis qu'au-dessous s'étale la mer immense des nuages.

Jusqu'alors masqué par les nuées ou les hautes montagnes qui l'entouraient, le Pic se détache enfin. La pente n'est plus rapide, et l'on pénètre dans ces plaines immenses et d'une tristesse poignante, que les Espagnols ont appelées « cañadas », en raison de leur nudité.

Pour déjeuner, on s'arrête à la Grotte-du-Pin, avant de franchir les immenses blocs de basalte qui, disposés circulairement, forment l'enceinte du cratère, aujourd'hui comblé par les cendres du Pic.

Il faut alors attaquer le pic lui-même, au tiers duquel se trouve une sorte d'esplanade nommée Estancia-de-los-Ingleses.

C'est là que les voyageurs passèrent la nuit, non pas aussi bien que dans leurs cadres, mais sans souffrir trop violemment des malaises et des suffocations qu'avaient éprouvés tant d'autres explorateurs. Seules, les puces leur livrèrent des assauts répétés qui empêchèrent le commandant de fermer l'œil.

A quatre heures du matin, on se remit en route et l'on gagna bientôt une nouvelle esplanade qui porte le nom d'Alta-Vista. Au delà, tout sentier disparaît, et il faut péniblement grimper sur la lave nue jusqu'au Pain-de-Sucre, croisant à tout moment des paquets de neige que leur position abritée du soleil empêche de fondre. Le Piton est très escarpé, et son escalade est rendue encore plus difficile par les pierres ponces qui, roulant sous les pieds, empêchent d'avancer.

« A six heures trente minutes, dit Dumont d'Urville, nous arrivâmes à la cime du Pain-de-Sucre. C'est évidemment un cratère à demi oblitéré, à parois peu épaisses et échancrées, dont la profondeur est de soixante à quatre-vingts pieds au plus et semé sur sa surface de fragments d'obsidiennes ou de ponces et de blocs de lave. Des vapeurs sulfureuses s'exhalent de ses bords et forment, pour ainsi dire, une couronne de fumée, tandis que le fond est tout à fait refroidi. A la cime du Piton, le thermomètre était à 11°; mais je soupçonne qu'il se ressentait encore de l'exposition à la fumerolle, car, arrivé au fond du cratère, de 19° au soleil, il descendit en peu de temps à 9° 5 à l'ombre. »

La descente eut lieu sans accident, par une route différente, qui permit aux voyageurs d'explorer la Cueva de la Nieve et de visiter la forêt d'Agua-Garcia, que traverse un ruisseau limpide, et où d'Urville fit une récolte abondante de végétaux.

Maison du hâvre Doreï. (Nouvelle-Guinée.) (*Fac-simile. Gravure ancienne.*)

A Santa-Cruz, le commandant put voir dans le cabinet du major Megliorini, au milieu d'armes, de coquilles, d'animaux, de poissons et d'objets disparates, une momie complète de Guanche, qu'on lui dit être celle d'une femme. Enveloppée de peaux cousues, elle semblait avoir eu cinq pieds quatre pouces de hauteur; les mains étaient grandes et les traits du visage paraissaient avoir été assez réguliers.

Les grottes sépulcrales des Guanches contenaient aussi des vases en terre et en bois, des cachets triangulaires en terre cuite et une foule de petits disques de même matière qui, enfilés comme des chapelets, servaient peut-être à cette race disparue aux mêmes usages que les « quipos » des Péruviens.

La baie Jervis, où l'on trouva de magnifiques forêts d'eucalyptus. (Page 331.)

Le 21 juin, l'*Astrolabe* remit à la voile et s'arrêta à La Praya, aux îles du cap Vert, où d'Urville comptait trouver le capitaine anglais King, qui lui aurait donné des renseignements précieux pour la navigation des côtes de la Nouvelle-Guinée. Mais celui-ci avait quitté La Praya depuis trente-six heures. Aussi, le lendemain matin 30 juin, l'*Astrolabe* reprit-elle sa route.

Les rochers de Martin-Vaz et l'île de la Trinité furent aperçus le dernier jour de juillet. Cette dernière paraît complètement stérile; on n'y découvre qu'une maigre verdure et quelques bouquets de bois rabougris, qui font tache au milieu des rochers.

D'Urville aurait vivement désiré faire quelques recherches de botanique sur cette île déserte, mais le ressac était si violent qu'il jugea hors de propos d'y hasarder une embarcation.

Le 4 août, l'*Astrolabe* courut sur la position de Saxembourg, île qu'il faut définitivement rayer des cartes françaises, comme avaient déjà fait les Anglais ; puis on passa, à la suite d'une série de coups de vent qui fatiguèrent considérablement le navire, à proximité des îles Saint-Paul et Amsterdam, et, le 7 octobre, le bâtiment mouilla dans le port du Roi-Georges, à la côte d'Australie.

Bien que la houle eût été très violente et le temps presque constamment mauvais pendant les cent huit jours que l'*Astrolabe* venait de tenir la mer, d'Urville n'en avait pas moins procédé à ses recherches habituelles sur les effets du roulis, sur la hauteur des lames, qu'il estima atteindre quatre-vingts et cent pieds, au banc des Aiguilles, en même temps que sur la température de la mer à différentes profondeurs.

Le capitaine Jacquinot ayant découvert, sur la rive droite du goulet de la Princesse, une fort belle aiguade, et non loin de là un lieu propice à l'établissement de l'observatoire, les voiliers vinrent bientôt y dresser les tentes, tandis que plusieurs officiers faisaient le tour entier de la baie de la Princesse et que plusieurs autres entraient en relations avec quelques aborigènes.

Un de ces derniers consentit à monter à bord. On eut toutes les peines du monde à obtenir qu'il laissât de côté un tison de banksia, qui lui servait à conserver longtemps du feu et à se chauffer le ventre et toute la partie antérieure du corps. Au reste, il passa deux jours à bord très tranquillement, buvant, mangeant devant le feu de la cuisine. Ses compatriotes, qui étaient restés à terre, firent tout le temps preuve de dispositions pacifiques et ne craignirent même pas d'amener au camp trois de leurs enfants.

Pendant cette relâche, une embarcation, montée par huit Anglais, se présenta. Ils demandèrent à être pris à bord comme passagers. Ils racontèrent une histoire d'abandon peu vraisemblable, qui donna au commandant l'idée que ce devaient être des convicts échappés, et cette présomption devint une certitude à la grimace qu'ils firent, lorsqu'ils s'entendirent proposer d'être ramenés à Port-Jackson. Le lendemain, cependant, l'un d'eux s'engagea comme matelot, deux autres comme passagers ; quant aux cinq autres, ils se décidèrent à rester sur ces plages et à continuer l'existence misérable qu'ils menaient au milieu des sauvages.

Pendant ce temps, les opérations hydrographiques et astronomiques se poursuivaient, tandis qu'à terre les chasseurs et les naturalistes essayaient de se procurer des échantillons d'espèces nouvelles. Cette relâche, qui se prolongea jusqu'au 24 octobre, permit à l'équipage de se remettre de la pénible traversée qu'il avait eu à supporter, de procéder aux réparations nécessaires, de faire l'eau et le bois, de dresser le plan de tous les environs et de recueillir d'importantes collections de plantes et de zoologie.

D'après les observations de tout genre qu'il avait faites, d'Urville s'étonnait que les Anglais ne se fussent pas encore établis au port du Roi-Georges, admirablement situé, tant pour les navires qui se rendent directement d'Europe à la Nouvelle-Galles que pour ceux qui vont du Cap en Chine ou aux îles de la Sonde à contre-mousson.

L'exploration de cette côte fut continuée jusqu'à Port-Western, relâche que d'Urville préféra au port Dalrymple, dont l'entrée et la sortie étaient difficiles et souvent dangereuses. D'ailleurs Port-Western n'était encore connu que par les rapports de Baudin et de Flinders. Il y aurait donc bien plus de profit à explorer cette terre peu fréquentée. Les travaux, qui avaient été accomplis au port du Roi-Georges, furent également faits à Port-Western, et ils amenèrent le commandant à cette conclusion :

« Port-Western, dit-il, offre un mouillage aussi facile à prendre qu'à quitter ; la tenue en est excellente, le bois abondant et facile à faire. En un mot, dès qu'on aura découvert une aiguade commode (et elle se trouvera probablement), ce sera un point de relâche très important dans un détroit comme celui de Bass, où les vents soufflent souvent avec fureur d'un même côté durant plusieurs jours de suite et où les courants peuvent rendre la navigation difficile dans ces sortes de circonstances. »

Du 19 novembre au 2 décembre, l'*Astrolabe* continua à prolonger la côte, sans autre arrêt qu'à la baie Jervis, où l'on trouva de magnifiques forêts d'eucalyptus.

L'accueil qui fut fait aux Français, à Port-Jackson, par le gouverneur Darling et par les autorités de la colonie, fut on ne peut plus cordial, bien que les relâches que d'Urville avait faites sur divers points de la Nouvelle-Hollande eussent fort intrigué les autorités anglaises.

Depuis trois ans, la ville s'était singulièrement accrue et embellie ; quoique la population de la colonie ne fût encore évaluée qu'à cinquante mille âmes, cependant les Anglais créaient toujours de nouveaux établissements.

Le commandant profita de sa relâche à Sydney pour expédier ses dépêches en France, ainsi que plusieurs caisses d'échantillons d'histoire naturelle. Puis, aussitôt qu'il eut embarqué ses vivres et qu'il se fut procuré tous les objets qui lui étaient nécessaires, il remit à la voile.

S'arrêter avec Dumont d'Urville à la Nouvelle-Galles serait inutile ; il consacre un volume tout entier de sa relation à l'histoire et à l'état de cette colonie
en 1826, et nous en avons déjà parlé en détail. Mieux vaut quitter avec lui
Sydney, le 19 décembre, et le suivre à la baie Tasman, à travers les calmes,
les vents debout, les courants et les tempêtes, qui ne lui permirent d'atteindre la
Nouvelle-Zélande que le 14 janvier 1827.

Aucune expédition n'avait encore fait connaître la baie Tasman, que Cook
seul avait vue durant son second voyage.

Des pirogues portant une vingtaine de naturels, dont la moitié paraissaient
être des chefs, accostèrent l'*Uranie*. Ils furent assez confiants pour monter à
bord ; quelques-uns même y restèrent plusieurs jours. D'autres arrivèrent enfin,
qui s'établirent dans le voisinage, et les échanges commencèrent.

Plusieurs officiers grimpèrent sur les hauteurs qui dominent la baie, au milieu
de fourrés épais.

« Point d'oiseaux, dit d'Urville, point d'insectes, pas même de reptiles ; cette
absence complète de tout être animé, ce silence absolu a quelque chose de
solennel et de lugubre. »

Telle est l'impression pénible que produisirent ces tristes déserts.

Du haut de ces coteaux, le commandant avait aperçu une nouvelle baie, la
baie de l'Amirauté, qui communiquait par un chenal avec celle où l'*Astrolabe*
était mouillée. Il voulut l'explorer, car, de haut, elle lui avait semblé encore
plus sûre que la baie Tasman. Mais à plusieurs reprises, les courants le mirent
à deux doigts de sa perte. Si l'*Uranie* avait été jetée sur cette côte rocheuse et
accore, l'équipage aurait péri tout entier, il ne serait par resté trace du naufrage. Enfin, après plusieurs tentatives infructueuses, d'Urville parvint à franchir
cette passe en ne perdant que quelques fragments de la contre-quille du navire.

« Pour consacrer, dit la relation, le souvenir du passage de l'*Astrolabe*, je
laissai à ce dangereux détroit le nom de passe des Français ; mais, à moins d'un
cas urgent, je ne conseillerais à personne de le tenter.... Nous contemplâmes
alors tout à notre aise le beau bassin où nous nous trouvions. Il mérite certainement tous les éloges que Cook en a faits, et je recommanderais surtout un
joli petit havre, à quelques milles au sud de l'endroit où monilla ce capitaine...
Notre navigation par la passe des Français venait d'établir positivement l'existence comme île de toute la partie de terre qui se termine au cap Stephens de
Cook. Elle se trouve divisée de Tavaï-Pounamou par le bassin des Courants.
La comparaison de notre carte avec celle que dressa Cook pour le détroit
montrera combien ses travaux laissaient à désirer.... »

L'*Astrolabe* donna bientôt dans le détroit de Cook, passa devant la baie de la Reine-Charlotte, et doubla le cap Palliser, formé de montagnes entassées. Avec une profonde surprise, d'Urville reconnut que bien des inexactitudes s'étaient glissées dans les travaux du grand navigateur anglais, et, dans la partie hydrographique de son voyage, il discute certains points pour lesquels il a trouvé des erreurs de quinze à vingt minutes.

L'intention du commandant était alors de reconnaître la côte orientale d'Ika-Na-Mawi, l'île nord, sur laquelle on trouve des cochons et pas de « pounamou », ce jade vert dont les Zélandais font leurs instruments les plus précieux, tandis que sur l'île méridionale on en trouve et pas de cochons.

Deux naturels, qui avaient absolument voulu rester à bord, étaient devenus tristes et mélancoliques en voyant s'effacer à l'horizon les côtes du district qu'ils habitaient. Ils regrettaient maintenant, mais trop tard, l'audace qui les avait portés à voyager. Le mot d'audace « n'est vraiment pas trop fort », car, à plusieurs reprises, ils demandèrent aux Français s'ils n'allaient pas les manger, et les bons traitements ne les rassurèrent qu'au bout de quelques jours.

D'Urville continua à remonter la côte. Les caps Turn-again et Kidnappers de Cook, furent doublés et l'on reconnut l'île Stérile avec son ipah.

Dans la baie de Tolaga de Cook, des naturels apportèrent à la corvette des cochons et des pommes de terre, qu'ils échangèrent contre des objets de peu de valeur. D'autres pirogues s'étant présentées, les Néo-Zélandais, qui étaient sur le bâtiment, harcelaient le commandant pour le déterminer à faire feu dessus et à tuer leurs compatriotes. Mais lorsque ceux-ci montaient à bord, les premiers arrivés allaient au-devant d'eux et les accueillaient avec les plus vives démonstrations d'amitié. Cette conduite singulière se comprend par la défiance et la jalousie qu'ils se portent mutuellement. « Ils voudraient tous profiter exclusivement des avantages qu'ils attendent des visites des étrangers, et sont désespérés de voir leurs voisins y participer. » Cette explication était si exacte qu'elle reçut bientôt confirmation.

Sur l'*Astrolabe* se trouvait un certain nombre de Zélandais, mais surtout un certain Shaki, que sa haute taille, son tatouage complet, son maintien altier, et l'air de soumission avec lequel lui parlaient ses compatriotes, avaient fait reconnaître pour un chef. En voyant s'approcher de la corvette une pirogue montée par sept ou huit hommes seulement, Shaki et les autres vinrent supplier avec instance d'Urville de tuer ces nouveaux arrivants; ils allèrent même jusqu'à demander des fusils pour tirer eux-mêmes. Cependant, les nouveaux venus ne furent pas plus tôt montés à bord, que tous ceux qui s'y trouvaient déjà les accablèrent de marques de respect, et Shaki, bien qu'il se fût montré l'un des plus acharnés, changea de ton. et alla leur offrir quelques haches qu'il venait d'acquérir.

Ces chefs, à l'attitude guerrière et farouche, au visage complètement tatoué, n'étaient à bord que depuis quelques instants, et d'Urville s'apprêtait à les interroger au moyen du vocabulaire publié par les missionnaires, lorsqu'ils le quittèrent brusquement, sautèrent dans leurs pirogues et gagnèrent le large.

Leurs compatriotes, pour se débarrasser d'eux, leur avaient simplement insinué que leur existence n'était pas en sûreté sur l'*Astrolabe,* et que les Français avaient formé le projet de les tuer.

C'est dans la baie de Tolaga, dont le vrai nom est Houa-Houa, que d'Urville se procura les premiers renseignements sur le « kiwi », au sujet d'une natte garnie des plumes de cet oiseau, un des objets de luxe de ces indigènes. Cet oiseau, gros comme un petit dindon, serait privé, comme l'autruche, de la faculté de voler. Ce serait la nuit, au flambeau et avec des chiens, qu'on lui ferait la chasse.

C'est ce même oiseau qui a reçu le nom d' « apteryx ». Les informations que d'Urville avait recueillies auprès des naturels étaient exactes en grande partie. L'apteryx, avec la taille d'une poule et le plumage d'un brun de fer, se rapproche de l'autruche; il habite les forêts sombres et humides, et ne sort que le soir pour chercher sa nourriture. Les chasses actives que les naturels lui ont faites ont considérablement diminué cette espèce curieuse, aujourd'hui devenue fort rare.

D'Urville continua donc la reconnaissance hydrographique de la côte orientale de l'île septentrionale de la Nouvelle-Zélande, ayant des communications quotidiennes avec les naturels, qui lui apportaient des pommes de terre et des cochons.

Au dire des indigènes, les guerres seraient continuelles de tribu à tribu, et ce serait la cause la plus réelle de la diminution du nombre des habitants. Ceux-ci demandaient toujours des fusils et finissaient par se contenter de la poudre qu'on leur donnait en échange de leurs marchandises.

Le 10 février, dans les parages du cap Runaway, la corvette eut à supporter une tempête qui dura trente-six heures, et elle fut plus d'une fois au moment de sombrer.

Puis, elle s'enfonça dans la baie de l'Abondance, au fond de laquelle s'élève le mont Edgecumbe, elle continua à suivre la côte, elle vit les îles Haute, Major; mais le temps fut tellement mauvais pendant cette exploration de la baie, que la carte n'en mérite pas une grande confiance.

La corvette gagne ensuite la baie Mercure, reconnaît l'île de la Barrière, pénètre dans la baie Shouraki (*aliàs* Hauraki), reconnaît la Poule-et-les-Poussins, les Pauvres-Chevaliers et arrive à la baie des Iles.

Les tribus que d'Urville rencontra en cet endroit étaient engagées dans une expédition contre celles des baies Shouraki et Waikato. D'Urville redescendit pour explorer la baie Shouraki, qui avait été incomplètement reconnue par Cook, et découvrit qu'en cet endroit la Nouvelle-Zélande est découpée en une quantité de havres et de bassins plus profonds, plus sûrs les uns que les autres. D'Urville, ayant appris qu'en suivant le cours du Waï-Magoïa on arrivait à un endroit séparé par une marche très courte du grand port de Manukau, sur la rive occidentale de l'île, fit parcourir cette route par plusieurs de ses officiers, qui constatèrent la vérité de ces informations.

« Cette découverte, dit Dumont d'Urville, peut devenir d'un grand intérêt pour les établissements qui auront lieu à la baie Shouraki, et cet intérêt augmentera encore si de nouvelles reconnaissances peuvent démontrer que le port de Manukau est susceptible de recevoir des navires d'une certaine dimension, car un pareil établissement se trouverait alors à la portée des deux mers, orientale et occidentale. »

Rangui, l'un des « rangatiras », chefs de cet endroit, avait, à plusieurs reprises, demandé au commandant du plomb pour faire des balles, et celui-ci lui en avait toujours refusé. Au moment du départ, d'Urville fut averti que le plomb de sonde venait d'être volé. Le commandant fit aussitôt des reproches à Rangui, lui disant d'un ton sévère qu'il était indigne d'honnêtes gens de commettre de tels larcins. Ce reproche parut affecter profondément le chef, qui s'excusa en prétendant que ce délit avait été commis à son insu et par des étrangers.

« Un instant après, dit la relation, le bruit de coups frappés avec force, et des cris pitoyables partant de la pirogue de Rangui, attirèrent de nouveau mon attention de ce côté. Alors je vis Rangui et Tawiti frappant à coups redoublés, avec leurs pagaies, sur un manteau qui semblait recouvrir un homme. Mais il me fut facile de reconnaître que les deux chefs astucieux ne frappaient que sur un des bancs de la pirogue. Après avoir joué quelque temps cette farce, la pagaie de Rangui se brisa entre ses mains. L'homme fit semblant de tomber par terre, et Rangui, m'interpellant, me dit qu'il venait d'assommer le voleur et me demanda si j'étais satisfait. Je lui répondis affirmativement, riant en moi-même de la ruse de ces sauvages, ruse, au reste, dont il s'est trouvé souvent des exemples chez beaucoup de peuples plus avancés en civilisation. »

Néo-Zélandais. (Page 333.)

D'Urville reconnut la belle île Wai-hiki, et termina ainsi la reconnaissance du canal de l'Astrolabe et de la baie Hauraki. Il remonta alors vers le nord jusqu'à la baie des Iles et de là jusqu'au cap Maria-Van-Diemen, extrémité septentrionale de la Nouvelle-Zélande, « où les âmes des morts, les Waïdouas, viennent se rendre de tous les points d'Ika-Na-Mawi pour prendre leur dernier essor vers la gloire ou les ténèbres éternelles. »

La baie des Iles, lors de la station de la *Coquille*, était animée par une assez nombreuse population, avec laquelle on avait eu des relations amicales. Maintenant, le silence du désert avait remplacé l'animation des anciens jours. L'ipah, ou plutôt le pâ de Kahou-Wera, qui abritait une tribu active, était abandonné; la

Attaque des indigènes de Tonga-Tabou. (Page 339.)

guerre avait en ce lieu causé ses ravages ordinaires. La tribu de Songhui avait pillé les propriétés et dispersé les membres de celle de Paroa.

C'est à la baie des Iles que s'étaient établis les missionnaires anglais. Malgré tout leur dévouement, ils n'avaient encore fait aucun progrès auprès des naturels, et l'inutilité de leurs efforts était évidente.

C'est en cet endroit que se termina la très importante reconnaissance hydro-graphique de la côte orientale de la Nouvelle-Zélande. Depuis Cook, aucune exploration n'avait été faite sur cette terre avec autant de soin, au milieu de tant de dangers et sur un si long parcours de côtes. D'Urville, par cette savante et minutieuse opération, venait de rendre un signalé service à la science géo-

43

graphique et à la navigation. Il avait dû, au milieu de bourrasques subites et terribles, déployer des qualités exceptionnelles ; mais, sans tenir compte de tant de fatigues et de dévouement, on allait, à son retour en France, le laisser à l'écart ou ne lui donner que des fonctions où il était impossible de se distinguer et qu'aurait aussi bien remplies n'importe quel capitaine de vaisseau.

En quittant la Nouvelle-Zélande le 18 mars 1827, d'Urville fit route vers Tonga-Tabou. Il reconnut tout d'abord les îles Curtis, Macauley, Sunday, chercha vainement l'île Vasquez de Maurelle, arriva, le 16 avril, en face de Namouka. Deux jours plus tard, il distingua Eoa ; mais, avant d'atteindre Tonga-Tabou, il eut encore à essuyer une violente tempête, qui mit l'*Astrolabe* en perdition.

Des Européens, établis depuis longues années à Tonga-Tabou, furent très utiles au commandant pour le tenir au courant des dispositions des naturels. Trois chefs, trois « éguis », se partageaient le pouvoir, depuis que le chef religieux ou « touï-tonga », qui jouissait d'une influence immense, avait été exilé.

Une mission wesleyenne était établie à Tonga ; mais, au premier abord, il parut évident que ces prêtres méthodistes n'avaient su acquérir aucune influence sur les naturels. Ceux mêmes qu'ils avaient convertis étaient méprisés pour leur apostasie.

Lorsque l'*Astrolabe* parvint au mouillage, après avoir heureusement échappé aux dangers imminents que les vents contraires, les courants et les récifs lui avaient fait courir, elle fut aussitôt envahie par une abondance invraisemblable de fruits, de racines, de cochons et de volailles que les indigènes cédaient presque pour rien. D'Urville acheta également, pour le musée, des armes et des objets divers de l'industrie des sauvages. C'étaient des casse-têtes, le plus souvent en casuarina, parfaitement ciselés ou enrichis d'incrustations artistiques en nacre ou en os de baleine.

La coutume de se couper une ou deux phalanges pour l'offrir à la divinité, en cas de maladie grave d'un proche parent, subsistait encore.

Depuis le 28 avril, les naturels n'avaient montré que des dispositions conciliantes, pas une querelle ne s'était élevée, lorsque, le 9 mai, d'Urville fit avec presque tous ses officiers visite à l'un des chefs les plus importants, nommé Palou. Celui-ci le reçut avec une contrainte tout à fait extraordinaire et peu d'accord avec les démonstrations bruyantes et enthousiastes des jours précédents. La défiance des insulaires éveilla celle du commandant, qui, songeant au peu d'hommes laissés sur l'*Astrolabe*, éprouvait les inquiétudes les plus vives. Il n'était cependant rien arrivé pendant son absence. Seule, la timidité de Palou avait fait échouer un complot, qui ne tendait à rien moins qu'à enlever d'un seul coup tout l'état-major; on aurait ensuite eu bien facilement raison de l'équipage, déjà en partie désireux de vivre de la vie facile des naturels. Telle fut du moins la conviction que le commandant se forma. Les événements allaient confirmer sa manière de voir.

Ces craintes engagèrent d'Urville à quitter le plus rapidement possible Tonga-Tabou, et, le 13, tout était paré pour mettre à la voile le lendemain. L'élève Dudemaine se promenait sur la grande île, pendant que l'élève Faraguet, avec neuf hommes, était occupé sur l'îlot Pangaï-Modoz à faire de l'eau ou à observer la marée. Un des éguis, Tahofa, était sur l'*Astrolabe* avec beaucoup d'indigènes, lorsque, sur un signe de leur chef, les pirogues débordèrent toutes à la fois et gagnèrent la terre. On se demandait la cause de cette retraite subite, lorsqu'on aperçut sur Pangaï-Modou les matelots entraînés de force par les naturels. D'Urville fut sur le point de faire tirer un coup de canon, mais il trouva plus sûr d'expédier, à force de rames, une embarcation qui recueillit deux hommes et l'élève Dudemaine. Le même canot, envoyé peu après pour brûler des cases et essayer de capturer quelques otages, fut reçu à coups de fusil. Un naturel fut tué, plusieurs autres blessés, mais un caporal de marine reçut tant de coups de baïonnette, qu'il expira deux heures plus tard.

D'Urville était on ne peut plus inquiet sur le sort de ses matelots et de Faraguet qui les commandait. Il ne lui restait d'autre ressource que d'attaquer le village sacré de Mafanga, qui contient les tombeaux de plusieurs familles de chefs. Mais, le lendemain, une foule de naturels entouraient cette place de redoutes en terre et de palissades, si bien qu'il ne fallait plus songer à l'enlever dans une descente.

On rapprocha donc la corvette de terre et l'on canonna le village, sans autre effet que de tuer un des insulaires. Cependant, la difficulté de se procurer des vivres, la pluie, les alertes continuelles, dans lesquelles les Français les tenaient par leurs coups de canon, les déterminèrent à faire la paix. Ils rendirent les hommes, qui avaient été tous fort bien traités, ils firent un présent de cochons et de bananes, et, le 24 mai, l'*Astrolabe* quittait définitivement les îles des Amis.

Il était temps, d'ailleurs, que cela finît, car la position de d'Urville n'était plus tenable, et, d'une conversation avec le maître d'équipage, il était ressorti qu'on ne pouvait compter que sur cinq ou six matelots; tout le reste aurait passé du côté des sauvages.

Tonga-Tabou est de formation madréporique. On y trouve une très épaisse couche d'humus. Aussi, les plantes et les arbres s'y développent-ils dans la perfection ; les cocotiers, dont la tige est plus grêle qu'ailleurs, et les bananiers y poussent avec une rapidité et une puissance étonnantes. Le pays est plat, monotone, et celui qui a fait un quart de lieue n'a pas besoin de parcourir l'île entière pour s'en faire une idée. La population peut être évaluée à sept mille individus à physionomie franchement polynésienne.

   : « Ils réunissent, dit d'Urville, les qualités les plus opposées. Ils sont généreux, complaisants, hospitaliers, en même temps que cupides, audacieux et surtout profondément dissimulés. Au moment même où ils vous accablent de caresses et d'amitiés, ils sont capables de vous assaillir et de vous dépouiller, pour peu que leur avidité ou leur amour-propre soit suffisamment stimulé. »

Les naturels de Tonga l'emportent évidemment de beaucoup sur les habitants de Taïti en intelligence. Les Français ne pouvaient se lasser d'admirer l'ordre merveilleux avec lequel étaient tenues les plantations de kawa, de bananes ou d'ignames, l'extrême propreté des habitations, l'élégance des clôtures. L'art de la fortification ne leur était point inconnu, ainsi que d'Urville l'éprouva et comme il avait pu s'en rendre compte en visitant le village fortifié de Hifo, garni de solides palissades, entouré d'un fossé large de quinze à vingt pieds et à demi rempli d'eau.

Le 25 mai, d'Urville commença l'exploration de l'archipel Viti ou Fidji. Il eut tout d'abord la bonne fortune de rencontrer un naturel de Tonga, qui, habitant les Fidji pour son commerce, avait autrefois visité Taïti, la Nouvelle-Zélande et l'Australie. Cet homme, ainsi qu'un insulaire de Guaham, fut très utile au commandant pour lui donner les noms de plus de deux cents îles qui composent ce groupe et lui indiquer à l'avance leur position et celle des récifs qui les entourent.

En même temps, l'hydrographe Gressier recueillait tous les matériaux nécessaires pour dresser la carte des Fidji.

Une chaloupe reçut l'ordre d'accoster l'île de Laguemba, où se trouvait une ancre, que Dumont d'Urville, qui avait perdu deux des siennes devant Tonga, aurait bien voulu se procurer. Tout d'abord, Lottin, qui commandait cette embarcation, n'aperçut sur le rivage que des femmes et des enfants ; mais les guerriers accoururent, firent retirer les femmes et prirent leurs dispositions pour retenir les matelots et s'emparer de la chaloupe. Leurs intentions étaient trop claires pour laisser place au doute ; aussi Lottin fit-il aussitôt relever le grapin et gagna-t-il le large avant qu'une collision eût pu se produire.

Pendant dix-huit jours consécutifs, malgré un gros temps et une mer houleuse, l'*Astrolabe* parcourut l'archipel des Fidji, reconnaissant les îles Laguemba,

Kandabon, Viti-Levou, Oumbenga, Vatou-Lele, Ounong-Lebou, Malolo, etc., et notamment la partie méridionale du groupe, qui était alors presque entièrement inconnue.

La population, si l'on en croit d'Urville, forme la limite de la race cuivrée ou polynésienne et de la race noire ou mélanésienne. Ces naturels ont une apparence de force et de vigueur que justifie leur haute stature. Ils sont anthropophages et ne s'en cachent pas.

Le 11 juin, la corvette faisait route vers le havre Carteret; elle reconnut tour à tour les îles Erronan et Annatom, les Loyalty, groupe où d'Urville découvrit les îles Chabrol et Halgan, le petit groupe des îlots Beaupré, les récifs de l'Astrolabe, d'autant plus dangereux qu'ils sont éloignés de près de trente milles des îles Beaupré et de soixante milles de la Nouvelle-Calédonie, l'île Huon et la chaîne septentrionale des récifs de la Nouvelle-Calédonie.

De ces parages, d'Urville gagna la Louisiade en six jours ; mais le mauvais temps qui l'assaillit sur ces côtes le détermina à ne pas poursuivre le plan de campagne qui lui était tracé et à éviter le détroit de Torrès. Le commandant pensa que l'exploration immédiate de la côte méridionale de la Nouvelle-Bretagne et de la côte septentrionale de la Nouvelle-Guinée serait plus profitable pour la science.

L'île Rossel et le cap de la Délivrance furent aperçus, et l'on fit route pour la Nouvelle-Irlande, afin d'y remplacer le bois et l'eau consommés.

On y arriva le 5 juillet, par un temps sombre et pluvieux, et l'on eut toutes les peines du monde à distinguer l'entrée du havre Carteret, où d'Entrecasteaux avait séjourné pendant une huitaine de jours.

Les Français y reçurent à plusieurs reprises la visite d'une vingtaine de naturels, qui semblaient former toute la population de cet endroit. C'étaient des êtres sans intelligence et sans aucune curiosité pour tant d'objets qui leur étaient inconnus.

Leur extérieur ne plaidait pas, non plus, en leur faveur. Complètement nus, noirs de peau, les cheveux crépus, la cloison du nez traversée par un os, ils ne montraient d'avidité que pour le fer, sans cependant paraître comprendre qu'on ne leur en donnerait que contre des fruits et des cochons. Sombres et défiants, ils se refusèrent à conduire qui que ce fût à leurs villages. Pendant cette relâche peu fructueuse, d'Urville fut violemment attaqué d'une entérite, qui, pendant plusieurs jours, le fit cruellement souffrir.

Le 19, l'*Astrolabe* reprit la mer et prolongea la côte méridionale de la Nouvelle-Bretagne. Cette exploration fut contrariée par un temps pluvieux et brumeux, par des averses et des grains, qui forçaient le bâtiment à s'éloigner de terre aussitôt qu'il avait pu s'en rapprocher.

« Il faut avoir, comme nous, dit d'Urville, pratiqué ces parages, et dans les mêmes circonstances, pour se faire une juste idée de ces incroyables averses ; il faut, en outre, avoir à exécuter des travaux semblables à ceux qui nous étaient imposés, pour juger sainement des soucis et des inquiétudes qu'entraîne une pareille navigation. Rarement notre horizon s'étendait à cent toises de distance, et nos manœuvres ne pouvaient être que fort incertaines, puisque notre vraie position était un problème. En général, notre travail entier sur la Nouvelle-Bretagne, nonobstant les peines inouïes qu'il nous a coûtées et les périls qu'il a fait courir à l'*Astrolabe*, est loin d'être comparable, pour l'exactitude, aux autres reconnaissances de la campagne. »

Dans l'impossibilité de reprendre la route du canal Saint-Georges, d'Urville dut passer par le détroit de Dampier, dont l'ouverture, du côté du sud, est presque entièrement barrée par une chaine de récifs, sur lesquels l'*Astrolabe* talonna par deux fois.

Comme Dampier et d'Entrecasteaux, d'Urville fut enthousiasmé de l'aspect délicieux du rivage occidental de la Nouvelle-Bretagne. Une côte saine, un sol disposé en amphithéâtre, des forêts au feuillage sombre ou des prairies jaunissantes, les deux pitons majestueux du mont Glocester donnent à cette partie de la côte une variété que venaient encore augmenter les lignes ondulées de l'île Rook.

A la sortie du canal se dessinent, dans toute leur splendeur, les montagnes de la Nouvelle-Guinée ; bientôt elles forment une sorte d'hémicycle et une vaste baie qui reçut le nom de golfe de l'Astrolabe. Les îles Schouten, l'anse de l'Attaque, où d'Urville eut à repousser une aggression des naturels, la baie Humboldt, la baie du Geelwinck, les îles des Traîtres, Tobie et Mysory, les monts Arfak, sont successivement reconnus et dépassés, et l'*Astrolabe* vient enfin mouiller au port Doreï, afin de lier ses opérations à celles de la *Coquille*.

En cet endroit, des relations amicales furent aussitôt entamées avec les Papous, qui apportèrent à bord quantité d'oiseaux de paradis, mais fort peu de rafraîchissements. Doux et timides, ces naturels ne s'aventuraient qu'à regret dans les bois, par crainte des Arfakis, habitants des montagnes et leurs ennemis jurés. Un des matelots occupés à faire de l'eau fut blessé d'une flèche par un de ces sauvages, qu'il fut impossible de punir de cette lâche agression que rien n'était venu motiver.

Ici, la terre est partout si riche, qu'il suffirait de la remuer et d'enlever les mauvaises herbes pour lui faire produire d'abondantes récoltes ; mais les Papous

sont si paresseux, si peu intelligents en fait de culture que les plantes alimen-
taires sont le plus souvent étouffées par les parasites.

Quant aux habitants, ils sont d'origines très mélangées. D'Urville les divise
en trois grandes variétés : les Papous, les métis, tenant plus ou moins à la race
malaise ou polynésienne, et les Harfours ou Alfourous, qui rappelleraient le type
ordinaire des Australiens, des Néo-Calédoniens et en général des Océaniens de
la race noire. Ce seraient les véritables indigènes du pays.

Le 6 septembre, après une relâche peu intéressante et pendant laquelle d'Urville n'avait pu se procurer que peu d'objets d'histoire naturelle, si ce n'est
des mollusques, et encore moins d'informations précises sur les mœurs, la
religion et la langue des diverses races de la Nouvelle-Guinée, l'*Astrolabe*
reprenait la mer et se dirigeait vers Amboine, où elle arrivait sans accident, le
24 septembre.

Bien que le gouverneur, M. Merkus, fût en tournée, le commandant n'en
trouva pas moins en ce port tous les objets dont il avait besoin. Il y fut reçu
de la façon la plus amicale par les autorités et les habitants, qui firent tout
leur possible pour faire oublier aux Français les fatigues de cette longue et
pénible campagne.

D'Amboine, d'Urville se dirigea vers la Tasmanie et Hobart-Town, lieu
qu'aucun navire français n'avait revu depuis Baudin; il y arriva le 17 décembre 1827.

Trente-cinq ans auparavant, d'Entrecasteaux n'avait trouvé sur ces plages que
quelques misérables sauvages, et, dix ans plus tard, Baudin n'y avait plus rencontré personne.

La première chose que Dumont d'Urville apprit en entrant dans la rivière
Dervent, avant même d'avoir mouillé devant Hobart-Town, c'est que le capitaine
anglais Dillon avait recueilli à Tucopia des renseignements positifs sur le naufrage de La Pérouse à Vanikoro ; il avait même rapporté une garde d'épée qu'il
supposait avoir appartenu à ce navigateur. Arrivé à Calcutta, Dillon ayant fait
part de sa découverte au gouverneur, celui-ci l'avait immédiatement renvoyé
sur les lieux avec mission de recueillir les naufragés qui pourraient encore
exister et tout ce qui resterait des bâtiments.

On peut juger avec quel intérêt d'Urville apprit ces nouvelles, lui qui, ayant
reçu pour instructions de rassembler tous les documents de nature à jeter
quelque lumière sur le sort de l'infortuné navigateur, avait acquis, à Namouka,
la preuve du séjour de La Pérouse dans l'archipel des Amis.

Les opinions étaient partagées, dans la colonie anglaise, sur la créance qu'on

Habitants de Vanikoro. (*Fac-simile. Gravure ancienne.*)

devait ajouter au récit du capitaine Dillon ; mais le rapport que cet officier avait adressé au gouverneur de l'Inde vint lever tous les doutes de d'Urville. Aussi, renonçant à ses projets ultérieurs sur la Nouvelle-Zélande, cet officier résolut-il de conduire immédiatement l'*Astrolabe* à Vanikoro, qu'il ne connaissait encore que sous le nom de Mallicolo, d'après Dillon.

Au reste, voici les faits, tels que ce dernier les avait exposés.

Pendant une relâche aux îles Fidji, le bâtiment *le Hunter* avait eu occasion de recueillir un Prussien, Martin Bushart, sa femme et un Lascar, du nom d'Achowlia, que les naturels allaient dévorer, comme ils avaient fait de tous les autres déserteurs européens établis dans l'archipel. Ces trois malheureux ne

Je me contentai de faire ouvrir la salle d'armes, (Page 350.)

demandaient qu'à être débarqués sur la première île habitable que le *Hunter*
rencontrerait. Ils furent donc déposés sur l'une des îles Charlotte, à Tucopia,
par 12° 15 de latitude sud et 169° de longitude.

Au mois de mai 1826, Dillon, qui avait fait partie de l'équipage du *Hunter*,
désireux de savoir ce qu'étaient devenus les matelots débarqués en 1813, sur
Tucopia, s'approcha de cette île.

Il y rencontra, en effet, le Lascar et le Prussien. Le premier lui vendit même
une garde d'épée en argent. Naturellement, Dillon demanda comment ces indigènes se l'étaient procurée. Le Prussien raconta qu'à son arrivée àTucopia, il y
avait trouvé des verrous, des haches, des couteaux, des objets de fer, des

44

cuillères et une quantité d'objets qu'on lui dit provenir de Mallicolo, groupe d'îles situées à l'ouest, que séparaient seulement deux journées de pirogue.

Dillon, continuant à interroger les naturels, apprit que, bien des années auparavant, deux navires avaient été jetés sur les côtes de cette île. L'un d'eux avait entièrement péri, corps et biens, mais les matelots du second avaient construit, avec les débris de leur bâtiment, un petit navire sur lequel ils étaient partis, en laissant à Mallicolo quelques-uns des leurs. Le Lascar prétendait avoir vu deux de ces hommes, qui, par les services rendus aux chefs, s'étaient acquis une légitime influence.

Dillon lui proposa vainement de l'emmener à Mallicolo ; il fut plus heureux avec le Prussien, qui l'accompagna jusqu'en vue de cette île, — île de la Recherche de d'Entrecasteaux, — mais le calme et le manque de vivres avaient empêché Dillon de s'arrêter.

A son arrivée à Pondichéry, le gouverneur, après avoir pris connaissance de son rapport, lui confia le commandement d'un navire spécialement destiné à de nouvelles investigations. On était en 1827. Dillon toucha à Tucopia, s'y pourvut d'interprètes et d'un pilote, puis gagna Mallicolo. Il y apprit des indigènes que les étrangers étaient restés cinq mois sur l'île à construire leur bâtiment, que d'ailleurs ils étaient considérés comme des êtres surnaturels, opinion que leur conduite singulière n'avait pas médiocrement contribué à accréditer. On les voyait, en effet, causer avec la lune et les étoiles au moyen d'un long bâton ; leurs nez étaient énormes, et quelques-uns de ces hommes se tenaient continuellement debout sur un pied, une barre de fer à la main. C'était ainsi qu'étaient restés dans le souvenir populaire les observations astronomiques, les chapeaux à cornes et les sentinelles des Français.

Dillon recueillit des indigènes bien des reliques de l'expédition. Il aperçut également au fond de la mer, sur le banc de corail où le navire avait touché, des canons de bronze, une cloche et des débris de toute sorte, qu'il ramassa pieusement et qu'il rapporta à Paris, en 1828, où le roi lui accorda une pension de quatre mille francs en récompense de ses travaux. Le doute ne fut plus permis, lorsque le comte de Lesseps, ce compagnon de La Pérouse qui avait débarqué au Kamtchatka, eut reconnu les canons et l'arrière sculpté de la *Boussole*, quand enfin on eut déchiffré les armoiries de Colignon, le botaniste, sur un chandelier d'argent.

Mais ces derniers faits, si intéressants et si curieux, d'Urville n'en devait être instruit que bien plus tard, et, pour le moment, il ne connaissait que le premier rapport de Dillon.

Par hasard, ou plutôt par crainte d'être prévenu, ce capitaine avait négligé d'indiquer la position de Vanikoro et la route qu'il avait suivie pour s'y rendre de Tucopia. D'Urville jugea que cette île devait appartenir aux groupes de Banks ou de Santa-Cruz, presque aussi inconnus l'un que l'autre.

Mais, avant de suivre le commandant, il faut s'arrêter quelque temps avec lui à Hobart-Town, qui lui parut déjà d'une importance remarquable.

« Ses maisons sont très espacées, dit-il, et n'ont généralement qu'un étage, outre le rez-de-chaussée ; mais leur propreté et leur régularité leur donnent un aspect agréable. Les rues ne sont point pavées, ce qui les rend fatigantes à parcourir ; quelques-unes ont pourtant des trottoirs ; en outre, la poussière qui s'en élève continuellement est très gênante pour les yeux. Le palais du gouvernement occupe une heureuse situation au bord de la baie. Cette résidence offrira sous peu d'années de nouveaux agréments, si les jeunes arbres dont on l'a entourée prennent tout leur développement, car ceux du pays sont peu propres à servir d'ornement. »

Le temps fut mis à profit, durant cette relâche, pour faire emplète de vivres, d'ancres et d'objets de première nécessité qui faisaient défaut, ainsi que pour radouber le bâtiment et procéder à une foule de réparations indispensables dans le gréement.

Le 6 janvier 1828, l'*Astrolabe* reprenait encore une fois la mer, relevait, le 20, l'île Norfolk, six jours plus tard le petit volcan Mathew, Erronan le 28, le 8 février la petite île Mitre, et le lendemain elle arrivait en face de Tucopia. C'est une petite île de trois ou quatre milles de circuit avec un pic assez pointu, recouvert de végétation. La bande orientale de cet îlot paraît inaccessible, étant toujours battue par les flots.

L'impatience de tout le monde s'accroît et ne connaît plus de bornes, lorsqu'on voit s'approcher trois pirogues, dans l'une desquelles se trouve un Européen.

C'est le Prussien Bushart, ainsi qu'il le déclare lui-même, qui vient d'accompagner Dillon à Mallicolo. Ce dernier avait séjourné près d'un mois en ce lieu, où il s'était réellement procuré les reliques de l'expédition, ainsi que d'Urville en avait été informé à Hobart-Town. Il ne restait pas un Français dans l'île, le dernier étant mort l'année précédente. Bushart avait d'abord accepté d'accompaguer d'Urville, mais il revint sur sa promesse et refusa, au dernier moment, de rester à bord de l'*Astrolabe*.

Vanikoro est entourée de récifs, à travers lesquels on parvint, non sans danger, à trouver une passe, qui permit de mouiller l'*Astrolabe* dans la baie d'Ocili, là même où Dillon avait laissé tomber l'ancre. Quant au lieu du naufrage, il était situé sur la côte opposée de l'île.

Il ne fut pas facile d'obtenir des renseignements des naturels, gens avides, de mauvaise foi, insolents et perfides. Un vieillard finit cependant par avouer que les blancs, débarqués sur la plage de Vanou, avaient été reçus à coups de flèche ; il s'en était suivi une lutte dans laquelle bon nombre d'indigènes avaient trouvé la mort ; quant aux « maras », ils avaient tous été tués, et leurs crânes enterrés à Vanou. Les autres ossements avaient servi aux indigènes à garnir leurs flèches.

Un canot fut expédié au village de Nama. La promesse d'un morceau de drap rouge décida, non sans de longues hésitations, les indigènes à mener les Français sur le lieu du naufrage. A un mille de terre près de Païou et en face d'Ambi, au fond d'une sorte de coupée au travers des brisants, on distingua, çà et là, des ancres, des boulets, des canons et bien d'autres objets, qui ne laissèrent subsister aucun doute dans l'esprit des officiers de l'*Astrolabe*.

Pour tous, il était évident que le navire avait tenté de s'introduire au dedans des récifs par une espèce de passe, qu'il avait échoué et n'avait pu se dégager. Mais l'équipage aurait pu se sauver à Païou, et, suivant le récit de quelques sauvages, y construire un petit bâtiment, tandis que l'autre navire, échoué plus au large sur le récif, s'y serait perdu corps et biens.

Le chef Moembe avait entendu dire que les habitants de Vanou avaient accosté le bâtiment pour le piller, mais que, repoussés par les blancs, ils avaient perdu vingt hommes et trois chefs. Ceux-ci, à leur tour, avaient massacré tous les Français descendus à terre ; deux seulement, épargnés, avaient vécu dans l'île l'espace de trois lunes.

Un autre chef, nommé Valiko, racontait que l'un des bâtiments s'était échoué en dehors du récif, en face de Tanema, après une nuit pendant laquelle il avait beaucoup venté, et que presque tous ses hommes avaient péri sans venir à terre. Les maras du second navire, en grand nombre, s'étaient établis à terre et avaient construit à Païou un petit vaisseau avec les débris du navire échoué. Durant leur séjour, des querelles s'étaient élevées, et cinq naturels de Vanou et un de Tanema avaient été tués ainsi que deux maras. Les Français avaient quitté l'île au bout de cinq lunes.

Enfin un troisième vieillard assurait qu'une trentaine de matelots du premier navire s'étaient réunis à l'équipage du second, et qu'ils n'étaient tous partis qu'au bout de six à sept lunes.

Toutes ces dépositions, qu'il fallut pour ainsi dire arracher par force, variaient sur les détails; il sembla cependant que les dernières versions s'approchaient le plus de la vérité.

Au nombre des objets recueillis par l'*Astrolabe* figurent une ancre de 1,800 livres environ, un canon court en fonte, un pierrier en bronze, une espingole en cuivre, des saumons de plomb et plusieurs autres objets en assez mauvais état et sans grand intérêt.

Ces objets, ainsi que ceux recueillis par Dillon, figurent aujourd'hui au musée de la Marine, installé dans les galeries du Louvre.

D'Urville ne voulut pas quitter Vanikoro sans élever un cénotaphe à la mémoire de ses malheureux compatriotes. Ce modeste monument fut placé sur le récif même, au milieu d'une touffe de mangliers. Il se compose d'un prisme quadrangulaire de six pieds de haut, en plateaux de corail, surmonté d'une pyramide quadrangulaire de même hauteur en bois de « koudi », qui porte sur une petite plaque de plomb l'inscription suivante :

> A LA MÉMOIRE
> DE LA PÉROUSE
> ET DE SES COMPAGNONS
> L'ASTROLABE
> 14 MARS 1828

Aussitôt que ce travail fut terminé, d'Urville prit ses dispositions pour appareiller. Il était grand temps, car l'humidité causée par les pluies torrentielles avait engendré des fièvres violentes, qui n'avaient pas jeté moins de vingt-cinq personnes sur les cadres. Si le commandant voulait conserver un équipage capable d'exécuter les manœuvres pénibles que nécessitait la sortie par une passe étroite et semée d'écueils, il fallait se hâter.

La dernière journée que passa l'*Astrolabe* à Vanikoro aurait d'ailleurs éclairé, s'il en eût eu besoin, le commandant sur les véritables dispositions des naturels. Voici comment il raconte ces derniers incidents de cette dangereuse relâche :

« Sur les huit heures, j'ai été fort étonné de voir venir à nous une demi-douzaine de pirogues de Tevaï, d'autant plus que trois ou quatre habitants de Manevaï, qui se trouvaient à bord, ne paraissaient nullement effrayés à leur approche, bien qu'ils m'eussent encore dit, quelques jours auparavant, que ceux de Tevaï étaient leurs ennemis mortels. Je témoignai ma surprise aux hommes de Manevaï, qui se contentèrent de rire d'un air équivoque, en disant qu'ils avaient fait leur paix avec les habitants de Tevaï et que ceux-ci m'apportaient des cocos. Mais je vis bientôt que les nouveaux venus n'apportaient rien que des arcs et des flèches en fort bon état. Deux ou trois d'entre eux montèrent à bord d'un air déterminé et s'approchèrent du grand panneau pour regarder dans l'intérieur du faux-pont et s'assurer du nombre des hommes malades. Une joie maligne perçait en même temps dans leurs regards diaboliques. En ce moment, quelques personnes de l'équipage m'ont fait observer que deux ou trois hommes de Manevaï, qui se trouvaient à bord, faisaient ce manège depuis trois ou quatre jours. M. Gressien, qui observait depuis le matin leurs mouvements, avait cru voir les guerriers des deux tribus se réunir sur la plage et avoir entre eux une longue conférence. De pareilles manœuvres annonçaient les plus perfides dispositions, et je jugeai que le danger était imminent. A l'instant j'intimai aux naturels l'ordre de quitter la corvette et de rentrer dans leurs pirogues. Ils eurent l'audace de me regarder d'un air fier et menaçant, comme pour me défier de faire mettre mon ordre à exécution. Je me contentai de faire ouvrir la salle d'armes, ordinairement fermée avec soin, et, d'un front sévère, je la montrai du doigt à mes sauvages, tandis que de l'autre je désignais leurs pirogues ; l'aspect subit de vingt mousquets étincelants, dont ils connaissaient la puissance, les fit tressaillir et nous délivra de leur sinistre présence. »

Avant de quitter ce groupe de lamentable mémoire, voici quelques détails empruntés à la relation de d'Urville.

Le groupe de Vanikoro, de Mallicolo ou de La Pérouse, comme l'appelle Dillon, se compose de deux îles, la Recherche et Tevaï. La première n'a pas moins de trente milles de circonférence, la seconde n'en a pas plus de neuf. Toutes deux sont hautes, couvertes presque jusqu'au bord de la mer de forêts impénétrables, et entourées d'une barrière de récifs de trente-six milles de circonférence, coupée de passes rares et étroites. Le nombre des habitants ne doit pas s'élever au-dessus de douze ou quinze cents individus, paresseux, dégoûtants, stupides, farouches, lâches et avides. Ce fut une véritable mauvaise chance pour La Pérouse de venir s'échouer au milieu d'une telle population, alors qu'il aurait reçu un accueil bien différent sur toute autre île de la Polynésie.

Les femmes sont naturellement hideuses ; mais les fatigues qu'elles supportent et les modes qu'elles suivent ne font que rendre leur aspect encore plus déplaisant.

Les hommes sont un peu moins laids, quoique petits, maigres, couverts d'ulcères et de taches de lèpre. Leurs armes sont l'arc et les flèches. Au dire des naturels, ces dernières, en bambou, garnies d'une pointe en os très déliée et aiguë, soudée par une résine très tenace, font des blessures mortelles. Aussi y tiennent-ils, et les voyageurs eurent-ils grand'peine à se procurer quelqu'une de ces armes.

Le 17 mars, l'*Astrolabe* était enfin hors des terribles récifs qui forment la ceinture de Vanikoro. L'intention de son commandant était de reconnaître les îles Taumako, Kennedy, Nitendi et les Salomon, où il espérait trouver les traces du naufrage des survivants de la *Boussole* et de l'*Astrolabe*. Mais la triste situation de l'équipage, affaibli par la fièvre, la maladie de la plupart des officiers, l'absence de mouillage assuré dans cette partie de l'Océanie, le déterminèrent à se diriger vers Guaham, où il serait possible, pensait-il, de prendre quelque repos.

C'était une dérogation assez grave à ses instructions, qui lui prescrivaient la reconnaissance du détroit de Torrès; mais l'absence de quarante matelots gisant sur les cadres suffisait à prouver la folie d'une tentative aussi périlleuse.

Le 26 avril seulement, fut aperçu l'archipel Hogolez, où d'Urville remplit la lacune laissée par Duperrey dans son exploration, et ce n'est que le 2 mai que furent reconnues les côtes de Guaham. La relâche eut lieu à Umata, où l'on trouva une aiguade facile et un climat plus tempéré qu'à Agagna. Cependant, le 29 mai, lorsque l'expédition remit à la voile, tous les hommes étaient loin d'être guéris, — ce que Dumont d'Urville attribue aux excès que ces malades avaient faits sous le rapport des aliments et à l'impossibilité de les astreindre à un régime convenable.

C'était encore une fois le bon Medinilla, dont Freycinet avait tant eu à se louer, qui était gouverneur de Guaham. S'il ne montra pas, cette fois, tout à fait autant de prévenances envers l'expédition, c'est qu'une sécheresse terrible venait de ravager la colonie; puis, le bruit s'était répandu que la maladie dont les marins de l'*Astrolabe* étaient attaqués était contagieuse; enfin Umata était bien éloignée d'Agagna, et d'Urville ne put visiter le gouverneur dans sa résidence.

Il n'en est pas moins vrai que Medinilla envoya à l'expédition des vivres frais, des fruits en quantité et qu'il ne se départit pas de sa générosité habituelle.

En quittant Guaham, d'Urville reconnut sous voiles, dans les Carolines occidentales, les groupes Élivi, l'Uluthii de Lütké, Gouap, Goulou, Pelew; il fut forcé par les vents de passer en vue de Waigiou, d'Aiou, d'Asia, de Guébé, il donna dans le détroit de Bourou et jeta enfin l'ancre à Amboine, où il reçut un cordial accueil des autorités hollandaises. Le commandant y trouva également des nouvelles de France. Le ministère semblait vouloir ne tenir aucun compte des

Récifs de Vanikoro. (Page 350.)

travaux, des fatigues et des dangers de l'expédition, car, malgré les propositions
de d'Urville, aucun officier n'avait reçu d'avancement.

Lorsque ces nouvelles furent connues, elles causèrent un certain désappointement et un découragement que le commandant s'empressa de combattre.

D'Amboine, l'*Astrolabe* gagna Manado par le détroit de Banka. C'est une résidence agréable, où l'on voit un fort bien retranché et muni de canons. Le gouverneur Merkus put procurer à d'Urville de beaux babiroussas, un sapioutang,
animal de la grosseur d'une petite vache et qui en a le museau, les pattes,
avec deux cornes rabattues en arrière, des serpents, des oiseaux, des poissons
et des plantes qui enrichirent les collections d'histoire naturelle.

La pêche aux éléphants de mer. (Page 358.)

Au dire de d'Urville, l'extérieur des habitants de Célèbes se rapproche bien plus de celui des Polynésiens que des Malais. Il lui semblait retrouver les types de Taïti, de Tonga-Tabou, de la Nouvelle-Zélande, bien plutôt que ceux des Papous du havre Doreï, des Harfours de Bourou, ou les faces équarries et osseuses des Malais.

Dans le voisinage de Manado se troûvaient des mines de quartz aurifère, dont le commandant put se procurer un échantillon, et un lac, situé dans l'intérieur, dont la profondeur était immense, disait-on. C'est le lac Tondano, d'où sort un torrent considérable, le Manado, qui, avant de se jeter à la mer, forme une superbe cascade. Le fleuve, barré par une roche de basalte, s'est creusé une

45

issue, et, s'élançant avec violence sous la forme d'une gerbe immense, s'abîme dans un précipice de plus de quatre-vingts pieds de hauteur.

Avec le gouverneur et les naturalistes de l'expédition, d'Urville explora ce beau lac entouré de montagnes volcaniques, où l'on remarque encore quelques fumerolles; quant à sa profondeur, elle se réduit à douze ou treize brasses uniformément, si bien que, si cette nappe se desséchait, elle formerait une plaine parfaitement unie.

Le 4 août fut quitté le mouillage de Manado, qui n'avait pas été favorable à la guérison des fiévreux et des dysentériques de l'expédition, laquelle arriva, le 29 du même mois, à Batavia, où elle ne resta que trois jours.

A partir de ce moment, l'*Astrolabe*, jusqu'à son retour en France, ne fit plus route que dans des mers connues. Elle gagna l'île de France, où d'Urville rencontra le commandant Le Goarant qui, avec la corvette *la Bayonnaise*, avait fait une expédition à Vanikoro. Il apprit que cet officier n'avait même pas tenté de pénétrer à l'intérieur du récif, et s'était contenté d'envoyer ses embarcations en reconnaissance.

Les naturels avaient respecté le monument élevé à la mémoire de La Pérouse, et n'avaient permis qu'avec peine aux marins de la *Bayonnaise* d'y clouer une médaille de cuivre.

Le 18 novembre, la corvette quitta l'île de France, s'arrêta au Cap, à Sainte-Hélène, à l'Ascension, et, le 25 mars 1829, arriva à Marseille, trente-cinq mois, jour pour jour, après son départ.

Rien que pour l'hydrographie, les résultats de l'expédition étaient remarquables, et on ne comptait pas moins de quarante-cinq cartes nouvelles dues à l'infatigable labeur de MM. Gressien et Paris.

Quant à l'histoire naturelle, rien ne donnera une meilleure idée de la richesse de la moisson rapportée que les lignes suivantes du rapport de Cuvier :

« Les catalogues les comptent par milliers (les espèces dues à MM. Quoy et Gaimard), et rien ne prouve mieux l'activité de nos naturalistes que l'embarras où se trouve l'administration du Jardin du Roi pour placer tout ce que lui ont valu les dernières expéditions et surtout celle dont nous rendons compte. Il a fallu descendre au rez-de-chaussée, presque dans les souterrains, et les magasins mêmes sont aujourd'hui tellement encombrés, c'est le véritable terme, que l'on est obligé de les diviser par des cloisons pour y multiplier les places. »

Les collections de géologie n'étaient pas moins nombreuses ; cent quatre-vingt-sept espèces ou variétés de roches témoignaient du zèle de MM. Quoy et Gaimard ; M. Lesson jeune avait recueilli quinze à seize cents plantes. Le capitaine Jacquinot avait fait nombre d'observations astronomiques, M. Lottin avait étudié le magnétisme; enfin le commandant, sans négliger ses devoirs de marin et de chef d'expédition, s'était occupé d'expériences de température sous-marine, de météorologie, et il avait amassé une masse prodigieuse de renseignements de philologie et d'ethnographie.

Aussi ne pouvons-nous mieux terminer le récit de cette expédition qu'en citant le passage suivant des mémoires de Dumont d'Urville, que reproduit la biographie Didot :

« Cette aventureuse campagne a surpassé toutes celles qui avaient eu lieu jusqu'alors, par la fréquence et l'immensité des périls qu'elle a courus, comme par le nombre et l'étendue des résultats obtenus en tous genres. Une volonté de fer ne m'a jamais permis de reculer devant aucun obstacle. Le parti une fois pris de périr ou de réussir, m'avait mis à l'abri de toute hésitation, de toute incertitude. Vingt fois j'ai vu l'*Astrolabe* sur le point de se perdre, sans conserver au fond de l'âme aucun espoir de salut. Mille fois j'ai compromis l'existence de mes compagnons de voyage pour remplir l'objet de mes instructions, et, pendant deux années consécutives, je puis affirmer que nous avons couru chaque jour plus de dangers réels que n'en offre la plus longue campagne dans la navigation ordinaire. Braves, pleins d'honneur, les officiers ne se dissimulaient pas les dangers auxquels je les exposais journellement; mais ils gardaient le silence et remplissaient noblement leur tâche. »

De ce concert admirable d'efforts et de dévouement, résulta une masse prodigieuse de découvertes, de matériaux et d'observations pour toutes les connaissances humaines, dont MM. de Rossel, Cuvier, Geoffroy Saint-Hilaire, Desfontaines, etc., juges savants et désintéressés, rendirent alors un compte exact.

CHAPITRE III

LES EXPÉDITIONS POLAIRES

I

Le Pôle sud

Encore un circumnavigateur russe : Bellingshausen. — Découverte des îles Traversay, Pierre Ier et Alexandre Ier. — Le baleinier Weddell. — Les Orcades australes. — La Géorgie du Sud. — Le nouveau Shetland. — Les habitants de la Terre de Feu. — John Biscoe et les Terres d'Enderby et de Graham. — Charles Wilkes et le continent antarctique. — Le capitaine Balleny. — Expédition de Dumont d'Urville sur l'*Astrolabe* et la *Zélée*. — Coupvent-Desbois au pic de Ténériffe. — Le détroit de Magellan. — Un nouveau bureau de poste. — Enfermé dans la banquise. — La Terre Louis-Philippe. — A travers l'Océanie. — Les Terres Adélie et Clarie. — La Nouvelle-Guinée et le détroit de Torrès. — Retour en France. — James Clark Ross et la Terre Victoria.

Nous avons eu déjà l'occasion de parler des régions antarctiques et des explorations qui y avaient été faites, au XVIIe et à la fin du XVIIIe siècle, par plusieurs navigateurs, presque tous Français, au nombre desquels il convient de citer La Roche, découvreur de la Nouvelle-Géorgie en 1675, Bouvet, Kerguelen, Marion et Crozet. On désigne sous le nom de Terres antarctiques toutes les îles disséminées dans l'Océan, qui portent le nom des navigateurs, puis celles du Prince-Édouard, de Sandwich, de la Nouvelle-Géorgie, etc.

C'est dans ces parages que William Smith, commandant du brick *William*, allant de Montevideo à Valparaiso, avait, en 1818, découvert les Shetland du Sud, terres arides et nues, tapissées de neige, mais sur lesquelles s'ébattaient d'immenses troupeaux de veaux marins, animaux dont la peau sert de fourrure et qu'on n'avait jusqu'alors rencontrés que dans les mers du Sud. A cette nouvelle, les navires baleiniers s'empressèrent de visiter les rivages nouvellement reconnus, et l'on calcule qu'en 1821 et 1822, trois cent vingt mille veaux marins furent capturés sur cet archipel, et que la quantité d'huile d'éléphant de mer peut être, évaluée, pendant le même temps, à neuf cent quarante tonnes. Mais, comme on avait tué mâles et femelles, ces nouveaux terrains de chasse furent bientôt épuisés. On releva donc, en peu de temps, les douze îles principales et les innombrables rochers presque entièrement dépouillés de végétation qui composent cet archipel.

Deux ans plus tard, Botwell découvrit les Orcades méridionales; puis, sous les mêmes latitudes, Palmer et d'autres baleiniers entrevirent ou crurent reconnaître des terres qui reçurent les noms de Palmer et de la Trinité.

Des découvertes plus importantes allaient être accomplies dans ces régions hyperboréennes, et les hypothèses de Dalrymple, de Buffon et d'autres savants au xviiie siècle, sur l'existence d'un continent austral faisant contre-poids aux terres du pôle nord, allaient recevoir une confirmation inattendue par les travaux de ces intrépides explorateurs.

La Russie se trouvait depuis quelques années dans une période très nettement marquée d'encouragement à la marine nationale et aux recherches scientifiques. Nous avons raconté les intéressants voyages de ses circumnavigateurs, mais il reste à parler de Bellingshausen et de son voyage autour du monde, à cause du rôle important qu'y joue l'exploration des mers antarctiques.

Les deux bâtiments le *Vostok*, capitaine Bellingshausen, et le *Mirni*, commandé par le lieutenant Lazarew, quittèrent Cronstadt, le 3 juillet 1819, pour les mers polaires du Sud. Le 15 décembre, ils reconnurent la Géorgie méridionale, et sept jours plus tard ils découvrirent dans le sud-est une île volcanique à laquelle ils donnèrent le nom de Traversay, et dont ils fixèrent la position par 52° 15′ de latitude et 27° 21′ de longitude à l'ouest du méridien de Paris.

Continuant de courir, à l'est, pendant quatre cents milles sous le 60e degré, jusqu'au 187e méridien, ils donnèrent alors droit au sud jusqu'au 70e degré; là seulement, une barrière de glace leur coupa le chemin, et les empêcha de pénétrer plus loin.

Bellingshausen, ne se tenant pas pour battu, piqua dans l'est, le plus souvent à l'intérieur du Cercle polaire; mais, au 44e degré est, il fut forcé de revenir au nord. A quarante milles de distance, gisait une grande terre qu'un baleinier, trouvant la route libre, devait découvrir douze ans plus tard.

Redescendu jusqu'au 62e degré de latitude, Bellingshausen fit encore une fois route à l'est sans rencontrer d'obstacles, atteignit le 90e méridien est, et le 5 mars 1820, il fit route vers le port Jackson pour s'y réparer.

Tout l'été fut consacré par le navigateur russe à une croisière dans les mers océaniques, où il ne découvrit pas moins de dix-sept îles nouvelles. De retour à Port-Jackson, Bellingshausen en repartit, le 31 octobre, pour une nouvelle expédition.

Tout d'abord les deux navires reconnurent les îles Macquarie; puis, coupant le 60e degré de latitude par 160 de longitude est, ils coururent dans l'est entre le 64e et le 68e degré jusqu'au 95e de longitude ouest. Le 9 janvier 1821, Bellingshausen atteignait le 70e degré de latitude, et le lendemain, il découvrait, par 69° 30′ et 92° 20′ de longitude ouest, une île qui reçut le nom de Pierre Ier, terre la plus méridionale qu'on connût jusqu'alors. Puis, à quinze degrés dans l'est, et presque sous le même parallèle, il eut connaissance d'une nouvelle terre qui fut nommée Terre d'Alexandre Iᵉʳ. Distante à peine de deux cents milles de la Terre de Graham, elle doit s'y rattacher, si l'on en croit Krusenstern, car entre ces deux îles la mer se montra constamment décolorée, sans compter d'autres indices qui semblaient confirmer cette opinion.

De là, les deux navires, faisant route au nord et passant au large de la Terre de Graham, rejoignirent la Nouvelle-Géorgie en février, et rentrèrent à Cronstadt au mois de juillet 1821, juste deux ans après leur départ, n'ayant éprouvé d'autre perte que celle de trois hommes sur un équipage de deux cents matelots.

Nous aurions voulu donner des détails plus complets sur cette très intéressante expédition; mais la relation originale, publiée en russe à Saint-Pétersbourg, a échappé à nos recherches, et nous avons dû nous contenter du résumé publié dans le *Bulletin de la Société de géographie* de 1837.

A la même époque, un maître de la marine royale, James Weddell, recevait d'une maison de commerce d'Édimbourg le commandement d'une expédition chargée de recueillir des peaux de veaux marins dans les mers du Sud, où elle devait séjourner deux ans. Elle se composait du brick *Jane*, de cent soixante tonneaux, capitaine Weddell, et du cutter *Beaufort*, de soixante-cinq tonneaux, commandé par Mathieu Brisbane.

Ces deux bâtiments quittèrent l'Angleterre le 17 septembre 1822, s'arrêtèrent à Bonavista, l'une des îles du cap Vert, et mouillèrent, le 11 décembre suivant, dans le port de Sainte-Hélène, sur la côte orientale de la Patagonie où furent faites des observations utiles, touchant la position de ce port.

Weddell reprit la mer le 27 décembre, et, faisant route au S.-E., il parvint, le 12 janvier, en vue d'un archipel auquel il donna le nom d'Orcades australes. Ces îles sont situées par 60° 45' de latitude sud et 45° de longitude à l'ouest du méridien de Greenwich.

Ce petit groupe présenterait, à en croire ce navigateur, une apparence encore plus effrayante que le Nouveau-Shetland. De quelque côté que se porte le regard, on n'aperçoit que des pointes aiguës de rochers, absolument dénudés, qui surgissent d'une mer démontée, sur laquelle s'entre-choquent, avec un bruit de tonnerre, d'énormes glaces flottantes. Les dangers que courent les navires dans ces parages sont de tous les instants, et les onze jours que Weddell passa sous voiles à relever en détail les îles, les îlots et les rochers de cet archipel furent sans repos pour l'équipage qui se vit tout le temps au moment de périr.

Des spécimens des principaux *strata* de ces îles furent recueillis et déposés au retour entre les mains du professeur Jameson, d'Édimbourg, qui y reconnut des roches primitives et volcaniques.

Weddell s'enfonça alors dans le sud, traversa le Cercle polaire par le 30e degré est de Greenwich, et ne tarda pas à rencontrer de nombreuses îles de glace. Lorsqu'il eut dépassé le 70e degré, ces dernières devinrent moins nombreuses et finirent par disparaître complètement; le temps s'adoucit, les oiseaux reparurent en vols innombrables autour du navire, tandis que des troupeaux de baleines se jouaient dans le sillage du bâtiment. Cet adoucissement singulier et inattendu de la température surprit tout le monde, d'autant plus qu'il s'accentua à mesure que l'on s'enfonçait dans le sud. Les circonstances étaient si favorables qu'à chaque instant Weddell s'attendait à découvrir quelque terre nouvelle. Il n'en fut rien cependant.

Le 20 janvier, le bâtiment se trouvait par 36° 1/4 E. et 74° 15.

« J'aurais volontiers, dit Weddell, exploré la bande du S.-O.; mais, considérant la saison avancée et que nous aurions pour nous en retourner un espace de mer de mille milles, semé d'îles de glace, je ne pus prendre un autre parti que de profiter de ce vent favorable pour m'en retourner. »

N'ayant aperçu aucun indice de la terre dans cette direction, le vent du sud soufflant avec force, Weddell revint en arrière jusqu'au 58e degré de latitude, et s'avança dans l'est jusqu'à cent milles de la Terre Sandwich. Le 7 février, le navigateur mit encore une fois le cap au sud, traversa une banquise de cinquante milles de large et, le 20 février, atteignit 74° 15'. Du haut des mâts, on n'apercevait de tous côtés qu'une mer libre, avec quatre îles de glace en vue.

Ces pointes dans le sud avaient donné des résultats inattendus. Weddell s'était enfoncé vers le pôle, deux cent quatorze milles plus loin que tous ses prédécesseurs, y compris Cook. Il donna le nom de Georges IV à cette partie de la mer antarctique qu'il avait explorée. Chose singulière et sur laquelle il est bon d'insister, les glaces avaient diminué à mesure qu'on pénétrait plus avant dans le sud, les brouillards et les orages étaient continuels, l'atmosphère était journellement chargée d'une humidité compacte, la mer était profonde, ouverte, et la température était singulièrement douce.

Autre remarque précieuse, les mouvements de la boussole étaient aussi lents sous ces latitudes australes que Parry l'avait déjà constaté dans les régions arctiques.

Les deux bâtiments de Weddell, séparés par la tempête, se rejoignirent à la Nouvelle-Géorgie, après une navigation périlleuse de douze cents milles à travers les glaces. Cette île, découverte par de La Roche, en 1675, visitée, en 1756,

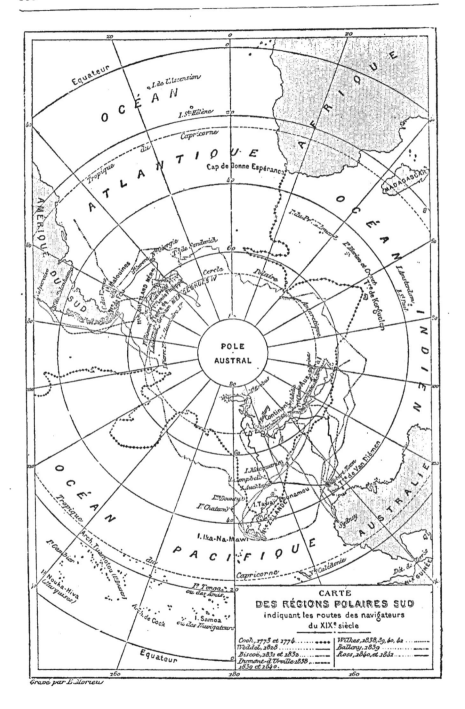

CARTE
DES RÉGIONS POLAIRES SUD
indiquant les routes des navigateurs
du XIX? siècle

Cook, 1773 et 1774	Wilkes, 1838, 39, 40, 41
Weddel, 1826	Balleny, 1839
Biscoë, 1831 et 1832	Ross, 1840, et 1841
Dumont-d'Urville 1838, 1839 et 1840.	

Gravé par L. Morieu

DUMONT D'URVILLE.

par le vaisseau *le Lion*, n'était réellement bien connue que depuis l'exploration que Cook en avait faite; les détails qu'il avait donnés dans sa relation sur l'abondance des veaux marins et des morses avaient déterminé nombre d'armateurs à la fréquenter. C'étaient surtout des Anglais et des Américains, qui portaient les peaux des animaux tués en Chine, où ils ne les vendaient pas moins de vingt-cinq à trente francs pièce. En quelques années, le nombre des peaux de veaux marins tués s'éleva à douze cent mille. Aussi cette race d'animaux y était-elle déjà presque éteinte.

« La longueur de la Géorgie méridionale, dit Weddell, est d'environ trente lieues, et sa largeur moyenne est de trois lieues. Elle est tèllement festonnée par des baies que, dans quelques endroits, les deux bords de ces petits mouillages paraissent se toucher. Les cimes des montagnes sont très escarpées et toujours couvertes de neige. Dans les vallées, la végétation ne manque pas de force pendant l'été; on y remarque surtout une espèce de fourrage dont les tiges très vigoureuses s'élèvent communément à deux pieds de hauteur. Il n'y a point de quadrupèdes, mais l'île est peuplée d'oiseaux et d'animaux amphibies. »

On y rencontre des bandes immenses de pingouins qui se promènent sur le rivage, la tête haute et l'air fier. On dirait, pour rappeler l'expression d'un ancien navigateur, sir John Narborough, des troupes d'enfants portant des tabliers blancs. On y voit aussi quantité d'albatros, oiseau qui mesure seize à dix-sept pieds d'envergure, et dont le volume, lorsqu'il est dépouillé de ses plumes, est réduit de moitié.

Weddell visita également le Nouveau-Shetland et constata que l'île Bridgeman, qui fait partie de cet archipel, est un volcan encore en activité. Il lui fut impossible de débarquer, tous les ports étant bloqués par les glaces, et il dut se rendre à la Terre de Feu.

Pendant le séjour de deux mois qu'il y fit, Weddell réunit de précieuses observations sur les avantages que cette côte offre aux navigateurs et put acquérir des notions exactes sur le caractère des habitants.

Dans l'intérieur se dressent quelques montagnes, toujours couvertes de neige, dont la plus élevée ne paraît pas dépasser trois mille pieds. Weddell ne put apercevoir le volcan que d'autres voyageurs avaient observé, et notamment Basil Hall en 1822, mais il ramassa quantité de lave qui en provenait. Au reste, il ne pouvait y avoir doute sur son existence, car Weddell, dans un précédent voyage, en 1820, avait constaté que le ciel était tellement rouge au-dessus de la Terre de Feu, qu'il n'avait pu attribuer cette coloration extraordinaire qu'à une éruption volcanique.

Jusqu'alors les voyageurs qui avaient visité la Terre de Feu étaient peu d'accord sur la température de cette région polaire. Weddell attribue ces divergences à la différence des époques de leur séjour et des vents qui régnaient. Pour lui, si le vent souffle du sud, le thermomètre ne dépassera jamais deux ou trois degrés au-dessus de zéro; s'il vient au contraire du nord, il fait aussi chaud « qu'en juillet en Angleterre ».

Les animaux dont le navigateur constata la présence sont des chiens et des loutres, et ce seraient, suivant lui, les seuls quadrupèdes du pays.

Les relations avec les naturels furent toujours cordiales. Tout d'abord, ceux-ci firent le tour du bâtiment, sans oser y monter; mais ils ne tardèrent cependant pas à se familiariser. Les mêmes scènes qui ont été décrites lors du passage du premier navire par le détroit, se reproduisirent fidèlement, malgré le temps écoulé. Du pain, du madère et du bœuf qu'on leur servit, les indigènes ne touchèrent qu'au dernier. Pour eux, les objets qui avaient le plus de prix, c'étaient le fer et les miroirs devant lesquels ils se livrèrent à des grimaces et à des contorsions extravagantes qui amusèrent tout l'équipage.

Au reste, leur équipement suffisait pour exciter la gaieté. Avec leur peinture noire comme le jais, leur plumes bleues, leur face sillonnée de lignes parallèles rouges et blanches comme une toile à matelas, ils offraient une physionomie si grotesque, qu'ils prêtaient aux plaisanteries et aux rires des Anglais. Bientôt, peu satisfaits des morceaux de cercles de tonneaux qu'on leur donnait, et trouvant mesquins ces présents offerts par des gens possesseurs de tant de richesses, ils se mirent à prendre tout ce qui était à leur convenance. Ces vols furent facilement réprimés, mais ils produisirent plus d'une scène plaisante et permirent d'admirer l'étonnante faculté d'imitation de ces sauvages.

« Un matelot avait donné à l'un d'eux, raconte Weddell, un pot d'étain plein de café que celui-ci but sur-le-champ, et il garda le pot. Le matelot s'apercevant que son pot avait disparu, le demande vivement, et, malgré l'énergie de son geste, personne ne se présente pour restituer l'objet volé. Après avoir employé tous les moyens imaginables, cet homme, furieux et prenant une attitude tragique, s'écria d'un ton animé : « Canaille cuivrée, qu'as-tu fait de mon pot? Le sauvage, imitant son attitude, redit en anglais et sur le même ton : «Canaille cuivrée, qu'as-tu fait de mon pot? » L'imitation fut si exacte et si prompte que tout l'équipage en éclata de rire, excepté le matelot qui s'élança sur le voleur, le fouilla et retrouva son pot d'étain. »

Sous ce climat rigoureux, sans vêtements, sans nourriture, au milieu de montagnes stériles, sans animaux pour leur fournir une nourriture substantielle qui les réconforte, les Fuégiens sont dans un état d'abrutissement complet. La chasse ne peut leur fournir de ressources sérieuses, la pêche ne leur en procure que d'insuffisantes; ils sont donc obligés d'attendre que le tempête vienne jeter sur leurs côtes quelque gros cétacé qu'ils dévorent à pleines dents, sans même prendre la peine d'en faire cuire la chair.

En 1828, le vaisseau *le Chanticleer*, commandé par Henri Foster, avait été chargé de faire des observations du pendule pour la détermination de la figure de la terre. Cette expédition dura trois ans et se termina par la mort de son commandant, qui se noya en 1831, dans la rivière de Chagres. Nous n'en parlons que parce que, le 5 janvier 1829, ce bâtiment reconnut et explora le groupe des Shetland méridionales. Le commandant descendit même à grand'peine sur l'une de ces îles, où il ramassa quelques échantillons de ces syénites dont le sol est composé, et une petite quantité de neige rouge, de tout point semblable à celle que plusieurs explorateurs avaient rencontrée dans les parages du pôle nord.

Mais il est une reconnaissance d'un bien plus vif intérêt : c'est celle qu'opéra en 1830 le baleinier John Biscoë.

Le brick le Tula, de cent quarante-huit tonneaux, et le cutter Lively, quittèrent, sous ses ordres, le port de Londres, le 14 juillet 1830. Ces deux bâtiments, appartenant à MM. Enderby, étaient armés pour la pêche des phoques et pourvus de tous les objets convenables pour cette longue et pénible navigation. Mais les instructions qu'avait reçues Biscoë lui prescrivaient, en outre, de tâcher de faire quelque découverte dans les mers antarctiques.

Les deux bâtiments touchèrent aux Malouines, en repartirent le 27 novembre, cherchèrent vainement les îles Aurora et se dirigèrent vers la Terre de Sandwich, dont la pointe septentrionale fut doublée le 1er janvier 1831.

Arrivés au cinquante-neuvième parallèle, ils rencontrèrent des glaces compactes qui les forcèrent à abandonner la route du sud-ouest, — direction sur laquelle se faisaient remarquer les signes du voisinage de la terre. Il fallut donc tourner à l'est, prolonger la banquise jusqu'à 9° 34' de longitude occidentale. Ce fut seulement le 16 janvier que Biscoë put couper le soixantième parallèle sud. Cook, en 1775, avait trouvé une mer libre sur un espace de deux cent cinquante milles, là même où une barrière infranchissable avait arrêté la tentative de Biscoë.

Continuant à courir dans le sud-est jusqu'à 68°51' de latitude et 10° de longitude orientale, le navigateur n'avait pu s'empêcher d'être frappé de la décoloration de l'eau, de la présence de plusieurs « eaglets » et de pigeons du Cap, enfin de la direction du vent qui soufflait du sud-sud-ouest, indices certains du voisinage d'une grande terre.

Mais les glaces lui défendaient l'accès du sud. Aussi, Biscoë dut poursuivre sa route à l'est, en se rapprochant du Cercle polaire.

« Enfin, le 27 février, dit Desborough Cooley, par 65°57' sud et 45° de longitude orientale, il vit très distinctement une terre d'une étendue considérable, montagneuse et couverte de neige, à laquelle il imposa le nom d'Enderby. Tous ses efforts eurent dès lors pour objet d'y aborder, mais elle était complètement entourée de glaces qui en défendaient l'approche. Sur ces entrefaites, un coup de vent inattendu vint séparer les deux navires et les entraîna vers le sud-est, ayant encore longtemps en vue la même terre qui offrait, d'est en ouest, une étendue de plus de deux cents milles. Mais lé mauvais temps et l'état déplorable de la santé de son équipage forcèrent le capitaine Biscoë à laisser porter sur la Terre de Van-Diémen, où il ne fut rejoint que plusieurs mois après par le *Lively*. »

Les explorateurs furent plusieurs fois témoins des lueurs éblouissantes de l'aurore australe, spectacle merveilleux qu'il est impossible d'oublier.

« Pour la première fois, dit Biscoë, les brillants reflets de l'aurore australe roulaient sur nos têtes sous la forme de magnifiques colonnes, puis prenaient tout à coup l'apparence d'une frange de tapisserie, et, l'instant d'après, s'agitaient en l'air comme des serpents ; souvent ces jets de lumière ne semblaient être qu'à quelques verges au-dessus de nos têtes, et bien certainement ils se trouvaient dans notre atmosphère. »

La terre, montagneuse et couverte de neige, courait suivant la direction E.-O. sous le parallèle 66° 30' ; par malheur, il fut impossible de l'approcher de plus de dix lieues, et elle était partout bordée de glaces.

Laissant la Terre de Van-Diémen le 14 janvier 1832, Biscoë se dirigea avec ses deux navires au sud-est. A plusieurs reprises, des fucus flottant à la surface de la mer et quantité d'oiseaux qui s'écartent peu de la terre, des nuages bas et épais, firent croire à Biscoë qu'il allait faire quelque découverte ; mais toujours la tempête l'empêcha de pousser à fond sa reconnaissance. Enfin, le 12 février, par 66° 27' de latitude et 84° 10', de nouveau furent aperçus, en grand nombre, des albatros, des pingouins et des baleines ; le 15, une terre fut découverte dans le sud-est à une grande distance ; le lendemain, on reconnut que c'était une île à laquelle on donna le nom d'Adélaïde, en l'honneur de la reine d'Angleterre. Sur cette île, à une lieue à peu près du bord de la mer, s'élevaient plusieurs pics de forme conique et à base très large.

Les jours suivants, on put s'assurer qu'elle n'était pas isolée, mais qu'elle faisait partie d'une chaîne d'îlots située au-devant d'une terre haute. Cette terre, qui s'étendait sur un espace de deux cent cinquante milles dans une direction E.-N.-E. et O.-S.-O., reçut le nom de Graham, tandis que celui de Biscoë restait attaché à la chaîne des îles que ce navigateur avait découvertes. Ce pays n'offrait pas la moindre trace de plantes ou d'animaux.

Biscoë, pour donner une sanction certaine à sa découverte, descendit, le 21 février, sur la grande terre, afin d'en prendre possession, et détermina, par 64° 45' latitude sud et 66° 11' longitude ouest de Paris, la position d'une haute montagne, à laquelle il donna le nom de mont William.

« On se trouvait, dit le *Bulletin de la Société de géographie* de 1833, dans une baie profonde où l'eau était si paisible que, s'il y avait eu des phoques, on eût pu facilement en charger les deux navires, attendu qu'on eût pu, sans peine, approcher du bord.des rochers pour leur donner la chasse. L'eau était aussi très profonde, puisque, à toucher presque le rivage, on n'eut point de fond avec vingt brasses de ligne. Le soleil était si chaud que la neige fondait sur tous les rochers situés au bord de l'eau; circonstance qui rendait encore plus extraordinaire l'absence complète des phoques. »

De là, Biscoë gagna le Shetland du Sud, auquel la Terre de Graham pourrait se rattacher, puis il relâcha aux Malouines où le *Lively* se perdit, et il rentra enfin en Angleterre.

Le capitaine Biscoë reçut, en récompense de ses fatigues et pour l'encourager dans ses efforts, les grands prix des Sociétés de géographie de Londres et de Paris.

Des controverses très animées s'étaient produites, à la suite de ces voyages, sur l'existence d'un continent austral et la possibilité de naviguer au delà d'une première barrière de glaces, appuyée sur les îles déjà découvertes. Trois puissances résolurent à la même époque d'y envoyer une expédition. La France confia le commandement de la sienne à Dumont d'Urville, l'Angleterre à James Ross et les État-Unis au lieutenant Charles Wilkes.

Aux nouveaux venus les honneurs. Ce dernier reçut le commandement d'une petite escadre composée du *Purpoise*, des deux sloops le *Vincennes* et le *Peacock,* des deux schooners *Sea-Gull* et *Flying-Fish*, et d'une gabare, *le Relief*. Cette dernière, qui emportait dans ses flancs un supplément de provisions, fut expédiée à Rio, tandis que les autres bâtiments, avant de s'arrêter sur cette rade, touchèrent à Madère et aux îles du cap Vert.

Du 24 novembre 1838 au 6 janvier 1839, l'escadre demeura dans la baie de Rio-de-Janeiro, gagna ensuite le Rio-Negro où elle séjourna six jours, et n'arriva que le 19 février 1839 au port Orange, à la Terre de Feu.

En cet endroit, l'expédition se divisa : le *Peacock* et le *Flying-Fish* furent envoyés vers le point où Cook avait doublé le soixantième degré de latitude ; le *Relief* pénétra avec les naturalistes dans le détroit de Magellan par un des passages situés au sud-est de la Terre de Feu ; le *Vincennes* restait au port Orange, tandis que le *Sea-Gull* et le *Purpoise* partaient, le 24 février, pour les mers australes. Wilkes reconnut la Terre de Palmer sur une longueur de trente milles jusqu'au point où elle tourne vers le S.-S.-E. qu'il nomma cap Hope ; puis, il visita les Shetland et fit à leur géographie quelques heureuses rectifications.

Les deux bâtiments, après trente-six jours passés dans ces régions inhospitalières, firent route au nord. Après divers incidents de navigation, aujourd'hui
sans grand intérêt, ayant perdu le *Sea-Gull*, Wilkes relâcha au Callao, visita les
Pomoutou, Taïti, les îles de la Société, des Navigateurs, et relâcha à Sydney,
le 28 novembre.

Le 29 décembre 1839, l'expédition reprenait encore une fois la mer et se dirigeait au sud. L'objectif était d'atteindre la plus haute latitude possible entre
les 160e et 145e degrés à l'est du méridien de Greenwich, en allant de l'est à
l'ouest. Les bâtiments avaient liberté de manœuvre, et rendez-vous était fixé en
cas de séparation. Jusqu'au 22 janvier, on releva de nombreux indices de terre,
et quelques officiers crurent même l'apercevoir; mais il ressort des dépositions
de ceux-ci, au procès que Wilkes eut à soutenir à son retour, que, si quelque
circonstance eût rejeté au nord le *Vincennes* avant le 22 janvier, l'expédition
n'aurait eu aucune certitude de l'existence d'un continent austral. C'est à Sydney seulement que Wilkes, entendant dire que d'Urville avait découvert la terre
le 19 janvier, prétendit l'avoir découverte le même jour.

Ces faits sont établis dans un article très concluant, publié par l'hydrographe
Daussy dans le *Bulletin de la Société de géographie.*

On verra plus loin que, dès le 21 janvier, d'Urville avait débarqué sur cette
nouvelle terre. La priorité de la découverte doit donc lui être réservée.

Le *Peacock* et le *Flying-Fish*, ayant éprouvé des avaries ou n'ayant pu
affronter l'état de la mer et les glaces flottantes, avaient fait route au nord
dès le 24 janvier et le 5 février.

Seuls, le *Vincennes* et le *Purpoise* avaient continué cette rude croisière jusque
par 97° de longitude est, voyant la terre et s'en approchant de temps en temps,
depuis dix milles jusqu'à trois quarts de mille, selon que la banquise le permettait.

« Le 29 janvier, dit Wilkes dans son rapport à l'Institut national de Washington,
nous entrâmes dans ce que j'ai nommé baie Piners, la seule place où nous
ayons pu débarquer sur les rochers nus; mais nous fûmes repoussés par un
de ces coups de vent soudains qui sont ordinaires dans ces mers. Nous sortîmes
de cette baie en sondant par trente brasses. Le coup de vent dura trente-six
heures, et après avoir échappé plusieurs fois de très près à nous briser contre les
glaces, nous nous trouvâmes à soixante milles sous le vent de la baie. Comme
il était alors probable que la terre que nous avions découverte était d'une grande
étendue, je pensai qu'il était plus important de la suivre vers l'ouest que de
retourner pour débarquer à la baie Piners, ne doutant pas d'ailleurs que nous

L'île est peuplée d'oiseaux. (Page 373.)

ne trouvassions l'occasion de le faire sur quelque point plus accessible. Je fus
cependant trompé dans cette attente, et la banquise nous empêcha constamment
d'approcher de terre. Nous rencontrâmes sur la limite de la banquise de grandes
masses de glace couvertes de vase, de roches et de pierres, dont nous pûmes
prendre des échantillons aussi nombreux que si nous les avions détachés des
rochèrs eux-mêmes. La terre couverte de neige fut aperçue distinctement en
plusieurs endroits, et, entre ces points, les apparences étaient telles, qu'elles ne
laissèrent que peu ou même aucun doute dans mon esprit, qu'il n'y eût là une
ligne continue de côtes, qui méritât le nom que nous lui avons donné, de continent antarctique. Lorsque nous atteignîmes le 97e degré est, nous trouvâmes

Il fallut se mouiller jusqu'à mi-corps. (Page 370.)

que la glace se dirigeait vers le nord ; nous la suivîmes dans cette direction, et nous arrivâmes, à quelques milles près, au point où Cook avait été arrêté par la barrière de glace en 1773. »

La baie Piners, où Wilkes débarqua, est située par 140° est (137°40' de Paris), c'est-à-dire au point même où d'Urville avait débarqué le 21 janvier.

Le 30 janvier, le *Purpoise* avait aperçu les deux bâtiments de d'Urville, s'était approché d'eux, à portée de la voix ; mais ceux-ci, faisant de la toile, avaient paru se refuser à toute communication.

Wilkes regagna Sydney où il trouva le *Peacock* en réparation, se rendit avec ce bâtiment à la Nouvelle-Zélande, de là à Tonga-Tabou, puis aux Fidji, où furent massacrés par les naturels deux jeunes officiers de l'expédition. Les îles des Amis, des Navigateurs, les Sandwich, l'embouchure de la Colombia à la côte occidentale d'Amérique, les détroits de l'Amirauté et de Puget, l'île Vancouver, les îles des Larrons, Manille, les Soulou, Singapour, les îles de la Sonde, Sainte-Hélène, Rio-de-Janeiro, furent les nombreuses étapes de ce long voyage, qui se termina, le 9 juin 1842, à New-York, après une absence de trois ans et dix mois.

Les résultats dans toutes les branches de la science étaient considérables, et, pour son début dans la carrière des voyages de circumnavigation, la jeune république des États-Unis venait de faire un coup de maître.

Malgré tout l'intérêt que présente la précieuse relation de cette expédition, ainsi que les traités spéciaux qui l'accompagnent et que l'on doit à la plume des savants Dana, Gould, Pickering, Gray, Cassin et Brackenridge, nous sommes forcé de négliger tout ce qui s'est fait dans des contrées déjà connues. Le succès de cette grande publication fut considérable au delà de l'Atlantique, il est facile de le comprendre, dans un pays qui ne compte qu'un petit nombre d'explorateurs officiels.

En même temps que Wilkes, au commencement de 1839, Balleny, capitaine de l'*Elisabeth-Scott*, apportait sa contribution à la reconnaissance des terres antarctiques.

Parti de l'île Campbell, au sud de la Nouvelle-Zélande, il était parvenu, le 7 février, par 67°7′ de latitude et 164°25′ de longitude à l'ouest du méridien de Paris. Faisant alors route à l'ouest, deux jours plus tard, après avoir reconnu maint indice du voisinage de la terre, il avait découvert dans le sud-ouest une bande noire, qu'à six heures du soir on ne pouvait plus hésiter à prendre pour la terre. C'étaient trois îles assez considérables, dont la plus occidentale était la plus longue. Elles reçurent le nom de Balleny. Comme on peut le croire, le capitaine manœuvra pour atterrir, mais ces îles étaient défendues par une barrière de glace sans aucun passage. On dut donc se contenter de fixer par 66°44′ et 162°25′ de longitude la position de l'île centrale.

Le 11 février, fut encore vue une terre haute et couverte de neige dans l'ouest-sud-ouest ; le lendemain, on n'en était plus qu'à une dizaine de milles. On s'en approcha, puis un canot fut détaché. Une plage de trois ou quatre pieds de large au bas de falaises verticales et inaccessibles en défendait l'accès, et il fallut se mouiller jusqu'à mi-corps pour recueillir quelques échantillons de lave car cette terre est volcanique, et ses montagnes sont surmontées d'un panache de fumée.

Encore une fois, le 2 mars, par 65° de latitude et 120°24′ de longitude estimée, on aperçut, du pont de l'*Elisabeth-Scott*, une nouvelle apparence de terre. On mit en panne pour passer la nuit, et le lendemain, on tenta de se diriger vers le sud-ouest ; mais il fut impossible de franchir la banquise attachée au rivage. Cette nouvelle terre reçut le nom de Sabrina. Balleny dut alors reprendre la route du nord, et c'est à ces indications incomplètes, mais sûres, que se bornent ses découvertes.

En 1837, au moment où Wilkes partait pour l'expédition qui vient d'être racontée, le capitaine Dumont d'Urville proposa au ministre de la marine un nouveau plan de voyage autour du monde. Les services qu'il avait rendus de 1819 à 1821, durant une campagne hydrographique, de 1822 à 1825, sur la *Coquille* avec le capitaine Duperrey; enfin, de 1826 à 1829, sur l'*Astrolabe*, ses études et son expérience lui donnaient bien le droit de soumettre ses vues au gouvernement et de faire en sorte de compléter la masse de renseignements que lui-même ou d'autres navigateurs avaient recueillis sur des parages imparfaitement décrits, bien que très importants à connaître sous le rapport de l'hydrographie, du commerce et des sciences.

Le ministre s'était empressé d'accepter les offres de Dumont d'Urville et mit tout en œuvre pour lui donner des collaborateurs éclairés en qui il pût avoir confiance. Les deux corvettes *l'Astrolabe* et *la Zelée,* munies de toutes les ressources dont les voyages successifs que la France venait d'entreprendre avaient fait reconnaître la nécessité, furent tenues à sa disposition. Parmi les officiers qui l'accompagnèrent, plusieurs devaient arriver au grade d'officier général : c'était Jacquinot, le commandant de la *Zelée*, Coupvent-Desbois, Du Bouzet, Tardy de Montravel et Périgot, dont les noms sont bien connus de tous ceux qui se sont occupés de l'histoire de la marine française.

Les instructions que le commandant de l'expédition reçut du vice-amiral de Rosamel différaient de celles qui avaient été données à ses prédécesseurs, en ce sens qu'il lui était prescrit de s'enfoncer vers le pôle sud aussi loin que les glaces le lui permettraient. Il devait également compléter le grand travail qu'il avait exécuté, en 1827, sur les îles Viti, et, après une reconnaissance de l'archipel Salomon, suivie d'une relâche à la rivière des Cygnes en Australie et à la Nouvelle-Zélande, il devait visiter les îles Chatam et la partie des Carolines reconnue par Lütké, pour gagner ensuite Mindanao, Borneo, Batavia, d'où il reviendrait en France par le cap de Bonne-Espérance.

Ces instructions se terminaient par des considérations d'un haut intérêt, qui témoignaient des vues élevées de l'administration.

« Sa Majesté, disait l'amiral de Rosamel, n'a pas seulement eu en vue les progrès de l'hydrographie et des sciences naturelles ; sa royale sollicitude pour les intérêts du commerce français et pour le développement des expéditions de nos armateurs, lui a fait envisager, sous un point de vue plus large, l'étendue de votre mission et les avantages qu'elle doit réaliser. Vous visiterez un grand nombre de points qu'il est très important d'étudier sous le rapport des ressources qu'ils peuvent offrir à nos navires baleiniers. Vous aurez à recueillir tous les renseignements propres à les guider dans leurs expéditions pour les rendre plus fructueuses. Vous relâcherez dans des ports où déjà notre commerce entretient des relations et où le passage d'un bâtiment de l'État peut produire une salutaire influence, dans d'autres où peut-être les produits de notre industrie trouveraient des débouchés ignorés jusqu'à ce jour, et sur lesquels vous pourrez, à votre retour, fournir de précieuses indications. »

Dumont d'Urville reçut, avec les vœux et les encouragements personnels de Louis-Philippe, les marques d'intérêt les plus vives de l'Académie des Sciences morales et de la Société de géographie. Par malheur, il n'en fut pas de même de la part de l'Académie des Sciences, bien que, depuis plus de vingt années, le capitaine d'Urville n'eût cessé de travailler à l'accroissement des richesses du Muséum d'histoire naturelle.

« Soit esprit de corps, soit préventions défavorables contre moi, écrit d'Urville, ils montrèrent peu d'empressement pour l'expédition qui se préparait, et les termes dans lesquels furent conçues leurs instructions furent pour le moins aussi froids qu'ils eussent pu les employer vis-à-vis d'une personne qui leur eût été complètement étrangère. »

On doit regretter d'avoir vu, parmi les adversaires les plus acharnés de cette expédition, l'illustre Arago, ennemi déclaré des recherches polaires.

Il n'en fut pas de même d'un certain nombre de savants étrangers, au premier rang desquels il convient de citer Humboldt et Krusenstern, qui adressèrent à d'Urville leurs félicitations sur sa nouvelle campagne et sur les services que les sciences en pouvaient attendre.

Après de nombreux retards causés par l'armement de deux vaisseaux qui devaient transporter le prince de Joinville au Brésil, les deux corvettes l'Astrolabe et la Zélée purent enfin quitter Toulon le 7 septembre 1837. Le dernier jour du même mois, elles mouillaient sur la rade de Sainte-Croix de Ténériffe ; cette relâche, d'Urville la substituait à celle du cap Vert, parce qu'il espérait pouvoir s'y procurer du vin, et aussi procéder à certaines observations d'intensité magnétique et de hauteur qu'on lui avait reproché de n'avoir pas exécutées en 1826. bien qu'on sût parfaitement qu'il n'était pas à cette époque en état de les faire.

Malgré l'impatience que témoignaient les jeunes officiers d'aller prendre leurs ébats à terre, ils durent se soumettre à une quarantaine de quatre jours, récemment établie sur le bruit de quelques cas de peste survenus au lazaret de Marseille. Sans s'arrêter sur les détails de l'ascension de MM. Du Bouzet, Coupvent et Dumoulin au sommet du pic, il suffira de citer ces quelques phrases enthousiastes de Coupvent-Desbois :

« Arrivés au pied du piton, dit cet officier, nous gravissons, durant une dernière heure, des cendres et des débris de pierres, et nous touchons enfin au but désiré, le point le plus élevé de ce monstrueux volcan. Le cratère fumant se présente à nos yeux comme une demi-sphère creuse, soufreuse, couverte de débris de ponces et de pierres, large d'environ 400 mètres et profonde de 100. Le thermomètre qui est, à l'ombre, de 5 degrés à dix heures du matin, s'est brisé, placé sur le sol, dans un endroit qui laissait échapper des vapeurs sulfureuses. Il y a sur les bords et dans le cratère une foule de fumerolles qui distillent le soufre natif qui forme la base du sommet. La vitesse des vapeurs est assez grande pour faire entendre des détonations. La chaleur du sol est telle qu'en certains endroits il est impossible d'y poser les pieds pendant quelques instants. Maintenant, jetez vos regards autour de vous, voyez ces trois montagnes entassées les unes sur les autres, n'est-ce pas une œuvre des géants pour escalader le ciel? Considérez ces immenses coulées de laves qui divergent d'un point unique et forment la croûte que, peu de siècles auparavant, vous n'eussiez point foulée impunément. Voyez au loin cet archipel des Canaries, jeté çà et là sur la mer qui brise sur les côtes de l'île dont vous êtes le sommet, vous pygmées !... Voyez comme Dieu doit voir, et soyez payés de vos fatigues, voyageurs que l'admiration des grands spectacles de la nature a conduits à 3,704 mètres au-dessus du niveau de la mer ! »

Il faut ajouter à ces observations que les explorateurs constatèrent au sommet du pic l'éclat plus vif des étoiles, la facilité du son à se propager, enfin l'engourdissement des extrémités du corps et des maux de tête assez prononcés, symptômes bien connus de ce qu'on appelle « le mal des montagnes ».

Pendant qu'une partie de l'état-major se livrait à cette promenade scientifique, plusieurs officiers parcouraient la ville, où l'on ne remarque qu'une promenade publique bien exiguë, appelée l'Alameda, et l'église des Franciscains. Les environs sont assez intéressants, soit par les curieux aqueducs qui amènent l'eau à la ville, soit par la forêt de Mercédès, qui mériterait plutôt, d'après d'Urville, le nom de bois taillis, car on n'y voit plus que des arbustes et des fougères.

La population parut joviale mais adonnée à une excessive paresse, frugale mais livrée à la plus abominable saleté, enfin d'une licence de mœurs sans nom.

Le 12 octobre, les deux bâtiments reprirent la mer, se disposant à gagner au plus tôt les régions polaires. Un sentiment d'humanité détermina d'Urville à relâcher à Rio. L'état d'un élève, embarqué malade de la poitrine, allait tous les jours empirant, le séjour dans les glaces aurait vraisemblablement avancé sa fin; c'est ce qui détermina le commandant à changer son itinéraire.

Les deux bâtiments mouillèrent sur la rade de Rio et non pas dans la baie, le 13 novembre, mais ils n'y séjournèrent qu'une journée, c'est-à-dire juste le temps de mettre à terre le jeune Duparc et de faire provision de quelques vivres frais, puis ils reprirent leur route au sud.

Depuis longtemps, d'Urville désirait explorer le détroit de Magellan, non pas seulement au point de vue hydrographique, car les relèvements si consciencieux du capitaine anglais King — commencés en 1826, ils ne furent terminés qu'en 1834 par Fitz-Roy — laissaient bien peu de chose à faire; mais sous le rapport de l'histoire naturelle, quelle riche moisson d'observations nouvelles n'y avait-il pas à récolter?

N'était-il pas intéressant au plus haut degré de vérifier ces dangers à chaque instant renaissants, ces sautes de vents et tous ces périls signalés par les anciens navigateurs?

Et même, ces fameux Patagons, objets de tant de fables et de controverses, ne serait-on pas satisfait de recueillir sur eux des documents précis et circonstanciés?

D'ailleurs, une autre raison militait en faveur de la relâche au port Famine que d'Urville voulait substituer à celle de la Terre des États. En relisant les relations des explorateurs qui s'étaient enfoncés dans l'Océan austral, le commandant s'était persuadé que le meilleur moment, pour aborder avec succès ces régions, était la fin de janvier et le mois de février. Alors seulement les effets du dégel sont complets, et l'on ne court pas le risque d'exposer les équipages à des fatigues et à des dangers inutiles dans une croisière intempestive.

Dès que sa résolution fut arrêtée, d'Urville communiqua ses nouvelles intentions au capitaine Jacquinot et fit aussitôt voile pour le canal. Le 12 décembre, les deux corvettes étaient en vue du cap des Vierges, et Dumoulin, secondé par les jeunes officiers, commençait sous voile la belle série de ses travaux hydrographiques.

Dans la navigation épineuse du détroit, d'Urville déploya autant d'audace que de sang-froid, d'habileté que de présence d'esprit, — ce sont les termes mêmes employés à son égard, — et fit complètement revenir sur son compte bon nombre de ses matelots, qui, en le voyant marcher pesamment à Toulon et souffrant de la goutte, s'étaient écriés naïvement : « Oh ! ce bonhomme-là ne nous mènera pas bien loin ! »

Mais, lorsqu'on sortit du détroit, grâce à la vigilance continuelle du commandant, les esprits étaient si bien changés qu'on répétait :

« Ce diable d'homme est enragé ! Il nous a fait raser les roches, les écueils et la terre, comme s'il n'avait jamais fait d'autre navigation dans sa vie !... Et nous qui le croyions mort dans le dos ! »

Ici, il convient de dire quelques mots de la relâche au port Famine.

Le débarquement y est facile ; on y trouve une belle source et du bois en abondance ; les rochers fournissent une récolte abondante de moules, de patelles, de buccins, et la terre produit du céleri et une sorte de salade semblable au pissenlit. Une autre ressource très abondante de cette baie, c'est la pêche ; pendant tout le temps de la relâche, la seine, le trémail et la ligne procurèrent des éperlans, des mulets, des loches, des gobies, en assez grande abondance pour nourrir les équipages.

« Comme j'allais me rembarquer, dit d'Urville, mon patron me remit un petit baril qu'on avait trouvé suspendu à un arbre de la plage, tandis qu'on avait lu sur un poteau voisin l'inscription *Post-Office.* Ayant reconnu qu'il contenait des papiers, je le transportai à bord et pris connaissance des diverses pièces qu'il renfermait. C'étaient des notes des capitaines qui avaient passé par le détroit, sur l'époque de leur passage, les circonstances de leur traversée, quelques avis à leurs successeurs et des lettres pour l'Europe et les États-Unis. Il paraît que la première idée de ce bureau de poste en plein vent fut due au capitaine américain Cunningham, qui se servit tout simplement d'une bouteille suspendue à un arbre, en avril 1833 ; son compatriote Water-House y ajouta, en 1835, l'utile complément du poteau, avec l'inscription. Enfin le capitaine anglais Carrick, commandant le schooner *Mary-Ann*, de Liverpool, passa par le détroit en mars 1837, allant à San-Blas de Californie ; il y passa encore à son retour, le 29 novembre 1837, c'est-à-dire seize jours avant nous, et c'est lui qui avait substitué le baril à la bouteille, avec invitation à ses successeurs d'en faire usage pour les lettres qu'ils voudraient faire parvenir à leurs diverses destinations. Je me propose d'ajouter encore à cette mesure vraiment utile et ingénieuse dans sa simplicité, en créant un vrai bureau de poste

Relâche au port Famine. (Page 375.)

au sommet de la presqu'île; car son inscription, par la dimension de ses caractères, sera telle, qu'elle forcera l'attention des navigateurs qui ne voudraient pas mouiller à Port-Famine, et la curiosité les portera à envoyer un canot visiter la boite qui sera appliquée au poteau. Selon toute apparence, nous serons les premiers à en recueillir les fruits, et nos familles seront agréablement surprises de recevoir de nos nouvelles de cette terre sauvage et solitaire au moment même où nous allons nous lancer vers les glaces polaires. »

A marée basse, l'embouchure de la rivière Sedger, qui se jette dans la baie Famine, est obstruée par des bancs de sable; à trois cents mètres plus loin, la plaine se transforme en un immense marécage d'où émergent d'énormes

Vue de la Terre Adélie. (*Fac-simile. Gravure ancienne.*)

troncs d'arbres, ossements gigantesques, blanchis sous l'action du temps, transportés en cet endroit par les pluies extraordinaires, qui grossissent le cours de
la rivière.

Une belle forêt sert de lisière à celle-ci, et des arbustes, armés d'aiguillons,
en défendent l'accès. Les essences les plus communes sont le hêtre, au tronc haut
de vingt à trente mètres sur près d'un mètre de diamètre, l'écorce de Winter,
qui a longtemps remplacé la cannelle, et une sorte d'épine-vinette.

Les plus gros hêtres que d'Urville ait rencontrés mesuraient cinq mètres de
circonférence et pouvaient avoir cinquante mètres de haut.

Par malheur, on ne trouve sur ce littoral ni mammifères, ni reptiles, ni

48

coquilles terrestres ou fluviatiles; une ou deux sortes d'oiseaux, voilà seulement, avec des lichens et des mousses, ce que le naturaliste y peut seulement recueillir.

Plusieurs officiers remontèrent le Sedger dans une yole, jusqu'à ce que le peu de profondeur de l'eau les arrêtât. Ils étaient alors à sept milles et demi de l'embouchure, et ils constatèrent que cette rivière pouvait avoir, à l'endroit où elle tombe dans la mer, trente ou quarante mètres de large.

« Il serait difficile, dit M. de Montravel, d'imaginer un tableau plus pittoresque que celui que chaque coude dévoilait à nos yeux. Partout, c'était ce désordre admirable qu'on ne saurait imiter, un amas confus d'arbres, de branches brisées, de troncs couverts de mousses qui se croisaient en tous sens. »

En résumé, la station au port Famine avait été des plus heureuses; le bois et l'eau furent faits très facilement; on procéda à une foule de réparations ou d'installations nouvelles, à des observations d'angles horaires, de physique, de météorologie, de marée, d'hydrographie; enfin on recueillit de nombreux objets d'histoire naturelle, qui offraient d'autant plus d'intérêt que les divers musées de France ne possédaient absolument rien de ces régions inexplorées.

« Un petit nombre de plantes recueillies par Commerson et conservées dans l'herbier de M. de Jussieu, dit la relation, représentaient tout ce qu'on en savait. »

Le 28 décembre 1837, l'ancre fut levée sans qu'on eût pu apercevoir un seul de ces Patagons, dont la rencontre excitait à un si haut degré la curiosité des officiers et de l'équipage.

Les hasards de la navigation forcèrent les deux corvettes à mouiller un peu plus loin, au port Galant, dont les rives, bordées de beaux arbres, sont coupées de torrents qui forment, à peu de distance, de magnifiques cascades de quinze à vingt mètres de hauteur. Cette relâche ne fut pas perdue, car on recueillit un grand nombre de plantes nouvelles, et on releva le port et les baies voisines. Mais le commandant, trouvant la saison trop avancée, renonça à sortir du détroit par l'ouest, et résolut de revenir sur ses pas, afin d'avoir une entrevue avec les Patagons, avant de gagner les régions arctiques.

La baie Saint-Nicolas, que Bougainville avait appelée baie des Français, offrit un spectacle infiniment plus gracieux que le port Galant, où les équipages passèrent le premier janvier 1838. Les travaux hydrographiques habituels y furent menés à bonne fin par les officiers sous la direction de Dumoulin.

Un canot fut expédié au cap Remarquable, où Bougainville disait avoir vu des coquilles fossiles; ce n'étaient que de petits galets empâtés dans une gangue calcaire, formant une couche très épaisse depuis le niveau de la mer jusqu'à une hauteur de cinquante mètres environ.

D'intéressantes observations furent faites également avec le thermomètrographe à deux cent quatre-vingt-dix brasses, sans trouver le fond à moins de deux milles de terre. Si à la surface la température était de neuf degrés, elle en accusait deux à cette profondeur, et comme vraisemblablement les courants n'introduisent pas aussi bas les eaux des deux océans, on serait fondé à croire que c'est la température propre à cette profondeur.

Puis, les bâtiments rallièrent la Terre de Feu où Dumoulin reprit le cours de ses relèvements. Basse, découverte, semée de rochers qui servirent de jalons, elle n'offre en cet endroit que fort peu de dangers. L'île Magdalena, la baie Gente-grande, l'île Élisabeth, le havre Oazy, où l'on distingua à la lunette un camp nombreux de Patagons, le havre Peckett, où l'*Astrolabe* toucha par trois brasses d'eau, furent successivement dépassés.

« Au moment où l'on s'aperçut que nous touchions, dit Dumont d'Urville, il y eut un moment d'étonnement et même d'agitation dans l'équipage, et quelques clameurs se faisaient déjà entendre. D'une voix ferme, j'imposai silence, et sans paraître m'inquiéter en rien de ce qui venait d'arriver, je m'écriai : « Ce n'est rien du tout, et vous en verrez bien d'autres! » Par la suite, ces mots revinrent souvent à la mémoire de nos matelots. Il est plus important qu'on ne pense, pour un capitaine, de conserver le calme le plus parfait et la plus grande impassibilité au milieu des périls les plus imminents, même de ceux qu'il pourrait juger inévitables. »

La station au havre Peckett fut égayée par la vue des Patagons. Tous, officiers et matelots, étaient impatients de descendre à terre. Une foule de naturels à cheval attendaient au lieu du débarquement.

Doux et paisibles, ils répondirent avec complaisance aux questions qui leur furent faites. Ils considéraient avec tranquillité tout ce qu'ils voyaient et ne montraient pas une grande convoitise pour les objets qu'on leur montrait. Ils ne parurent avoir aucun penchant au vol, et, tant qu'ils furent à bord, ils n'essayèrent de soustraire quoi que ce fût.

Leur taille moyenne parut être de 1ᵐ,73, quoiqu'on en vît de plus petits. Leurs membres étaient gros et potelés sans être musculeux; leurs extrémités, d'une petitesse remarquable. Leur trait le plus caractéristique, c'est la largeur de la partie inférieure de la figure, tandis que le front est bas et fuyant. Des yeux allongés et étroits, des pommettes assez saillantes, un nez écrasé, leur donnent assez de ressemblance avec le type mongol.

Chez eux tout annonce la mollesse et l'indolence, rien la vigueur et l'agilité.
A les voir accroupis, en marche ou debout, avec leurs cheveux tombant sur les
épaules, on dirait plutôt les femmes d'un harem que des sauvages habitués
à souffrir des intempéries des saisons et à lutter contre les difficultés de
l'existence. Étendus sur des peaux, au milieu de leurs chiens et de leurs
chevaux, ils n'ont pas de passe-temps plus agréable que de chercher, pour s'en
régaler, la vermine dont ils sont largement fournis. Ils sont tellement ennemis
de la marche qu'ils montaient à cheval pour aller ramasser des coquilles sur
le rivage, qui n'était cependant éloigné que de cinquante à soixante pas.

Avec eux vivait un blanc, à l'aspect misérable et décharné ; il se disait originaire des États-Unis, mais il ne parlait l'anglais qu'imparfaitement, et l'on n'eut
pas de peine à reconnaître en lui un Suisse allemand.

Niederhauser, — c'était son nom, — était allé tenter de s'enrichir aux États-
Unis ; comme la fortune se montrait rebelle, il avait écouté les propositions
merveilleuses d'un pêcheur de phoques, qui cherchait à recruter son équipage.
Il fut déposé, suivant la coutume, avec sept camarades et des provisions, sur
une île sauvage de la Terre de Feu pour faire la chasse aux phoques et préparer
leurs peaux.

Quatre mois après, le schooner reparut, chargea les peaux, laissa les pêcheurs
avec de nouvelles provisions et... ne revint pas. Que le bâtiment ait fait naufrage, que le capitaine ait abandonné ses matelots, c'est ce qu'il fut impossible
de savoir.

Lorsque ces malheureux virent le délai passé et qu'ils se trouvèrent sans provisions, ils montèrent dans leur canot et embouquèrent le détroit. Ils ne tardèrent pas à rencontrer les Patagons. Niederhauser resta avec eux, tandis que
les autres continuaient leur route. Très bien accueilli par les naturels, il avait
vécu de leur existence, s'emplissant l'estomac, lorsque la chasse était bonne, se
serrant la ceinture et ne vivant que de racines en temps de disette.

Mais, las de cette existence misérable, Niederhauser supplia d'Urville de le
prendre à son bord, car il n'aurait pu résister un mois de plus à ces privations.
Le capitaine y consentit et l'embarqua comme passager.

Pendant ses trois mois de séjour chez les Patagons, Niederhauser avait pris
quelque teinture de leur langage, et d'Urville en profita pour recueillir en pa-
tagon la plupart des mots d'un vocabulaire comparatif de toutes les langues.

Le costume de guerre des Fuégiens comprend un casque de cuir bouilli, armé
de plaques d'airain et recouvert d'un beau cimier de plumes de coq, une
tunique de cuir de bœuf teinte en rouge et bariolée de bandes jaunes, et une

sorte de cimeterre à double tranchant. Le chef de la peuplade du havre Peckett consentit à laisser faire son portrait sous ce costume, ce qui dénonçait une supériorité sur ses sujets, qui s'y refusèrent obstinément dans la crainte de quelque sortilège.

Le 8 janvier, l'ancre définitivement levée, le second goulet fut enfilé assez lestement, malgré le flot. Après avoir parcouru les deux tiers de l'étendue du détroit de Magellan, les bâtiments firent route pour les régions polaires, ayant relevé toute la bande orientale de la Terre de Feu, lacune importante comblée pour l'hydrographie, car, jusqu'alors, il n'existait aucune carte détaillée de cette côte.

La Terre des États fut doublée sans incident. Le 15 janvier, furent aperçues, non sans une certaine émotion, les premières, glaces au milieu desquelles les bâtiments allaient bientôt naviguer sans trêve.

Les écueils flottants ne sont pas par eux-mêmes les ennemis les plus redoutables de ces parages ; la brume, — une brume opaque que le regard le plus vif ne peut parvenir à percer, — enveloppe bientôt les deux navires, paralyse leurs mouvements et risque à chaque instant, bien qu'ils soient à la cape, de leur faire donner contre quelqu'un de ces blocs redoutables. La température s'abaisse ; à la surface de l'eau, le thermométrographe n'accuse plus que deux degrés, celle des eaux inférieures descend au-dessous de zéro. Bientôt une neige à moitié fondue tombe à flot. Tout annonce qu'on entre définitivement dans les mers antarctiques.

Il est impossible de reconnaître l'île Clarence et les New-South-Orkney ; on passe son temps à manœuvrer pour éviter les blocs de glace.

A midi, le 20 janvier, on est par 62° 3' latitude sud et 49°56' longitude ouest. C'est non loin de là, dans l'est, que Powell a rencontré des « ice fields » compacts. On aperçoit bientôt une île immense de deux mille mètres d'étendue, de soixante-six mètres de hauteur, table taillée à pic, imitant la terre à s'y méprendre sous certains reflets de lumière.

Les baleines et les pingouins nagent en foule autour des bâtiments que croisent sans cesse les pétrels blancs.

Le 21, les observations accusent 62° 53' sud, et d'Urville compte bientôt atteindre le soixante-cinquième parallèle, lorsque, dans la nuit, à trois heures du matin, on le prévient que la route est barrée par une banquise, à travers laquelle il ne paraît pas possible de se frayer un passage. Les amures sont aussitôt changées, et l'on fait route à l'est à petite vitesse, car la brise est tombée.

« Aussi, dit la relation, eûmes-nous le temps de contempler tout à notre

aise le merveilleux spectacle que nous avions sous les yeux. Sévère et grandiose au delà de toute expression, tout en élevant l'imagination, il remplit le
cœur d'un sentiment d'épouvante involontaire; nulle part l'homme n'éprouve
plus vivement la conviction de son impuissance... C'est un monde nouveau dont
l'image se déploie à ses regards, mais un monde inerte, lugubre et silencieux
où tout le menace de l'anéantissement de ses facultés. Là, s'il avait le malheur
de rester abandonné à lui-même, nulle ressource, nulle consolation, nulle étin-
celle d'espérance ne pourraient adoucir ses derniers moments. Cette idée rappelle involontairement la fameuse inscription de la porte de l'enfer du Dante :

Lasciate ogni speranza, voi ch'entrate. »

D'Urville procède alors à un travail très curieux, qui, comparé à d'autres
de même nature, pourrait avoir une extrême utilité. Il fait relever le tracé exact
de la banquise. Si d'autres navigateurs avaient agi de même par la suite, on
aurait obtenu des renseignements précis sur la marche et les mouvements des
glaces australes, matières si obscures encore aujourd'hui.

Le 22, après avoir doublé une pointe, on reconnaît que la direction de la
banquise est S.-S.-O., puis O. Dans ces parages, on aperçoit une terre haute et
accidentée. Dumoulin a commencé d'en faire le relevé, d'Urville croit y reconnaître le New-South-Groenland de Morrell, lorsqu'on voit ses formes s'altérer
et se fondre à l'horizon.

Le 24, les deux corvettes traversent un lit de glaçons flottants et pénètrent
dans une plaine où les glaces sont en dissolution. Mais le passage se rétrécit
bientôt, les blocs deviennent plus nombreux, et il faut faire volte-face, si l'on ne
veut pas être bloqué.

Cependant tout indique que la lisière de la banquise est en décomposition :
les îles de glace s'éboulent avec des détonations formidables, les glaces suintent
et laissent couler de petits filets; c'est la débâcle; la saison n'est donc pas assez
avancée, et Fanning a raison de dire qu'il ne faut pas arriver dans ces parages
avant le mois de février.

D'Urville se décide alors à faire route au nord pour essayer de gagner les îles
New-South-Orkney, dont la carte était incomplète et mal déterminée. Le commandant désirait procéder au relevé de cet archipel et s'y arrêter quelques
jours, avant de piquer de nouveau vers le sud, afin de s'y retrouver à la même
époque de l'année que Weddell.

Pendant trois jours, d'Urville prolongea la bande septentrionale de cet archipel sans pouvoir l'accoster; puis, il reprit sa route au sud jusqu'au 4 février, et

fut de nouveau en vue de la banquise par 62° 20′ de latitude sud et 39° 28′ de longitude est.

Quelques minutes avant midi, on découvrit une sorte d'ouverture, et l'on s'y lança à tout hasard.

Cette manœuvre audacieuse réussit aux deux bâtiments, qui purent pénétrer, malgré une neige intense, dans une sorte de petit bassin à peine large de deux milles, mais cerné de tous côtés par de hautes murailles de glaces.

Il fallut s'amarrer aux glaçons. Lorsqu'on donna l'ordre de mouiller, un jeune novice de la *Zélée* s'écria naïvement :

« Est-ce qu'il y a un port ici près? Je ne croyais pas qu'il y eût des habitants au travers des glaces! »

D'ailleurs, à ce moment, tout le monde à bord des deux bâtiments était enthousiaste et joyeux. De jeunes officiers de la *Zélée* étaient venus vider un bol de punch avec leurs camarades de l'*Astrolabe*. De son lit, le commandant pouvait entendre les bruyantes expressions de leur contentement. Mais lui n'envisageait pas la situation sous un jour aussi favorable. Il considérait sa manœuvre comme très imprudente. Enfermé dans un cul-de-sac, il n'avait, pour sortir, d'autre issue que celle qui lui avait servi pour entrer, et il était impossible d'en profiter, à moins d'avoir vent sous vergue.

En effet, à onze heures, d'Urville fut réveillé par des chocs violents et par un bruit de déchirement, comme si la corvette eût touché contre des rochers. Le commandant se releva et vit que l'*Astrolabe*, ayant dérivé, était tombée sur les glaces, où elle restait exposée aux attaques de celles que le courant entraînait plus vite qu'elle-même.

Au jour, on se vit entouré de glaçons. Seul, dans le nord, un filet d'un bleu noirâtre semblait indiquer une eau libre. On prit aussitôt cette direction, mais une brume épaisse enveloppa presque immédiatement les deux corvettes. Lorsqu'elle se dissipa, on se trouva en présence d'une barrière de glaces compactes, au delà desquelles s'étendait à perte de vue une eau entièrement dégagée.

D'Urville résolut aussitôt de se frayer un passage, et, prenant du champ, il lança, avec le plus de rapidité qu'il fut possible, l'*Astrolabe* contre l'obstacle. Celle-ci pénétra de deux ou trois longueurs dans la glace, puis demeura immobile. Alors, les hommes descendirent sur les glaçons; armés de pics, de pinces, de pioches et de scies, ils travaillèrent gaiement à se frayer un passage.

Déjà ils avaient presque traversé ce fragment de banquise, lorsque le vent changea, la houle du large se fit sentir, et l'on dut, de l'avis de tous les

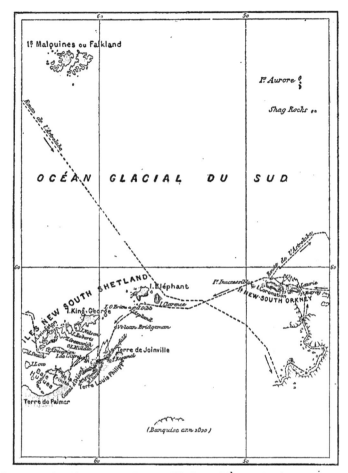

Petite carte des découvertes de Dumont d'Urville au Pôle sud, d'après ses relations.

officiers, rentrer dans l'intérieur des glaces, car il y avait lieu de craindre, si le vent fraîchissait, d'être affalé contre la banquise et démoli par les lames et les écueils flottants.

Les corvettes avaient parcouru douze ou quinze milles inutilement, lorsqu'un officier, perché dans les haubans, aperçut un passage dans l'E.-N.-E. On se dirigea immédiatement de ce côté; mais, encore une fois, il fut impossible de se frayer un passage, et, la nuit venue, on dut s'amarrer à un gros glaçon. Les effroyables craquements qui avaient tenu éveillé le commandant, la nuit précédente, recommencèrent avec une telle violence, qu'il semblait que la corvette ne pourrait y résister jusqu'au jour.

Ou dut enfermer le gouvernail. (Page 385.)

Cependant, après une entrevue avec le capitaine de la *Zélée*, d'Urville fit route au nord, mais la journée se passa encore sans apporter de changement dans la position des navires ; le lendemain, au milieu d'une pluie de neige fondue, la houle devint assez forte pour soulever toute la plaine glacée, dans laquelle les deux bâtiments étaient emprisonnés.

Il fallut veiller avec plus de soin que jamais aux glaçons, que ces ondulations faisaient bondir au loin, et l'on dut enfermer le gouvernail dans une espèce de cabane en bois qui le protégeait contre les chocs des glaces.

A part quelques ophthalmies produites par la réverbération continuelle de la neige, la santé des équipages était satisfaisante, et ce n'était pas une mince

satisfaction pour les commandants, obligés d'être continuellement sur le qui-
vive. Ce fut seulement le 9 février que les corvettes, favorisées par une forte
brise, purent se dégager et se retrouver enfin dans une mer entièrement libre.
On avait prolongé la banquise sur une étendue de deux cent vingt-cinq lieues.

Par un bonheur inespéré, les navires n'avaient aucune avarie, sauf la perte
de quelques espars et d'une bonne partie du doublage en cuivre; mais ils ne
faisaient pas plus d'eau qu'auparavant.

Le soleil parut le lendemain et permit d'obtenir des observations qui donnèrent la position par 62° 9′ latitude sud et 39° 22 longitude ouest.

La neige ne cessa pas de tomber, le froid fut vif et le vent violent pendant
les trois jours qui suivirent. Cette continuité de mauvais temps, ainsi que la
durée plus longue des nuits, avertirent d'Urville de la nécessité de renoncer à
cette navigation. Aussi, dès qu'il se trouva par 62° sud et 33°11′, sur la route où
Weddell avait pu cheminer librement en 1823, et où lui ne rencontra que des
glaces impénétrables, il fit route pour les New-South-Orkney.

D'ailleurs, un mois entier passé au milieu des glaces et des brumes de
l'océan Antarctique avait ébranlé la santé des équipages, et il était sans profit
pour la science de continuer plus longtemps cette croisière.

Ce fut le 20 que l'on reconnut l'archipel; d'Urville fut encore une fois forcé
par les glaces de le prolonger par le nord, mais il put détacher deux canots,
qui, sur l'île Weddell, recueillirent une ample collection géologique, quelques
échantillons de lichens et une vingtaine de pingouins et de chionis.

Le 25 février, fut aperçue l'île Clarence, qui forme l'extrémité orientale de
l'archipel New-South-Shetland, terre extrêmement haute, abrupte, couverte de
neige, sauf au bord de la mer; puis, on cingla vers l'île Éléphant, de tout point
semblable à la première, mais semée de pitons, qui se détachent en noir sur les
plaines de neige et de glace. Les îlots Narrow, Biggs, O'Brien, Aspland sont
successivement reconnus; mais, couverts de neige, ils n'offrent pas une place
où l'homme puisse prendre pied. Puis, on aperçut le petit volcan Bridgeman,
sur lequel deux canots essayèrent vainement de débarquer les naturalistes.

« La teinte générale du sol, dit la relation, est d'une couleur rougeâtre, comme
celle de la brique brûlée, avec des taches grises qui semblent annoncer des
pierres ponces ou de la cendre durcie. Au bord de la mer, çà et là, on voit de
gros blocs d'une couleur noirâtre qui doivent être de la lave. Du reste, cet îlot
n'a point de véritable cratère, mais il laisse échapper d'épaisses fumées qui
sortent presque toutes de sa base, dans la bande occidentale; sur celle du nord,
on voit encore deux fumerolles à dix ou douze mètres au-dessus de l'eau. On

n'en remarque point sur la bande de l'est, ni sur celle du sud, ni sur le sommet, qui est uniforme et arrondi. Sa masse paraît avoir récemment subi quelque grande modification, et il faut bien qu'il en ait été ainsi, pour avoir maintenant si peu de rapport avec la description qu'en traça Powell en 1822. »

D'Urville reprit bientôt la route du sud, et, le 27 février, reconnut une bande considérable de terre dans le S.-E., que la brume et les flocons d'une neige très fine l'empêchèrent d'accoster. Il se trouvait alors sur le parallèle de l'île Hope, par 62° 57′ de latitude. Il en approcha de très près et reconnut d'abord une terre basse, à laquelle il donna le nom de Terre de Joinville; plus loin, dans le sud-ouest, une grande terre montagneuse qu'il appela Terre Louis-Philippe, et, entre elles, au milieu d'une sorte de canal encombré par les glaces, une île à laquelle il donna le nom de Rosamel.

« Pour lors, dit d'Urville, l'horizon bien éclairci nous permet de suivre des yeux tous les accidents de la Terre Louis-Philippe. En ce moment, elle s'étend depuis le mont Bransfield, dans le N. 72° E., jusqu'au S.-S.-O., où l'œil la suit jusqu'aux bornes de l'horizon. Depuis le mont Bransfield jusqu'au sud, c'est une haute terre, assez uniforme et formant un immense glacier sans accidents notables. Mais, au sud, la terre se relève sous la forme d'un beau piton (le mont Jacquinot), qui paraît égaler et même surpasser Bransfield; puis, à partir de là, elle s'étend sous la forme d'une chaîne de montagnes se terminant dans le S.-O. par un sommet encore plus élevé que tous les autres. Au reste, les effets de la neige et de la glace, ainsi que l'absence de tout objet de comparaison, contribuent à exagérer singulièrement la hauteur de toutes ces protubérances. En effet, nous trouvâmes, par les mesures qui furent prises par M. Dumoulin, que toutes ces montagnes, qui nous paraissaient alors gigantesques et au moins comparables aux Alpes et aux Pyrénées, n'avaient que des hauteurs très médiocres. Ainsi, le mont Bransfield n'avait que 632 mètres, le mont Jacquinot 648 mètres, et enfin ce dernier, le mont d'Urville, le plus élevé de tous, 931 mètres. A l'exception des îlots en avant de la grande terre et de quelques pointes dégagées de neige, tout le reste n'est qu'une suite de glaces compactes; dans cet état, il n'est pas possible de tracer la vraie direction de la terre, mais seulement de ses croûtes de glace. »

Le 1er mars, un sondage n'accuse que cent quatre-vingts brasses de profondeur, le fond est de roches et de gravier. La température est de 1°9 à la surface et de 0,2 au fond de la mer. Le 2 mars est reconnue, au large de la Terre Louis-Philippe, une île qui reçoit le nom d'île de l'Astrolabe. Le lendemain, une grande baie ou plutôt un canal, auquel on donne le nom de canal d'Orléans, est relevé entre la Terre Louis-Philippe et une bande haute et rocheuse qui, selon d'Urville, serait le commencement des terres de Trinité, jusqu'alors très incorrectement tracées.

Ainsi donc, depuis le 26 février jusqu'au 5 mars, d'Urville resta en vue de la côte, la longeant à peu de distance, mais n'étant cependant pas maître de ses manœuvres, à cause des brumes et des pluies qui se succédèrent sans arrêter. Tout, du reste, annonçait un dégel bien accentué; à midi, la température s'élevait jusqu'à cinq degrés au-dessus de zéro; partout, des glaces coulaient des filets d'eau, des blocs entiers se détachaient et tombaient dans la mer avec un bruit formidable; enfin un vent d'ouest ne cessait pas de souffler en grande brise.

Ce fut même la raison qui empêcha d'Urville de pousser plus loin son exploration. La mer était très dure, la pluie fréquente et la brume continuelle. Il dut donc s'éloigner de cette côte dangereuse et remonter vers le nord, où, dès le lendemain, il relevait les îles les plus occidentales du Nouveau-Shetland.

D'Urville prit alors la route de la Concepcion. Mais cette traversée fut très pénible, le scorbut ayant attaqué, malgré toutes les précautions prises, les équipages des deux corvettes, et surtout celui de la *Zélée*, avec la dernière violence. Ce fut aussi à ce moment que d'Urville mesura des hauteurs de lames, qui répondaient au reproche d'exagération fabuleuse qui lui avait été fait, lorsqu'il avait attribué cent pieds d'élévation à celles qu'il avait essuyées sur le banc des Aiguilles.

Avec l'aide de ses officiers, afin qu'on ne pût mettre en doute les résultats de ses observations, d'Urville mesura des lames, dont la hauteur verticale était de onze mètres et demi, et qui n'avaient pas moins de soixante mètres du sommet au point inférieur, ce qui faisait cent vingt mètres pour la longueur totale d'une seule lame. Ces mesures répondaient aux affirmations ironiques d'Arago, qui, de son cabinet, ne permettait pas à une lame de s'élever à plus de cinq ou six mètres. Il ne faut pas hésiter un seul instant à admettre, contre l'illustre mais passionné physicien, les mesures des navigateurs qui avaient observé sur place.

Le 7 avril 1838, la division jeta l'ancre dans la baie de Talcahuano. Elle devait y trouver un repos, dont les quarante scorbutiques de la *Zélée* avaient le plus grand besoin. De là, d'Urville gagna Valparaiso; puis, traversant toute l'Océanie, il mouilla, le 1er janvier 1839, à Gualham, s'engagea ensuite dans la Malaisie, arriva en octobre à Batavia, et de là atteignit Hobart-Town, d'où, le 1er janvier 1840, il appareillait pour une nouvelle course à travers les régions antarctiques.

A cette époque, d'Urville ne connaissait ni le voyage de Balleny ni la découverte de la Terre Sabrina. Son intention était de ne faire qu'une pointe au sud de la Tasmanie, afin de constater sous quel parallèle il rencontrerait les glaces. L'espace compris entre 120° et 160° de longitude orientale n'avait pas encore été exploré, pensait-il. Il y avait donc là quelque découverte à tenter.

Tout d'abord, la navigation se présenta sous les auspices les plus fâcheux. La houle était très forte, les courants portaient à l'est, l'état sanitaire était loin d'être satisfaisant, et, cependant, on n'était encore que sous le 58e degré de latitude, lorsque tout annonçait le voisinage de la banquise.

Le froid devint bientôt très vif; les vents se mirent à souffler de l'ouest-nord-ouest, et la mer s'apaisa, indice presque certain du voisinage d'une terre ou de la banquise. On pencha plutôt pour la première de ces hypothèses, car les îles de glace que l'on rencontrait étaient trop grosses pour s'être formées en pleine mer. Le 18 janvier, on atteignit le 64e degré de latitude, et l'on ne tarda pas à rencontrer d'énormes blocs de glace taillés à pic, dont la hauteur variait entre trente et quarante mètres et dont la largeur dépassait mille mètres.

Le lendemain, 19 janvier 1840, fut aperçue une nouvelle terre, qui reçut le nom de Terre Adélie. Le soleil était brûlant, et toutes les glaces semblaient en décomposition; de nombreux ruisseaux se formaient à leurs sommets et descendaient en cascades jusqu'à la mer. L'aspect de la terre était uniforme; couverte de neige, elle courait de l'est à l'ouest et semblait s'abaisser en pente douce jusqu'à la mer. Le 21, le vent permit aux deux navires de s'en approcher. On ne tarda pas à découvrir de profondes ravines, creusées par les eaux provenant de la fonte des neiges.

A mesure qu'on s'avançait, la navigation devenait plus périlleuse. Les îles de glace étaient en si grand nombre, qu'à peine restait-il entre elles un canal assez large pour permettre aux corvettes de manœuvrer.

« Leurs murailles droites dépassaient de beaucoup nos mâtures, dit d'Urville; elles surplombaient nos navires, dont les dimensions paraissaient ridiculement rétrécies, comparativement à ces masses énormes. Le spectacle qui s'offrait à nos regards était tout à la fois grandiose et effrayant. On aurait pu se croire dans les rues étroites d'une ville de géants. »

Bientôt les corvettes entrèrent dans un vaste bassin formé par la côte et les îles de glace qu'elles venaient de doubler. La terre s'étendait à perte de vue au sud-est et au nord-ouest. Elle pouvait avoir de mille à douze cents mètres de haut, mais ne présentait nulle part de sommet saillant. Enfin, au milieu de cette immense plaine de neige, parurent quelques rochers. Les deux capitaines expédièrent aussitôt des embarcations, avec mission de recueillir des preuves palpables de leur découverte. Voici ce que dit l'un des officiers, Du Bouzet, chargé de cette importante reconnaissance :

« Il était près de neuf heures, lorsque, à notre grande joie, nous prîmes terre sur la partie ouest de l'îlot le plus occidental et le plus élevé. Le canot de l'*Astrolabe* était arrivé avant nous ; déjà les hommes qui le montaient étaient grimpés sur les flancs escarpés de ce rocher. Ils précipitaient en bas les pingonins, fort étonnés de se voir dépossédés si brutalement de l'île dont ils étaient les seuls habitants..... J'envoyai aussitôt un de nos matelots déployer un drapeau tricolore sur ces terres, qu'aucune créature humaine n'avait ni vues ni foulées avant nous. Suivant l'ancienne coutume, que les Anglais ont conservée précieusement, nous en prîmes possession au nom de la France, ainsi que de la côte voisine, que la glace nous empêchait d'aborder..... Le règne animal n'y était représenté que par les pingouins. Malgré toutes nos recherches, nous n'y trouvâmes pas une seule coquille. La roche était entièrement nue et n'offrait pas même la moindre trace de lichens. Il fallut nous rabattre sur le règne minéral. Chacun de nous prit le marteau et se mit à tailler dans la roche. Mais celle-ci, d'une nature granitique, était tellement dure, que nous ne pûmes en détacher que de très faibles morceaux. Heureusement, en parcourant le sommet de l'île, les matelots découvrirent de larges fragments de rocher détachés par les gelées, et ils les embarquèrent dans les canots. En les examinant de près, je reconnus une ressemblance parfaite entre ces roches et de petits fragments de gneiss que nous avions trouvés dans l'estomac d'un pingouin, tué la veille. Le petit îlot sur lequel nous prîmes terre fait partie d'un groupe de huit ou dix petites îles, arrondies au sommet et présentant toutes à peu près les mêmes formes. Ces îles sont séparées de la côte la plus proche par un espace de 500 ou 600 mètres. Nous apercevions encore sur le rivage plusieurs sommets entièrement découverts et un cap dont la base était aussi dépouillée de neige..... Tous ces îlots, très rapprochés les uns des autres, semblaient former une chaîne continue, parallèle à la côte et qui s'étendait de l'est à l'ouest. »

Le 22 et le 23, fut continuée la reconnaissance de ce littoral ; mais, ce jour-là, une banquise, soudée à la côte, vint forcer les bâtiments à retourner vers le nord ; en même temps, une rafale de neige, aussi subite que terrible, assaillit les bâtiments et les mit en perdition. La *Zélée* subit de fortes avaries dans sa voilure ; mais, le lendemain, elle se retrouvait auprès de sa conserve.

Pendant ce temps, la terre n'avait pour ainsi dire pas été perdue de vue. Toutefois, le 29, devant la persistance singulière des vents d'est, d'Urville dut abandonner la reconnaissance de la Terre Adélie. C'est ce jour-là que fut aperçu l'un des bâtiments du lieutenant Wilkes. D'Urville se plaint des intentions malveillantes que ce dernier lui prête dans son rapport, et assure que sa manœuvre, qui avait pour but de communiquer, fut mal interprétée par les Américains.

« Nous ne sommes plus, dit-il, au temps où les navigateurs, poussés par l'intérêt du commerce, se croyaient obligés de cacher soigneusement leur route et leurs découvertes, pour éviter la concurrence des nations rivales. J'eusse été heureux, au contraire, d'indiquer à nos émules le résultat de nos recherches, dans l'espérance que cette communication aurait pu leur être utile et élargir le cercle de nos connaissances géographiques. »

Le 30 janvier, on aperçut une muraille de glaces énormes, au sujet de laquelle les avis furent partagés. Les uns y voyaient une masse de glace compacte et indépendante de toute terre; les autres, — et c'était l'avis de d'Urville, — pensaient que ces hautes montagnes avaient une base solide, soit de terre, soit de rochers, soit même de hauts fonds épars autour d'une grande terre. On lui donna le nom de côte Clarie, par 128° de longitude.

Les officiers, dans ces parages, avaient recueilli des documents suffisants pour déterminer la position du pôle magnétique austral; mais leurs résultats ne devaient pas concorder avec les travaux de Duperrey, de Wilkes et de James Ross.

Le 17 février, les deux corvettes jetaient encore une fois l'ancre devant Hobart-Town.

Dès le 25, elles reprenaient la mer, se portaient vers la Nouvelle-Zélande, où elles complétaient les travaux hydrographiques de l'*Uranie*, puis gagnaient la Nouvelle-Guinée, dont elles constataient que la Louisiade n'était séparée par aucun détroit, exploraient avec le plus grand soin, au milieu des courants et des récifs de corail, et au prix d'avaries assez graves, le détroit de Torrès, arrivaient le 20 à Timor, et rentraient à Toulon, le 6 novembre, après avoir relâché à Bourbon et à Sainte-Hélène.

A l'annonce de l'expédition de découvertes organisée sur un si grand pied par le gouvernement des États-Unis, l'Angleterre s'était émue, et, sous la pression des sociétés savantes, avait décidé l'envoi d'une expédition dans les régions où, depuis Cook, les capitaines Weddell et Biscoë s'étaient seuls aventurés.

Le capitaine James Clarke Ross, qui en reçut le commandement, était le neveu du fameux John Ross, l'explorateur de la baie de Baffin. Né en 1800, James Ross naviguait depuis l'âge de douze ans. Il avait accompagné son oncle,

Leurs murailles droites dépassaient de beaucoup nos mâtures. (Page 389.)

en 1818, dans sa première exploration des terres arctiques; de 1819 à 1827, il avait pris part, sous les ordres de Parry, à quatre expéditions dans les mêmes parages, et, de 1829 à 1833, il y avait été le fidèle compagnon de son oncle. Chargé des observations scientifiques, il avait découvert le pôle magnétique nord; enfin il avait fait de longues courses à pied et en traîneau sur les glaces. C'était donc un des officiers de la marine britannique les plus habitués aux navigations polaires.

Deux bâtiments lui furent confiés, l'*Erebus* et la *Terror*, et son second fut un marin accompli, le capitaine Francis Rowdon Crozier, compagnon de Parry en 1824, de James Ross en 1835, à la baie de Baffin, le même qui devait, sur la

Le capitaine JOHN ROSS.

Terror, accompagner Franklin à la recherche du passage du nord-ouest. On ne pouvait faire choix d'un cœur plus vaillant, d'un marin plus expérimenté.

Les instructions, qui furent remises à James Ross par l'Amirauté, différaient essentiellement de celles qui avaient été données à Wilkes et à Dumont d'Urville. Pour ceux-ci, l'exploration des régions arctiques n'était qu'un incident de leur campagne autour du monde ; elle faisait, au contraire, le fond même du voyage de James Ross. Des trois années, pendant lesquelles il serait éloigné de l'Europe, il devait en passer la majeure partie dans les régions antarctiques, et ne quitter les glaces que pour réparer ses avaries et refaire ses équipages fatigués ou malades.

Aussi, les bâtiments avaient-ils été choisis en conséquence; plus forts que les navires de d'Urville, ils étaient mieux en état de résister aux assauts répétés des glaces, et leur équipage aguerri avait été recruté parmi les marins familiarisés avec les navigations polaires.

L'*Erebus* et la *Terror*, sous le commandement de Ross et de Crozier, quittèrent l'Angleterre le 29 septembre 1839, et touchèrent successivement à Madère, aux îles du cap Vert, à Sainte-Hélène, au cap de Bonne-Espérance, où furent faites de nombreuses observations magnétiques.

Le 12 avril, Ross atteignait l'île de Kerguelen et y débarquait aussitôt ses instruments. La moisson scientifique fut abondante, des arbres fossiles furent extraits de la lave dont cette île est formée, et l'on y rencontra de riches gisements de charbon qui attendent encore l'exploitation. Le 29 était un jour fixé pour des observations simultanées sur divers points du globe. Par une fortune singulière, se produisit ce jour-là une des ces tempêtes magnétiques, qui avaient déjà été remarquées en Europe. Les instruments enregistrèrent à Kerguelen les mêmes phénomènes qu'à Toronto, au Canada, — preuve de l'immense étendue de ces météores et de l'incroyable rapidité avec laquelle ils se propagent.

A son arrivée à Hobart-Town, où il rencontra dans le gouverneur son vieil ami John Franklin, Ross apprit la découverte de la Terre Adélie et de la côte Clarie par les Français, et la reconnaissance simultanée des mêmes terres par l'expédition américaine de Wilkes. Ce dernier lui avait même laissé un croquis de ses relevés de côtes.

Mais Ross se décida à aborder les régions antarctiques par le 170e degré est, parce que, dans cette direction, Balleny avait trouvé, en 1839, la mer libre de glaces jusqu'au 69e degré de latitude. Il gagna donc les îles Auckland, puis les Campbell, et, après avoir, comme ses prédécesseurs, tiré d'innombrables bordées au milieu d'une mer semée d'îles de glaces, il atteignit, au delà du 63e degré, l'extrémité de la banquise et franchit le Cercle polaire le 1er janvier 1841.

Quant aux glaces errantes, elles ne ressemblaient en aucune façon à celles du pôle nord, ainsi que put facilement s'en convaincre James Ross. Ce sont des blocs immenses à parois verticales et régulières. Quant aux « ice-fields », moins unis que dans le nord, ils affectent une allure chaotique, et ces débris, vingt fois ressoudés et rompus, prennent, suivant une expression imagée de Wilkes, l'apparence d'une terre labourée.

La banquise ne sembla pas à James Ross « aussi formidable que l'ont représentée les Français et les Américains.» Toutefois, il ne put tout d'abord s'y risquer et fut forcé par l'ouragan de se tenir au large. Ce ne fut que le 5 qu'il put l'assaillir de nouveau par 66° 45' de latitude sud et 174° 46' de longitude ouest. Cette fois, les circonstances étaient on ne peut plus favorables, puisque le vent et la mer, portant sur elle, contribuaient à la disloquer. Grâce à la puissance de ses bâtiments, Ross put s'y frayer un passage. D'ailleurs, à mesure qu'il s'enfonçait dans le sud, le brouillard devenait plus épais, et des chutes répétées de neige contribuaient à rendre cette route extrêmement dangereuse. Toutefois, ce qui déterminait l'explorateur à continuer ses efforts, c'est qu'il apercevait dans le ciel le reflet d'une mer libre, apparence peu trompeuse, car, le 9, après avoir fait plus de deux cents milles à travers la banquise, il entrait définitivement dans une mer, dégagée.

Le 11 janvier, la terre fut signalée à cent milles en avant par 70° 47' de latitude sud et 172° 36 de longitude ouest. Jamais terre aussi méridionale n'avait été aperçue. C'étaient des pics hauts de neuf mille à douze mille pieds, — si ces hauteurs ne sont pas exagérées, comme tendraient à le faire croire les remarques de d'Urville à la Terre de Graham, — pics entièrement couverts de neige, et dont les glaciers trempent leur pied au loin dans la mer. Par-ci, par-là, de noirs rochers perçaient la neige, mais la côte était si hérissée de glaces, qu'il fut impossible de débarquer. Cette singulière rangée de pics monstrueux reçut le nom de chaîne de l'Amirauté, et la terre elle-même, celui de Victoria.

Dans le sud-est se montraient quelques petites îles; les bâtiments se dirigèrent de ce côté, et, le 12 janvier, les deux capitaines, avec quelques-uns de leurs officiers, débarquèrent sur un de ces îlots volcaniques et en prirent possession au nom de l'Angleterre. On n'y trouva pas la moindre trace de végétation.

Ross ne tarda pas à reconnaître que la côte orientale de la grande terre s'inclinait vers le sud, tandis que celle du nord se dessinait vers le nord-ouest. Il prolongea donc le littoral est, en s'efforçant de pénétrer par le sud jusqu'au delà du pôle magnétique qu'il fixait vers le 76e degré, pour revenir ensuite par l'ouest et achever la circumnavigation de cette terre qu'il considérait comme une grande île. La chaîne des montagnes se continuait au long de la côte. Ross imposa aux sommets les plus remarquables les noms de Herschell, Wehwell, Wheatstone, Murchison et Melbourne; mais, les glaces attachées au rivage s'élargissant de plus en plus, il perdit de vue les détails de la côte. Le 23 janvier, était dépassé le 74e degré, latitude la plus australe qu'on eût jamais atteinte.

Quelque temps, les navires y furent arrêtés par des brouillards, des coups de vent du sud et de violentes rafales de neige. Ils continuèrent cependant à longer la côte. Le 27 janvier, les marins anglais débarquèrent sur une petite île volcanique, à laquelle ils donnèrent le nom de Franklin, située par 76° 8′ de latitude sud et 168° 12 de longitude est.

Le lendemain, fut aperçue une gigantesque montagne, qui s'élevait en pente régulière jusqu'à douze mille pieds de hauteur au-dessus d'une terre très étendue. La cime régulière, entièrement couverte de neige, était, d'heure en heure, enveloppée d'une épaisse fumée, dont la largeur n'avait pas moins de trois cents pieds de diamètre et qui en mesurait, sous la forme d'un cône renversé, le double à sa plus grande hauteur. Lorsqu'elle se dissipait, on distinguait un cratère dénudé, éclairé de feux d'un rouge vif, dont l'éclat s'apercevait même en plein midi. La neige montait jusqu'au cratère, et il fut impossible de distinguer la moindre coulée de lave.

Si la vue d'un volcan est toujours un spectacle grandiose, l'aspect de ce géant qui dépasse l'Etna et le pic de Ténériffe, son activité prodigieuse, sa situation au milieu des glaces du pôle étaient bien faits pour vivement frapper l'esprit des explorateurs.

Il reçut le nom d'Erebus, et l'on attribua celui de l'autre navire, Terror, à un autre cratère éteint, situé à l'est du premier, noms bien choisis et qui font vraiment image.

Les deux bâtiments continuèrent à prolonger la terre dans le sud, jusqu'à ce qu'une banquise, dont les sommets dépassaient de cent cinquante pieds les mâts des bâtiments, vint leur barrer le chemin. Derrière, on continuait d'apercevoir une chaîne de montagnes, les monts Parry, qui s'enfonçaient à perte de vue dans le sud-sud-est. Ross longea cette barrière dans l'est jusqu'au 2 février, qu'il atteignit par 78° 4′, latitude la plus australe de cette campagne. Il avait suivi, pendant plus de trois cents milles, la terre qu'il avait découverte, lorsqu'il la quitta par 191° 23′ de longitude est.

Suivant toute vraisemblance, les deux navires ne seraient pas sortis de la formidable banquise, à travers laquelle, au prix de fatigues inouïes et de périls sans cesse renaissants, ils réussirent enfin à se frayer un passage, sans les fortes brises qui leur vinrent en aide.

Le 15 février, une nouvelle tentative fut faite par 76° de latitude sud, pour essayer d'atteindre le pôle magnétique. Mais la terre arrêta les navires par 76° 12′ et 164° de longitude est, à soixante cinq lieues communes de l'endroit où Ross plaçait ce pôle, que l'état menaçant de la mer, l'aspect désolé de la contrée lui interdisaient de gagner par terre.

Après être allé reconnaître les îles découvertes en 1839 par Balleny, Ross se trouvait, le 6 mars, au centre des montagnes indiquées par le lieutenant Wilkes·

« Mais, dit la relation, loin d'y trouver des montagnes, on n'y trouva pas de fond par six cents brasses. Après avoir couru dans toutes les directions et dans un cercle d'environ quatre-vingts milles de diamètre autour de ce centre imaginaire, par des temps très purs qui permettaient de tout apercevoir à de grandes distances, les Anglais durent reconnaître qu'au moins *cette position d'un prétendu continent antarctique, avec les quelque deux cents milles de côtes indiquées à la suite, n'a pas d'existence réelle.* Le lieutenant Wilkes aura sans doute été induit en erreur par des nuages, par des énormes bancs de brouillards qui, dans ces régions, trompent aisément les yeux inexpérimentés. »

L'expédition regagna la Tasmanie sans avoir un seul malade à bord, sans avoir éprouvé la moindre avarie. Elle s'y refit, y régla ses instruments et repartit pour une seconde campagne. Sydney et la baie des Iles à la Nouvelle-Zélande, l'île Chatam, furent les premières stations où Ross s'arrêta pour faire des observations magnétiques.

Le 18 décembre, par 62° 40' de latitude sud et 146° de longitude est fut rencontrée la banquise. C'était trois cents milles plus au nord que l'année précédente. Les navires arrivaient trop tôt. Ross n'en essaya pas moins de rompre cette redoutable ceinture. Il y pénétra de trois cents milles, mais se vit arrêté par des masses tellement compactes, qu'il lui fut impossible d'aller plus loin. Ce ne fut que le 1ᵉʳ janvier 1842 qu'il franchit le Cercle polaire. Le 19 du même mois, les deux navires furent assaillis par un orage d'une violence inouïe, au moment où ils touchaient à la mer libre ; l'*Erebus* et la *Terror* perdirent leur gouvernail, furent abordés par des écueils flottants, et, pendant vingt-six heures, se virent sur le point d'être engloutis.

L'emprisonnement de l'expédition dans la banquise ne dura pas moins de quarante-six jours. Enfin, le 22, Ross atteignit la grande barrière des glaces fixes, qui s'était sensiblement abaissée depuis le mont Erebus, où elle n'avait pas moins de deux cents pieds. A l'endroit où Ross la retrouvait cette année, elle n'en avait plus que cent sept. On reconnut cette barrière cent cinquante milles plus à l'est qu'on ne l'avait fait l'année précédente. Ce fut le seul résultat géographique de cette pénible campagne de cent trente-six jours, bien plus dramatique que la première.

Les bâtiments gagnèrent alors le cap Horn et remontèrent jusqu'à Rio-de-Janeiro, où ils trouvèrent tout ce qui pouvait leur être utile.

Aussitôt qu'ils eurent reçu leur complément de vivres, ils reprirent la mer, et atteignirent les Malouines, d'où ils partirent, le 17 décembre 1842, pour leur troisième campagne.

Les premières glaces furent rencontrées dans les parages de l'île Clarence, et, le 25 décembre, Ross se trouvait arrêté par la banquise. Il gagna alors les Nouvelles-Shetland, compléta l'étude des Terres Louis-Philippe et Joinville, découvertes par Dumont d'Urville, nomma les monts Haddington et Penny, reconnut que la Terre Louis-Philippe n'est qu'une grande île et visita le détroit de Bransfield qui la sépare des Shetland.

Tels furent les merveilleux résultats obtenus par James Ross dans ses trois campagnes.

Maintenant, pour juger la part qui revient à chacun de ces trois explorateurs des régions antarctiques ; on peut dire que d'Urville a le premier reconnu le continent antarctique, que Wilkes en a suivi les côtes sur le plus long espace, — car on ne peut méconnaître la ressemblance qu'offre son tracé avec celui du navigateur français ; — enfin que James Ross en a visité la partie la plus méridionale et la plus intéressante.

Mais ce continent existe-t-il en réalité ? D'Urville n'en est pas persuadé, et Ross n'y croit pas. Il faut donc laisser la parole aux explorateurs, qui vont se diriger prochainement sur les traces des vaillants marins dont nous venons de raconter les voyages et les découvertes.

II

Le Pôle nord.

Anjou et Wrangell. — La « polynia ». — Première expédition de John Ross. — La baie de Baffin est fermée ! — Les découvertes d'Edward Parry dans son premier voyage. — La reconnaissance de la baie d'Hudson et la découverte du détroit de la Fury et de l'Hecla. — Troisième voyage de Parry. — Quatrième voyage. En traîneau sur la glace, en pleine mer. — Première course de Franklin. — Incroyables souffrances des explorateurs. — Seconde expédition. — John Ross. — Quatre hivers dans les glaces. — Expédition de Dease et Simpson.

Il a été parlé à différentes reprises du grand mouvement géographique inauguré par Pierre Iᵉʳ. L'un des résultats les plus rapidement atteints fut la découverte par Behring du détroit qui sépare l'Asie de l'Amérique. Le plus important qui suivit, à une trentaine d'années de distance, fut la reconnaissance, dans la mer polaire, de l'archipel Liakow ou de la Nouvelle-Sibérie.

En 1770, un marchand du nom de Liakow avait vu arriver du nord sur la glace un grand troupeau de rennes. Il se dit que ces animaux ne pouvaient venir que d'un pays où se trouvaient des pâturages assez abondants pour les nourrir.

Un mois plus tard, il partait en traîneau, et, après un voyage de cinquante milles, il découvrit, entre les embouchures de la Léna et de l'Indighirka, trois grandes îles, dont les immenses gîtes d'ivoire fossile sont devenus célèbres dans le monde entier.

En 1809, Hedenstrœm avait été chargé d'en lever la carte. A plusieurs reprises, il avait tenté des courses en traîneau sur la mer gelée, et s'était vu, chaque fois, arrêté par des glaces en fusion qui ne pouvaient le porter. Il en avait conclu à l'existence d'une mer libre, au large, et il appuyait cette opinion sur l'immense volume d'eau chaude à dix degrés que versent dans la mer polaire les grands fleuves de l'Asie.

En mars 1821, le lieutenant (plus tard amiral) Anjou s'avança sur la glace jusqu'à quarante-deux milles au nord de l'île Kotelnoï, et vit par 76° 38' une vapeur qui l'amena à croire à l'existence d'une mer libre. Dans une autre expédition, cette mer, il l'aperçut avec ses glaces à la dérive et revint avec cette conviction qu'il était impossible de s'avancer au large à cause du peu d'épaisseur de la glace et de l'existence de cette mer libre.

Tandis qu'Anjou se livrait à ces explorations, un autre officier de marine, le lieutenant Wrangell, recueillait des légendes et des renseignements précieux sur l'existence d'une terre située par le travers du cap Yakan.

Du chef d'une peuplade tchouktchie, il aurait appris que, près de la côte et de certains récifs placés à l'embouchure d'une rivière, on peut, par un beau temps d'été, découvrir, à une très grande distance dans le nord, des montagnes couvertes de neige; mais en hiver, il est impossible d'en rien voir. Autrefois, des troupeaux de rennes venaient de cette terre, quand la mer était prise. Ce chef lui-même, une fois, avait vu un troupeau de rennes retournant au nord par cette voie, et il l'avait suivi dans un traîneau pendant toute une journée, jusqu'à ce que l'état de la glace le forçât à abandonner son entreprise.

Son père lui avait aussi raconté qu'un Tchouktchi y était allé une fois avec quelques compagnons dans une barque de peau; mais il ne savait ni ce qu'ils y avaient trouvé ni ce qu'ils étaient devenus. Il soutenait que ce pays devait être habité, et il racontait à ce sujet qu'une baleine morte était venue s'échouer à l'île d'Aratane, percée de lances à pointe d'ardoise, arme dont les Tchouktchis ne se servent jamais.

Ces informations étaient fort curieuses, elles augmentaient le désir de Wrangell de pénétrer jusqu'à ces pays inconnus; mais elles ne devaient être vérifiées que de nos jours.

De 1820 à 1824, Wrangell, établi à l'embouchure de la Kolyma, fit quatre

On dut charger sur deux petits traîneaux. (Page 411.)

Voyages en traîneau sur les glaces. Tout d'abord il explora la côte depuis l'embouchure de la Kolyma jusqu'au cap Tchélagskoï, et il dut endurer, pendant cette course, jusqu'à trente-cinq degrés de froid.

La seconde année, il voulut voir quel point il pourrait atteindre sur la glace, et parvint à cent quarante milles de terre.

La troisième année, en 1822, Wrangel partit au mois de mars, afin de vérifier le rapport d'un indigène qui lui affirmait l'existence d'une terre au large. Il atteignit un champ de glace, sur lequel il put s'avancer sans obstacles. Plus loin, l' « ice-field » semblait moins résistant. La glace étant alors trop peu solide pour porter une caravane, on dut charger sur deux petits traîneaux

une nacelle, des planches et quelques outils, puis s'engager sur une glace
fondante qui craquait sous ses pieds.

« Il me fallut, dit Wrangell, faire d'abord sept verstes à travers une couche
saline ; plus loin, apparut une surface sillonnée de larges crevasses, que nous
ne parvînmes à franchir qu'à l'aide de nos planches. Je remarquai en cet endroit de petites buttes d'une glace tellement déliquescente, que le moindre contact suffisait pour la briser et transformer la butte en une ouverture circulaire.
La glace sur laquelle nous voyagions était sans consistance, n'avait qu'un
pied d'épaisseur et, qui plus est, était criblée de trous. Je ne puis comparer
l'aspect de la mer, en cet instant, qu'à un immense marais ; et, en effet, l'eau
fangeuse qui s'élevait de ces milliers de crevasses s'entrecoupant dans tous les
sens, la neige déliquescente mêlée de terre et de sable, ces buttes d'où s'échap-
paient de nombreux ruisseaux, tout concourait à rendre l'illusion complète. »

Wrangell s'était éloigné de la côte de deux cent vingt-huit kilomètres, et c'est
la mer libre de Sibérie, dont il avait touché les bords, immense ɑ polynia », —
nom qu'il donne à de vastes étendues d'eau libre, — déjà signalée par Leontjew
en 1764 et par Hedenstrœm en 1810.

Au quatrième voyage, Wrangell partit du cap Yakan, le point le plus rapproché des terres septentrionales. Sa petite troupe, après avoir dépassé le cap
Tchelagskoï, fit route au nord ; mais un violent orage brisa la glace, qui n'avait
que trois pieds d'épaisseur, et fit courir aux explorateurs le plus grand danger.
Tantôt traînés sur quelque grande plaque non encore rompue, tantôt à demi
submergés sur un plancher mobile qui oscillait ou disparaissait complètement,
ou bien amarrés sur quelque bloc qui leur servait de bac, tandis que les chiens
tiraient et nageaient, ils parvinrent enfin à regagner la terre au travers des
glaçons que la mer entre-choquait à grand bruit. Ils ne durent leur salut qu'à
la rapidité et à la vigueur de leurs attelages.

Ainsi se terminèrent les tentatives faites pour atteindre les terres au nord
de la Sibérie.

La calotte polaire était attaquée en même temps d'un autre côté avec autant
d'énergie, mais avec plus de continuité.

On se rappelle avec quel enthousiasme et quelle persévérance avait été
cherché le fameux passage du nord-ouest. Les traités de 1815 n'eurent pas plus
tôt nécessité le désarmement de nombreux vaisseaux anglais et la mise à demi-
solde de leurs officiers, que l'Amirauté, ne voulant pas briser la carrière de tant
d'estimables marins, s'ingénia pour leur procurer de l'emploi. C'est dans ces
circonstances que fut reprise la recherche du passage du nord-ouest.

L'*Alexandre*, de deux cent cinquante-deux tonneaux, et l'*Isabelle*, de trois cent quatre-vingt-cinq, sous le commandement de John Ross, officier d'expérience, et du lieutenant William Parry, furent expédiés par le gouvernement pour explorer la baie de Baffin. Plusieurs officiers, James Ross, Back, Belcher, qui devaient s'illustrer dans les expéditions polaires, faisaient partie des équipages. Ces bâtiments mirent à la voile le 18 avril, relâchèrent aux îles Shetland, cherchèrent vainement la terre submergée de Bass, qu'on plaçait par 57° 28 nord, et, dès le 26 mai, eurent connaissance des premières glaces. Le 2 juin, on releva la côte du Groënland. Sur la partie occidentale très mal indiquée par les cartes, furent trouvées de grandes quantités de glaces, et le gouverneur de l'établissement danois de Whale-island assura aux Anglais que la rigueur des hivers augmentait sensiblement, depuis onze ans qu'il habitait le pays.

Jusqu'alors on avait cru qu'au delà du 75° degré le pays était inhabité. Aussi les voyageurs furent-ils étonnés de voir arriver par la glace toute une tribu d'Esquimaux. Ces sauvages ignoraient l'existence d'un autre peuple que le leur. Ils regardaient les Anglais sans oser les toucher, et l'un d'eux, s'adressant aux bâtiments d'une voix grave et solennelle, leur disait :

« Qui êtes-vous? D'où venez-vous? Du soleil ou de la lune? »

Bien que cette tribu fût à certains égards fort au-dessous des Esquimaux que la longue fréquentation des Européens a commencé à civiliser, elle connaissait cependant l'usage du fer, dont quelques-uns de ses membres étaient parvenus à se faire des couteaux. Il provenait, d'après ce que l'on crut comprendre, d'une masse ou montagne d'où ils le tiraient. C'était vraisemblablement du fer météorique.

Pendant tout ce voyage, — et dès qu'on en connut les résultats en Angleterre, l'opinion publique ne s'y trompa pas, — Ross, à côté de qualités nautiques de premier ordre, fit preuve d'une indifférence et d'une légèreté singulières. Il semblait peu se soucier de trouver la solution des problèmes géographiques, qui avaient décidé l'armement de l'expédition.

Sans les examiner, il passa devant les baies Wolstenholme et des Baleines, ainsi que devant le détroit de Smith, qui s'ouvre au fond de la baie de Baffin, et à une si grande distance qu'il ne le reconnut pas.

Bien plus, lorsqu'il commença à descendre la côte occidentale de la baie de Baffin, un magnifique bras de mer profondément encaissé, dont la largeur n'était pas inférieure à cinquante milles, s'offrit aux regards anxieux des explorateurs. Les deux bâtiments y pénétrèrent le 29 août, mais ils ne s'étaient pas enfoncés de trente milles, que Ross donna l'ordre de virer de bord, sous le prétexte qu'il avait distinctement vu une chaîne de hautes montagnes, auxquelles il donna le nom de monts Croker, en barrer l'extrémité. Cette opinion ne fut pas partagée par ses officiers, qui n'avaient pas aperçu la moindre colline, par cette excellente raison que le bras dans lequel on venait d'entrer n'était autre que le détroit de Lancastre, ainsi nommé par Baffin, et qui communique avec la mer dans la direction de l'ouest.

Il en fut à peu près de même de toutes les indentations de cette côte si profondément découpée, et, le plus souvent, on s'en tenait à une telle distance qu'il était impossible d'apercevoir le moindre détail. C'est ains que, étant arrivée, le 1ᵉʳ octobre, devant l'entrée de Cumberland, l'expédition ne chercha pas à reconnaître ce point si important, et Ross rentra en Angleterre, tournant le dos à la gloire qui l'attendait.

Accusé de légèreté et de négligence, Ross répondait avec un aplomb superbe : « J'ose me flatter d'avoir, dans tout ce qui est important, rempli l'objet de mon voyage, puisque j'ai prouvé l'existence d'une baie qui s'étend depuis Discö jusqu'au détroit de Cumberland, et terminé pour jamais la question relative à un passage au nord-ouest, dans cette direction. »

Il était difficile de se tromper plus complètement.

Cependant l'insuccès de cette tentative fut loin de décourager les chercheurs. Les uns y trouvèrent la confirmation éclatante des découvertes du vieux Baffin, les autres voulurent voir dans ces innombrables entrées, où la mer était si profonde et le courant si fort, autre chose que des baies. Pour eux, c'étaient des détroits, et tout espoir de découvrir le passage n'était pas perdu.

L'Amirauté, frappée de ces raisons, arma aussitôt deux petits bâtiments, la bombarde *l'Hécla* et le brigantin *le Gripe*r. Le 5 mai 1819, ils sortirent de la Tamise sous le commandement du lieutenant William Parry, qui ne s'était pas trouvé du même avis que son chef touchant l'existence du passage du nord-ouest. Les bâtiments, sans incident de navigation extraordinaire, pénétrèrent jusqu'au détroit de sir James Lancastre; puis, après avoir été emprisonnés, pendant sept jours, au milieu de glaces accumulées sur une étendue de quatre-vingts milles, ils entrèrent dans cette baie qui devait être, suivant John Ross, fermée par une chaîne de montagnes.

Non seulement ces montagnes n'existaient que dans l'imagination du navigateur, mais tous les indices qu'on remarquait annonçaient, à ne pas s'y tromper, que c'était un détroit. Par trois cent dix brasses on n'avait pas trouvé le fond; on commençait à sentir le mouvement de la houle; la température de l'eau s'était élevée de six degrés, et pendant un seul jour on ne rencontra pas moins de quatre-vingts baleines, toutes de grande taille.

Descendus à terre, le 31 juillet, dans la baie Possession qu'ils avaient visitée l'année précédente, les explorateurs y trouvèrent encore imprimée la trace de leurs pas, ce qui indiquait la petite quantité de neige et de givre tombée pendant l'hiver.

Au moment où, toutes voiles dehors et à l'aide d'un vent favorable, les deux bâtiments pénétraient dans le détroit de Lancastre, tous les cœurs battirent plus vite.

« Il est plus aisé, dit Parry, d'imaginer que de décrire l'anxiété peinte en ce moment sur toutes les physionomies, tandis que nous avancions dans le détroit avec une rapidité toujours croissante, grâce à la brise toujours plus forte ; les huniers furent couverts d'officiers et de matelots durant toute l'après-dîner, et un observateur désintéressé, s'il en pouvait être dans une scène pareille, se serait amusé de l'ardeur avec laquelle on recevait les nouvelles transmises par les vigies ; jusqu'alors elles étaient toutes favorables à nos plus ambitieuses espérances. »

En effet, les deux rives se continuaient parallèlement, aussi loin que l'œil les pouvait suivre à plus de cinquante milles. La hauteur des lames, l'absence de glace, tout allait persuader aux Anglais qu'ils avaient atteint la mer libre et le passage tant cherché, lorsqu'une île, contre laquelle s'était amoncelée une masse énorme de glaces, vint leur barrer le passage.

Cependant un bras de mer, large d'une dizaine de lieues, s'ouvrait dans le sud. On espérait y trouver une voie de communication moins encombrée de glaces. Chose singulière, tant qu'on s'était avancé dans l'ouest par le détroit de Lancastre, les mouvements de la boussole s'étaient accrus ; maintenant qu'on descendait vers le sud, l'instrument semblait avoir perdu toute action, et l'on vit, « par un curieux phénomène, la puissance dirigeante de l'aiguille aimantée s'affaiblir au point de ne pouvoir résister à l'attraction de chaque vaisseau, en sorte qu'elle marquait à vrai dire le pôle nord de l'*Hécla* ou du *Griper*. »

Le bras de mer s'élargissait à mesure que les bâtiments s'avançaient dans l'ouest, et la rive s'infléchissait sensiblement vers le sud-ouest ; mais, après y avoir fait cent vingt milles, ils se trouvèrent arrêtés par une barrière qui les empêcha d'aller plus loin dans cette direction. Ils regagnèrent donc le détroit de Barrow, dont celui de Lancastre ne forme que le seuil, et ils retrouvèrent, libre de glaces, cette mer qu'ils en avaient vue encombrée quelques jours auparavant.

Par 92°1/4 de latitude, fut reconnue une entrée, le canal Wellington, large d'environ huit lieues; entièrement débarrassée de glaces, elle ne paraissait fermée par aucune terre. Tous ces détroits persuadèrent aux explorateurs qu'ils naviguaient au milieu d'un immense archipel, et leur confiance en reçut de nouveaux accroissements.

Cependant, la navigation devenait difficile dans les brumes ; le nombre des petites îles et des bas-fonds augmentait, les glaces s'accumulaient, mais rien ne pouvait toutefois décourager Parry dans sa marche vers l'ouest. Sur une grande île, à laquelle fut donné le nom de Bathurst, les matelots trouvèrent les débris de quelques habitations d'Esquimaux, ainsi que des traces de rennes. Des observations magnétiques furent faites en cet endroit, qui amenèrent à conclure qu'on avait passé au nord du pôle magnétique.

Une autre grande île, Melville, fut bientôt en vue, et, malgré les obstacles que les glaces et la brume apportaient aux progrès de l'expédition, les navires parvinrent à dépasser le 110° degré ouest, gagnant ainsi la récompense de cent mille livres sterling, promise par le Parlement.

·Un promontoire, situé à peu près à cet endroit, reçut le nom de cap de la Munificence; une bonne rade, dans le voisinage, fut appelée baie de l'Hécla et du Griper. Au fond de cette baie, dans le Winter-Harbour, les deux navires passèrent l'hiver. Dégréés, entourés d'épaisses bannes ouatées, ils étaient enfermés dans une enveloppe de neige, tandis que des poêles et des calorifères étaient disposés à l'intérieur. La chasse ne donna pas d'autre résultat que de causer la congélation de quelques membres des chasseurs, car tous les animaux, sauf les loups et les renards, désertèrent l'île Melville à la fin d'octobre.

Comment passer cette longue nuit d'hiver sans trop d'ennuis?

C'est alors que les officiers eurent la pensée de monter un théâtre sur lequel la première représentation fut donnée le 6 novembre, le jour même où le soleil disparaissait pour trois mois. Puis, après avoir composé une pièce à l'occasion de Noël, où il était fait allusion à la situation des bâtiments, ils fondèrent une gazette hebdomadaire qu'ils appelèrent *Gazette de la Géorgie du Nord*, chronique d'hiver, *The North Georgia gazette and winter chronicle*. Ce journal, dont Sabine était l'éditeur, eut vingt et un numéros et reçut au retour les honneurs de l'impression.

Au mois de janvier, le scorbut fit son apparition, et la violence de la maladie causa d'abord d'assez vives alarmes; mais l'usage bien entendu des antiscorbutiques et la distribution quotidienne de la moutarde fraîche et du cresson, que Parry était parvenu à faire pousser dans des boîtes autour de son poêle, coupèrent bientôt le mal dans sa racine.

Le 7 février, le soleil reparut, et, bien que plusieurs mois dussent encore s'écouler avant qu'il fût possible de quitter l'île Melville, les préparatifs de départ furent commencés. Le 30 avril, le thermomètre monta jusqu'à zéro, et les matelots, prenant cette température si basse pour l'été, voulaient quitter leurs vêtements d'hiver. Le premier ptarmigan parut le 12 mai, et, le jour suivant, on vit la piste des rennes et des chèvres à musc, qui commençaient à s'acheminer vers le nord. Mais ce qui causa aux marins une joie et une surprise tout à fait extraordinaires, ce fut la pluie qui tomba le 24 mai.

« Nous étions, dit Parry, si désaccoutumés de voir l'eau dans son état naturel et surtout de la voir tomber du ciel, que cette circonstance si simple devint un véritable sujet de curiosité. Il n'y eut personne à bord, je le crois du moins, qui ne se hâtât de monter sur le pont pour observer un phénomène si intéressant et si nouveau. »

Pendant la première quinzaine de juin, Parry, suivi de quelques-uns de ses officiers, fit une excursion sur l'île Melville dont il atteignit l'extrémité nord. A son retour, la végétation se montrait partout, la glace commençait à se désagréger, tout annonçait que le départ pourrait s'effectuer prochainement. Il eut lieu le 1er août ; mais, au large, les glaces n'avaient pas encore fondu, et les bâtiments ne purent pénétrer dans l'est que jusqu'à l'extrémité de l'île Melville. Le point le plus extrême qu'ait atteint Parry dans cette direction est situé par 74° 26′ 25″ de latitude et 113° 46′ 43″ de longitude. Le retour s'opéra sans incident, et ; vers le milieu de novembre, les navires avaient regagné l'Angleterre.

Les résultats de ce voyage étaient considérables ; non seulement une immense étendue des régions arctiques était reconnue, mais on avait fait des observations de physique et de magnétisme, et l'on avait recueilli sur les phénomènes du froid, sur le climat arctique, sur la vie animale et végétale de ces régions, des documents tout nouveaux.

Dans une seule campagne, Parry venait d'obtenir plus de résultats que ne devaient le faire, pendant trente ans, tous ceux qui allaient suivre ses traces.

L'Amirauté, satisfaite des résultats si importants obtenus par Parry, lui confia en 1821 le commandement de deux navires l'*Hécla* et la *Fury*, cette dernière construite sur le modèle de l'*Hécla*. Cette fois, le navigateur explora les rivages de la baie d'Hudson et visita avec le plus grand soin les côtes de la péninsule Melville, qu'il est bon de ne pas confondre avec l'île du même nom. On hiverna à l'île Winter, sur la côte orientale de cette presqu'île, et l'on eut

Cette circonstance devint un véritable sujet de curiosité. (Page 417.)

recours aux mêmes amusements qui avaient si bien réussi dans la campagne précédente. Mais ce qui fit la diversion la plus grande à la monotonie de l'hiver, ce fut la visite d'un détachement d'Esquimaux, qui arriva, le 1ᵉʳ février, à travers les glaces. Leurs huttes, qu'on n'avait pas aperçues, étaient assises sur le rivage; on les visita, et dix-huit mois de rapports presque constants avec l'équipage contribuèrent à donner de ces peuples, de leur manière de vivre, de leur caractère, une tout autre idée que celle qu'on s'en était faite jusqu'alors.

Mais, la reconnaissance des détroits de la Fury et de l'Hécla, qui séparent la presqu'île Melville de la Terre de Cockburn, força les voyageurs à passer un second hiver dans les régions arctiques. Si l'installation fut plus confortable, le

Famille d'Esquimaux. (*Fac-simile. Gravure ancienne.*)

temps s'écoula cependant avec moins de gaieté, à cause de la déception profonde qu'officiers et matelots avaient éprouvée de se voir arrêtés, au moment qu'ils comptaient faire route pour le détroit de Behring.

Le 12 août, les glaces s'entr'ouvrirent. Parry voulait renvoyer ses navires en Europe et continuer par terre l'exploration des terres qu'il avait découvertes; mais il dut céder aux représentations du capitaine Lyon, qui lui montra toute la témérité de ce plan désespéré. Les deux bâtiments rentrèrent donc en Angleterre après une absence de vingt-sept mois, n'ayant perdu que cinq hommes sur cent dix-huit, quoi qu'ils eussent passé deux hivers cousécutifs dans ces régions hyperboréennes.

Certes, les résultats de ce second voyage ne valaient pas ceux du premier; il s'en fallait cependant qu'ils fussent sans prix. On savait désormais que la côte d'Amérique ne s'étend guère au delà du 70ᵉ degré, que l'Atlantique communique avec la mer polaire par une foule de détroits et de canaux, la plupart bouchés, comme ceux de la Fury, de l'Hécla et de Fox, par des barrières de glaces qu'accumulent les courants.

Si les glaces trouvées à l'extrémité sud-est de la presqu'île Melville paraissaient permanentes, il ne semblait pas en être ainsi de celles de l'entrée du Régent. Il y avait par conséquent des chances de pouvoir pénétrer par là dans le bassin polaire. La *Fury* et l'*Hécla* furent donc encore une fois armées et confiés à Parry.

Ce voyage fut le moins heureux de tous ceux qu'entreprit cet habile marin, non pas qu'il ait été au-dessous de lui-même, mais il fut victime de hasards malheureux et de circonstances défavorables. C'est ainsi que, assailli dans la baie de Baffin par une abondance inusitée de glaces, il eut la plus grande peine à gagner l'entrée du Prince-Régent. Peut-être, si la saison lui avait permis d'arriver trois semaines plus tôt, aurait-il réussi à rallier la côte d'Amérique; mais il ne put que prendre les dispositions nécessaires pour l'hivernage.

Ce n'était plus une éventualité redoutable pour cet officier expérimenté qu'un hiver à passer sous le Cercle polaire. Il connaissait les précautions à prendre pour conserver la santé de son équipage, pour lui créer même un certain bien-être, pour lui procurer ces occupations et ces distractions qui contribuent si puissamment à diminuer la longueur d'une nuit de trois mois.

Des cours professés par les officiers, des mascarades et des représentations théâtrales, une chaleur constante de 50 degrés Fahrenheit, maintinrent les hommes en si bonne santé que, lorsque, le 20 juillet 1825, la débâcle permit à Parry de reprendre ses opérations, il n'avait à bord aucun malade.

Il se mit à longer la côte orientale de l'entrée du Prince-Régent; mais les glaces flottantes se rapprochèrent et acculèrent les navires au rivage. La *Fury* fut si avariée que, malgré quatre pompes toujours en mouvement, elle pouvait à peine rester à flot. Parry essaya de la réparer, après l'avoir hissée sur un énorme banc de glace; une tempête survint, brisa l'abri temporaire du bâtiment et le lança sur le rivage où il fallut définitivement l'abandonner. Son équipage fut recueilli par l'*Hécla*, qui, à la suite de cette catastrophe, dut revenir en Angleterre.

L'âme si bien trempée de Parry ne fut pas atteinte par ce dernier désastre. S'il était presque impossible d'atteindre la mer polaire par cette voie, n'en existait-il pas d'autres? Le vaste espace de mer qui s'étend entre le Groënland et le Spitzberg n'offrirait-il pas une route moins dangereuse, moins hérissée de ces énormes « ice-bergs » qui ne se forment que sur les côtes?

Les plus anciennes expéditions, dont on ait le récit dans ces parages, sont celles de Scoresby, qui fréquenta longtemps ces mers à la recherche de la baleine. En 1806, il s'avança très haut dans le nord, — si haut même qu'on n'avait plus jamais atteint avec un navire, et par cette voie, la même latitude. Il se trouvait en effet, le 24 mai, par 81°30′ de latitude et 16° de longitude est de Paris, c'est-à-dire presque au nord du Spitzberg. La glace s'étendait vers l'est-nord-est. Entre cette direction et le sud-est, la mer était complètement libre sur une étendue de trente milles, et il n'y avait pas de terre à la distance de cent milles.

On doit regretter que le baleinier n'ait pas cru devoir profiter de cet état si favorable de la mer pour s'avancer vers le nord; il n'est pas douteux qu'il eût fait quelque découverte importante, s'il n'eût atteint le pôle lui-même.

Ce que les exigences de sa profession de baleinier avaient empêché Scoresby d'accomplir, Parry résolut de le tenter.

Il partit de Londres sur l'*Hécla*, le 27 mars 1827, gagna la Laponie norvégienne, embarqua à Hammerfest des chiens, des rennes, des canots, et continua sa route pour le Spitzberg.

Le port Smeerenburg, où il voulait entrer, était encore encombré par les glaces, et l'*Hécla* continua à lutter contre elles jusqu'au 27 mai. Parry, abandonnant alors son navire dans le détroit de Hinlopen, s'avança vers le nord dans deux canots, qui portaient, avec Ross et Crozier, chacun douze hommes et soixante et onze jours de vivres. Après avoir installé un dépôt de vivres aux Sept-lles, il chargea ses provisions et ses embarcations sur des traîneaux, qui avaient été confectionnés d'une manière toute spéciale. Il espérait ainsi pouvoir franchir la barrière des glaces solides et trouver au delà une mer, sinon entièrement libre, du moins navigable.

Mais la banquise ne formait pas, comme Parry s'y attendait, un tout homogène. C'étaient tantôt de larges flaques d'eau à traverser, tantôt des collines abruptes qu'il fallait faire gravir aux traîneaux. Aussi ne s'avança-t-on en quatre jours que de quatorze kilomètres vers le nord.

Le 2 juillet, par un épais brouillard, le thermomètre accusait 1° 7′ au-dessus de zéro à l'ombre, et 8° 3′ au soleil.

La marche sur cette surface raboteuse, à chaque instant coupée de bras de mer, était excessivement pénible, et la vue des voyageurs se fatiguait à l'éclatante réverbération de la lumière.

Malgré ces nombreux obstacles, Parry et ses compagnons s'avançaient toujours avec courage, lorsqu'ils s'aperçurent, le 20 juillet, qu'ils n'étaient parvenus qu'à 82° 37', c'est-à-dire à neuf kilomètres seulement plus au nord que trois jours avant. Il fallait donc que la banquise fût entraînée par un fort courant vers le sud, car ils étaient certains d'avoir fait depuis ce temps au moins vingt-deux kilomètres sur la glace.

Parry cacha d'abord ce résultat décourageant à l'équipage, mais il fut bientôt évident pour tout le monde qu'on ne s'élevait vers le nord que de la différence de deux vitesses opposées : celle que les voyageurs mettaient à franchir tous les obstacles accumulés sous leurs pas, et celle qui entraînait l'« ice-field » en sens contraire.

L'expédition atteignit cependant un endroit où la banquise à demi rompue ne pouvait plus porter ni les hommes ni les traîneaux. C'était un amas prodigieux de glaces qui, soulevées par les flots, s'entre-choquaient avec un bruit effrayant. Les vivres étaient épuisés, les matelots découragés ; Ross était blessé, Parry souffrait cruellement d'une inflammation des yeux, enfin le vent, devenu contraire, poussait les Anglais vers le sud ; il fallut revenir.

Cette course hardie, pendant laquelle le thermomètre ne descendit pas au-dessous dé 2° 2', aurait pu réussir, si elle avait été entreprise dans une saison moins avancée. Les voyageurs, partis plus tôt, auraient pu s'élever au delà de 82°40' ; ils n'auraient assurément pas été arrêtés par la pluie, la neige et l'humidité, symptômes évidents de la débâcle estivale.

Lorsque Parry regagna l'*Hécla*, il apprit que ce bâtiment avait couru les plus grands dangers. Poussés par un vent violent, les glaçons avaient rompu les chaînes et jeté à la côte le navire qui s'était échoué. Relevé, il avait été conduit à l'entrée du détroit de Waygat.

Parry acheva sa route heureusement jusqu'aux Orcades, débarqua dans ces îles, et rentra à Londres le 30 septembre.

Tandis que Parry cherchait un passage par les baies de Baffin ou d'Hudson afin de gagner le Pacifique, plusieurs expéditions avaient été organisées pour compléter les découvertes de Mackenzie et déterminer la direction de la côte septentrionale de l'Amérique.

Il semblait que ces voyages ne présenteraient pas de très grandes difficultés, tandis que leurs résultats pouvaient être considérables pour le géographe et fort avantageux pour le marin. Le commandement en fut confié à un officier de mérite, Franklin, dont le nom est devenu justement célèbre. Le docteur Richarson et Georges Back, alors midshipman dans la marine, l'accompagnaient avec deux matelots.

Arrivés le 30 août 1819 à la factorerie d'York, sur les rivages de la baie d'Hudson, après avoir recueilli auprès des chasseurs de fourrures tous les renseignements qui pouvaient leur être utiles, les explorateurs partirent le 9 septembre et entrèrent, le 22 octobre, à Cumberland-House, située à six cent quatre-vingt-dix milles. La saison touchait à sa fin. Franklin se rendit cependant, avec Georges Back, au fort Chippewayan, à l'extrémité occidentale du lac Athabasca, afin de veiller aux préparatifs de l'expédition qui devait se faire l'été suivant. Ce voyage de huit cent cinquante-sept milles fut accompli au cœur de l'hiver, par des températures de 40 à 50 degrés au-dessous de zéro.

Au commencement du printemps, le docteur Richardson rejoignit au fort Chippewayan le reste de l'expédition, qui partit le 18 juillet 1820, avec l'espoir d'atteindre, avant la mauvaise saison, un hivernage confortable à l'embouchure de la Coppermine. Mais il fallut compter, plus que ne l'avaient fait Franklin et ses compagnons, sur les difficultés de la route, aussi bien que sur les obstacles qu'apporta la rigueur de la saison.

Les chutes d'eau, les bas-fonds des lacs et des rivières, les portages, la rareté du gibier, retardèrent si bien les voyageurs, que le 20 août, lorsque les étangs commencèrent à se couvrir de glace, les guides canadiens firent entendre des plaintes, et quand ils virent fuir vers le sud les bandes d'oies sauvages, ils se refusèrent à aller plus loin. Franklin, malgré tout le dépit que lui causa autant de mauvais vouloir, dut renoncer à ses projets et construire à l'endroit où il se trouvait, c'est-à-dire à cinq cent cinquante milles du fort Chippewayan, sur les bords de la rivière Winter, une maison de bois, qui reçut le nom de fort Entreprise. Elle était située par 64° 28′ de latitude et 118° 6′ de longitude.

Aussitôt installés, les voyageurs s'occupèrent à réunir le plus de provisions qu'il leur fut possible, et avec la chair de renne ils confectionnèrent ce mets qui est connu dans toute l'Amérique du Nord sous le nom de « pemmican ». Tout d'abord, le nombre de rennes qu'on aperçut fut considérable ; on n'en compta pas moins de deux mille en un seul jour, mais cela prouvait que ces animaux émigraient vers des régions plus clémentes. Aussi, bien qu'on eût préparé la chair de cent quatre-vingts de ces quadrupèdes, bien qu'on trouvât un surcroît de nourriture dans les produits de la rivière voisine, ces provisions, quoique considérables, furent-elles insuffisantes.

Des tribus entières d'Indiens, à la nouvelle de l'arrivée des blancs dans le pays, étaient venues s'établir aux portes du fort et passaient leur vie à mendier et à exploiter les nouveaux venus. Aussi les balles de couvertures, de tabac et d'autres objets d'échange ne tardèrent pas à s'épuiser.

Franklin, inquiet de ne pas voir arriver l'expédition qui devait le réapprovi-sionner, se détermina à expédier, le 18 octobre, Georges Back avec une escorte de Canadiens, au fort Chippewayan.

Un tel voyage, à pied, au milieu de l'hiver, demandait un dévouement mer-veilleux, dont les quelques lignes suivantes peuvent donner une idée.

« J'eus, dit Back à son retour, le plaisir de retrouver mes amis tous bien portants, après une absence d'environ cinq mois, durant lesquels j'avais fait onze cent quatre milles avec des souliers à neige et sans autre abri la nuit, dans les bois, qu'une couverture et une peau de daim, le thermomètre descendant souvent à 40° et une fois à 57° au-dessous de zéro ; il m'arrivait parfois de passer deux ou trois jours sans prendre de nourriture. »

Ceux qui étaient restés au fort eurent également à souffrir d'un froid qui des-cendit de trois degrés au-dessous de celui dont Parry avait souffert à l'île Melville, située cependant neuf degrés plus près du pôle. Les effets de cette tempéra-ture rigoureuse ne se faisaient pas sentir sur les hommes seulement ; les arbres furent gelés jusqu'au cœur, au point que la hache se brisait sans pouvoir y creuser une entaille.

Deux interprètes de la baie d'Hudson avaient accompagné Back au fort Entreprise. L'un d'eux possédait une fille qui passait pour la plus belle créature qu'on eût vue. Aussi, bien qu'elle n'eût encore que seize ans, avait-elle eu déjà deux maris. L'un des officiers anglais fit son portrait, au grand désespoir de la mère, qui craignait que le grand chef d'Angleterre, en contemplant cette froide image, ne devînt amoureux de l'original.

Le 14 juin 1821, la Coppermine fut assez dégelée pour être navigable. On s'y embarqua aussitôt, bien que les vivres fussent presque complètement épuisés. Par bonheur, le gibier était nombreux sur les rives verdoyantes de la rivière, et l'on tua assez de bœufs musqués pour nourrir tout le monde.

L'embouchure de la Coppermine fut atteinte le 18 juillet. Les Indiens, dans la crainte de rencontrer leurs ennemis les Esquimaux, reprirent aussitôt la route du fort Entreprise, tandis que les Canadiens osaient à peine lancer leurs frêles embarcations sur cette mer courroucée. Franklin les détermina cependant à se risquer, mais il ne put aller au delà de la pointe du Retour, par 68° 30′ de latitude, promontoire qui formait l'ouverture d'un golfe profond semé d'îles nombreuses, et auquel Franklin donna le nom de golfe du Couronnement de Georges IV.

Franklin avait commencé de remonter la rivière Hood, lorsqu'il se vit arrêté par une cascade de deux cent cinquante pieds ; il dut donc faire le reste de la route par terre, au milieu des neiges épaisses de plus de deux pieds, dans un pays stérile et complètement inconnu. Il est plus facile d'imaginer que de décrire les fatigues et les souffrances de ce voyage de retour. Franklin rentra au fort Entreprise, le 11 octobre, dans un état d'épuisement complet, n'ayant rien mangé depuis cinq jours. Le fort était abandonné. Sans provisions, malade, il semblait que Franklin n'eût plus qu'à se laisser mourir. Le lendemain, il se mit cependant à la recherche des Indiens et de ceux de ses compagnons qui l'avaient précédé; mais la neige était si épaisse qu'il dut rebrousser chemin et rentrer au fort. Pendant dix-huit jours, il ne vécut que d'une sorte de bouillie faite avec les os et les peaux du gibier tué l'année précédente. Le 29 octobre, le docteur Richardson arrivait enfin avec John Hepburn, sans les autres membres de l'expédition. En se revoyant, tous furent douloureusement frappés de leur maigreur, de l'altération de leur voix et d'un affaiblissement qui semblait le signe le moins douteux d'une fin prochaine.

« M. le docteur Richardson, dit Cooley, rapportait du reste de tristes nouvelles. Pendant les deux premiers jours qui avaient suivi la séparation en trois parties de la colonne, son détachement n'avait rien trouvé à manger; le troisième, Michel était revenu avec un lièvre et une perdrix qu'ils s'étaient partagés. Le lendemain se passa encore dans une disette absolue. Le 11, Michel offrit à ses compagnons un quartier de viande qu'il leur dit avoir été coupé sur un loup; mais, ensuite, ils acquirent la conviction que c'était la chair d'un des malheureux qui avaient quitté le capitaine Franklin pour revenir auprès du docteur Richardson. Michel devenait tous les jours plus insolent et plus froid. On le soupçonna fortement d'avoir quelque part un dépôt d'aliments qu'il se réservait pour lui seul. Hepburn, étant occupé à couper du bois, entendit la détonation d'un fusil, et, regardant du côté où partait le bruit, il vit Michel se précipiter vers la tente; bientôt après, on trouva M. Hood mort, il avait une balle dans le derrière de la tête, et l'on ne put douter que son assassin ne fût Michel. Dès ce moment, il devint plus méfiant, plus effronté que jamais; et, comme sa force était supérieure à celle des Anglais qui avaient survécu, comme d'ailleurs il était bien armé, ils virent qu'il n'y avait plus pour eux de salut que dans sa mort. Je me déterminai, dit Richardson, dès que je fus convaincu que cet acte horrible était nécessaire, à en prendre sur moi toute la responsabilité, et, au moment où Michel revenait vers nous, je mis fin à ses jours en lui faisant sauter la cervelle. »

Plusieurs des Indiens qui avaient accompagné Franklin et Richardson étaient

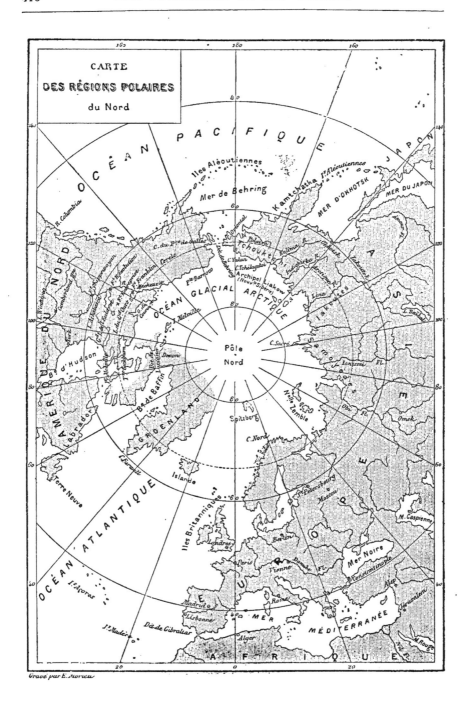

Husson decouvrit la terre Victoria. (Page 421.)

morts de faim, et les deux chefs allaient les suivre à bref délai dans la tombe. lorsque, enfin, le 7 novembre, trois Indiens, envoyés par Back, apportèrent les premiers secours. Aussitôt qu'ils se sentirent un peu plus vigoureux, les deux Anglais gagnèrent l'établissement de la Compagnie, où ils trouvèrent Georges Back, à qui, par deux fois dans la même expédition, ils devaient la vie.

Les résultats de ce voyage, qui embrasse cinq mille cinq cents milles, étaient de la plus haute importance pour la géographie, les expériences de magnétisme, les études de météorologie, et la côte d'Amérique, sur une immense étendue, avait été suivie jusqu'au cap Turn-again.

Malgré tant de fatigues et de souffrances si bravement endurées, les explorateurs étaient prêts à recommencer leur voyage et à essayer encore une fois d'atteindre les rivages de la mer polaire.

A la fin de 1823, Franklin reçut l'ordre de reconnaître la côte à l'ouest de la rivière Mackenzie. Tous les agents de la Compagnie durent préparer des provisions, des canots, des guides, et se mettre, eux et leurs ressources, à la disposition des explorateurs.

Reçu avec bienveillance à New-York, Franklin gagna Albany par le fleuve Hudson, remonta le Niagara depuis Lewinston jusqu'à la fameuse chute, atteignit le fort Saint-Georges sur l'Ontario, traversa le lac, débarqua à Yorck, capitale du haut Canada; puis, passant par les lacs Simcoe, Huron, Supérieur, où il fut rejoint par vingt-quatre Canadiens, le 29 juin 1825, il rencontra les embarcations sur la rivière Methye.

Tandis que le docteur Richardson relevait la côte orientale du lac du Grand-Ours et que Back surveillait les préparatifs de l'hivernage, Franklin gagna l'embouchure de la Mackenzie. La navigation fut très facile, et le voyageur ne trouva d'obstacles qu'au delta du fleuve. L'Océan était libre de glaces; des baleines noires et blanches, des phoques se jouaient à la surface des flots. Franklin débarqua dans la petite île Garry, dont la position fut déterminée par 69° 2′ de latitude et 135° 41′ de longitude, observation précieuse qui prouvait quel degré de confiance on devait accorder aux relèvements de Mackenzie.

Le retour se fit sans difficulté, et le 5 septembre, les voyageurs rentrèrent dans le fort, auquel le docteur Richardson avait donné le nom de fort Franklin. L'hiver se passa en amusements, en réjouissances, en bals, auxquels prenaient part des Canadiens, des Anglais, des Écossais, des Esquimaux et des Indiens de quatre tribus différentes.

Le 22 juin eut lieu le départ, et, le 4 juillet, fut atteinte la fourche où les bras de la Mackenzie se séparent. Là, l'expédition se divisa en deux détachements, qui allèrent à l'est et à l'ouest explorer les rivages polaires. A peine Franklin fut-il sorti de la rivière que, dans une grande baie, il rencontra une troupe nombreuse d'Esquimaux. Ceux-ci montrèrent d'abord une joie exubérante, mais ils ne tardèrent pas à devenir bruyants et cherchèrent à s'emparer des embarcations. Les Anglais firent en cette circonstance preuve d'une patience extrême et parvinrent à éviter toute effusion de sang.

Franklin reconnut et nomma Clarence la rivière qui sépare les possessions de la Russie de celles de l'Angleterre. Un peu plus loin, un nouveau cours d'eau reçut le nom de Canning. Le 16 août, ne se trouvant encore qu'à moitié chemin du cap Glacé et l'hiver avançant rapidement, Franklin revint en arrière et pénétra dans la belle rivière de Peel, qu'il prit pour la Mackenzie. Il ne reconnut son erreur qu'en voyant dans l'est une chaîne de montagnes. Le 21 septembre, il rentrait au fort, après avoir, en trois mois, parcouru deux mille quarante-huit milles et relevé trois cent soixante-quatorze milles de la côte américaine.

Quant à Richardson, il s'était avancé sur une mer plus profonde, moins encombrée de glaces, au milieu d'Esquimaux doux et hospitaliers. Il reconnut les baies Liverpool et Franklin, découvrit en face de l'embouchure de la Copermine une terre qui n'est séparée du continent que par un canal d'une vingtaine de milles de largeur, à laquelle il donna le nom de Wollaston. Le 7 août, les embarcations étant parvenues dans le golfe du Couronnement, déjà exploré dans une course précédente, revinrent en arrière, et rentrèrent, le 1ᵉʳ septembre, au fort Franklin, sans avoir éprouvé le moindre accident.

Entraînés par l'exposition des voyages de Parry, il nous a fallu laisser pour un moment de côté ceux que faisait à la même époque John Ross, à qui son étrange exploration de la baie de Baffin avait fait le plus grand tort aux yeux de l'Amirauté.

John Ross désirait vivement réhabiliter sa réputation d'intrépidité et d'habileté. Si le gouvernement n'avait plus confiance en lui, il rencontra du moins en Félix Booth, un riche armateur, qui ne craignit pas de lui confier le commandement du bâtiment à vapeur la *Victoire*, sur lequel il partit, le 23 mai 1829, pour la baie de Baffin.

On fut quatre ans sans nouvelles de ce courageux navigateur, et lorsqu'il fut de retour, on apprit que la moisson de ses découvertes était aussi riche que celle qu'avait faite Parry dans sa première expédition.

Entré par les détroits de Barrow et de Lancastre dans celui du Prince-Régent, John Ross avait retrouvé l'endroit où, quatre ans auparavant, la *Fury* avait été abandonnée.

Continuant sa route au sud, John Ross hiverna au havre Félix, — ainsi appelé en l'honneur du promoteur de l'expédition, — et là, il apprit que les terres qu'il venait de reconnaître formaient une immense presqu'île rattachée dans le sud à l'Amérique.

Au mois d'avril 1830, James Ross, neveu du chef de l'expédition, partit en canot pour reconnaître ces côtes, ainsi que celles de la Terre du Roi-Guillaume.

En novembre, il fallut hiverner de nouveau, car on n'avait pu faire remonter le navire que de quelques milles vers le nord, et l'on s'établit dans le havre Shériff. Le froid fut excessif, et de tous ceux que les marins de la *Victoire* passèrent dans les glaces, ce fut l'hiver le plus rigoureux.

L'été de 1831 fut consacré à diverses reconnaissances, qui démontrèrent l'absence de communication entre les deux mers. On ne parvint encore cette fois qu'à faire avancer le navire de quelques milles dans le nord, jusqu'au havre de la Découverte. Mais, à la suite d'un nouvel hiver très froid, il fallut renoncer à le tirer de sa prison glacée.

Bien heureux d'avoir trouvé les provisions de la *Fury*, sans lesquelles ils seraient morts de faim, les Anglais attendirent, au milieu d'un abattement chaque jour plus grand, de privations, de souffrances incroyables, le retour du nouvel été. Au mois de juillet 1833, les quartiers d'hiver furent définitivement abandonnés, l'on gagna par terre le détroit du Prince-Régent, celui de Barrow, et l'on débouchait sur le rivage de la baie de Baffin, lorsqu'un navire apparut. C'était l'*Isabelle*, que Ross avait commandée lui-même autrefois, et qui recueillit les naufragés de la *Victoire*.

Pendant ce temps, l'Angleterre n'avait pas abandonné ses enfants, et chaque année elle avait envoyé une expédition à leur recherche. En 1833, c'est Georges Back, le compagnon de Franklin. Parti du fort Révolution, sur les rives du lac de l'Esclave, il s'avance vers le nord, et, après avoir découvert la rivière Thloni-Tcho-Déseth, il prend ses quartiers d'hiver et se dispose à gagner l'année suivante la mer polaire, où l'on suppose Ross prisonnier, lorsqu'il apprend l'incroyable retour de celui-ci.

L'année suivante, le même explorateur reconnaît à fond la belle rivière aux Poissons, qu'il avait découverte l'année précédente, et aperçoit les montagnes de la Reine Adélaïde, ainsi que les pointes Booth et James Ross.

En 1836, il est à la tête d'une nouvelle expédition qui, cette fois, se fait par mer, et il essaye vainement de relier entre elles les découvertes de Ross et de Franklin.

Cette tâche était réservée à trois officiers de la Compagnie de la baie d'Hudson, MM. Peter William, Dease et Thomas Simpson.

Ils partirent le 1ᵉʳ juin 1837 du fort Chippewayan, et, descendant la Mackenzie, ils arrivèrent le 9 juillet aux bords de la mer, sur laquelle ils purent s'avancer par 71° 3′ de latitude et 156° 46′ de longitude ouest jusqu'à un cap qui reçut le nom de Georges-Simpson, le gouverneur de la Compagnie.

Thomas Simpson continua à s'avancer dans l'ouest, par terre, avec cinq hommes, jusqu'à la pointe Barrow, qu'un des officiers de Beechey avait déjà vue en venant du détroit de Behring.

La reconnaissance de la côte américaine depuis le cap Turn-again jusqu'au détroit de Behring était donc complète. Il ne restait plus d'inconnu que l'espace compris entre la pointe Ogle et le cap Turn-again : ce fut la tâche que se donnèrent les explorateurs pour la campagne suivante.

Partant en 1838 de la Coppermine, ils suivirent la côte à l'est, arrivèrent le 9 août au cap Turn-again ; mais, les glaces ne permettant pas aux canots de le doubler, Thomas Simpson hiverna, découvrit la Terre Victoria, et le 12 août 1839, arrivé à la rivière de Back, il continua jusqu'à la fin du mois à explorer la Boothia.

La ligne de côtes était donc définitivement déterminée. Au prix de quels efforts, de quelles fatigues, de quels sacrifices et de quel dévouement! Mais combien peu compte la vie humaine, lorsqu'elle entre en balance avec les progrès de la science! Qu'il faut de désintéressement, de passion à ces savants, ces marins, ces explorateurs, qui abandonnent tout ce qui fait le bonheur de l'existence, pour contribuer, dans la mesure de leurs forces, aux progrès des connaissances humaines et au développement scientifique et moral de l'humanité!

Avec le récit de ces derniers voyages dans lesquels s'achève la découverte de la Terre, se termine cette œuvre, qui s'est ouverte avec l'histoire des tentatives des premiers explorateurs.

La configuration du globe est maintenant connue, la tâche des explorateurs est finie. La terre que l'homme habite lui est désormais familière. Il ne lui reste plus qu'à utiliser les immenses ressources des contrées dont l'accès lui est devenu facile ou dont il a su s'emparer.

Qu'elle est fertile en enseignements de tout genre, cette histoire de vingt siècles de découvertes !

Jetons un coup d'œil en arrière, et résumons à grands traits les progrès accomplis durant cette longue suite d'années.

Si nous prenons la mappemonde d'Hécatée, qui vivait cinq cents ans avant l'ère chrétienne, que verrons-nous ?

Le monde connu n'embrasse guère que le bassin de la Méditerranée. La Terre, si profondément défigurée dans ses contours, n'est représentée que par une minime partie de l'Europe méridionale, de l'Asie antérieure et de l'Afrique septentrionale. Autour de ces terres tourne un fleuve sans commencement ni fin, qui porte le nom d'Océan.

Plaçons maintenant à côté de cette carte, vénérable monument de la science antique, un planisphère qui nous représente le monde de 1840. Sur l'immensité

du globe, ce que connaissait Hécatée, encore bien qu'imparfaitement, ne constitue plus qu'une tache presque imperceptible.

Avec ces points de départ et d'arrivée, vous pouvez juger de l'immensité
des découvertes.

Imaginez maintenant ce que suppose d'informations de tout genre la connaissance du globe tout entier, vous resterez émerveillé devant le résultat des efforts
de tant d'explorateurs et de martyrs ; vous embrasserez l'utilité de ces découvertes
et les rapports intimes qui unissent la Géographie à toutes les autres sciences.
Tel est le point de vue auquel il faut se placer pour saisir toute la portée
philosophique d'une œuvre à laquelle se sont dévouées tant de générations.

Assurément, ce sont des motifs d'ordres bien différents qui ont fait agir tous
ces découvreurs.

C'est d'abord la curiosité naturelle au propriétaire, qui tient à connaître
dans toute son étendue le domaine qu'il possède, à en mesurer les portions
habitables, à en délimiter les mers ; puis, ce sont les exigences d'un commerce
encore dans l'enfance, qui ont cependant permis de transporter jusqu'en
Norwège les produits de l'industrie asiatique.

Avec Hérodote, le but s'élève, et c'est déjà le désir de connaître l'histoire, les
mœurs, la religion des peuples étrangers.

Plus tard, avec les croisades, dont le résultat le plus certain fut de vulgariser
l'étude de l'Orient, c'est, pour un petit nombre, le désir d'arracher aux mains
des infidèles le théâtre de la passion d'un Dieu ; pour la plupart, c'est la soif du
pillage et l'attrait de l'inconnu.

Si Colomb, cherchant une nouvelle route pour se rendre au pays des Épices,
rencontre l'Amérique sur son chemin, ses successeurs ne sont plus animés
que du désir de faire rapidement fortune. Combien ils diffèrent de ces nobles
Portugais, qui sacrifient leurs intérêts privés à la gloire et à la prospérité coloniale de leur patrie, et meurent plus pauvres qu'ils n'étaient au moment où ils
ont été investis de ces fonctions qu'ils devaient honorer.

Au xviᵉ siècle, le désir d'échapper à la persécution religieuse et la guerre
civile jettent dans le Nouveau Monde ces huguenots et surtout ces quakers qui, en
posant les bases de la prospérité coloniale de l'Angleterre, devaient transformer
l'Amérique.

Le siècle suivant est par excellence colonisateur. En Amérique les Français,
aux Indes les Anglais, en Océanie les Hollandais, établissent des comptoirs et
des loges, tandis que les missionnaires s'efforcent de conquérir à la foi du Christ
et aux idées modernes l'immuable empire du Milieu.

Le xviii° siècle, préparant la voie à notre époque, rectifie les erreurs accréditées ; il relève en détail et par le menu les continents et les archipels, il perfectionne en un mot les découvertes de ses devanciers. C'est à la même tâche que se dévouent les explorateurs modernes, qui tiennent à ne pas laisser échapper à leurs relèvements le moindre coin de terre, le plus petit îlot. C'est à cette préoccupation qu'obéissent aussi ces intrépides navigateurs, qui vont explorer les solitudes glacées des deux pôles et déchirent le dernier lambeau du voile qui avait si longtemps dérobé le globe à nos regards.

Ainsi donc, tout est connu, classé, catalogué, étiqueté ! Mais le résultat de tant de nobles travaux va-t-il être enterré dans quelque atlas soigneusement dressé, où n'iront le chercher que les savants de profession ?

Non ! Ce globe conquis par nos pères, au prix de tant de fatigues et de dangers, c'est à nous qu'il appartient de l'utiliser, de le faire valoir. L'héritage est trop beau pour n'en point tirer parti !

A nous, par tous les moyens que le progrès des sciences met à notre disposition, d'étudier, de défricher, d'exploiter ! Plus de terrains en jachère, plus de déserts infranchissables, plus de cours d'eau inutiles, plus de mers insondables, plus de montagnes inaccessibles !

Les obstacles que la nature nous oppose, nous les supprimons. Les isthmes de Suez et de Panama nous gênent : nous les coupons. Le Sahara nous empêche de relier l'Algérie au Sénégal : nous y jetons un railway. L'Océan nous sépare de l'Amérique : un câble électrique nous y relie. Le Pas de Calais empêche deux peuples, si bien faits pour s'entendre, de se serrer cordialement la main : nous y percerons un chemin de fer !

Voilà notre tâche, à nous autres contemporains. Est-elle donc moins belle que celle de nos devanciers, qu'elle n'ait encore tenté quelque écrivain de renom ?

Pour nous, si attrayant qu'il soit, ce sujet sortirait du cadre que nous nous étions d'abord tracé. Nous avons voulu écrire l'*Histoire de la découverte de la Terre*, nous l'avons écrite, notre œuvre est donc finie.

FIN

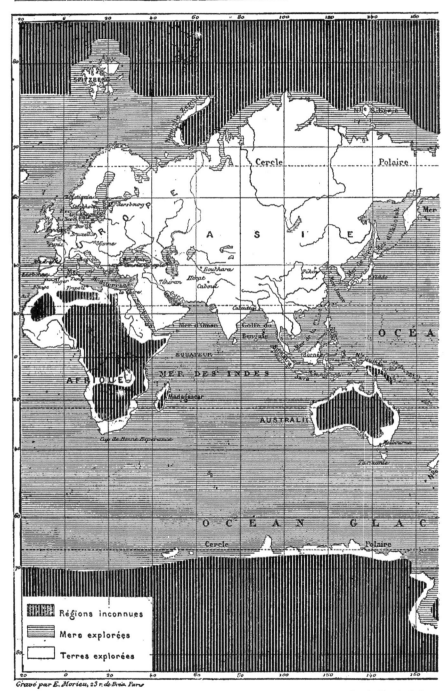

Les desiderata de la

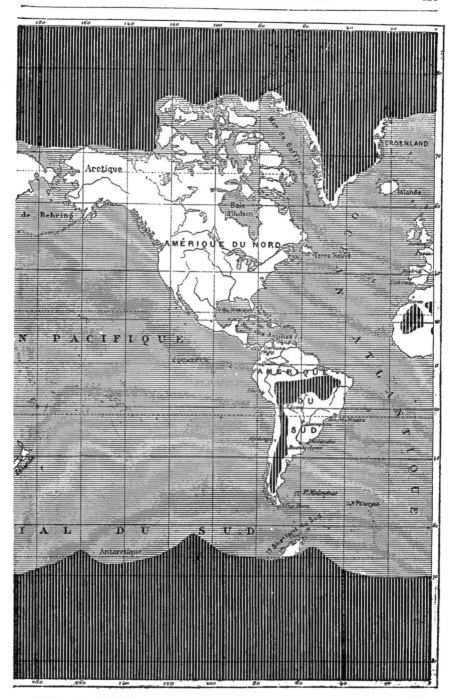

TABLE DES MATIÈRES

PREMIÈRE PARTIE

CHAPITRE I

L'AURORE D'UN SIÈCLE DE DÉCOUVERTES

CHAPITRE II

L'EXPLORATION ET LA COLONISATION DE L'AFRIQUE

I

II

DEUXIÈME PARTIE

CHAPITRE I

LES CIRCUMNAVIGATEURS ÉTRANGERS

I

CHAPITRE II

LES CIRCUMNAVIGATEURS FRANÇAIS

I

CHAPITRE III

LES EXPÉDITIONS POLAIRES

I

Le Pôle sud

II

Le Pôle nord.

Paris. — Imp. Gauthier-Villars, 55, quai des Grands-Augustins.